COLLECTION prisme

L'épanouissement de la liberté et de la démocratie passe par la promotion du caractère pluraliste de l'espace public. Lorsque les majorités dialoguent entre elles sans négliger les minorités, quand la voix des générations montantes n'est pas étouffée et que les points de vue dissidents trouvent des espaces pour s'exprimer, les conditions sont réunies pour qu'une société puisse se considérer riche d'un espace public pluraliste. Toutefois, sur ce terrain comme sur d'autres en démocratie libérale, le triomphe définitif est un fol espoir. Rien ne saurait remplacer la pratique renouvelée du pluralisme. Une lucidité, une vigilance de tous les instants demeurent nécessaires.

La collection « Prisme » se définit comme l'un des lieux de cette vigilance dans la société québécoise contemporaine. On y accueillera des perspectives critiques face aux idées dominantes, des approches novatrices dans l'étude des réalités politiques. Des efforts particuliers seront déployés pour promouvoir la relève intellectuelle. On réservera aussi une place de choix dans cette collection à des traductions d'essais importants écrits par des auteurs anglophones du Québec et du Canada. Cette collection aura atteint ses objectifs si elle parvient à surprendre le public éclairé, à le déranger, à lui faire entendre des voix ignorées ou oubliées. Cette collection est dirigée par Guy Laforest.

Le destin américain du Québec : américanité, américanisation et antiaméricanisme

Le destin américain du Québec : américanité, américanisation et antiaméricanisme

Sous la direction de
Guy Lachapelle

**Presses de
l'Université Laval**

Les Presses de l'Université Laval reçoivent chaque année du Conseil des Arts du Canada et de la Société de développement des entreprises culturelles du Québec une aide financière pour l'ensemble de leur programme de publication.

Nous reconnaissons l'aide financière du gouvernement du Canada par l'entremise de son Programme d'aide au développement de l'industrie de l'édition (PADIÉ) pour nos activités d'édition.

Mise en pages : Diane Trottier
Maquette de couverture : Hélène Saillant

ISBN 978-2-7637-9128-9
ISBN PDF 9782763791296

Les Presses de l'Université Laval
2305, rue de l'Université
Pavillon Pollack, bureau 3103
Université Laval, Québec
Canada, G1V 0A6

www.pulaval.com

Je me sentais proche d'eux parce qu'ils ne se résignaient pas à voir disparaître toute trace française en Amérique du Nord… Et puis, ce qui m'a séduit à l'époque c'était l'isolement de ces gens qui tentaient de donner forme à ce petit coin de continent américain. Pour le garder. Pour résister. Contre quoi ? Contre l'Amérique. Pas tant l'impérialisme yankee et tout cela. Mais pour maintenir sur le sol américain une autre culture, une autre option.

Leonard Cohen
Le Monde, 6 juin 1970, p. VII.

Table des matières

QUATRIÈME PARTIE
LES RELATIONS QUÉBEC–ÉTATS-UNIS
VERS UN NOUVEL AMÉRICANISME

Biographies des auteurs

Louis BALTHAZAR

Louis Balthazar (Ph.D. Harvard, 1971) est professeur émérite du Département de science politique de l'Université Laval. Il est également coprésident de l'Observatoire sur les États-Unis de la Chaire Raoul-Dandurand, à l'UQÀM. Il est l'auteur de *Bilan du nationalisme au Québec* (Montréal, L'Hexagone, 1986 : prix Air Canada, 1987), le coauteur (avec Charles-Philippe David et Justin Vaïsse) de *La Politique étrangère des États-Unis : fondements, acteurs, formulations* (Paris, Presses de Science Po, 2006), le coauteur (avec Alfred O. Hero, J^r) de *Le Québec dans l'espace américain* (Montréal, Québec Amérique, 1999 : prix Richard-Arès) et de *Contemporary Québec and the United States* (Lanham, Maryland, University Press of America, 1988).

Luc BERNIER

Luc Bernier est professeur à l'École nationale d'administration publique (ÉNAP) depuis 1991. Il a auparavant été professeur à l'Université Concordia après avoir complété son doctorat à l'Université Northwestern en 1989. Il a été directeur de l'enseignement et de la recherche à l'ÉNAP et président de l'Institut d'administration publique du Canada. Lié au sujet de ce livre, il a publié des chapitres et des articles sur le développement itératif de la politique internationale du Québec dont, en 1996, *De Paris à Washington : la politique internationale du Québec*. Il s'intéresse aux politiques publiques, aux transformations administratives, à l'entreprenariat et à l'innovation dans le secteur public.

Geneviève BLOUIN

Geneviève Blouin a complété un baccalauréat en études internationales à l'Université Laval et une maîtrise en administration publique à l'École nationale d'administration publique. Au cours de ses études, elle a contribué à diverses recherches sur les relations internationales du Québec. Elle a un intérêt marqué pour le développement international et se consacre maintenant à ce domaine dans le cadre de son travail. Elle est chargée de projets au Centre de coopération internationale en santé et développement après avoir travaillé à l'Agence canadienne de développement international.

Annie CHALOUX

Annie Chaloux, M.A. est chargée de cours et professionnelle de recherche à l'École de politique appliquée de l'Université de Sherbrooke. Elle a publié plusieurs articles individuels et en collaboration avec le professeur Stéphane Paquin dans les revues *Études internationales*, *Globe*, *Bulletin d'histoire politique*, *Fédéralism-e* et les *Cahiers de recherche en politique appliquée*. Elle a également été récipiendaire de nombreuses bourses et distinctions lors de ses études de maîtrise dont la bourse du Conseil de recherche en sciences humaines du Canada (CRSH), la bourse thématique sur l'énergie du Fonds québécois de la recherche sur la société et la culture (FQRSC) et d'une bourse de l'Association internationale de science politique (AISP). Ses champs de spécialisation concernent le fédéralisme canadien et l'environnement, l'enjeu des changements climatiques de même que le phénomène paradiplomatique et les relations transfrontalières nord-américaines.

Marc DESNOYERS

Marc Desnoyers est détenteur d'une maîtrise en sciences politiques de l'UQÀM et membre de l'Observatoire sur les États-Unis de la Chaire Raoul-Dandurand en études stratégiques et diplomatiques, où il a occupé le poste de coordonateur à la suite de l'obtention de la bourse Marc-Bougie. Son mémoire porte sur les changements survenus dans la politique nucléaire américaine au courant des années Bush. Il est aussi l'auteur du texte « Obama vs McCain : quelle politique étrangère après Bush ? », paru dans *Points de Mire* en novembre 2008. Il enseigne l'histoire politique américaine à l'Université du troisième âge, affiliée à l'Université de Sherbrooke.

Mathieu FAUCHER

Mathieu Faucher est diplômé au 1er cycle universitaire en études internationales et langues modernes à l'Université Laval. Il complète présentement sa maîtrise en administration publique à l'École nationale d'administration publique et il y travaille en tant qu'assistant de recherche sur la politique internationale du Québec. Il a été stagiaire à la Direction des affaires internationales du ministère de la Culture, des Communications et des Communautés culturelles à titre de conseiller en affaires internationales pour le territoire des États-Unis.

Gilbert GAGNÉ

Gilbert Gagné est professeur titulaire au Département d'études politiques de l'Université Bishop's, où il enseigne les relations internationales. Il est directeur du Groupe de recherche sur l'intégration continentale à l'Université du Québec à Montréal, où il est également membre associé de l'Observatoire sur les États-Unis de la Chaire Raoul-Dandurand. En 2008, il a reçu une bourse Fulbright et il a été titulaire de la Chaire de recherche invitée en études canadiennes à l'Université Duke. Ses recherches portent principalement sur l'économie politique internationale, l'intégration nord-américaine et les relations canado-américaines. Il a publié de nombreux articles scientifiques dans des revues internationales, dont: *World Trade Review, Journal of International Economic Law, Journal of World Trade* et *World Economy.* Il compte aussi plusieurs chapitres dans des ouvrages collectifs, dont «Regional Economic Dynamics», paru dans le livre *Quebec Questions: Quebec Studies for the 21st Century* publié en 2010 aux Presses de l'Université d'Oxford.

Frédérick GAGNON

Frédérick Gagnon est professeur de science politique à l'Université du Québec à Montréal et directeur de l'Observatoire sur les États-Unis de la Chaire Raoul-Dandurand en études stratégiques et diplomatiques. Il est l'auteur du livre *Le Congrès des États-Unis* (PUQ, 2006), de chapitres dans plusieurs ouvrages (dont, *Contemporary Cases in U.S. Foreign Policy,* publié chez CQ Press en 2007) et de «Quelle guerre culturelle? Les médias américains et québécois et le mythe de la polarisation de la société américaine» (*Études internationales,* septembre 2009). Il prépare actuellement un ouvrage à propos des rôles d'Arthur Vandenberg, de J. William Fulbright, de Jesse Helms et de Joe Biden à la tête de la Commission du Sénat américain sur les relations extérieures. Spécialiste de la politique et de la société américaines, il a reçu une bourse Fulbright pour un séminaire postdoctoral sur la politique américaine à l'Université du Massachusetts, à Amherst (2005). Il a été chercheur invité au Canada Institute du Woodrow Wilson International Center for Scholars à Washington D.C. ainsi qu'au Center for American Politics and Citizenship à l'Université du

Maryland (2006) et professeur invité à la Western Washington University, dans l'État de Washington (2008).

Stéfanie von HLATKY

Stéfanie von Hlatky détient un doctorat en science politique de l'Université de Montréal et elle poursuit présentement des recherches postdoctorales à la Georgetown University. Elle s'intéresse à la théorie des alliances, aux relations canado-américaines en matière de sécurité et aux questions nucléaires qui touchent les alliés de l'OTAN. Sa thèse, intitulée *The Great Asymmetry : America's Closest Allies in Times of War*, évalue l'impact des asymétries de puissance sur le comportement des États à l'intérieur d'une alliance militaire. Ses publications récentes sont « La défense canadienne se décide-t-elle à Washington ? », dans Guillermo Aureano, Philippe Faucher, Frédéric Mérand et Marie-Joëlle Zahar (dir.), *La politique internationale en question* (Presses de l'Université de Montréal, 2009) ; avec Michel Fortmann, « The Revolution in Military Affairs (RMA) and Deterrence Stability », dans *Complex Deterrence : Strategy in the Global Age*, sous la dir. de T.V. Paul, Patrick Morgan et James Wirtz (Chicago University Press, 2009) ; et avec M. Fortmann, « How Low Can They Go ? Arms Control and the Next Presidency », *International Journal*, vol. LXIV, n° 1, p. 173-181.

Guy LACHAPELLE

Guy Lachapelle est professeur titulaire au Département de science politique de l'Université Concordia et secrétaire général de l'Association internationale de science politique. Après des études en sciences politiques à l'Université de Montréal (B.A. M.Sc.), il a poursuivi des études de cycles supérieurs en communication à l'Université Concordia (M.A.). Il a par la suite obtenu un doctorat en science politique de l'Université Northwestern-Evanston, Illinois (1986) avec une spécialité en analyse des politiques et en méthodologie d'évaluation. Il a été président de la Société québécoise de science politique (1996-1997). Il a également été coresponsable du Congrès mondial de science politique qui a eu lieu à Québec du 1er au 5 août 2000 et qui a obtenu le prix d'événement de l'année du Cercle des ambassadeurs de la ville de Québec. Parmi ses publications les plus récentes notons : avec Marie-France Charbonneau, *Le Bloc Québécois : 20 ans au nom du Québec* (Richard Vézina Éditeurs, 2010) ; (sous la direction de), *Diversité culturelle, identités et mondialisation – De la ratification à la mise en œuvre de la convention sur la diversité culturelle* (PUL, 2008) ; avec Stéphane Paquin, Louise Beaudoin et Robert Comeau, *Les relations internationales du Québec depuis la Doctrine Gérin-Lajoie (1965-2005) – Le prolongement externe des compétences internes* (PUL, 2006) ; avec Stéphane Paquin, *Mastering Globalization – New sub-states' governance and strategies* (Londres, Routledge, 2005) ; avec Francesc Morata et Stéphane Paquin, *Globalización,*

Gobernanza e Identidades (Estudis 12 Barcelona Fundació Carles PI i Sunyer, 2004) ; avec Stéphane Paquin, *Mondialisation, gouvernance et nouvelle stratégies subétatiques,* Québec, PUL, 2004).

Yvan LAMONDE

Yvan Lamonde est philosophe et historien de formation. Il enseigne la littérature et l'histoire du Québec au Département de langue et littérature françaises de l'Université McGill. Il est membre de l'Académie des arts, des lettres et des sciences du Canada et de l'Académie des lettres du Québec. Lauréat du prix du Gouverneur général, de la bourse de recherche Killam, titulaire de la Chaire de recherche James McGill en histoire comparée du Québec, il a codirigé la publication de *Histoire du livre et de l'imprimé au Canada* (PUM) / *History of the Book in Canada* (UTP) en six volumes. Il a publié, entre autres, *Histoire sociale des idées au Québec (I : 1760-1896 ; II : 1896-1929 ; III : 1929-1960* à paraître). L'essentiel de ses réflexions pionnières sur l'américanité du Québec se trouve dans *Allégeances et dépendances. Histoire d'une ambivalence identitaire* (Nota Bene). *Historien et citoyen. Navigations au long cours,* en collaborationa avec Claude Corbo (Fides), est son autobiographie scientifique récemment parue, tout juste avant *Signé Papineau* (PUM), un recueil d'études sur le grand républicain continentaliste du XIXe siècle.

Aubert LAVIGNE-DESCÔTEAUX

Aubert Lavigne-Descôteaux détient une maîtrise en science politique de l'Université Concordia. Il travaille depuis 2008 pour la maison de sondages Léger Marketing à titre d'analyste en recherche marketing, en opinion publique et en études médias au sein de l'équipe Recherche. Il a travaillé à l'Association internationale de science politique de 2003 à 2008 en tant qu'administrateur et responsable des relations extérieures. Il a été chef du terrain pour l'enquête sur l'américanité du Québec réalisée en 2007 pour le compte du professeur Guy Lachapelle.

Patrick LEBLOND

Patrick Leblond est professeur adjoint à l'École supérieure d'affaires publiques et internationales de l'Université d'Ottawa. Il est également professeur affilié au Service de l'enseignement des affaires internationales de l'École des HEC de Montréal, ainsi que chercheur associé au CIRANO et au Conseil international du Canada. Il est spécialiste des questions d'économie politique internationale, particulièrement celles qui touchent la gouvernance économique mondiale et l'intégration économique et monétaire en Amérique du Nord et en Europe. Avant de se joindre à l'Université d'Ottawa, il était professeur en affaires internationales à l'École des HEC de Montréal et directeur du Réseau économie internationale au Centre de recherches et d'études internationales de l'Université de Montréal (CÉRIUM). Il détient un doctorat de l'Université Columbia (New York), une maîtrise en sociologie et politique de l'Université de Cambridge (Royaume-Uni), un M.B.A. de l'Université de Lund (Suède) et un B.A.A. de l'École des HEC de Montréal. Il est aussi comptable agréé. Avant d'entreprendre sa carrière universitaire, il a travaillé comme expert-comptable et conseiller en finance et stratégie d'entreprise pour Ernst & Young, Arthur Andersen et SECOR Conseil à Montréal.

Stéphane PAQUIN

Stéphane Paquin (docteur de l'Institut d'études politiques de Paris) est professeur à l'École nationale d'administration publique. Il a été professeur à l'École de politique appliquée de l'Université de Sherbrooke et a également enseigné à l'Université Northwestern de Chicago, à l'Institut d'études politiques de Paris en plus d'avoir été secrétaire-général par interim de l'Association internationale de science politique. Il a publié plusieurs livres dont en 2010, avec Kim Richard Nossal et Stéphane Roussel, *International Policy and Politics in Canada* (Toronto, Pearson Canada), en 2008, *La nouvelle économie politique internationale. Théories et enjeux* (Paris, Armand Colin), en 2004, *Paradiplomatie et relations internationales* (Presses interuniversitaires européennes). Il a codirigé plusieurs livres dont, avec Guy Lachapelle, *Mastering Globalization: New Sub-States' Governance and Strategies* (Londres, Routhledge, 2005). Il a également publié dans plusieurs revues scientifiques comme *The Hague Journal of diplomacy, Études internationales, Nationalism & Ethnic Politics, Revue canadienne de science politique, Revue canadienne d'administration publique, Revue internationale de politique comparée.*

Karine PRÉMONT

Karine Prémont est professeure au Collège André-Grasset et détentrice d'un doctorat en science politique de l'Université du Québec à Montréal. Elle est également chercheuse à l'Observatoire sur les États-Unis de la Chaire Raoul-Dandurand en études stratégiques et diplomatiques de l'UQÀM. Ses recherches se concentrent surtout sur le rôle des médias en politique étrangère des États-Unis, sur les institutions politiques américaines et sur les élections présidentielles. Sa thèse portait sur l'incidence des fuites non autorisées sur la formulation de la politique étrangère des États-Unis. Elle est également l'auteure des ouvrages *La télévision mène-t-elle le monde?* (PUQ, 2006) et *L'erreur: l'échec américain en Irak cinq ans plus tard* (en collaboration avec Charles-Philippe David et Julien Tourreille, Septentrion, 2008).

Elle a participé à plusieurs publications sur la politique américaine, dont *Le conservatisme américain* (dirigé par Julien Tourreille, PUQ, 2007), *Le Congrès des États-Unis* (dirigé par Frédérick Gagnon, PUQ, 2006) et *La présidence des États-Unis* (dirigé par Élisabeth Vallet, PUQ, 2005). Elle a aussi contribué à différentes revues spécialisées, telles que la *Revue canadienne de science politique, Diplomatie, Le Banquet* et *Éthique publique.*

Yves ROBY

Yves Roby a fait ses études à l'Université Laval, à la Sorbonne et à l'Université de Rochester, New York. Il a obtenu un Ph.D. Il est professeur émérite de l'Université Laval où il a enseigné l'histoire des États-Unis pendant 35 ans. Il a publié plusieurs livres et articles sur l'histoire du Québec et des États-Unis. Ses écrits lui ont valu de nombreuses distinctions dont le prix du Gouverneur général du Canada, le prix Champlain (2 fois), la médaille Tyrrell de la Société royale du Canada et la bourse de recherche Killam.

Jessica N. TRISKO

Jessica N. Trisko est candidate au doctorat au Département de science politique de l'Université McGill. Ses intérêts de recherche portent sur la politique étrangère américaine, les études de sécurité et les conflits civils et ethniques. Sa thèse, intitulée *Blood Money : Aid and Repression in Post-Cold War Asia,* se penche sur l'impact de l'aide militaire et économique américaines sur la violence politique des pays récipiendaires. Elle détient également une maîtrise de l'Université du Texas, à Austin.

Laurent VIAU

Laurent Viau est actuellement étudiant à la maîtrise en science politique à l'Université du Québec à Montréal et il est bachelier en économie et politique de l'Université de Montréal. Il se spécialise principalement dans les questions relatives à l'intégration économique régionale. En dehors de ses études, il travaille depuis des années au sein du mouvement étudiant: d'abord comme coordonnateur à la recherche à la Fédération étudiante collégiale du Québec (FECQ) en 2004-2005 puis comme employé à la Fédération des associations étudiantes du campus de l'Université de Montréal (FAECUM) et à la Fédération étudiante universitaire du Québec (FEUQ). Il est présentement attaché aux affaires universitaires au sein de la Fédération étudiante universitaire du Québec.

Introduction

Guy Lachapelle

La reconnaissance des Québécois de leur américanité est enfin une reconnaissance de soi par soi qui permet une reconnaissance adéquate de l'autre. C'est le type de mise au point du regard que l'américanité a rendu possible.

Yvan Lamonde

L'Américanité du Québec est devenue un objet de recherche majeur pour saisir les transformations et l'évolution des valeurs, des perceptions et de l'imaginaire des Québécois à travers les influences d'un voisin plus qu'imposant, à savoir les États-Unis. L'objectif de cet ouvrage s'inscrit autour de ce constat, mais aussi autour d'un défi lancé par l'historien Yvan Lamonde : celui de se penser d'abord comme Américains ou Nord-Américains puis comme francophones et non comme le berceau d'une Amérique française[1]! Les Québécois ne sont plus des Français d'Amérique ni des Canadiens français. Ils ont assumé pleinement, en ce début de 21ᵉ siècle, leur américanité sur les plans économique, politique et culturel. Cette reconnaissance que nous sommes avant tout des Nord-Américains de culture française – une identité qui pourtant traduit bien notre spécificité – suscite chez certains un grand frisson identitaire, car cette acceptation continentale serait le prélude à un réalignement de la politique extérieure du gouvernement du Québec. Il serait cependant risqué, voire irresponsable, si nos gouvernements ne pouvaient prendre le pouls de cette

---

1. Yvan Lamonde, *Allégeances et dépendances – L'histoire d'une ambivalence identitaire*, Montréal, Éditions Nota Bene, 2001, p. 110-111.

Amérique qui est en pleine transformation, en particulier à la suite des traités de libre-échange, et s'ils demeuraient attentistes. Il faut assumer pleinement les défis liés à l'intégration des Amériques et en évaluer constamment les effets sur notre développement économique et social.

Depuis la création du Groupe de recherche sur l'américanité (GRAM) et la première enquête d'opinion que nous avons réalisée en 1997[2], nous avons toujours senti une difficulté à bien distinguer américanité, américanisation et antiaméricanisme. Il existe des différences fondamentales entre ces trois concepts qui sont souvent utilisés de manière interchangeable par les critiques de l'américanité. C'est pourquoi nous avons choisi, dans une nouvelle enquête réalisée dix en plus tard, à la fin de 2007, de faire un état des lieux et de mesurer l'évolution de l'opinion publique québécoise. Tous les auteurs de cet ouvrage ont eu accès à ces données et nous avons pu partager nos réflexions autour de ces résultats en les comparant aux données d'autres enquêtes internationales. Le début de ce siècle a été marqué par des événements historiques (attentats terroristes du 11 septembre 2001, guerres en Afghanistan et en Irak, deux mandats de George W. Bush à la présidence des États-Unis) qui ont eu une incidence directe sur certaines des opinions à l'égard des États-Unis et ont incité la communauté d'affaires ainsi que les milieux politiques à réévaluer nos relations avec les États-Unis. Nos échanges commerciaux ont connu une baisse constante au cours de cette période, remettant même en cause des deux côtés de la frontière les principes ayant mené aux traités de libre-échange. En somme, tous ces faits nous ont obligés, pour reprendre l'expression d'Yvan Lamonde, à sortir « d'une fixation immobilisante sur l'américanisation à l'exploration risquée de l'américanité » (2001, 95).

« Penser notre américanité » peut représenter pour certains un exercice insécurisant parce qu'ils y voient sans doute un « consentement inconditionnel aux États-Unis » (2001, 98). Cependant, comme l'écrit le sociologue Guy Rocher, on peut très bien étudier la société américaine, comme toute autre société d'ailleurs, sans en partager les

---

2. Antoine Robitaille, « L'insondable âme américaine des Québécois », *Le Devoir*, 9-10 mai 1998, p. A4 ; Groupe de recherche sur l'américanité, « Entre l'ambigüité et la dualité », *Le Devoir*, 14 juillet 1998, p. A7 ; Groupe de recherche sur l'américanité, « L'assurance identitaire se conjugue avec l'ouverture sur le monde », *Le Devoir*, 15 juillet 1998, p. A7 ; Groupe de recherche sur l'américanité, « Un Québec juste dans une Amérique prospère », *Le Devoir*, 16 juillet 1998, p. A7.

idéaux[3]. C'est le défi que les penseurs de l'américanité ont voulu relever. Il est également tout à fait réducteur de croire que «penser l'américanité» constitue une acceptation des valeurs libérales états-uniennes ou une négation de notre propre histoire. Mais qui a peur d'être Nord-Américain? Pour véritablement «penser notre américanité», il faut aussi avoir une connaissance affûtée – et dénuée de toute conception réductrice – de la société étatsunienne. Les États-Unis sont une société complexe et tiraillée par divers courants idéologiques comme bien d'autres sociétés. Ainsi, l'Observatoire sur les États-Unis de la Chaire Raoul-Dandurand de l'UQÀM a été créé afin de former davantage de spécialistes de la politique américaine et, surtout, de susciter des réflexions plus nuancées sur notre principal partenaire économique. On peut très bien étudier les États-Unis comme on peut étudier la France, la Grande-Bretagne ou l'Allemagne sans nécessairement être d'accord avec leurs idéaux ou leurs politiques. De plus, la couverture par le Réseau de l'information de la Société Radio-Canada des congrès démocrates et républicains lors des élections présidentielles de 2004 et de 2008 a suscité un nouvel intérêt auprès des citoyens en dirigeant les projecteurs sur deux traditions politiques aux multiples facettes historiques.

Il faut aussi «penser notre américanité» sur le plan historique, car après tout, notre histoire continentale est parsemée de témoins et de sujets à étudier, comme Serge Bouchard aime à nous le rappeler dans sa série d'émissions radiophoniques intitulée *De remarquables oubliés*, présentée à la première chaîne de Radio-Canada[4]. L'américanité nous oblige également à assumer une certaine posture politique. Ainsi, Yvan Lamonde lançait-il aux politicologues le défi suivant: mieux comprendre la relation des Québécois avec le politique ou leur difficulté à concilier le politique et le culturel. Il écrivait: «La politique de l'*hésitation* est la résultante des deux autres rapports au politique: c'est celle où le surinvestissement vain dans la politique fait douter de la pertinence de transformer encore une fois une revendication culturelle et identitaire en combat de pouvoir politique.» Il voyait,

---

3. Guy Rocher, «Les conditions d'une francophonie nord-américaine originale», dans Guy Rocher, *Le Québec en mutation*, Montréal, Hurtubise HMH, 1971 (1973), p. 89-107; Guy Rocher, «Le Québécois, un certain homme nord-américain», dans Jean Sarrazin (dir.), *Dossier-Québec*, Paris, Stock, 1977, p. 33-44.

4. Société Radio-Canada, *De remarquables oubliés*, Première chaîne de Radio-Canada, http://www.radio-canada.ca/radio/profondeur/RemarquablesOubliés/accueil.html.

d'ailleurs, dans un certain rejet de l'américanité du Québec le reflet de cette *politique de l'hésitation* :

> Cette *politique de l'hésitation* est subtilement présente sous une forme spécifique dans la reconnaissance de l'américanité. Le problème ne vient pas de l'identification de la dimension américaine et continentale de l'identité québécoise. Il se révèle lorsqu'il s'agit de savoir ce qu'il y a culturellement et politiquement à faire avec cette américanité, lorsqu'il s'agit de tracer une ligne, de tirer les conclusions de cette réalité et d'en considérer les exigences.

> Il est enfin difficile de tirer ces conclusions parce qu'on pense qu'un plaidoyer en faveur de la reconnaissance de l'américanité du Québec équivaudrait à une acceptation inconditionnelle de l'américanisation et d'un impérialisme étatsunien, qu'il soit économique, militaire, technologique ou culturel[5].

In Fine, les Québécois ne sont évidemment pas *uniquement* des êtres américains – il existe évidemment chez eux une forte composante européenne –, mais l'objectif premier de ce livre est d'abord de prendre la mesure de cette identité québécoise nord-américaine ou continentale. Chaque partie de cet ouvrage se veut une réflexion sur des enjeux à la fois historique (1ʳᵉ partie), culturels (2ᵉ partie), économiques, environnementaux et sécuritaires (3ᵉ partie), politiques (4ᵉ partie) ainsi que sur les mutations de notre américanité, de notre américanisation et de notre antiaméricanisme. Notre expérience et nos politiques nord-américaines et continentales – notre américanisme – sont en constante évolution – autant que celle avec le Canada – et les réflexions de nos collaborateurs sur *Le destin américain du Québec* veulent prendre la mesure de cette acceptation d'être des Nord-Américains de culture française.

* * *

Plusieurs enquêtes d'opinion seront mentionnées dans les chapitres de ce livre, lesquelles ont permis au cours des dernières années de mieux analyser les transformations continentales – économiques et politiques – qui ont eu une incidence sur l'évolution des relations entre le Québec et les États-Unis. Nous voulons brièvement remercier ici les organismes et les institutions qui ont collaboré aux

---

5.   Yvan Lamonde, *op. cit.*, p. 111.

deux enquêtes que nous avons menées autour de la question de l'américanité : le Groupe de recherche sur l'américanité, dont l'étude a été réalisée entre le 12 juin et le 21 juillet 1997 auprès de 2 204 répondants québécois a été rendue possible grâce à l'appui financier de l'Université Concordia, de l'INRS-Urbanisation, Culture et Société, de la State University of New York (Plattsburgh), de l'Université du Québec à Montréal, de l'Association québécoise d'études américaines et de la firme de sondage Impact Recherche ; le Conseil de recherches en sciences humaines du Canada, dont la subvention a permis la tenue d'une enquête entre le 27 novembre et le 28 décembre 2007 auprès de 1 251 répondants québécois, et ce, avec la collaboration de Léger Marketing. Finalement, je voudrais également remercier M. Bernard Descôteaux, directeur du quotidien *Le Devoir*, ainsi que Manon Derome, responsable de l'archivage des photos au centre de documentation de ce journal, pour m'avoir donné accès à leur banque de photos. Un merci également à André Ruest du Centre d'archives de Québec et des archives gouvernementales (Bibliothèque et Archives nationales du Québec) pour son aide précieuse dans ma recherche de matériel iconographique. Un clin d'œil aussi à Paul Labelle, photographe, qui a pris le temps de photographier le tableau de Rafael Sottolichio en page couverture et divers documents d'archives. Enfin, grâce au soutien de tous les professionnels qui gravitent autour des Presses de l'Université Laval, ce livre est devenu cet objet que vous avez aujourd'hui entre les mains. Du simple manuscrit original jusqu'à sa facture finale, cet ouvrage demeure avant tout le résultat de dizaines de personnes qui ont cru et collaboré à ce projet. Mes plus sincères remerciements à tous et toutes.

PREMIÈRE PARTIE

L'américanité des Québécois

Chapitre 1

L'américanité du Québec
au temps de Louis-Joseph Papineau[1]

GUY LACHAPELLE

Si ce n'eût été du courage des Canadiens français en 1775 et en 1812, les Canadas feraient aujourd'hui partie de la confédération américaine.

La Fontaine, février 1849.

Nous voulons faire croire à ceux qui ne le croient pas que les destinés du Canada sont grandes, que la nationalité canadienne-française devra jouer un rôle important dans les nouvelles phases de l'Amérique septentrionale, en donner l'espérance à ceux qui ne l'ont pas.

Jean-Baptiste-Éric Dorion, *L'Avenir*, novembre 1848.

L'américanité du Québec se définit comme le rôle que le Québec et les Québécois entendent jouer en Amérique, et cela, autant en Amérique anglo-saxonne qu'en Amérique latine[2]. Il s'agit, comme le soulignait l'historien Yvan Lamonde, «d'un concept d'ouverture et de mouvance qui dit le consentement du Québec à son appartenance

---

1. Ce texte est la mise à jour d'une conférence donnée à l'Université d'Édimbourg en mai 1999. Une version a été publiée dans *Canada 1849*, sous la direction de Derek Pollard et Ged Martin, The University of Edinburgh, Centre of Canadian Studies, 2001, p. 164-180.
2. Guy Lachapelle, «L'américanité des Québécois ou l'émergence d'une identité supranationale», dans Michel Seymour (dir.), *Nationalité, citoyenneté et solidarité*, Montréal, Liber, 1999, p. 97-111.

Louis-Joseph Papineau (1786-1871), circa 1860.
Livernois Photographe Québec, Bibliothèque
et Archives nationales du Québec, Fonds P560, D1, P992

Maison de Jean-Baptiste-Éric Dorion dans le village de L'Avenir.
Photo de Guy Lachapelle, août 2010.

continentale[3] ». Toutefois, cette appartenance continentale, si elle signifie en partie l'acceptation des valeurs libérales, elle ne signifie pas que les Québécois sont nécessairement enclins à accepter une plus grande américanisation du Québec. Cette américanité ou l'américanisme des « Canadiens », comme Papineau l'écrivait au milieu du siècle dernier, demeure beaucoup plus complexe, car elle s'inscrit à la lumière de facteurs historiques, politiques et sociaux[4]. L'année 1849, aussi surnommée « l'année de la terreur », est le témoin d'une fracture profonde de la société québécoise. Elle représente un point d'ancrage de l'américanité du Québec au moment ou tant le statut du Québec face à l'empire colonial que le nouvel ordre constitutionnel né de l'*Acte d'Union* de 1840 forceront les élites politiques et économiques à revoir la relation du Québec avec la Grande-Bretagne et les États-Unis.

La période dont nous traitons dans ce texte est celle de 1837 à 1850. Elle représente un moment charnière de l'histoire nationale du Québec. Les « Canadiens » font face à l'Union – qui vise plus ou moins à freiner leur élan national et à les assimiler – et aux défis de se construire une identité nord-américaine. L'attrait des États-Unis est indéniable au cours de cette période, tant pour les leaders politiques comme Louis-Joseph Papineau, Jean-Baptiste-Éric Dorion et Louis-Antoine Dessaulles que pour la population qui cherche désespérément à survivre alors que bon nombre de propriétaires terriens les poussent à s'expatrier vers les États-Unis.

La mémoire des rébellions de 1837-1838 continuera d'occulter les débats, puisque la politique britannique de Lord Durham (1840) à l'endroit des « Canadiens » constituera la semence des conflits qui naîtront en 1849. Comme le soulignait Louis-Hippolyte La Fontaine à l'Assemblée législative, les Canadiens français avaient jusqu'à ce moment stoppé les avances américaines dans la mesure où certaines promesses leur avaient été faites quant à la préservation de leur héritage national. En 1849, la question se posait de nouveau : les « Canadiens » devraient-ils songer à joindre les États-Unis, à élaborer un nouveau pacte avec les administrateurs britanniques ou simplement

---

3.   Yvan Lamonde, *Ni avec eux ni sans eux – Le Québec et les États-Unis*, Montréal, Nuit Blanche Éditeur, 1996, p. 11 ; « L'américanité du Québec – Les Québécois ne sont-ils vraiment que des Américains parlant français ? », *Le Devoir économique*, 1 (2), octobre 1985, p. 54-55.

4.   Antoine Robitaille, « Les Québécois veulent s'ouvrir à l'Amérique », *Le Devoir*, 9-10 mai 1998, p. A1 et A12.

choisir le chemin de l'indépendance? Si cette question demeure récurrente dans l'histoire du Québec, nous regarderons aujourd'hui plus spécifiquement celle du rôle du Québec dans l'Amérique septentrionale.

Mais cette «appartenance continentale» obligeait les élites de l'époque à formuler un modèle qui permettrait aux «Canadiens» de préserver leur identité tout en poursuivant leur quête vers une plus grande égalité. Divers enjeux occuperont d'ailleurs le haut de scène publique de 1837 à 1850. Au cours de la session de 1849, à l'Assemblée législative de la Province du Canada, les débats deviendront acrimonieux entre les factions libérales et conservatrices. L'émigration des «Canadiens» vers les États-Unis, la loi d'indemnisation des familles des patriotes de 1837-1838 et les discussions sur l'annexion aux États-Unis et sur les lois de navigation alimenteront les débats. On assistera d'ailleurs, à ce moment, à «la curieuse alliance des libéraux-démocrates avec quelques ultraconservateurs, leurs ennemis naturels[5]», les deux groupes étant favorables à l'annexion.

L'un des événements culminants de l'année 1849 sera sans contredit l'incendie du parlement provoqué par les tories conservateurs de Montréal qui s'opposaient à la loi d'indemnisation des familles des patriotes de 1837-1838[6]. Comme à d'autres moments de l'histoire

---

5.   Joseph-Charles St-Amant, *L'Avenir – Townships de Durham et de Wickham – Notes historiques et traditionnelles*, Arthabaskaville, Imprimerie de «L'Écho des Bois-Francs», 1896, p. 297.

6.   Le 9 mars 1849, la Chambre adopta le projet de loi d'indemnisation des victimes des rébellions. Le Conseil législatif l'entérinera le 15 mars, mais Lord Elgin cherchera à en retarder la sanction royale. C'est finalement le 25 avril qu'il donna son approbation à cette loi. Il sera conspué et on lui lancera des œufs et des roches à sa sortie du parlement. Le journal *Montreal Gazette* le décrira comme «le dernier gouverneur du Canada», tout en invitant les anglophones à la sédition : «*Anglo-Saxons! You must live for the future; your blood and your race will be henceforward your supreme law, if your are faithful to yourselves. You will be English, if you no longer may be British*» (*Montreal Gazette*, 25 avril 1849, cité par Mason Wade, *The French Canadians, 1760-1945*, Toronto, Macmillan, 1955, p. 271). De plus, ce journal annonçait un grand ralliement en soirée sur la Place d'Armes. D'autres journaux anglophones de Montréal, comme le *Herald* et le *Courrier*, appuyèrent également le mouvement. Plus de 1 500 tories anglophones s'y réuniront. Déçus, ils iront mettre le feu aux édifices du parlement alors établi à Montréal. Hector Berthelot décrit ainsi les événements de la nuit du 25 au 26 avril 1849 : «Après avoir incendié les édifices du parlement sur la place du marché Saint-Anne [...] les *Tories* semèrent la terreur pendant plusieurs mois dans les rues de Montréal. Malheurs aux Canadiens-Français qui s'aventuraient alors dans les faubourgs de la partie-ouest pendant l'obscurité, car ils couraient le risque de se faire assommer par des bandes de brigands postés aux coins des rues ou aux portes des auberges. La presse signalait des assauts commis en plein jour, sur la personne de nos concitoyens les plus distingués et la justice était

Pierres tombales de Jean-Baptiste-Éric Dorion dans le cimetière de L'Avenir.
Il est inscrit sur la première à gauche : « L'enfant terrible mort le 1er novembre 1866 à l'âge de 42 ans ». Sur la seconde : « Cultivateur, journaliste, pamphlétaire, député, colonisateur, pionnier de L'Avenir – L'un des esprits les plus clairvoyants qui aient honoré notre pays ». Photo de Guy Lachapelle, août 2010.

du Québec, les élites québécoises seront divisées quant à la direction politique à suivre. La lecture des événements de 1849 nous permet d'ailleurs de mieux comprendre le lent processus de sédimentation d'un peuple que l'on nomme aujourd'hui québécois et qui tout au long de son histoire a évalué ses stratégies à l'aulne de son appartenance continentale. L'américanité des Québécois s'inscrit donc dans la mouvance à la fois de la construction d'un puissant voisin au Sud et de leur rejet par les coloniaux britanniques.

---

impuissante à réprimer ces crimes. Les *Tories* comme des Vandales parcouraient les rues tumultueusement la torche incendiaire à la main » (*Le bon vieux temps*, Montréal, Librairie Beauchemin, 1924, p. 88-91). Les émeutiers continueront tout au long des mois suivants, sans que personne ne les arrêtent, leur œuvre de destruction. Durant l'été de 1849, ils mettront le feu à plusieurs édifices, à des maisons et des hôtels. Les hôtels Donegana, Cyrus et Tétu seront réduits en cendre. L'année 1849 sera ainsi nommée « l'année de la Terreur » (Jean Chartier, « L'année de la Terreur », *Le Devoir*, 21 avril 1999, p. B1).

L'AGRICULTURISME ET LE REJET DES CANADIENS FRANÇAIS VERS LES ÉTATS-UNIS

Sur le plan économique, on pourra certes reprocher au libéralisme économique de l'époque d'être essentiellement bourgeois en s'opposant à tout dirigisme étatique et en appuyant la libre entreprise. Mais l'autre composante importante demeure l'agriculturisme. Le rôle de l'État doit s'inscrire dans la foulée de la pensée des physiocrates qui considèrent la terre, l'agriculture et l'artisanat comme les sources premières du développement économique. Ainsi, à partir de 1827, alors que les visées d'assimilation des Canadiens français sont clairement évoquées par les partisans de l'Union, le Parti canadien élaborera une plate-forme électorale issue à la fois du libéralisme et du nationalisme. Il demandera l'indépendance des juges, l'éligibilité du Conseil législatif, la responsabilité de l'exécutif, la disparition du patronage et la décentralisation administrative vers les comtés et les villes[7]. Les idées de Thomas Jefferson et d'Andrew Jackson furent d'ailleurs bien accueillies au Québec au début du 19e siècle et elles auront une influence déterminante sur les libéraux nationalistes canadiens-français[8].

L'agriculturisme devient ainsi pour plusieurs libéraux nationalistes le remède pour enrayer l'émigration vers les États-Unis tout en offrant aux Canadiens français une source d'indépendance et de salut[9]. La période de 1837-1850 peut aussi être interprétée comme le dernier sursaut d'un certain nationalisme canadien-français, avant la Confédération canadienne de 1867, orientée vers la création d'une république québécoise[10]. L'émigration vers les États-Unis aura, de toutes les époques, une incidence déterminante sur le poids démographique des « Canadiens » dans la province de Québec. La guerre de l'Indépendance américaine, le courroux des administrateurs coloniaux, la

---

7. Maurice Carrier, *Le libéralisme de Jean-Baptiste-Éric Dorion*, Université Laval, thèse présentée à l'école des diplômés, août 1967, p. 17. Fernand Ouellet, *Papineau* (textes choisis et présentés par), Cahiers de l'Institut d'histoire, Université Laval, p. 9.

8. Jean Bruchési, « Influences américaines sur la politique du Bas-Canada, 1820-1867 », dans Gustave Lanctôt (dir.), *Les Canadiens français et leurs voisins du Sud*, Montréal, Valiquette, 1941, p. 189.

9. Antoine Gérin-Lajoie, « Jean Rivard, économiste », *Le Foyer canadien, recueil littéraire*, Québec, Bureaux du Foyer canadien, 1864, p. 15-373.

10. Jacques Monet, *The Last Cannon Shot. A Study of French-Canadian Nationalism, 1837-1850*, thèse, Toronto, University of Toronto, 1964.

situation économique difficile et les événements politiques de 1837-1838 accéléreront l'émigration des « Canadiens » vers le Sud.

Au moment de la guerre de l'Indépendance américaine, en juin 1776, près de 150 Canadiens « congressistes » suivront les troupes américaines dans leur retraite du Canada vers Crown Point de crainte de représailles de la part des autorités britanniques. Ils s'installent alors dans l'est de l'État de New York, plus particulièrement dans les environs du lac Champlain[11]. D'autres s'établiront au Vermont. Le premier recensement de cet État, en 1791, compte 29 familles canadiennes, soit 153 personnes ou 2 % de la population vivant dans cet État[12]. Par ailleurs, un bon nombre de loyalistes viendront s'établir au Québec[13]. On estime à environ 7 000 ceux qui quitteront les États-Unis pour chercher refuge dans la « province de Québec » entre 1783 et 1784. L'Acte constitutionnel de 1791, qui divise la « province de Québec » en deux – le Haut et le Bas-Canada –, a pour objectif d'envoyer les loyalistes loin de la zone seigneuriale du Saint-Laurent sous l'administration britannique afin de pouvoir garder le contrôle sur cette partie de l'Amérique[14].

L'émigration des « Canadiens » vers les États-Unis s'accentuera avec les mauvaises récoltes de 1805, jumelées aux craintes de la population envers l'administration Craig. En 1808, entre autres, quelque 300 familles y chercheront refuge[15]. La crise économique des années 1830 et les rébellions de 1837-1838 amèneront une autre vague

---

11.   Au sujet de l'influence des idées de la révolution américaine au Québec, il faut lire Pierre Monette, *Rendez-vous manqué avec la révolution américaine. Les adresses aux habitants de la province de Québec diffusées à l'occasion de l'invasion américaine de 1775-1776*, Montréal, Québec Amérique, collection « Dossiers et documents », 2007, 552 p.

12.   Maurice Carrier, *op. cit.*, p. 70-71.

13.   L'*Acte de Québec* de 1774, qui a pour effet d'augmenter les territoires de la province en englobant les régions des Grands Lacs et de l'Ohio, suscita la colère de nombreux Américains et favorisa la naissance des États-Unis. À ce moment, de nombreux loyalistes se réfugièrent dans la province de Québec, ce qui aura pour résultat de doubler la population anglophone. Pour les « Canadiens », l'*Acte de Québec* rétablit le droit civil français et abolit le « serment du test » qui empêche les catholiques de remplir les fonctions publiques de juge et de fonctionnaire. Voir Gaston Deschênes et Maurice Pellerin, *Le Parlement du Québec – Deux siècles d'histoire*, Québec, Les Publications du Québec, 1991, p. 10.

14.   Denis Vaugeois, « À propos de l'Acte constitutionnel de 1791 », *Cap-aux-Diamants*, n° 30, 1992, p. 10-13.

15.   Gustave Lanctôt, « Le Québec et les États-Unis, 1867-1937 », *Les Canadiens français et leurs voisins du Sud*, Montréal, Valiquette, 1941, p. 284.

d'émigration vers le Sud[16]. L'attrait repose sur divers facteurs : le renouvellement des méthodes agricoles, l'apparition de nouveaux moyens de transport et l'explosion commerciale. On retrouve des « Canadiens » non seulement dans les États de la Nouvelle-Angleterre, mais également en Ohio, au Michigan et en Illinois. En 1840, dans le seul comté de Kankakee, au sud de Chicago, plus de 1 000 familles canadiennes-françaises habitent les villages de Papineauville, de Bourbonnais et de Sainte-Anne[17]. D'autres continueront de maintenir certaines colonies du vieil Empire français au Missouri[18]. Léon Gérin a d'ailleurs recensé, en 1839, quelque 25 000 Canadiens vivant aux États-Unis[19].

Au lendemain des rébellions, Papineau et Nelson amèneront plusieurs patriotes aux États-Unis, surtout en Nouvelle-Angleterre. Au cours des trois années suivantes, la frontière Québec/États-Unis sera le théâtre de nombreux raids de patriotes qui après avoir trouvé quelques appuis aux États-Unis chercheront vainement à reprendre les hostilités[20]. Les raisons de ce départ ne furent pas uniquement politiques, mais également économiques, comme le soulignent Hansen et Brebner :

> In it political and economic motives were mingled, as they had been in the situation that had brought on the revolt. Stated very briefly, a rapidly growing French-Canadian population was finding that good new lands within their old province had either almost disappeared or were in the hands of Anglo-Canadian proprietors whose advantageous position was closely related to their entrenched political privilege[21].

Hansen et Brebner soulignent également :

> New England was now the magnet and there, in the enthusiastic Americanism of the times, the characteristics that had been maintained in Quebec for more than half a century in spite of English rule seemed about to be lost by every emigrant who crossed into the young republic[22].

---

16. Antoine Roy, « Les Événements de 1837 dans la Province de Québec », *Bulletin des recherches historiques*, 37, 1931, p. 75-83.
17. Marcus L. Hansen et John B. Brebner, *The Mingling of the Canadian and American Peoples*, New Haven, Yale University Press, 1940 et New York, Arno Press, 1970, p. 128-130.
18. Joseph M. Carrière, *Tales from the French Folklore of Missouri*, Evanston, 1937.
19. Léon Gérin, *Le type économique et social des Canadiens*, Montréal, 1938, p. 108.
20. Victor Morin, « Une société secrète de patriotes canadiens aux États-Unis », *Proceedings and Transactions of the Royal Society of Canada*, 1930, Sect. i, p. 45-57.
21. Marcus L. Hansen et John B. Brebner, *op. cit.*, p. 124.
22. *Ibid.*, p. 123.

Le Rapport Durham, adopté par le Parlement londonien en juillet 1840, qui entérine le principe de l'Union des deux Canadas, est également à l'origine de l'accélération de l'émigration. Comme le souligne l'historien Jean Hamelin, cet événement coïncide avec ce qu'il appelle « la mise en tutelle des Canadiens français[23] ». On assiste, à ce moment, au début d'une émigration massive vers les États-Unis, terre de survie des Canadiens français. Entre 1840 et 1850, quelque 40 000 d'entre eux iront s'y établir[24] et durant la décennie de 1850-1860, plus de 35 000 autres feront de même. Pour endiguer cet exode massif, dont les conséquences sociales et politiques ne pouvaient que nuire au développement de la civilisation canadienne-française, les libéraux « Canadiens » favoriseront alors la colonisation des Cantons de l'Est. Les Canadiens français devaient avoir accès aux terres coloniales afin de pouvoir subsister.

L'Institut canadien (1844) et le journal *L'Avenir* (1847) naîtront du constat que l'émigration ne pouvait qu'affaiblir politiquement la « race canadienne-française ». Ils se donneront d'abord pour mission de la freiner en faisant la promotion d'intérêts agraires et de la fin du régime seigneurial. Pour les libéraux de *L'Avenir*, dont Jean-Baptiste-Éric Dorion, les principes républicains formeront les assises de leur idéologie politique. Maurice Carrier écrit d'ailleurs au sujet de Dorion :

> Aussi paradoxal que cela puisse paraître, lui qui souhaite de tous ses vœux l'intégration du Canada à la république voisine s'acharne à mettre un frein à l'émigration massive des Canadiens français en leur rendant accessibles les terres des Cantons de l'Est et en les rendant aptes à en tirer une existence décente, voire enviable [...]. Ces caractères du libéralisme de Jean-Baptiste-Éric Dorion perpétuent l'admiration de ses devanciers pour les institutions américaines et pour l'agriculture [...]. Il va rejeter la confédération pour lui préférer l'annexion[25].

Le problème de l'émigration est tel qu'en 1849, le Parlement crée une commission d'enquête pour étudier les raisons de l'exode massif des Canadiens français vers les États-Unis. Selon le rapport, au moins 20 000 francophones auraient quitté le Québec au cours de la période de 1844-1849. Leurs raisons sont multiples : les salaires plus élevés aux États-Unis, le déclin de la coupe du bois, la difficulté d'avoir

---

23.   Jean Hamelin (dir.), *L'histoire du Québec*, Montréal, Éditions France-Amérique, 1977, p. 345.
24.   *Ibid.*, p. 354.
25.   Maurice Carrier, *op. cit.*, p. 343.

de bonnes terres et le refus des enfants des propriétaires terriens de s'établir comme fermier[26].

Toutefois, le rapport n'indiquait pas pourquoi les Canadiens français ne s'établissaient pas sur les terres de la province et, en particulier, dans les Cantons de l'Est. Deux ans plus tard, une seconde enquête donnera plusieurs réponses à cette question[27]. La publication du mémoire de douze missionnaires des *townships* de l'Est, signé le 31 mars 1851 et intitulé « Le Canadien émigrant ou Pourquoi le Canadien français quitte-t-il le Bas-Canada ? », donnera des arguments supplémentaires à ceux qui reprochaient au système colonial de chercher activement à diminuer le pouvoir politique des « Canadiens ». La raison principale évoquée dans ce mémoire était que les grands propriétaires terriens exploitaient les colons d'une manière cruelle dans le but de les « rejeter vers les États-Unis[28] ». Les terres étaient entre les mains de spéculateurs qui demandaient un prix trop élevé pour celles-ci. L'Église freinait la colonisation parce qu'elle craignait que les Canadiens français perdent leur foi à cause de la dominance des fermiers britanniques et américains dans les Cantons de l'Est[29]. Les moyens de communication étaient dans un état lamentable. La British-American Land Company, qui possédait plusieurs des terres inoccupées, imposait des conditions inaccessibles aux pauvres agriculteurs.

C'est dans ces conditions de désœuvrement que la situation des « Canadiens » devint, au fil des ans et surtout aux lendemains des rébellions de 1837-1838 et du Rapport Durham, de plus en plus précaire. L'année 1849 a constitué en quelque sorte une année de transition, puisque la question des terres – ainsi que la présence de « squatters » qui occupaient illégalement des terres appartenant à des coloniaux – força les « Canadiens » à chercher des moyens de subsistance. Jean Hamelin affirme d'ailleurs que c'est au cours de cette période que « la survivance succéda alors aux velléités d'indépendance ». Lorsque Jean-Baptiste-Éric Dorion arrive dans le comté de

---

26. *Rapport du comité spécial de l'Assemblée législative, nommé pour s'enquérir des causes et de l'importance de l'émigration qui a lieu tous les ans du Bas-Canada vers les États-Unis*, Montréal, 1849.

27. *Le Canadien émigrant par douze missionnaires des Townships de l'Est*, Québec, 1851, « The French-Canadian Emigrant; or Why Does the French Canadian Abandon Lower Canada ? », *Appendix to the Journals of the Legislative Assembly of the Province of Canada*, X, np. V.

28. Joseph-Charles St-Amant, *op. cit.*, p. 262-263.

29. *Mélanges religieux, scientifiques, politiques et littéraires*, V, Montréal, 24 février 1843, p. 291 ; XI, 21 mars et 7 avril 1848, p. 187-188, 208-209.

Durham en 1853, avec le but d'aider les « Canadiens » à s'établir sur des terres leur appartenant, plusieurs familles venaient de quitter les paroisses de Nicolet et de La Baie vers le village de *L'Avenir* à cause des conditions de vie pénibles dans ces comtés.

Les « Canadiens » prennent donc conscience au cours de cette période de leur précarité sociale et économique et cherchent divers moyens de contrer les efforts d'assimilation de l'administration coloniale. Si les États-Unis représentent pour plusieurs un exil volontaire, pour le pouvoir colonial, l'émigration vers le Sud constitue un moyen d'appliquer les recommandations du Rapport Durham afin de s'assurer de la minorisation des « Canadiens ». Les élites canadiennes-françaises libérales tenteront bien de s'opposer aux politiques de minorisation des « Canadiens », mais leur combat sera difficile, surtout que l'Union attire plusieurs libéraux réformistes.

L'AVENIR (1847-1852) ET JEAN-BAPTISTE-ÉRIC DORION : LES CANADIENS FRANÇAIS LIBÉRAUX (LES ROUGES), LE PRINCIPE DES NATIONALITÉS, LE RAPPEL DE L'UNION ET L'ANNEXION AUX ÉTATS-UNIS

C'est au cours de cette période que l'on voit naître le *nouveau libéralisme* des Canadiens français. Cette idéologie demeure foncièrement anticléricale parce que le clergé appuie le pouvoir colonial. Elle cherche à préserver ses acquis au cœur d'une Amérique protestante. Ainsi, les libéraux s'opposeront à la dîme parce qu'elle appauvrit les Canadiens français tout en symbolisant la domination du système clérical. La synthèse entre le libéralisme et le nationalisme s'opère également à ce moment. Les libéraux regroupés autour de l'Institut canadien adhèrent aux principes que les individus et les nations ont droit à la liberté. Sur le plan politique, ce libéralisme s'identifie à la démocratie et au parlementarisme. Même si le modèle britannique demeure pour plusieurs un exemple à suivre, les libéraux ou ultra-démocrates opteront pour le républicanisme comme système politique. La division avec les réformistes de cette époque sera clairement consacrée lorsque ces derniers estimeront, aux lendemains d'une révolte avortée, qu'il valait mieux chercher des voies de compromis avec le pouvoir colonial.

Le modèle américain influença grandement la pensée des libéraux du temps, en particulier celle de Louis-Joseph Papineau, et ce, dès le début des années 1830. Il fut d'abord admiratif de la

Constitution et des libertés anglaises. Toutefois, le refus de Londres de rendre électif le Conseil législatif et le pouvoir des gouverneurs de sanctionner des lois affirmant le droit de regard de l'Assemblée sur l'exécutif firent en sorte qu'il regarda de plus en plus vers le modèle américain. Si les voltigeurs avaient réussi à arrêter les troupes américaines lors de la bataille de la rivière Châteauguay de 1812, il n'est pas clair que vingt ans plus tard il n'aurait pas été favorable au libéralisme américain plutôt qu'au monarchisme constitutionnel britannique.

Lorsque Papineau revient au Québec en 1845, après son séjour parisien (1839-1845), il a un grand projet, celui de l'annexion aux États-Unis. Il en a sans doute parlé à ses amis parisiens, les Lamennais[30], Arago, Desjobert, Rostan et Decamps. Dans une lettre envoyée en mars 1846 par madame Elvire Guillemot, elle indique que Lamartine serait même en faveur de ce projet:

> Ne croyez-vous pas qu'on pourrait jusqu'à nouvel ordre diriger l'émigration sur la rive américaine au bord du St-Laurent en attendant l'annexation (*sic*) du Canada aux États-Unis, car jusqu'alors il ne pourrait se former aucun établissement au milieu de la population canadienne-française. M. de Lamartine, avec lequel Eugène (le mari de madame Guillemot) a eu plusieurs conversations à ce sujet, appuierait de toute l'influence de son beau talent ce projet; il lui plaît infiniment[31].

Pour faire la promotion de l'idée d'annexion, les Rouges se dotent d'un journal de combat: *L'Avenir*. Le premier numéro sera publié le 16 juillet 1847. Fondé par Georges Batchelor, il fut acquis quelques mois plus tard, en novembre 1847, par Jean-Baptiste-Éric Dorion, Gustave Papineau (fils de Louis-Joseph) et son neveu, Louis-Antoine Dessaulles. Dorion avait alors 22 ans et il était le chef de jeunes radicaux. *L'Avenir* portait d'ailleurs en exergue cette phrase significative: «Laissons-là ceux qui croient que le monde va crouler parce que tout se remue et s'agite autour d'eux.» Il s'inspirait largement des idées de Lamennais et il représentait pour Papineau un moyen de propager les siennes. Ruth L. White écrit:

---

30.   René Rémond, *Lamennais et la démocratie*, Paris, Presses universitaires de France, 1948.

31.   Ruth L. White, *Louis-Joseph Papineau et Lamennais*, Montréal, Éditions Hurtubise HMH, Collection Cahiers du Québec, 1983, p. 100.

Le journal, qui propageait les idées mennaisiennes, adopta les mêmes format et typographie que son ancêtre parisien. Souvent, les éditeurs citaient Lamennais, dont la philosophie républicaine les inspirait. Le nouvel *Avenir* s'enthousiasmait, comme le premier, devant les soulèvements en Irlande et en Pologne ; il vanta, bien entendu, la France et Lamartine au moment de la Révolution de 1848[32].

Avec son équipe de *L'Avenir*, Papineau forma le Parti démocratique et les membres furent surnommés les «Rouges».

À l'origine, les principales demandes de *L'Avenir* s'articulaient autour de treize revendications : l'éducation aussi répandue que possible ; une réforme postale ; la libre circulation des journaux ; la décentralisation du pouvoir ; un conseil législatif élu ; le suffrage universel ; l'éligibilité dépendante de la confiance du peuple ; l'abolition de la tenure seigneuriale ; l'abolition des réserves du clergé ; l'abolition du système de pensions par l'État ; le vote au scrutin ; la réforme de la judicature ; les municipalités de paroisse et la magistrature élue. Par la suite, trois autres thèmes devinrent son fer de lance : l'annexion aux États-Unis, l'abolition de la dîme et le libre-échange. De plus, à partir de 1848, avec la montée des mouvements nationalitaires en Europe, en particulier en Belgique et en Italie, *L'Avenir* se fait le défenseur du principe du droit à l'autodétermination des peuples et réclame un rappel de l'Union[33]. Jean-Charles St-Amant affirme d'ailleurs que son programme est, à cette époque, «carrément radical».

Jean-Baptiste-Éric Dorion était un admirateur de Papineau et ses positions étaient si controversées au sein de la classe bourgeoise que le rédacteur du *Journal de Québec* et député de Montmorency, Joseph Cauchon, le surnomma «l'Enfant terrible». Son journal était favorable à l'annexion aux États-Unis et Papineau estimait qu'elle était inévitable et qu'il fallait que le Canada s'y prépare dès lors. Selon Jean-Charles St-Amant, c'est à partir du 4 août 1849 que *L'Avenir* choisit définitivement cette voie[34]. Dorion y écrivait d'ailleurs le 4 août 1849 :

> En traitant ce sujet dans nos colonnes, en manifestant notre opinion favorable à l'annexion, en donnant le peuple du pays, les Canadiens français du moins, comme disposés à changer la forme du gouverne-

32. *Ibid.*, p. 98.
33. Yvan Lamonde, *Ni avec eux ni sans eux, op. cit.*, p. 31.
34. Selon Yvan Lamonde, c'est à la fin de février 1849 que *L'Avenir* «se met aussi à marteler l'idée de l'annexion du Canada aux États-Unis», *Louis-Antoine Dessaulles, 1818-1895 – Un seigneur libéral et anticlérical*, Montréal, Fides, 1994, p. 75.

ment du Canada, etc., etc. On crie fort aux taxes directes ! La réponse est facile, tangible. Sur les trente et quelques états de l'Union pourriez-vous, messieurs, nous en citer un seul qui trouve le système de taxes directes bien onéreux ? Un seul qui en ait demandé le changement ?

Un auteur comme Joseph-Charles St-Amant exprime fort bien cette vision conservatrice du rôle de la « race française » en Amérique en affirmant que le principe de l'annexion aux États-Unis était « dangereux pour la moralité publique et pour la nationalité canadienne-française ». Il ajoute :

> Si l'on trouvait détestable, insupportable, le joug d'Albion, quelles garanties nous offraient les fils de Washington ? Quels progrès pouvions-nous faire au point de vue national en nous jetant dans cette grande urne de nationalités hétérogènes qu'on nomme les États-Unis[35] ?

Il voyait aussi dans « l'indépendance de la pensée » la « liberté de pensée » proposée par *L'Avenir* et les idées de « la morale indépendante de Proudhon ». La Fontaine, comme d'autres, estima que « annexion et nationalité sont une contradiction[36] ». Les Canadiens français demandent l'annexion aux États-Unis parce l'Union n'est pas une option et qu'elle va à l'encontre du principe des nationalités. De plus, sur le plan politique, Papineau et La Fontaine s'affrontent à l'Assemblée législative sur les compensations qui doivent être offertes aux patriotes et à leurs familles, ce qui suscite une grande réprobation des ultraconservateurs et des tories anglophones.

Après la disparition de *L'Avenir*, en 1852, Jean-Baptiste-Éric Dorion quitta Montréal pour aller s'installer, l'année suivante, à Saint-Pierre de Durham, sur la terre de son frère, l'abbé J. Hercule Dorion. Il y établit un magasin et une petite scierie. Peu après son arrivée, il obtint un bureau de poste. Il baptisa alors le village « L'Avenirville[37] ». L'Avenir fut fondé en 1853. Comme l'écrit St-Amant, Dorion a donné au village le nom de son ancien journal : « *L'Avenir* avait cessé de paraître en 1852, et c'est le souvenir de son cher défunt que ce même M. Dorion voulut perpétuer, en donnant son nom à l'un des endroits les plus féconds et alors les plus florissants des townships de l'Est[38]. » La même année, Dorion entreprit la construction de l'église actuelle

---

35.   Joseph-Charles St-Amant, *op. cit.*, p. 293.
36.   Cité par Yvan Lamonde dans *Louis-Antoine Dessaulles*, *op. cit.*, p. 75.
37.   Joseph-Charles St-Amant, *op. cit.*, p. 299.
38.   *Ibid.*, p. 261-262. F. Robert-Eugène Marcotte, « De l'Avenir à l'Avenir, petite étude sur l'influence de Féli de la Mennais au Canada », *Chronique des frères de l'instruction chrétienne*

de L'Avenir et, plus tard, du presbytère. En 1862, il y fonda le journal *Le Défricheur*, qui sera vendu quelques années plus tard à Wilfrid Laurier, futur premier ministre du Canada.

LE LIBRE-ÉCHANGE ET LE TRAITÉ DE RÉCIPROCITÉ

La ferveur du mouvement annexionniste inquiétait les autorités, en particulier Lord Elgin[39]. Selon lui, la seule façon de faire disparaître la « tentation étatsunienne » était de demander à la Grande-Bretagne d'abroger les lois de navigation et de favoriser la réciprocité commerciale avec les États-Unis. Mais le manifeste annexionniste de l'automne de 1849 affirmait que le commerce libre et réciproque avec les États-unis pour les produits des forêts, des terres et des mines ne constituait pas un remède aux maux qui affligeaient alors le Canada, ni d'ailleurs une union fédérale des provinces britanniques pour agrandir le marché intérieur.

En 1847, le gouvernement et la Législature du Canada-Uni avaient fait des représentations auprès du gouvernement et du Parlement impérial pour la révocation des « lois de navigation ». Ces lois interdisaient le transport des marchandises et des produits étrangers aux ports des différentes colonies par des navires autres que britanniques. Les marchands canadiens avaient beaucoup de difficultés à importer directement des produits européens des pays producteurs. Ils fallaient qu'ils soient chargés et expédiés vers le Canada à bord de navires britanniques. Cela nuisait au commerce. Le Parlement britannique amenda donc, durant la session de 1849, la loi 12-13 Victoria, chapitre 29. Le Saint-Laurent fut dès ce moment ouvert aux navires de tous les pays et le commerce reprit avec plus de vigueur.

Quant à la réciprocité avec les États-Unis, il s'agissait essentiellement d'une entente bilatérale. En 1847, la Législature canadienne avait adopté des résolutions favorables à l'établissement d'une

---

de Ploërmel, janvier-mars 1965, p. 59-64. Cet article est paru précédemment dans l'*Entraide fraternelle*, octobre 1964, p. 32-34.

39.   Dans une lettre datée du 14 octobre 1849, envoyée à Lord Grey, Elgin écrit : « *It is signed by very few French – and not many prominent politicians – It is temperately drawn up abounding in assertions that look plausible enough but lack proof... The assertion that England is indifferent to the maintenance of the colonial connexion is by far the most powerful argument which the annexationists employ, and the most difficult to confute. The proper way to treat this document is to represent it to be, what in fact it is, an emanation from a knot of violent protectionists and disappointed party men* », cité par Paul-André Dubé, *Le Manifeste annexionniste de Montréal, 1849*, Université Laval, Institut d'histoire, mars 1965, p. 76.

réciprocité tarifaire entre les deux voisins. Deux membres du gouvernement, MM. La Fontaine et Sullivan, allèrent, en 1848, à Washington pour en discuter avec le président et les membres de son Cabinet. En 1849, la Législature du Canada adopta une loi qui offrait aux États-Unis la réciprocité pour certains produits spécifiques, tels que ceux de l'agriculture, des forêts et des mines[40]. Mais le Congrès américain n'avait pas adopté une telle législation par suite de l'opposition du Sénat.

Dès le début de son administration, Lord Elgin avait demandé aux autorités britanniques de faire des représentations auprès de Washington afin d'obtenir leur acquiescement aux propositions canadiennes. Dans une lettre envoyée à Lord Grey, il écrit :

> Obtenez-nous la réciprocité, et je vous prédis que vous pourrez bientôt signaler avec satisfaction cette colonie jusqu'ici turbulente comme un exemple de ce que peuvent faire le *self government* et la liberté commerciale pour promouvoir le contentement et le progrès matériel[41].

LE MANIFESTE ANNEXIONNISTE : L'UNION DES LIBÉRAUX/ RÉPUBLICAINS FRANCOPHONES, DES CONSERVATEURS ANGLOPHONES ET DES MARCHANDS TORIES

Au début d'octobre 1849 est publié à Montréal un manifeste en faveur de l'annexion du Canada aux États-Unis[42]. Les signataires veulent « une aimable et pacifique séparation de la Grande-Bretagne et une union sur des bases équitables avec la grande confédération des États souverains de l'Amérique du Nord[43] ». Jean-Baptiste-Éric Dorion et son frère, A.A. Dorion, signèrent le manifeste, de même que Louis-Antoine Dessaulles. La liste des signataires sera dévoilée les 13 et 18 octobre : la première comptera 668 noms alors que la seconde en comptera 1 048[44]. En décembre 1849, l'Association d'annexion de Montréal publiera une nouvelle liste[45]. Jean-Baptiste-Éric Dorion sera,

---

40.   *Statuts provinciaux du Canada*, 1849, 12 Victoria, chap. 3, p. 102.
41.   Theodore Walrond (dir.), *Letters and Journals of James, Eighth Earl of Elgin. Canada and Its Provinces*, Londres, J. Murray, 1872 ; New York, Kraus Reprint, 1969, tome 5, p. 102.
42.   Une première version, apparue le 8 octobre 1849, sera publiée le 11 octobre dans *L'Avenir*. Le même journal publiera la liste des signataires les 13 et 18 octobre.
43.   *Le Manifeste annexionniste*, *L'Avenir*, 13 octobre 1849.
44.   Paul-André Dubé, *op. cit.*, p. 25.
45.   Cette liste est celle qui se trouve dans Thomas Chapais, *Cours d'histoire du Canada*, Tome VI, (1847-1851), Montréal, Les Éditions du Boréal Express, appendice V, p. 317-325. Le président de l'Association d'annexion de Montréal était John Redpath.

avec Charles Laberge et Joseph Papin, porte-parole officiel du groupe. À la fin de ce mois, il ira à Québec appuyer un candidat annexionniste, l'artiste Joseph Légaré, qui perdra toutefois l'élection contre le ministériel Jean Chabot.

Thomas Chapais écrit que les signataires :

> se recrutaient parmi des éléments assez disparates. Il y avait parmi eux des membres notables du parti tory. Il y avait les libéraux ultra du groupe de *L'Avenir*, qui s'inspiraient des principes et des théories de M. Papineau. Et il y avait des hommes appartenant à la classe industrielle et commerciale[46].

Si les motifs annexionnistes du parti tory étaient essentiellement de nature politique, ceux de la classe commerciale étaient le résultat direct de la situation économique. Quant aux libéraux républicains « papineauistes », leur sentiment semblait lié autant à la minorisation des Canadiens français dans l'Union qu'au fait qu'on cherchait à poursuivre l'œuvre d'affirmation nationale entreprise en 1837-1838[47].

En ce qui concerne le premier groupe, l'aile politique des ultratories, il semble bien qu'il soit le plus important. Ces derniers s'opposaient à la domination politique et sociale des Canadiens français. Chapais écrit d'ailleurs :

> Ne pouvant plus dominer, voyant leurs ambitions déçues, constatant avec un amer dépit que les Canadiens français, dont ils avaient rêvé l'annihilation, étaient appelés à exercer leur part légitime de pouvoir, ces piliers d'empire se transformaient en démolisseurs de l'édifice impérial[48].

Parmi ce groupe, signalons les noms de Thomas Brown Anderson, Robert Jones et John Rose.

Selon l'historien J.L. Morison, 1849 fut une année fatale pour le parti des ultratories :

---

46.   Thomas Chapais, *op. cit.*, p. 125.
47.   Dès le 13 octobre 1849, une pétition antiannexionniste circule à Montréal, à l'initiative d'un dénommé John Young. Elle recueillera, dès la fin du mois, plus de 2 000 signatures. Une pétition semblable circulera à Toronto et obtiendra 4 447 signatures. Le futur premier ministre du Canada, John A. Macdonald, de Kingston, était l'un des signataires. Il faut également mentionner la naissance d'un groupe antiannexionniste, la British American League, à Brockville, dont les membres provenaient principalement du parti tory ; ce groupe dénonçait ce qu'il appelait la « French Domination ». Il s'inspirait des recommandations du Rapport Durham et préconisait l'assimilation des Canadiens français. Voir le journal *Montreal Gazette*, du 19 avril 1849.
48.   Thomas Chapais, *op. cit.*, p. 125.

Nés dans le privilège injuste et le préjugé mesquin, gouvernant dans l'esprit de caste le plus étroit, incapables d'aucune large vue d'union entre anglais et français, les tories de l'ancienne école devaient finir par se réduire eux-mêmes à l'absurdité et à l'insignifiance. Il était devenu évident qu'ils étaient le parti de l'ordre et de la loi seulement lorsque la loi protégeait leurs privilèges et que l'ordre signifiait leur domination. Leurs sympathies impériales s'effacèrent et s'évanouirent quand ils ne purent continuer de façonner la politique impériale. Les vaillants champions de la prédominance britannique sur les menées canadiennes-françaises, en 1837, se montrèrent, en 1849, des traîtres aussi militants qu'aucun de leurs anciens adversaires[49].

Chapais affirme d'ailleurs que les membres les plus fanatiques du parti tory s'allièrent avec des agitateurs professionnels et des négociants malheureux pour former une association dont l'objet principal était l'annexion du Canada aux États-Unis[50]. Le deuxième groupe (les conservateurs), celui des négociants et des industriels, peut être considéré à bien des égards comme faisant partie du premier. Toutefois, nous préférons la distinction de Chapais, puisque les motifs premiers de ce groupe étaient de nature économique plutôt que politique. Pour ces gens d'affaires, la crise commerciale et financière avait fait en sorte que leurs affaires avaient périclité et ils estimaient que l'annexion aux États-Unis leur permettrait de retrouver une certaine prospérité. Onze des 23 membres de la Chambre de commerce de Montréal sont parmi les signataires. Paul-André Dubé a répertorié les noms de plusieurs banquiers membres des conseils de direction de grandes banques de Montréal telles la Banque de Montréal, la Chambre des courtiers de change, la Banque du Peuple, la City Bank, la City and District Savings Bank et la Banque de l'Amérique du Nord. Parmi les commerçants signataires les plus notables, on remarquait MM. Robert McKay, Luther Hamilton Holton, John Torrance, John Redpath, John Molson, William Dow, William Workman, Alexander Galt et John Abbott.

En 1843, le Parlement britannique avait adopté le *Canadian Corn Act* qui permettait à la farine et au blé canadiens d'entrer sur le marché britannique en ne payant qu'un droit nominal. Le blé américain, expédié en Europe par la voie du Canada, ne pouvait bénéficier de ce taux préférentiel. Mais la farine américaine était admise aux

---

49.   J.L. Morison, *Canada and Its Provinces, Tome V, Parties and Politics*, p. 58, cité par Thomas Chapais, *op. cit.*, p. 122.

50.   Thomas Chapais, *op. cit.*, p. 123.

mêmes conditions que la farine canadienne. Le résultat ne se fit pas attendre. Le blé américain fut expédié au Canada pour y être transformé puis revendu en Angleterre. L'industrie meunière canadienne était en pleine expansion. Un grand nombre d'hommes d'affaires et de capitalistes canadiens y placèrent leur argent. On vit alors la construction de meuneries et d'entrepôts ; le commerce des transports prit de l'essor et les revenus des canaux canadiens s'accrurent considérablement.

Trois ans plus tard, en 1846, le projet de loi de Robert Peel mit un frein à cette période de prospérité. Les milieux d'affaires anglophones se sentirent lésés à la suite de l'adoption par la Grande-Bretagne de la loi dite des céréales (*Corn Law*), qui mettait fin au protectionnisme britannique qui favorisait ses colonies. Les entreprises américaines cessèrent de transformer leur blé au Canada. Les conséquences furent immédiates. Chapais écrit d'ailleurs :

> En 1849, la situation commerciale et financière du Canada était déplorable. Plusieurs maisons importantes de Montréal et d'ailleurs se voyaient acculées à la faillite. Il n'y avait pas d'argent ; le crédit était mort ; parmi les hommes d'affaires le mécontentement et le découragement étaient universels[51].

Lord Elgin écrit à Lord Grey le 16 novembre 1849 :

> Ce qui est plus grave, c'est que toute la prospérité dont le Canada est ainsi dépouillée est transférée de l'autre côté de la frontière, comme pour faire sentir plus amèrement aux Canadiens combien plus tendre est l'Angleterre pour les enfants qui l'ont désertée que pour ceux qui lui sont restés fidèles. Car, peu importe que vous soyez protectionniste ou libre-échangiste, je dis que c'est l'inconsistance de la législation impériale, et non le fait d'adopter une politique plutôt qu'une autre, qui est funeste aux colonies. La conviction qu'ils seraient mieux s'ils étaient « annexés » est, je le crois, presque universelle parmi les membres de la classe commerciale en ce moment[52].

Il est toutefois paradoxal d'observer que ce groupe opposé au libre-échange soit favorable à l'annexion aux États-Unis.

Le troisième groupe, celui des républicains radicaux (Rouges) de Papineau, avait choisi de quitter le ministère de La Fontaine à la suite de son échec du rappel de l'Union. Il favorisait l'annexion aux États-Unis parce qu'il admirait les institutions républicaines

---

51.   *Ibid.*, p. 130.
52.   Lord Elgin, *Letters and Journals*, p. 60, cité par Thomas Chapais, *op. cit.*, p. 131.

américaines, mais surtout parce qu'il voulait remettre en cause l'allégeance britannique du Bas-Canada tout en étant libre-échangiste. Louis-Joseph Papineau se déclara favorable au mouvement et il écrivit une longue lettre aux organisateurs d'une assemblée annexionniste, tenue dans le comté de Huntingdon, dans laquelle il s'efforçait de faire ressortir tous les avantages de l'union avec les États-Unis.

Paul-André Dubé note qu'il y a finalement peu de Canadiens français signataires. La première liste n'en compte que 25 à 30; ce nombre passe à 176 le 17 octobre 1849[53]. Yvan Lamonde observe que seulement 17% des signataires du manifeste annexionniste (176 des 1 016) sont des Canadiens français libéraux papineauistes, des membres de l'Institut canadien de Montréal et ceux réunis autour de *L'Avenir* et du *Moniteur canadien*. Toujours selon Lamonde, cela démontre que bien que «l'annexion n'est pas un véritable choix, c'est plutôt un pis-aller après l'échec de leur stratégie de rappel de l'Union[54]» alors que Thomas Chapais parle du «mirage des institutions américaines[55]».

Ce sont donc les membres de ces trois groupes, plutôt hétéro-clites, qui signèrent les manifestes annexionnistes d'octobre 1849. Voici comment le manifeste dépeignait la situation au Canada:

> Le renversement de l'ancienne politique de la Grande-Bretagne, par lequel elle a retiré aux colonies la protection accoutumée sur ses marchés, a produit les effets les plus désastreux en Canada. Lorsqu'on jette un regard sur la condition actuelle du pays, qu'y voit-on si ce n'est des ruines et une décadence rapide? Le gouvernement provin-cial et les corporations civiques embarrassées; nos institutions bancaires et autres sécurités grandement dépréciées; nos intérêts mercantiles et agricoles également peu prospères; les biens-fonds à peine vendables à des termes quelconques; nos fleuves sans rivaux, nos lacs et nos canaux, presque inutiles; pendant que le commerce abandonne nos rivages, les capitaux amassés sous un système plus favorable sont dissipés, sans rien pour les remplacer. Ainsi, dépourvue de capitaux assurés, incapable d'effectuer un emprunt dans les États étrangers ou dans la mère-patrie, même en offrant des garanties bien supérieures à celles avec lesquelles on obtient de suite de l'argent tant aux États-Unis que dans la Grande-Bretagne, quand ce ne sont pas des colons qui le demandent; par conséquent entravée et immo-

---

53.   Paul-André Dubé, *op. cit.*, p. 29.
54.   Yvan Lamonde, *Louis-Antoine Dessaulles, op. cit.*, p. 32.
55.   Thomas Chapais, *op. cit.*, p. 126.

bilisée complètement dans la carrière des entreprises privées et publiques, cette possession de la Couronne britannique – notre patrie – est placée aux yeux du monde entier dans un contraste humiliant avec ses plus proches voisins, montrant les symptômes d'une nation qui marche à grands pas vers la décadence[56].

Selon le manifeste, le « remède » à toutes ces difficultés était l'annexion : il « consiste en une séparation amicale et paisible de la connexion britannique et une union, sous des termes équitables, avec la grande confédération nord-américaine des États souverains[57] ». Le mouvement annexionniste disparaîtra rapidement après 1849, à la grande satisfaction de Londres qui a pu conserver sa colonie.

CONCLUSION

L'année 1849 fut sans contredit une année importante dans l'histoire du Québec. Les « Canadiens » furent aux prises avec l'intransigeance du pouvoir colonial, ce qui les amena à s'expatrier vers les États-Unis. Leur émigration fut pour le pouvoir colonial un moyen de freiner les élans autonomistes de l'époque. Toutefois, ce mouvement aura pour conséquence de les amener à redéfinir leur appartenance nationale et continentale. L'attrait économique des États-Unis et l'admiration des libéraux pour les valeurs du républicanisme américain donneront naissance au mouvement annexionniste. De plus, de l'opposition des tories au libre-échange naîtra une certaine unanimité en faveur de l'annexion aux États-Unis. Louis-Joseph Papineau serait-il le père de notre américanité ou, comme le suggère Michel Lapierre, « d'une métamorphose de la nationalité ancestrale en une identité continentale[58] » ? Les documents et les discours de Papineau confirment cette analyse, mais il faut bien saisir le sens « stratégique » de son choix en faveur de l'annexion. Il avait certainement bien compris le sens de la nord-américanité des Canadiens français.

Tous ces événements ont donc fait en sorte que cet américanisme ou cette américanité des Québécois fut une source importante de divisions sociales aussi bien entre les libéraux et les tories de l'époque qu'entre les élites politiques et les citoyens. Alors que la situation économique devenait de plus en plus difficile pour les

---

56.   *Le Canadien* de Québec, 17 octobre 1849, cité par Thomas Chapais, *ibid.*, p. 124.
57.   Thomas Chapais, *op. cit.*, p. 124.
58.   Michel Lapierre, « Document – Papineau, père de notre américanité », *Le Devoir*, 26 et 27 juin 2004.

Canadiens français, qui se tournaient résolument vers les États-Unis, l'influence des libéraux papineauistes semblait relativement limitée. S'il y a eu un Institut canadien et un Jean-Baptiste-Éric Dorion, les élites canadiennes-françaises semblaient malgré tout divisées quant à la route à suivre. Entre la Confédération, l'annexion ou l'indépendance, les cœurs vacillaient. Mais une chose est certaine, l'américanité du Québec ou son appartenance continentale constitua la toile de fond de tous les débats de 1849.

Chapitre 2

Les Canadiens français émigrés, des « soldats d'avant-garde » de l'idée française et catholique : l'autopsie d'un rêve

YVES ROBY

En 1901, la population canadienne-française du Québec, de l'Ontario, des provinces occidentales du Canada et des États-Unis s'élève à 2 413 090 personnes[1]. C'est à peine si l'on en retrouve 55 % (1 322 115) au Québec. Autour de 900 000 vivent aux États-Unis, dont 573 000 en Nouvelle-Angleterre, 158 671 en Ontario et 27 700 dans les provinces occidentales du Canada. En 1861, à peine 14 % des Canadiens français vivaient hors des frontières du Québec. C'est dire qu'en 40 ans, la donne démographique de la province a radicalement changé. Il n'est donc pas surprenant que cette évolution soit devenue le sujet de préoccupation numéro un des élites clérico-nationalistes québécoises. C'est la présence aux États-Unis de 37 % de cette population canadienne-française et de 23,7 % en Nouvelle-Angleterre qui déconcerte et inquiète le plus.

En 1840, on dénombre 8 700 Canadiens français en Nouvelle-Angleterre ; en 1860, ils sont 37 420. À compter de 1865, l'émigration vers les six États de la Nouvelle-Angleterre prend l'allure d'une saignée démographique. De 37 420 qu'ils étaient en 1860, les émigrés et leurs enfants nés aux États-Unis sont 208 100 en 1880, 365 000 en 1890 et 573 000 en 1900.

---

1. · Comme les élites de l'époque, nous ne comptons pas les Acadiens comme étant des Canadiens français.

Photo de l'église de St-Anne dans le comté de Kankakee en Illinois.
Il est inscrit à l'entrée de la ville que St-Anne fut l'un des premiers lieux de pèlerinage aux États-Unis et que les neuvaines ont débuté en 1881. Plusieurs Canadiens français s'installèrent au sud de Chicago au 19ème siècle dans les villages de St-Anne, Papineauville et Bourbonnais. Photo de Guy Lachapelle, 1982.

Au début, à l'exception de certains centres comme Burlington, Winooski et Worcester, les migrants vivent dans de petites communautés de quelques dizaines, parfois de quelques centaines de personnes isolées, dispersées, noyées dans une population de langue anglaise et de religion protestante. Au fil des ans, surtout après la crise économique de 1873-1879, les Canadiens français arrivent par centaines de milliers et les petites agglomérations dispersées et isolées du début deviennent des centres parfois considérables. Les émigrés représentent environ 10 % de la population des six États de la Nouvelle-Angleterre, mais ils sont inégalement répartis sur le territoire. Ainsi, bien qu'ils ne représentent que 11,84 % de la population du Vermont, ils sont 50 % à Winooski et 25 % à Burlington. Plus au Sud, on les trouve dans des villes moyennes de 25 000 à 100 000 habitants qui forment un large demi-cercle autour de Boston. Ils y sont parfois majoritaires, le plus souvent minoritaires, comme à Fall River

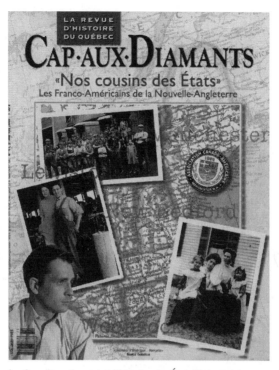

La contribution des Canadiens français à l'histoire des États-Unis a toujours suscité un grand intérêt au Québec bien qu'elle soit souvent oubliée dans les manuels d'histoire américains. Jack Kerouac a entre autre été l'un des principaux ténors de la *Beat generation* avec son livre *Sur la route* (*On the Road*). Numéro spécial de la revue *Cap-aux-Diamants* sur «Nos cousins américains». Photo de Paul Labelle.

(32 %), Lowell (26 %), Holyoke (34 %), Worcester (13 %), Manchester (40 %), Suncook (60 %), Nashua (40 %) et Woonsocket (60 %). Regroupés à proximité des manufactures, ils sont suffisamment nombreux dans certaines rues ou pâtés de maisons pour donner une image française à tout le quartier. Ils forment ce que l'historien américain Jay P. Dolan appelle des «ghettos culturels[2]» et que nous connaissons sous le nom de «Petits Canadas». Il s'y développe une vie catholique et française très intense.

Comment interpréter la situation? Quel sens lui donner? Les émigrés seront-ils fondus dans cette ardente fournaise – le creuset – où tant de nationalités ont disparu? Ne faut-il pas plutôt, s'interrogent des élites québécoises, «regarder plus haut», comme le suggère le

---

2. Jay P. Dolan, 1985, *The American Catholic Experience. A History from Colonial Times to the Present*, New York, Doubleday and Company, Inc., 504 p., p. 201.

jésuite Édouard Hamon[3], « pour comprendre cette migration étrange » ? Dieu n'a-t-il pas un projet pour ces compatriotes ? Beaucoup, profondément croyants, en sont convaincus. Qu'en est-il ?

LE RÊVE PREND FORME

Devant l'ampleur des départs durant les années 1865 à 1873, le clergé québécois redoute que l'émigration ne pousse à l'apostasie ceux qui trouvent refuge dans les villes américaines. Toutes les élites semblent croire que l'exode menace à plus ou moins long terme la survie même de la société canadienne-française. « Combien de compatriotes aux États-Unis, écrit Mgr Louis-François Laflèche en 1866, qui, après deux ou trois générations, auront perdu leur langue, peut-être leur foi, et n'auront plus de canadien que le nom, si même ils le conservent[4] ? » Inquiètes, les élites condamnent l'émigration de leurs compatriotes et discréditent ceux qui partent, les qualifiant de lâches, de fainéants, de dévoyés et de déserteurs.

Ce qu'observent les élites aux États-Unis après 1880 les étonne et les fait réfléchir. Au dire de certains observateurs, les Canadiens français qui se regroupent dans les nombreux Petits Canadas forment une nationalité distincte par la langue, les coutumes et la religion[5]. Cette réalité amène le clergé et des élites laïques à faire une lecture radicalement différente de l'émigration aux États-Unis. « La Providence qui gouverne le monde a, dans cette émigration qui nous étonne, des vues qui nous sont inconnues », écrit Mgr Louis de Goësbriand du diocèse de Burlington. « Laissons-la faire. Elle saura tirer le bien de ce qui nous semble un mal[6]. » Puisque Dieu a fait des Canadiens français « son peuple de prédilection[7] », n'est-il pas permis de croire qu'il ait pu leur confier la mission d'être en terre américaine ce que les Français ont été pour l'Europe : des pionniers, des messagers

---

3.   Édouard Hamon, 1891, *Les Canadiens-Français de la Nouvelle-Angleterre*, Québec, N.S. Hardy, Libraire-éditeur, 483 p., p. 5.

4.   Cité dans Nive Voisine, 1980, *Louis-François Laflèche, deuxième évêque de Trois-Rivières*, Tome 1, Saint-Hyacinthe, Edisem, 320 p., p. 106.

5.   « Ces émigrés forment un peuple […], écrit Hamon, où les traits de famille sont parfaitement conservés », *Les Canadiens-Français de la Nouvelle-Angleterre*, note 25, p. XIV.

6.   Cité dans Hamon, *Les Canadiens-Français de la Nouvelle-Angleterre*, p. 173.

7.   Philippe Masson, 1875, *Le Canada français et la Providence*, Québec, Atelier typographique de Léger Brousseau, 33 p., p. 26.

de la civilisation chrétienne, des «commissionnaires de Dieu[8]»? Ne forment-ils pas une armée de missionnaires lancée à la conquête spirituelle de l'Amérique? Dieu, dira Charles Thibault, a jeté les Canadiens français «comme une poignée d'étoiles [...] pour éclairer [...] les nations protestantes, plongées dans la mollesse, l'iniquité et le vice[9]». Cette idée, des prêtres, des politiques, des journalistes, des poètes, des romanciers, des dramaturges, etc., s'en convainquent et la répètent sur tous les tons, sur toutes les tribunes.

Cette perception des Canadiens français et de leur rôle en Amérique explique la lecture messianique que les élites, des deux côtés de la frontière, font de leur passé. Comme l'écrit Édouard Roy: «L'histoire de notre nation laisse entrevoir les plans divins[10].» Le Canadien français, cet être spécial, cet enfant de la France éternelle, ce descendant des Clovis, des Charlemagne, des Louis XIV et des Jeanne d'Arc, des Vincent de Paul et des Bossuet, Dieu l'a dès l'origine préparé aux rôles glorieux de champion du Christ et de soldat de la Providence[11].

Cette croyance en une mission providentielle modifie par ailleurs le regard que les élites portent sur les émigrés et leur avenir et a un effet très positif sur le rôle qu'elles leur reconnaissent. Les élites pensent tout simplement à un avenir séparé et à la survie, dans la république américaine, des éléments distinctifs de la nationalité canadienne-fran-çaise: la langue, la religion, les mœurs et les coutumes. Selon elles, les émigrés seront les Canadiens français des États-Unis. Comme l'écrit Edmond de Nevers, en quittant le Québec, les émigrés «n'ont pas quitté la patrie, ils l'ont agrandie[12]». Certains, plus audacieux, caressent des

---

8. Adolphe-Basile Routhier, 1881, «Le rôle de la race française en Amérique», dans *Fête nationale des Canadiens-Français célébrée à Québec en 1880*, sous la dir. de H.-J.-J.-B. Choui-nard, Québec, Imprimerie A. Côté et c[ie], 650 p., p. 294.

9. Charles Thibault, 1887, *Le double avènement de l'Homme Dieu ou les deux unités politiques et religieuses des peuples*, Montréal, s.é., p. 4, discours prononcé lors de la célébration de la Saint-Jean-Baptiste à Waterloo, le 28 juin. Les États-Unis, écrit Jules-Paul Tardivel dans *Le Courrier de Saint-Hyacinthe* du 8 février 1873, sont devenus «une vaste Sodome».

10. Édouard Roy, 1888, «La destinée du peuple canadien», *Revue canadienne*, p. 34, confé-rence prononcée à l'Union Saint-Joseph à Worcester.

11. Louis-Adolphe Paquet, 1915, «Sermon sur la vocation de la race française en Amérique, prononcé près du monument Champlain à l'occasion des noces de diamant de la Société Saint-Jean-Baptiste de Québec, le 23 juin 1902», *Discours et allocutions*, sous la dir. de Louis-Adolphe Paquet, Québec, Imprimerie française et missionnaire, p. 184-185.

12. Edmond de Nevers, 1964 [1re édition, 1891], *L'Avenir du peuple canadien-français*, Montréal, Fides, 332 p., note 67, p. 326.

projets plus grandioses : ils rêvent de créer, dans un avenir plus ou moins lointain, un État français et catholique formé du Québec et de la Nouvelle-Angleterre. « Dans cinquante ans, s'écrie Charles Thibault en 1887, notre fête nationale sera célébrée à Boston, alors probablement le centre du Canada français[13]. » On ne perçoit plus ceux qui partent comme des déserteurs, mais comme les défenseurs éloignés du Québec. « Vous serez aux États-Unis, lance l'honorable Joseph-Adolphe Chapleau aux Franco-Américains de Salem (Massachusetts) en 1897, les sentinelles avancées de la patrie, le paratonnerre destiné à détourner les orages qui pourraient fondre sur leurs compatriotes du Canada[14]. » Cette idée, les élites canadiennes-françaises des États-Unis la font leur. « Nous ne sommes plus des Canadiens français errants [...] », souligne Ferdinand Gagnon de Worcester (Massachusetts), mais « les soldats d'avant-garde » de l'idée française et catholique[15].

Certes, lorsque les élites canadiennes-françaises du Québec et de la Nouvelle-Angleterre voient leurs compatriotes comme une armée de missionnaires lancée à la conquête spirituelle de l'Amérique protestante, elles rêvent. Ce rêve, cette utopie, traduit le désarroi et sublime l'impuissance des élites devant l'exode des Canadiens français. Mais les rêves sont parfois des sources d'action ; ils apparaissent comme des possibles et donnent un sens aux actions des divers acteurs. En essaimant au Sud et à l'Ouest, les émigrés ne sont-ils pas en voie de restituer à la Nouvelle-France d'autrefois l'immense territoire dont les ancêtres avaient pris possession[16] ? Ce rêve n'est-il pas au cœur de l'appui indispensable qu'accordent des centaines de prêtres et des milliers de religieux et de religieuses, originaires du Québec, à leurs frères et sœurs d'outre-frontière ? Ce rêve, enfin, n'alimente-t-il pas la vision d'une sorte d'État culturel sans frontières clairement définies, le Canada français, qui, alors, englobe même les Franco-Américains ? Dans cet État, le Québec apparaît comme le château fort et les mino- rités canadiennes-françaises du Canada et de la Nouvelle-Angleterre

---

13.   Thibault, *Le double avènement de l'Homme-Dieu*, p. 33.
14.   Cité dans Georges Bellerive, 1908, *Orateurs canadiens aux États-Unis, conférences et discours*, Québec, Imprimerie H. Chassé, 230 p., p. 155.
15.   « Discours de Ferdinand Gagnon au banquet national, 27 juin 1884 », dans *Noces d'or de la Saint-Jean-Baptiste. Compte rendu officiel des fêtes de 1884 à Montréal*, sous la dir. de Pierre-Philippe Charette, Montréal, Le Monde, 510 p., p. 209.
16.   « Discours de M. l'abbé D.-C. Lévesque », dans Charette, *Noces d'or de la Saint-Jean-Baptiste*, p. 446.

comme ses avant-postes. La patrie, ainsi renforcée, se révèle alors en état de mieux accomplir la mission que la Providence lui a dévolue.

Au fond, ce rêve renouvelle en profondeur le discours de la survivance et fonde toute la stratégie qu'élaborent les élites clérico-nationalistes pour en assurer la réalisation. Pour remplir pleinement le rôle qui leur a été providentiellement dévolu et pour faire en sorte que les avant-postes où on les trouve protègent efficacement le Québec, les émigrés doivent rester eux-mêmes, c'est-à-dire catholiques et français, sinon ils trahiraient. Catholiques d'abord, cela va de soi. Français ensuite, puisque la langue est la gardienne de la foi. Ils n'y arriveront qu'à la condition de se doter d'un réseau institutionnel centré sur la paroisse. Car la paroisse «pour les Canadiens français émigrés, c'est la patrie [...]. L'Église [y] est cette forteresse inexpugnable qui sauve-gardera la foi; les institutions religieuses sont les remparts puissants qui sauvegarderont notre nationalité en sauvegardant notre langue[17].» Toutefois, cette dernière ne jouera parfaitement son rôle qu'à la condition de changer le moins possible et que dans la mesure où tous s'acquitteront du rôle et des devoirs qui leur sont assignés.

Il incombe au Québec, la mère patrie, selon Honoré Mercier[18], qui abrite le groupe le plus fort, d'être le point d'appui, le centre de ralliement et la base des opérations décidées par les chefs. Il doit envoyer aux émigrés des prêtres, des religieux et des religieuses et des élites – les «chefs de peuple» – qui devront se faire les apôtres inconditionnels de la survivance, les défenseurs des droits de leurs compatriotes de même que les bâtisseurs et les protecteurs de leur réseau institutionnel. Quant aux gens ordinaires, ils devront se soumettre de bonne grâce aux direc-tives de leurs pasteurs, appuyer généreusement les institutions mises en place pour les servir et faire de leurs foyers des sanctuaires de la langue française, de la religion et des traditions.

Qu'est-il de ce rêve advenu? S'en est-il allé avec le contexte qui l'a vu naître. Loin de là. À quelques années près, il faudra un siècle avant que les derniers lutteurs franco-américains de la survivance en sonnent le glas. Pour compléter l'autopsie de ce rêve, nous retiendrons trois dates charnières: 1912, 1937, 1952. À chacune de ces dates, l'élite

---

17.   Charles Dauray, «Discours au banquet national, 27 juin», dans Charrette, *Noces d'or de la Saint-Jean-Baptiste*, p. 163 et 166.
18.   Robert Rumilly, 1958, *Histoire des Franco-Américains*, Montréal, USJBA, 552 p., p. 121.

française est conviée à Québec « aux états généraux de la race[19] » pour faire le point sur la situation de leur groupe et mesurer leur volonté de survivre.

1912 : PEUT-ON CRIER VICTOIRE ?

Ce rêve, des observateurs croient qu'il est en voie de se réaliser. Les Franco-Américains, écrit Jean-Léon Kemmer-Laflamme en 1902, « ont transplanté sur le sol américain un rameau de l'arbre national » ; le rameau a poussé des racines profondes, a grandi et est devenu « un arbre puissant[20] ». Les centaines de milliers d'émigrés jetés sans direction dans un pays étranger, préoccupés avant tout de gagner le pain quotidien de la famille, renchérit Henri-T. Ledoux, président général de l'Union Saint-Jean-Baptiste d'Amérique (Woonsocket, Rhode Island), au Congrès de Québec en 1912, « devaient inévitablement être perdus dans le grand tout américain ». Et pourtant ces ouvriers, aidés de centaines de prêtres, de milliers de religieux et de religieuses et d'élites laïques originaires du Québec, fondèrent près de 200 paroisses nationales et mixtes et presque autant d'écoles françaises, des hôpitaux, des orphelinats, des hospices, des centaines de sociétés mutuelles et des dizaines de journaux. « Un million et demi d'âmes françaises, dans un pays saxon, prient en français, pensent en français, espèrent en français[21]. » Ces paroisses et ces institutions apparaissent comme autant de forteresses capables de sauvegarder la foi et la langue française. Comment ne pas y voir l'œuvre de la Providence ? Tous ne partagent pas cet optimisme. Peu s'en faut.

De multiples dangers, de l'extérieur comme de l'intérieur, menacent les forteresses mises en place par les émigrés et leurs enfants. Le discours de leurs élites frappe l'imagination et alarme bien des protestants. En Nouvelle-Angleterre, les Canadiens français sont, au dire du pasteur Calvin E. Amaron, un État dans l'État[22]. Tous leurs

---

19. Yves Roby, 2007, *Histoire d'un rêve brisé ? Les Canadiens français aux États-Unis*, Québec, Septentrion, 148 p., p. 91.

20. Jean-Léon Kemmer-Laflamme, 1903, « Réponse pour les Canadiens des États-Unis », allocution prononcée lors du banquet du 23 juin 1902 à Québec, dans *Annales de la Société Saint-Jean-Baptiste de Québec*, vol. 4, sous la dir. de H.-J.-J.-B. Chouinard, Québec, La Cie d'imprimerie du Soleil, 1903, 586 p., p. 126.

21. Henri-T. Ledoux, 1913, « La mission de la langue française aux États-Unis », dans *Premier Congrès de la langue française au Canada, Québec, 24-30 juin 1912, Compte rendu (CLFC)*, Québec Imprimerie de l'Action sociale limitée, 393 p., p. 366-368.

22. Calvin E. Amaron, 1891, *Your Heritage or New England Threatened*, Springfield, Massachusetts, French Protestant College, 203 p., p. 2.

efforts visent, en effet, à assurer la survivance de la langue française, de la religion catholique et des us et coutumes de leur pays d'origine. Leurs institutions, l'école paroissiale surtout, constituent une menace aux institutions républicaines.

Ces réactions inquiètent les évêques catholiques de la Nouvelle-Angleterre. À Haverhill, Massachusetts, en 1888, et à Boston peu après, des protestants n'ont-ils pas lutté pour assurer un droit de regard absolu des commissions scolaires locales sur la création et le fonctionnement des écoles privées ? Certes, ils ont échoué, mais qu'en sera-t-il dans l'avenir ? L'arrivée de millions de catholiques allemands, européens de l'Est et canadiens-français pourrait bien réveiller l'animosité des « nativistes » américains, comme au temps de la « croisade protestante » des années 1840 et 1850. Cela pourrait bien sonner le glas d'une Église unie, forte, riche et influente à laquelle rêve l'épiscopat catholique américain. Les évêques favorisent donc l'assimilation des immigrants catholiques. Certes, ils consentent à l'établissement de nombreuses paroisses nationales françaises et à la nomination de curés canadiens-français. C'est qu'ils croient que les immigrés perdraient leur foi si on poussait trop brutalement à leur assimilation, mais il convient de noter que la création de paroisses nationales n'est à leurs yeux qu'une faveur et qu'une mesure temporaire. On comprend dès lors qu'après avoir constaté l'anglicisation, même partielle, de certaines communautés d'immigrés, ils favorisent la création de paroisses mixtes et y nomment des prêtres séculiers ou réguliers belges, français ou irlandais. Chaque fois, les élites canadiennes-françaises de la Nouvelle-Angleterre se révoltent, voyant dans la fondation de paroisses nationales un droit indispensable à la survie de leur groupe et dans l'attitude des évêques la manifestation d'un plan visant à les angliciser. De spectaculaires batailles s'ensuivent : Notre-Dame-de-Lourdes de Fall River, Massachusetts (1884-1886), Danielson, Connecticut (1894-1897), North Brookfield, Massachusetts (1899-1901), Notre-Dame de Newton, Massachusetts (1902-1908), et Sainte-Anne de Bristol, Connecticut (1901-1908), étant les plus connues[23].

Toutefois, en dépit de leur caractère spectaculaire, ces luttes alarment moins les élites que le comportement de leurs compatriotes nés aux États-Unis ou qui y vivent depuis plusieurs années. Voyons les

---

23. Voir Yves Roby, 2000, *Les Franco-Américains de la Nouvelle-Angleterre. Rêves et réalités*, Québec, Septentrion, 526 p., p. 122-142 et 172-177.

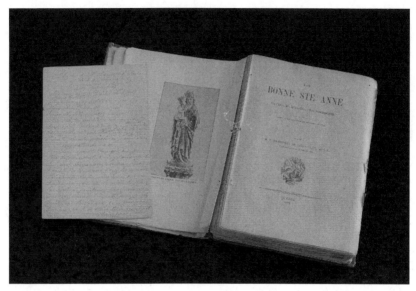

Livre sur *La vie de la Bonne Saint-Anne* qui a appartenu à M. Onézine Fréchette et dans lequel on retrouve une prière manuscrite à la Bonne Saint-Anne. Nous avons trouvé ce livre chez un antiquaire dans la ville de Momence en Illinois qui est situé à 15 miles de la région urbaine de Kankakee-Bradley-Bourbonnais. Photo: Paul Labelle.

Un livre sur *Monseigneur Ignace Bourget* trouvé aussi à Momence en 1982. Photo: Paul Labelle.

choses de plus près. Pour les émigrés, la paroisse représente une oasis, un refuge. Ils y mènent une vie religieuse et française intense ; c'est la petite patrie à laquelle ils s'identifient. Elle leur permet de satisfaire l'essentiel de leurs besoins tout en maintenant leurs contacts avec le monde extérieur à un seuil minimal. À l'église, dans la presse, dans la vie des sociétés mutuelles et dans les loisirs, le français est la langue unique et elle est prédominante à l'école. Voilà de quoi rassurer les chefs du peuple. Cependant, au fil des ans, l'institution paroissiale évolue. C'est qu'elle baigne dans une ambiance toute particulière. Au travail, dans les loisirs, dans la rue et par tous ses sens, l'émigré participe à la vie américaine ; les usines portent des noms qui ne lui sont pas familiers ; les marchands, même de sa nationalité, affichent en anglais et en français ; le contremaître lui donne des ordres en anglais ; le maître de poste et les policiers sont le plus souvent unilingues anglais, etc. Puis la paroisse elle-même est agente de changement. Dans ses prônes, le curé peut bien vanter les beautés de la langue française et rappeler à ses paroissiens les coutumes et les traditions ancestrales ; il leur interprète aussi les complexités du monde ambiant. Lorsque les gens se rencontrent sur le perron de l'église, chez le marchand général ou chez le barbier, il va de soi qu'ils échangent les dernières nouvelles du pays natal, mais ils discutent également de conflits syndicaux, de politique municipale, du dernier cirque en ville, des championnats de boxe, de baseball, etc. L'école paroissiale et la presse représentent autant une ouverture sur le monde anglophone. Ces changements réjouissent les Canadiens français nés aux États-Unis et ceux qui y sont arrivés depuis 10, 20 ou 30 ans, mais ils effraient leurs dirigeants.

Les élites constatent avec inquiétude que dans ce groupe, l'usage de la langue française décline sensiblement. Le déclin est particulièrement notable là où les Canadiens français sont peu nombreux et dans les paroisses mixtes. Beaucoup de jeunes répugnent à y parler français, même au foyer paternel où l'anglais devient la langue d'usage et où le statut du français est relégué à celui de langue seconde. Les parents y voient d'ailleurs peu à redire. Ceux que l'ignorance de l'anglais a gênés au début de leur séjour en terre étrangère veulent éviter les mêmes difficultés à leurs enfants. Dans ces conditions, la langue «s'effrite et s'use comme une falaise toujours et impitoyablement battue par les vagues[24]». Même dans les villes comme Fall

---

24.   Armand Bédard, 1913, «Discours», dans *CIFC 1912, Compte rendu*, p. 363.

River, Lowell, Lewiston, Manchester et Woonsocket et dans les paroisses nationales dotées d'un réseau institutionnellement plus complexe, l'attitude des parents inquiète. Parce que la plupart ont renoncé à retourner au Québec, « leur rêve » – plus prosaïque et réaliste que celui des élites – est de voir leurs enfants profiter au maximum de la nouvelle vie qu'ils ont choisie ; ils croient que le meilleur moyen d'y arriver est de s'intégrer progressivement à la société d'accueil et non de s'en isoler. Ils demandent que les écoles paroissiales préparent mieux les jeunes à la vie américaine en faisant une part plus grande à l'anglais, convaincus que son ignorance débouche sur l'isolement et l'ostracisme et sa maîtrise, sur l'inclusion et le progrès. Progressivement, le bilinguisme devient la norme pour leurs enfants.

Une minorité de parents, malgré la réprobation qu'ils encourent, envoient leurs enfants à l'école publique, boudent les sociétés mutuelles de leur nationalité au profit d'organisations de langue anglaise et s'abonnent de préférence aux journaux américains. Au grand dam de leurs élites, ils refusent de sacraliser la paroisse et ses institutions. En même temps qu'ils s'opposent aux évêques à qui ils reprochent de procéder trop rapidement et brutalement, ils condamnent les excès des « nationaleux ».

Par ailleurs, ces fils d'émigrés des deuxième et troisième générations font leurs certaines traditions américaines et modifient leurs comportements : ils accordent une plus grande importance à l'éducation de leurs enfants, prennent part plus activement aux activités syndicales, embrassent la cause de la naturalisation et participent à la vie politique avec enthousiasme. Les parents sont aussi moins réticents à l'idée de voir leurs enfants épouser quelqu'un d'une autre ethnie. Sans renoncer aux éléments constitutifs de leur nationalité, ces gens deviennent Américains de cœur et d'esprit. Ils sont des Franco-Américains.

Ces développements divisent les élites. Certes, toutes sont d'accord pour que les jeunes acquièrent une certaine connaissance de l'anglais, mais là s'arrête l'unanimité. Pour les prêtres, les religieux et les religieuses, les journalistes, les professionnels et les mutualistes originaires du Québec, il suffit que cette connaissance soit rudimentaire. Aller plus loin menacerait la réalisation de la mission providentielle des Canadiens français en terre américaine. « L'anglicisation des Canadiens, écrit l'abbé Denis-Michel-Aristide Magnan en 1912, ne s'accomplit qu'à prix d'âmes[25].» Pour les hommes d'affaires, les professionnels ou les politiciens, qui par leurs occupations sont en relation plus constante avec leurs hôtes, une plus grande maîtrise de l'anglais s'impose. Pour les premiers, tout changement aux institutions représente une menace à la réalisation de leurs rêves; pour les autres, c'est une nécessité.

Pour les élites québécoises réunies à Québec, ces événements sont lourds de sens. La situation inquiétante observée en Nouvelle-Angleterre annonce-t-elle ce que sera l'avenir des Canadiens français d'Ontario et des provinces occidentales du Canada? Si oui, peut-on encore rêver? Faut-il dire adieu aux lendemains qui chantent?

1937: UN IDÉAL QUI S'ÉTIOLE

En 1937, les signaux d'alarme se multipliant, la Société du parler français décide de convier à Québec, «la ville sainte pour les Français d'Amérique[26]», les représentants de tous les Canadiens français ainsi que des Acadiens et des Franco-Américains à une «retraite fermée de la race française du continent américain[27]» pour faire le point sur leur situation.

Près de 4 000 délégués franco-américains participent à ce qu'un de leurs chefs, Adrien Verrette, appellera «la croisade franco-américaine». Le tableau détaillé que brossent de leur situation la trentaine d'orateurs et de conférenciers est inquiétant. Les Franco-Américains pourront-ils survivre? Combien de temps? Voilà les questions angoissantes que se posent les élites franco-américaines et auxquelles, sur toutes les tribunes, elles s'efforcent de répondre depuis des années.

Vu de l'extérieur, le réseau institutionnel paraît solide et la communauté franco-américaine semble en bonne santé. Qu'on en juge! Près d'un million de Franco-Américains disposent de quelque 300 paroisses, 200 écoles, 32 couvents, 5 collèges, 16 hospices, 12 hôpitaux et 6 orphelinats. Ils possèdent 5 journaux quotidiens, 14 hebdomadaires, 5 revues mensuelles et ils contrôlent 5 grandes sociétés de secours mutuels regroupant plusieurs dizaines de milliers de membres. Leurs paroisses sont dirigées par 1 200 prêtres et plus de 3 000 religieux

---

25. Denis-Michel-Aristide Magnan, 1912, *Histoire de la race française aux États-Unis*, Paris, Librairie Vic et Amat, 386 p., p. 319.
26. J.-Ernest Grégoire, 1937, «Discours de J.-Ernest Grégoire, maire de Québec, 20 janvier 1936», *Le Canada français*, vol. 24, n° 6, p. 601.
27. 1937, «Notes et nouvelles», *L'Indépendant*, Fall River, 27 septembre, p. 3.

et religieuses. Leur influence commence à se faire sentir de façon significative en médecine, en droit, dans les industries et dans toutes les branches du commerce. En politique, les magistrats et les législateurs sont maintenant trop nombreux pour être mentionnés un à un[28].

Il est donc indéniable que depuis 1912, les Franco-Américains ont progressé rapidement dans la vie sociale, économique et politique de la Nouvelle-Angleterre. Cependant, pour beaucoup d'observateurs, il s'agit d'un trompe-l'œil ; cette façade impressionnante masque les progrès inexorables de l'anglicisation. À preuve : en 1913 déjà, un observateur confie à *L'Avenir National* qu'environ 25 % des Franco-Américains du diocèse de Manchester (25 000 sur 100 000) sont déjà assimilés[29]. Dans son livre intitulé *Histoire de la race française aux États-Unis*, publié en 1912, Denis-Michel-Aristide Magnan soutient que 200 000 à 300 000 Franco-Américains sont devenus «Américains tout court[30] ». On trouve ces derniers dans les États privés depuis longtemps de nouvelles recrues, comme le Vermont, ou dans les États dont la population franco-américaine est faible, comme le Connecticut. Dans les autres États, leur nombre est significatif dans les paroisses territoriales et mixtes. Dans ces dernières, la situation du français est quasi désespérée ; l'introduction généralisée du bilinguisme à l'église, dans les loisirs et même dans les réunions des sociétés de secours mutuels témoigne de la détérioration de l'esprit français. Ailleurs, même les centres privilégiés comme Woonsocket, Fall River, Lowell, Manchester et Lewiston subissent des pertes continuelles. Les indices sont nombreux.

Le bilinguisme est la règle – un vrai Franco, dit-on, doit savoir les deux langues –, ce qui ne veut pas dire que le français et l'anglais soient sur un pied d'égalité. En effet, même s'ils sont bilingues, de plus en plus de Franco-Américains ont tendance à utiliser l'anglais de préférence au français. Le français, qui est leur langue maternelle, est devenu dans les faits une langue seconde et l'anglais, la langue première. Partout, les jeunes tendent à imposer l'usage de l'anglais : à la sortie de la messe le dimanche, dans la cour de l'école, dans les

---

28. Ces données sont tirées des articles suivants : Josaphat Benoit, 1938, « La vie sociale, économique et politique des Franco-Américains », dans *La croisade franco-américaine. Compte rendu de la participation des Franco-Américains*, sous la dir. de Adrien Verrette, Manchester, L'Avenir national éditeur, 500 p., p. 232-238 ; Adrien Verrette, 1938, « Toste aux Franco-Américains », dans Verrette, *La croisade franco-américaine*, p. 176-177.

29. 1913, « Que deviendrons-nous ? », *L'Avenir National*, Manchester, 21 novembre, p. 4.

30. Magnan, *Histoire de la race française aux États-Unis*, p. 319.

soirées «françaises» organisées par la paroisse et même au foyer. «Ce qui est certain, affirme l'abbé Hormidas Hamelin en 1930, c'est que le nombre de ceux qui ne parlent que l'anglais est très considérable et qu'il va en augmentant d'année en année et rapidement[31]. » Mais alors, qu'arrivera-t-il quand la génération qui pousse ne saura plus le français ?

Les jeunes se comportent différemment de leurs aînés dans bien d'autres domaines. Les mariages interethniques se multiplient et le nombre de ceux qui cessent de fréquenter l'église régulièrement augmente de façon significative. Parce qu'ils disposent de loisirs et de revenus accrus, les jeunes délaissent les activités organisées par la paroisse pour courir les buvettes, les salles de danse, les théâtres et les «vues animées». Ce sont, clament les élites, des victimes prêtes pour l'assimilation. D'autres observateurs soulignent la détérioration du français parlé et écrit. La plupart reconnaissent que les élites parlent un très bon français, mais constatent que la langue des gens ordinaires dégénère. Les ouvriers parlent un français bizarre, «un inconcevable ramassis de français et d'anglais», écrit le professeur Edward Billings Ham[32].

L'anglicisation et l'acculturation des jeunes ont un effet considérable sur les institutions franco-américaines. Plusieurs se considèrent quasiment en exil dans les paroisses nationales. L'école paroissiale les attire encore moins. Beaucoup de parents, anglicisés ou en voie de l'être, souhaitent des changements profonds : ils ne demandent pas la disparition du français, mais ils insistent pour que les prêtres enseignent le catéchisme à leurs enfants dans les deux langues et pour que les religieux et les religieuses donnent une place prépondérante à l'anglais dans les écoles. Ils refusent de voir la paroisse comme un refuge, comme une sorte de musée où tout doit être conservé dans son état original ; ils préfèrent y voir un lieu de transition, un agent de changement et d'adaptation à la société américaine.

Jusqu'en 1929, les curés, presque tous originaires du Québec, peuvent encore imposer leurs points de vue et conserver aux paroisses nationales leur caractère de place forte ; ils opposent un non catégorique aux demandes de leurs ouailles et invitent les mécontents à aller voir ailleurs. Après 1929, un tel comportement n'est plus possible.

---

31. Hormidas Hamelin, 1930, *Lettres à mon ami sur la Patrie, la Langue et la Question franco-américaine*, s.l., s.é., 255 p., p. 185.
32. Edward Billings Ham, 1938, dans Verrette, *La croisade franco-américaine*, p. 297.

Refuser d'introduire de l'anglais à l'église et d'en accroître l'importance à l'école risquerait de multiplier les désertions vers les paroisses territoriales et les écoles publiques et affaiblirait ainsi dangereusement les institutions fragilisées par la tourmente économique. À certains endroits – encore rares cependant – comme à Saint-Joseph de Burlington en 1934, les curés demandent et obtiennent de leur évêque l'autorisation de prêcher dans les deux langues. Les religieuses enseignantes font la part plus large à l'anglais. Bien des écoles s'acheminent vers un programme scolaire où le français, réduit à une heure par jour et parfois à moins, devient un objet d'enseignement et cesse d'en être un véhicule[33]. Sous la pression des événements, la paroisse franco-américaine s'éloigne donc de plus en plus du modèle québécois.

Tous les Franco-Américains ont conscience de l'ampleur de ces transformations, y compris les radicaux, les purs et durs de la survivance, qui constatent, sans trop s'en plaindre, que la culture franco-américaine – même en matière religieuse – emprunte de moins en moins à celle du Québec et de plus en plus à celle des États-Unis. Pareillement, ils acceptent la place croissante qu'occupe l'anglais dans la vie franco-américaine. Ils se définissent dorénavant comme des Américains bilingues, catholiques et de culture franco-américaine. Toutefois, pour éviter que la « secondarisation » de la langue française, observée chez les jeunes, ne soit qu'une étape transitoire vers l'unilinguisme anglais, ces radicaux estiment nécessaire de redonner au français la première place. Tout doit être fait pour qu'il garde son statut de langue unique à l'église et qu'il prédomine à l'école et dans les diverses activités paroissiales. Les curés, les religieux et les parents sont invités à se ressaisir. Les Franco-Américains doivent, par ailleurs, se tenir ancrés au vieux tronc québécois et ne pas couper le cordon ombilical.

Pour les élites plus modérées – sans doute majoritaires à la veille du congrès de 1937 –, ce programme semble déconnecté de la réalité. Depuis 1929, la crise prive la communauté franco-américaine de nouvelles recrues du Québec ; les prêtres d'origine québécoise vieillissent et sont progressivement remplacés par des prêtres franco-américains qui n'épousent pas la cause nationale avec autant de ferveur que leurs devanciers. Il y a pire ! Les enfants des immigrés nés aux États-Unis et dont l'importance relative ne cesse de croître dans

---

33.   Voir Adrien Verrette, 1938, « L'école franco-américaine », *Le Canada français*, vol. 25, n° 8, p. 864.

les Petits Canadas «ressemblent moins à leurs parents originaires du Canada, écrit Josaphat Benoit; ils empruntent à leur milieu des façons de penser et d'agir qui étonnent leurs pères et mères[34]». Dans leur cas, les élites modérées croient encore possible de freiner le processus d'anglicisation. Certaines prônent, sans trop y croire, un programme de refrancisation; elles demandent aux parents de redonner à leur foyer sa physionomie française en exigeant que le français y soit doré-navant la seule langue parlée, en faisant lire le journal français, en faisant écouter les émissions radiophoniques françaises et en réclamant le respect du caractère français de l'église et bilingue de l'école parois-siale. Par l'enseignement de l'histoire, elles demandent aux ensei-gnants de redonner à la jeunesse une image plus positive d'elle-même et de lui apprendre la fierté de ses origines. C'est beaucoup demander à des gens qui luttent pour faire la part plus belle à l'anglais dans leur vie et dans celle des institutions paroissiales.

Tout à fait à l'opposé des purs et durs de la survivance, Hormidas Hamelin et ses disciples, absents du congrès, tiennent un discours tout aussi radical. Convaincus que l'américanisation et l'an-glicisation des Franco-Américains sont inéluctables, ils trouvent souhaitable de rompre tous les liens avec le Québec et de renoncer radicalement à la langue française. Selon eux, c'est à tort que certains prêchent que perdre sa langue, c'est perdre sa foi. Certes, leur discours est encore minoritaire, mais il trouve de plus en plus d'adeptes dans les rangs des modérés.

Les Franco-Américains survivront-ils? La réponse donnée en 1937 est évasive. «Si les Franco-Américains le veulent, déclare le père Louis Bachand, o.m.i., de Lowell, si les communautés enseignantes le veulent, par-dessus tout si les curés le veulent, [...] les Franco-Américains [...] conserveront longtemps encore leur héritage fran-çais[35].» Cela fait beaucoup de si. Sont-ils encore, se demandent certains, les «soldats d'avant-garde» de l'idée française et catholique ou, pour reprendre une expression du Franco-Ontarien Gustave Lacasse, «les derniers grognards d'une armée vaincue[36]»?

---

34. Josaphat Benoit, 1935, *L'âme franco-américaine*, Montréal, Éditions Albert Lévesque, 245 p., p. 182.
35. Louis Bachand, 1938, «L'école paroissiale franco-américaine», dans *CLFC, 1937, Mémoires*, Tome 3, Québec, Imprimerie de l'Action catholique, 504 p., p. 188.
36. Gustave Lacasse, 1938, «La langue et l'esprit français en Ontario», dans *CLFC, 1937, Compte rendu*, Québec, Imprimerie de l'Action catholique, 529 p., p. 440.

Pour les délégués franco-américains au congrès de 1937 et leurs hôtes québécois, l'anglicisation galopante observée en Nouvelle-Angleterre et ici et là dans les communautés francophones du Canada hors du Québec de même que la « bilinguisation » généralisée font craindre le pire. L'expérience de la Nouvelle-Angleterre, notamment, ne prouve-t-elle pas que le bilinguisme généralisé conduit en droite ligne à l'unilinguisme anglais ? Lorsque le français est assiégé dans les avant-postes, le château fort peut-il se sentir en sécurité ? Comment réagir lorsque des chefs de file franco-américains, des prêtres surtout, remettent en cause un postulat aussi sacré que celui de la langue gardienne de la foi ? Comment ne pas s'inquiéter des changements profonds causés par l'américanisation qui amènent les Franco-Américains à se définir comme des citoyens américains bilingues – ou de sang français, selon certains –, catholiques, qui combinent les cultures du Canada français et des États-Unis ? Comment continuer de croire à la mission providentielle des Canadiens français et de leurs descendants si, à part leur foi, rien ne les distingue de leurs coreligionnaires nord-américains ? Et, finalement, qu'en est-il du rôle du Québec ? Les Québécois qui, hier, voyaient dans leurs compatriotes des avant-postes les défenseurs éloignés de la patrie devront-ils, demain, se porter davantage à leur défense ou, au contraire, se replier à l'abri de leurs frontières ? Comme on le voit, le discours des élites n'a plus rien du ton triomphaliste du début du siècle.

LES ANNÉES D'APRÈS-GUERRE ET LA CHRONIQUE D'UNE MORT ANNONCÉE

Le 29 mai 1949, lors des fêtes du centenaire franco-américain à Worcester, plus de 1 000 délégués représentant 113 paroisses adoptent dans l'enthousiasme le manifeste *Notre vie franco-américaine*, rédigé par 26 chefs de file regroupés au sein du Comité d'orientation franco-américaine, fondé en 1947. Selon ce manifeste, la paroisse doit demeurer la clef de voute de tout l'édifice. Chaque Franco-Américain doit se faire un devoir de fréquenter son église et de coopérer au maintien de l'atmosphère et de l'esprit français dans toutes les activités paroissiales. Le manifeste invite les parents à garder leur foyer français ou à le refranciser, à tout faire pour que le français demeure la langue d'usage à l'église et qu'elle soit prépondérante ou, à tout le moins, égale à l'anglais dans les écoles. On le voit, le manifeste ne fait que codifier la doctrine traditionnelle. Il s'agit d'un discours prescriptif qui rappelle solennellement à tous la mission providentielle qui leur a été confiée et le programme élaboré par les ancêtres pour le réaliser.

À Lewiston, en juillet 1950, le dominicain François Drouin rappelle à ses auditeurs que :

> la Providence qui a guidé notre destin nous a choisis pour être le levain sacré dans cette pâte américaine en ébullition. Nous ne pouvons démissionner comme Français, sans trahir du coup la grande Patrie qui cherche aujourd'hui son équilibre, au milieu de convulsions matérialistes athées qui peuvent être mortelles[37].

Il en est du Québec pour encore et toujours rappeler à leurs compatriotes de la Nouvelle-Angleterre le rôle que leur a confié la Providence. Le 6 juin 1951, Mgr Ferdinand Vandry, recteur de l'Université Laval, mentionne aux finissants du Collège de l'Assomption de Worcester, Massachusetts, que le Christ leur a confié la mission d'être «des porteurs de lumière et des semeurs de vie», qu'ils doivent être «les missionnaires de la pensée chrétienne». C'est pour cette raison, ajoute-t-il, «que vous devez rester fidèles aux exigences de votre vie française». Vous ne remplirez cette mission «qu'à la condition de rester [collectivement] ce que vous êtes[38]». Ces beaux discours ne trompent personne. Ce qu'observent les élites durant les années de guerre et d'après-guerre s'éloigne de plus en plus de l'idéal prêché.

La guerre a accéléré le processus de désintégration des Petits Canadas. Ces derniers se vident de leurs éléments les plus dynamiques. Le départ de 100 000 jeunes pour l'armée et de milliers d'autres pour les usines de guerre de Boston, de Springfield et d'ailleurs affecte la stabilité des institutions : les curés voient le nombre de leurs ouailles et leurs revenus diminuer parfois radicalement ; les décrocheurs mettent en péril la survie de plusieurs écoles secondaires ; la presse vit des heures difficiles. Le conflit diminue l'attachement à la petite patrie. Pour ne pas s'aliéner la sympathie de leurs compatriotes, les Franco-Américains font tout pour être vus comme des Américains à cent pour cent.

Ceux qui regagnent les Petits Canadas après la guerre – il y en a quand même beaucoup – sont des agents d'anglicisation particuliè-

---

37. R.P. François Drouin, o.p., 1951, cité dans *La Vie franco-américaine, 1950*, Manchester, Imprimerie Ballard Frères, Inc., 408 p., p. 297.

38. Mgr Ferdinand Vandry, 1952, «La vocation spirituelle des Franco-Américains», *La Vie franco-américaine, 1951*, Manchester, Imprimerie Ballard Frères, Inc., 454 p., p. 301-302, 304.

rement efficaces. Parce que la maîtrise imparfaite de l'anglais leur a valu moult tracasseries et plaisanteries durant la guerre, ils n'ambitionnent pas tellement que leurs enfants soient bilingues, mais qu'ils parlent un anglais impeccable. Ils *exigent* donc des transformations institutionnelles notables. Ils réclament et obtiennent un bilinguisme institutionnel capable de répondre aux besoins d'unilingues anglais. Des curés, de plus en plus nombreux, leur donnent raison. C'est ainsi qu'en janvier 1948, à Notre-Dame-de-Pitié, à Cambridge au Massachusetts, les pères maristes annoncent qu'aux messes de 8 h 30 et 11 h 30, la prédication et le prône se feront uniquement en anglais. Ils allèguent qu'il faut songer au salut des âmes avant celui de la langue. Comment répondre autrement aux besoins de ces Francos qui ne parlent plus la langue des ancêtres et qu'Adrien Verrette évalue, en 1949, à des centaines de milliers, voire à la moitié des effectifs[39]?

Les radicaux, «les fous de la race[40]», qui s'autoproclament volontiers les gardiens de la mission des leurs en terre américaine, fulminent. «Ceux qui se sentent étrangers au sein d'une paroisse nationale, écrit Adolphe Robert, [...] eh bien qu'ils aillent ailleurs[41].» Mais ils ne peuvent rien. Le clergé franco-américain et les élites laïques favorables à la transformation de la paroisse possèdent dorénavant le pouvoir et sont donc en mesure d'imposer leur point de vue.

La désintégration des Petits Canadas et la division des élites arrachent un cri de douleur au père Landry, o.p., curé de Sainte-Anne de Fall River, lors du troisième congrès de la langue française à Québec, en 1952. Le titre de sa conférence donne le ton. «Y aura-t-il demain une vie franco-américaine en Nouvelle-Angleterre?» «Hélas! Il faut bien l'avouer, au train où vont les choses, [...] elle finira bien par ne plus exister.» «La vie française s'éteint petit à petit au Vermont et au Connecticut.» Dans les autres États, les Franco-Américains, surtout les jeunes, parlent de moins en moins leur langue. «Je me demande si, à travers toute la Nouvelle-Angleterre, il y a 5% de nos enfants franco-américains âgés de 5 à 15 ans qui peuvent spontanément penser en français.» Partout, des parents, des prêtres et des éducateurs abandonnent la lutte et même les grandes sociétés mutuelles sont impuis-

---

39.   Adrien Verrette, 1950, «Centenaire de la Franco-Américanie», *La Vie franco-américaine, 1949*, Manchester, Imprimerie Ballard Frères, Inc., 641 p., p. 103.

40.   Édouard Fecteau, 1948, «La race a soif», *L'Avenir National*, 19 avril.

41.   Adolphe Robert, 1948, «L'inviolabilité de la paroisse nationale, II», *L'Avenir National*, 7 mai, p. 4.

santes à endiguer le courant de l'assimilation. «Non, il ne faut pas se cacher la tête dans le sable! Depuis 1937, notre vie française n'a cessé de s'atrophier. Nous sommes engagés dans le tourbillon de l'assimilation et nous y roulons à une vitesse accrue[42].»

Sans doute la franchise du père Landry a quelque peu étonné ses hôtes québécois, mais elle n'a pas surpris ses compatriotes franco-américains. Pour cause! Au milieu des années 1950, il existe une moitié – peut-être moins – de Francos qui se perçoivent encore comme des Américains catholiques, bilingues et de culture franco-américaine. De ceux-là, une minorité seulement accorde au français une part prépondérante ou égale à l'anglais. Les autres ont une conception étrange du bilinguisme. «La formule du bilinguisme, écrit Philippe-Armand Lajoie en caricaturant à peine, pour trop de nos gens est 99 pour cent d'anglais et 1 pour cent de français[43].»

Quant aux autres, la moitié selon les uns, les trois quarts du groupe, selon *Le Travailleur* de Worcester[44], seuls les liens du sang et de l'histoire les unissent à leurs compatriotes; seules la foi et les paroisses catholiques méritent à leurs yeux d'être conservées de l'héritage ancestral. Aucun d'eux ne croit que la disparition de la langue française est un désastre. «On ne perd rien de la culture française en laissant tomber la langue française», écrit Alfred-O. Moreau de Hartford, au Connecticut[45]. Plusieurs croient même que, loin d'être la gardienne de la foi, elle est devenue un «instrument d'ignorance religieuse» pour leurs enfants unilingues anglais. Sûrement, aucun des ancêtres canadiens-français ne se reconnaîtrait dans ce discours. Est-ce là la fin du rêve de la mission providentielle?

La plupart le croient. Toutefois, une faible minorité refuse de se rendre à l'évidence. Selon elle, la doctrine qui prétend qu'un peuple peut survivre sans la langue qui lui est propre est non seulement erronée, elle est dangereuse. Un Franco-Américain qui ne veut plus parler français, soutient Antoine Dumouchel, «ne nous appartient plus, ne devrait plus appartenir à nos paroisses nationales, non seulement c'est du bois mort, mais il entraînera la mort de ceux qui

---

42. R.P. Thomas-Marie Landry, o.p., 1953, «Y aura-t-il demain une vie franco-américaine en Nouvelle-Angleterre?», dans *CLFC, 1952, Mémoires*, Québec, Les Éditions Ferland, 390 p., p. 19-20.

43. Philippe-Armand Lajoie, 1950, «Çà et là», *L'Indépendant*, 10 mai, p. 4.

44. 1948, «Une voix du Québec», *Le Travailleur*, 23 décembre, p. 5.

45. Cité dans *La Vie franco-américaine, 1952*, 454 p., p. 172.

l'entourent[46] ». « Un petit groupe franco-américain uni par la langue »,
écrit Gérard-R. Arguin, « sera infiniment plus fort que cinq cent mille
Franco-Américains sans lien aucun[47]. » De belles paroles qui ne
convainquent plus personne, sauf quelques « fous de la race » dont il
a été question plus haut. C'est que la communauté franco-américaine
se transforme à un rythme sans cesse croissant.

À compter des années 1950, on assiste à la disparition progressive des Petits Canadas. L'industrie textile de la Nouvelle-Angleterre
plonge dans le marasme. En conséquence, la population des villes
industrielles diminue. Dans le centre des villes, les maisons ouvrières
délabrées et les usines à demi abandonnées dominent le paysage. Pour
remplacer les bâtiments en mauvais état par des logements sociaux à
loyer modique, le gouvernement américain vote un programme de
rénovation urbaine. Mais parce que les loyers exigés pour ces nouveaux
logements sont trop élevés pour leurs moyens, les familles délogées
doivent changer de quartier. Beaucoup de Petits Canadas disparaissent
alors en tout ou en partie, dissolvant les liens culturels qui unissaient
la population d'origine canadienne-française.

En même temps que l'on observe la transformation physique
des Petits Canadas, le processus d'américanisation passe en quatrième
vitesse. Le signe le plus visible en est certainement la disparition accé-
lérée du français comme langue d'usage. L'anglais domine partout;
beaucoup considèrent le français comme un luxe de plus en plus
inutile. Une étude de Calvin J. Veltman, à partir de données recueillies
en 1976, révèle que le français n'est plus la langue maternelle des
enfants et, également, qu'il disparaît rapidement en tant que langue
seconde. La pyramide des âges laisse entrevoir la réduction rapide du
nombre de francophones en Nouvelle-Angleterre[48]. Le processus est
continu et irrévocable. « Pour parler sans ambages, renchérit Gérard-J.
Brault, la langue française y [Nouvelle-Angleterre] est en voie de
disparition[49]. »

---

46. Antoine Dumouchel, 1955, « Poignée de lettres », *Le Travailleur*, 9 juin, p. 2.
47. Gérard-R. Arguin, 1955, « À ceux qui boivent à grandes gorgées l'élixir fatal de la "porte
     ouverte" », *Le Travailleur*, 21 avril, p. 1.
48. Calvin J. Veltman, 1987, *L'avenir du français aux États-Unis*, Québec, Éditeur officiel du
     Québec, 259 p., p. 61.
49. Gérard-J. Brault, 1995, « Les Franco-Américains, la langue française et la construction
     de l'identité nationale », dans *Identité et cultures nationales. L'Amérique française en muta-
     tion*, sous la dir. de Simon Langlois, Québec, PUL, 377 p., p. 279.

L'arrivée de la télévision bouleverse radicalement la vie des Franco-Américains. Une à une les activités culturelles et paroissiales disparaissent. La culture franco-américaine se transforme. C'est que, plusieurs heures par jour, tous les membres de la famille, les femmes et les enfants surtout, sont soumis à l'assaut incessant d'images, d'idées et de valeurs qui produisent un effet homogénéisant indéniable. Les comportements changent en conséquence.

Les catholiques franco-américains, les jeunes surtout, se détachent progressivement d'une manière de vivre qui ne semble plus coller aux nouvelles valeurs. En témoigne la baisse sensible du taux des vocations et de la pratique religieuse. Des Franco-Américains en nombre croissant cessent de fréquenter l'église et de soutenir l'école paroissiale. Les effets de tous ces changements sur le réseau institutionnel sont dramatiques. Tout au plus reste-t-il en Nouvelle-Angleterre «une centaine de paroisses françaises de nom avec leurs écoles bilingues de nom», constate Roland Girard, déjà en 1961[50]. «L'heure de la ressaisie n'est plus», pleure Adrien Verrette[51]. «La paroisse n'est plus pour les Franco-Américains un bastion de vie française[52].» Les vieux lutteurs disparaissent les uns après les autres, emportant avec eux le rêve formulé par leurs ancêtres canadiens-français du Québec et de la Nouvelle-Angleterre.

Mgr Ferdinand Vandry, Charles Thibault et consorts, à plus de 60 ans d'intervalle, tiennent le même discours et partagent le même rêve. Dieu a fait des Canadiens français et de leurs enfants nés aux États-Unis des porteurs de lumière, des missionnaires lancés à la conquête spirituelle de l'Amérique. Ils ne rempliront ce rôle qu'à la condition de demeurer eux-mêmes, c'est-à-dire catholiques et français. Que des gens profondément croyants aient cru que Dieu leur avait confié une si noble mission, rien de plus normal. Mais qu'ils aient pensé que pour en assurer la réalisation ils ne devaient rien changer, ou le moins possible, tient de la chimère.

C'est cette vision des choses qui explique la lecture que les élites franco-américaines ont faite de leur passé. Les militants à tous crins

---

50. Roland Girard, 1961, «Je butine un peu partout», *Le Travailleur*, 6 juillet.

51. Adrien Verrette, 1964, cité dans «Le Conseil de la Vie française en Amérique, 28e session, 15-18 septembre 1964», *Bulletin de la Société historique franco-américaine*, nouvelle série, 10, p. 39.

52. Bernard Théroux, 1974, «La consolidation du groupe franco-américain», dans *Le Franco-Américain au 20e siècle*, sous la dir. du Congrès des Franco-Américains de la Nouvelle-Angleterre, s.l., Comité de vie franco-américaine, p. 20.

de la survivance se représentent les Petits Canadas comme des forteresses capables de sauvegarder la langue, la foi et la culture des Canadiens français en Nouvelle-Angleterre. Ils voient dans les premières décennies de leur histoire une sorte d'âge d'or ; ils présentent ceux qui ont lutté pour la construction et la défense de ces places fortes comme des héros et des modèles à suivre. Malheureusement, les forteresses que l'on croyait imprenables se sont écroulées sous les coups de boutoir des assimilateurs, notamment de l'épiscopat irlando-américain et des xénophobes américains, Mais sans l'aide d'un nombre croissant de leaders franco-américains, des « opportunistes », des « arrivistes » qui acceptaient de pactiser avec l'épiscopat et qui n'avaient cesse de prôner une meilleure intégration à la société américaine, les ennemis de l'extérieur auraient échoué dans leurs visées. Ce sont ces renégats, ces ennemis de l'intérieur qui, aux yeux de ces militants, expliquent l'écroulement des Petits Canadas. Les ruines qui en restent ici et là ne sont qu'un pâle reflet de ce qui fut, que des signes de la fin d'un beau rêve.

À l'opposé, les partisans de l'intégration à la société américaine, qui voient dans l'assimilation une réussite et non un échec, ont une vision tout autre des Petits Canadas. Ceux qui parmi eux préconisent l'assimilation rapide et totale des leurs y voient des pièges, des prisons. Pour échapper à leurs gardiens rétrogrades et « nationaleux » à outrance, les jeunes n'ont à leurs yeux d'autre choix que de s'évader. Par contre, ceux qui souhaitent une intégration progressive ne répugnent pas à parler de survivance partielle. Ceux-là voient dans les Petits Canadas des lieux de transition, des ponts entre le pays qu'ont quitté leurs ancêtres et celui qu'ont choisi leurs descendants. Ni traîtres ni « fous de la race », leurs leaders sont des passeurs, des agents de changement et d'adaptation à la société américaine.

Cette perception des Canadiens français et de leur rôle en Amérique colore aussi la lecture que les élites québécoises font de ce qui se passe en Nouvelle-Angleterre lors des congrès de la langue française tenus à Québec. En 1912 et 1937, elles se demandent avec inquiétude si ce qui se passe en Nouvelle-Angleterre annonce ce que sera l'avenir du Canada français hors du Québec, et si le bilinguisme généralisé que souhaitent tant de leurs compatriotes ne risque pas de conduire à l'unilinguisme anglais. À ceux qui, en 1952, se demandent si les Québécois devraient d'abord se porter au secours de leurs compatriotes du Canada et des États-Unis, les « défenseurs » éloignés de la patrie, ou, au contraire, se replier à l'abri de leurs frontières,

Lionel Groulx répond : « Il est rare qu'on fortifie ses positions en sacrifiant sa citadelle [...]. Québec tombé, qui voudrait encore se battre en Amérique pour une survivance française[53] ? »

Jusqu'à présent, beaucoup d'historiens se sont contentés d'écrire l'histoire des émigrés canadiens-français aux États-Unis et de leurs enfants à partir des traces qu'ont laissées les militants de la survivance intégrale ou partielle. Il faudra y ajouter l'histoire de ceux qui ont délibérément choisi de s'intégrer à la société américaine. On découvrira que ces gens caressaient un rêve différent de celui de leurs élites, soit celui de voir leurs enfants se fondre dans la société américaine et y voyaient non pas un échec, mais une réussite.

---

53. Lionel Groulx, 1953, « Pour une relève », dans *CLFC, 1952, Compte rendu*, Québec, Les Éditions Ferland, 475 p., p. 344.

Chapitre 3

Le nationalisme culturel faute de nationalisme politique

Yvan Lamonde

Jetez les yeux sur la carte de l'Amérique et vous verrez que vous êtes le seul peuple de ce vaste continent qui soit resté le très-humble sujet d'une puissance européenne.

M. Anglade, Bordeaux (France), à Ludger Duvernay, 10 février 1836. Papiers Duvernay, *Rapport de l'archiviste de la province de Québec* (1926-1927), p. 173.

Il faut, pour comprendre cet énoncé à propos de la situation de 1836 et de celle de 2009 à l'égard de la dépendance de la « puissance » canadienne, faire l'histoire d'un empêchement. D'un empêchement qui ne tient pas à uniquement et d'abord au colonisateur, à « l'Autre », mais à la colonie, au « colonisé ». La question directrice de cette exploration pourrait être la suivante : quels sont les facteurs qui, dans l'expérience américaine continentale du Québec, ont empêché son émancipation coloniale et l'affirmation de son indépendance comme dans la quasi-totalité des colonies des Amériques ? Trois facteurs principaux semblent expliquer cet inaccomplissement : le type même du colonialisme britannique ; l'hypothèse d'un anticolonialisme faible ; la pensée politique de l'Église catholique sur la question de l'émancipation coloniale.

« COLONIALISM : THE BRITISH WAY »

L'histoire coloniale, politique et constitutionnelle du Québec aux XVIIIe et XIXe siècles pourrait se formuler ainsi : le conquérant

René Lévesque à l'*Economic Club* de New York en 1977.

René Lévesque interviewé à New York le 18 mai 1978 par Tom Brokaw, animateur de l'émission télévisée *The Today Show* au réseau NBC. Photo de Jacques Nadeau, mai 1978.

britannique a compensé sa faiblesse démographique et politique *initiale* par son pouvoir économique, puis par une stratégie normale et attendue de colonisation démographique pour conquérir le pouvoir politique. Pressée par la guerre de l'Indépendance étatsunienne, par la Révolution française et par une demande politique locale britannique et canadienne, Londres a concédé la démocratie parlementaire en y attachant le contrepoids aristocratique et efficace d'un Conseil législatif et d'un Conseil exécutif. Délibérément amorcée après 1815, l'immigration a donné les résultats escomptés durant la décennie de 1850, celle du premier recensement officiel (1851), alors que pour la première fois, la population anglophone du Haut et du Bas-Canada dépassa la population francophone du Canada-Uni. L'Union avait réussi. Ce nouvel état de fait, voulu, patiemment attendu et enfin accompli permit à la « démocratie » métropolitaine de rétablir le *rep by pop* qu'elle avait remplacé sous l'Union par une représentation égale du nombre de députés dans un Bas-Canada singulièrement plus populeux que le Haut-Canada. L'union des colonies atlantiques au Canada-Uni en 1867 donnait un double tour à la barrure démographique et politique du Canada naissant.

Le colonialisme britannique occupa tout l'espace qu'il pouvait occuper, sans trop de violence et avec la conscience que le temps, doublé de stratégie, finit souvent par faire accoucher les projets conçus. Tant que la chose fut possible et profitable, on confondit pouvoir judiciaire et pouvoir politique en permettant aux juges d'intervenir dans la politique et d'être éligibles à la Chambre. On pensa même, en certains quartiers, ne déclarer éligibles à la Chambre que les anglophones, ce que d'autres quartiers, plus subtils, ne trouvèrent guères acceptables. Il fallut trois projets d'Union (1811, 1823, 1840) pour qu'elle advienne comme jalon à une stratégie de fédération aux significations par ailleurs toujours mesurément ambigües. L'historien Garneau et l'homme politique Louis-Joseph Papineau ont tous deux bien et tôt vu que LA grande stratégie politique de la métropole avait été de diviser pour régner en créant – ce qu'elle ne fit pas dans d'autres de ses colonies ou avec les mêmes visées – et en entretenant un Conseil législatif qui, en pratique, en raison de ceux qui y étaient NOMMÉS, était un droit de *veto* possible à toutes les lois votées par la Chambre d'assemblée ÉLUE. C'est aussi ce type de colonialisme qui joua du *rep by pop* selon ses besoins et les exigences du moment et qui nomma aux postes administratifs un nombre disproportionné et dénoncé d'anglophones. Sans parler de l'instrumentalisation de l'instance judiciaire – des nominations de juges à celle de jurés –, de la « petite loterie » qui distribuait postes, pensions et nominations aux opposants « évolutifs ». Il faut voir que ce système de contrepoids, admiré en certains quartiers, repose sur une conception plutôt aristocratique du pouvoir où ce sont des individus nommés par le monarque ou son représentant colonial qui le sont pour bloquer un pouvoir démocratique qui mettrait en cause le statut colonial d'un territoire.

Ce colonialisme fut expérimenté – le soleil ne se couchait jamais sur l'Empire –, patient et mesuré, un colonialisme dans lequel il n'y eut toutefois pas une subtilité capable de masquer les stratégies qu'un Papineau ou un Parent identifiait et épinglait.

L'HYPOTHÈSE D'UN ANTICOLONIALISME FAIBLE

Quand on connaît un tant soit peu les écrits de Papineau et de Parent, ceux de Morin, de *La Minerve*, de *L'Avenir*, du *Pays*, de Dessaulles, de Buies et de quelques députés du Parti patriote, on est tenté d'y voir l'essentiel de la pensée critique anticoloniale canadienne-française jusque vers 1867.

Dans les chapitres III, IV et V du premier tome de mon *Histoire sociale des idées au Québec (1760-1896)*, j'ai tenté de faire le bilan du discours anticolonial et nationalitaire qui avait été construit à l'automne de 1837. Nul doute que le combat anticolonial le plus articulé fut le combat politique, parlementaire et constitutionnel. De la revendication d'une Chambre d'assemblée à compter de 1784 à la rédaction des 92 Résolutions (1834) et des résolutions des assemblées populaires en 1837 en passant par l'argumentaire contre le projet d'Union de 1823, on peut voir dans ce corpus de textes la formulation articulée d'une pensée et d'un positionnement politiques solides et relativement clairs. La question est de savoir jusqu'où allait cette pensée politique dans l'expression claire d'un projet d'émancipation coloniale où la gradation allait du projet d'émancipation à la formulation d'étapes sur le moyen ou le long terme et au texte d'une déclaration d'indépendance. J'estime que manque une analyse systématique de l'état d'avancement d'une pensée d'émancipation – le mot peut être ambigu – ou indépendantiste entre 1834 et 1839. Où se trouve la diagonale – si c'est là ce qu'on cherche – dans les textes de Papineau, dans *La Minerve*, dans les lettres du Dr Côté et dans la Déclaration d'indépendance de Robert Nelson ? Quel fut le poids relatif du discours clairement indépendantiste au temps des rébellions et en

1848 ? Jusqu'où peut-on « scientifiquement » identifier les événements de 1837 et, surtout, ceux de 1838 comme la source de la pensée et de la pratique souverainistes au Québec ? Une réponse négative à cette question mine-t-elle ou annule-t-elle la tradition indépendantiste réelle ? Pourquoi ne poserait-on pas la question pour s'assurer d'un regard gratuit, « objectif », sur les événements ?

Dans le chapitre V, j'ai voulu montrer que l'état d'avancement culturel et intellectuel du Bas-Canada en 1837 demeurait en deçà du discours politique et, surtout, que la culture symbolique contribuait peu à le nourrir. Où en était le souffle symbolique avec UN recueil de poésie (1830) et un corpus de poèmes romantiques et politiques disséminés dans la presse de l'époque avec la publication (1837) d'UN premier roman, *L'influence d'un livre* ? Qu'avait-on collectivement symbolisé en littérature, en peinture et en musique comme affirmation de soi, comme intention d'émancipation ? Quelle représentation de soi et quelle confiance en soi la culture portait-elle et apportait-elle au projet politique ?

À trois moments, 1837-1838, 1848 et 1963 avec Marcel Chaput, André D'Allemagne, *Parti Pris* et l'aile radicale du Rassemblement pour l'indépendance nationale de la pensée canadienne-française et québécoise, la critique du colonialisme fut plus ou moins articulée ; mais c'est peu sur plus de deux siècles et, surtout, il s'y trouve une discontinuité qui fait problème.

L'ÉVEIL ET LE PRINCIPE DES NATIONALITÉS

Le chapitre VI du même ouvrage entendait situer le Bas-Canada dans le mouvement européen et américain d'émancipation nationale en évaluant la connaissance et la conscience qu'on avait au Bas-Canada des circonstances et des raisons de la volonté de sortie coloniale d'autres sociétés. Cette conscience émancipatoire était, à la veille de la résistance de 1837, réelle mais minimale, faite de préjugés à l'égard des pays d'Amérique latine, marquée par l'expérience irlandaise et O'Connell, qui allait toutefois décevoir ceux qui versaient du sang.

Il faut être bien conscient du fait que l'éveil des nationalités se faisait souvent à tâtons et qu'on n'en est pas, en 1837, à la clarté de formulation du principe des nationalités en 1848, au moment où, en Italie et en Hongrie, on l'explicite pour y recourir et où les Rouges de *L'Avenir* et de l'Institut canadien de Montréal tentent vainement d'en proposer l'application et l'adaptation à la situation locale. Cette

Le premier numéro de *Québec International* fut publié en 1973 et était un feuillet mensuel visant essentiellement à rejoindre la francophonie. En novembre 1976, une nouvelle facture de *Québec International* voyait le jour et était publié à l'époque par le Ministère des Affaires intergouvernementales. Les défis pour une stratégie de communication efficace sur le Québec à l'étranger demeurent toujours aussi grands en particulier avec l'apparition des nouveaux médias. Photo de Paul Labelle.

Kiosque du ministère des Relations internationales du Québec lors du 59ème congrès national de l'*American Association of Teachers of French* à Montréal, en juillet 2006.
Photo de Yves Landry, juillet 1986.

précaution intellectuelle prise, il n'en demeure pas moins que Papineau, Parent, Viger et Rodier en arrivent à cette formulation passive ou en creux du futur principe des nationalités : « Nulle nation ne veut obéir à une autre nation par la raison toute simple qu'aucune nation ne sait commander à une autre. » Cette formulation, qui exprime une conscience de dépendance coloniale et un possible projet d'émancipation éventuelle, « inévitable », est convergente avec l'idée que Papineau, au début de son *Histoire de l'insurrection en Canada* (mai 1839), dira avoir formulée à Lord Bathurst en 1827, idée selon laquelle, tôt ou tard, comme les autres colonies des Amériques, les colonies d'Amérique du Nord britannique allaient suivre la même voie. À ma connaissance, Papineau n'a pas vraiment formulé la chose en public, mais il vivait avec cette idée en tête, devant mesurer à chaque moment et de façon responsable le pas qui était faisable dans cette direction. Après l'échec de la résistance de 1837, de la rébellion de 1838, de l'opposition à l'Union et de la stratégie d'annexion aux États-Unis, il continua à penser à cette tradition américaine d'émancipation et ce n'est que dans l'annexion et dans une fédération « colombienne », continentale, que, pour lui, elle pourrait dorénavant s'accomplir.

LE PASSAGE D'UNE NATIONALITÉ POLITIQUE À UNE NATIONALITÉ CULTURELLE

C'est dans la réorientation de la conception de la nationalité que l'échec des rébellions révèle son importance décisive, quel qu'ait été le coefficient de détermination de leur projet émancipatoire. Et le réformisme d'un La Fontaine et d'un Cartier et la conception politique de l'avenir du Bas-Canada de l'Église catholique évacuent la dimension émancipatoire, politique et anticoloniale de la représentation nationale de soi pour y substituer progressivement une vision où la nationalité se limite à l'affirmation de valeurs culturelles à conserver : la religion, la langue, la loi civile française et les mœurs. Si le conservatisme politique et religieux ne se limite pas à cette composante, celle-ci en constitue une dimension importante. C'est en ce sens que la nationalité culturelle devient une nationalité de « conservation » des valeurs, sans conserver le nerf politique d'un projet ou d'une volonté émancipatoire. Le réalisme politique de La Fontaine et de la tendance qu'il incarne alors et historiquement consiste en ce sens de la nécessité, en ce parti pris de sauver ce qui peut être sauvé et de composer dans la mesure du possible avec la nécessité de la réalité coloniale. Je reviendrai sur la signification de la participation religieuse, catholique, à cette nationalité de conservation pour faire voir la responsabilité politique de l'Église catholique en matière de dépendance politique.

Ce nationalisme – le mot date du tournant du XXᵉ siècle – de conservation et conservateur de diverses façons va s'imposer et dominer de manière par ailleurs non unanimiste la vie et la pensée politiques canadiennes-françaises jusqu'à l'élection du Parti québécois en 1976. Il prendra diverses formes tout au long des XIXᵉ et XXᵉ siècles, se formulant, par exemple, jusqu'aux années 1930 dans l'idée, qu'on devra abandonner après la condamnation (1926) de L'Action française de Paris, selon laquelle la défense de la religion et de la langue constitue un seul et même combat. L'origine de cette idée-force remonte à la constitutionnalisation en 1867 d'un système d'instruction publique canadien confessionnel, catholique et protestant. On néglige souvent de comprendre que lorsque l'Église défend et se présente comme défendant la langue ou la culture, elle défend d'abord la religion et, en particulier, un système scolaire confessionnel, sous son contrôle.

Dans les années 1930, les rédacteurs de *La Relève* (1934-), en dialogue avec les Jeune-Canada (1932-), avec *L'Action nationale* (1933-), avec les indépendantistes des Jeunesses Patriotes (1935) et l'équipe de *La Nation* (1936-), proposent l'idée d'une nation culturelle d'abord. Récusant une nation matérialiste qui dirait l'économie d'abord avant d'être spirituelle et estimant que le Canada français n'est pas prêt au « politique d'abord », ils voient dans la nation culturelle le moyen le plus sûr de créer et de consolider la nation, la valorisation d'une littérature canadienne-française moderne leur semblant une voie privilégiée à suivre[1].

Pour venir jusqu'au présent, on peut voir dans l'idée de « souveraineté culturelle », d'abord formulée par le premier ministre Robert Bourassa au temps du Rapport Allaire, puis reprise par le premier ministre Jean Charest sans que le gouvernement fédéral n'y donne quelque suite tangible, la reconduction rhétorique du nationalisme culturel, durable et vivace. Rhétorique, parce qu'on comprend bien que dans cette formule, le mot « souveraineté » est plus ou moins

---

1.   Yvan Lamonde, 2008, « *La Relève* (1934-1939), Maritain et la crise spirituelle des années 1930 », *Cahiers des Dix*, 62, p. 153-194.

subtilement vidé de son sens propre au profit d'une dérive qui fait accroire et donne du temps. De nouveau, à défaut d'une souveraineté politique et comme forme d'opposition à elle, on joue la carte d'une souveraineté culturelle. C'est ainsi, précisément, qu'il faut voir la durabilité, la persistance et la domination intellectuelle du nationalisme de conservation depuis 1840. C'est ce nationalisme culturel qui sustente le fédéralisme québécois contemporain, qui le sustente plus qu'il ne le nourrit. En un sens, ce nationalisme culturel sans dents politiques peut être perçu comme une variante d'une pensée anti-coloniale faible.

LE BROUILLAGE DE L'INDÉPENDANTISME CANADIEN-FRANÇAIS ET QUÉBÉCOIS PAR L'ÉGLISE CATHOLIQUE

On a, bien sûr, étudié le cléricalisme au Québec, mais à ma connaissance, on ne saisit pas vraiment le rôle joué par l'Église catholique dans la perpétuation de la dépendance coloniale. Comme pour bien d'autres choses, on croit que la Révolution tranquille a magiquement liquidé d'anciens blocages et que le changement peut se faire sans passer par une prise de conscience claire et articulée.

Si l'histoire commence en 1763 avec un loyalisme évident à l'égard du pouvoir britannique colonial et métropolitain parce que l'Église voit la reconnaissance de son statut juridique menacée, c'est en 1837 que l'Église affiche ses couleurs en prêchant la soumission aux autorités établies, empruntant même arguments et textes à l'expérience épiscopale irlandaise de 1798. Ce loyalisme politique et idéologique fortement affiché lui est bénéfique, l'octroi par le pouvoir local de sa responsabilité en matière scolaire en 1843 en témoignant. C'est aussi à ce moment, dans le plus pur ultramontanisme de l'alliance du pouvoir religieux et du pouvoir civil, qu'elle parvient, avec les «libéraux-conservateurs» de La Fontaine et de Cartier, à faire dominer le nationalisme culturel de conservation pendant plus d'un siècle. C'est alors, en 1848, en pleine reconstruction, qu'elle met tout son poids pour commencer à faire échec aux libéraux anticléricaux et nationalitaires. Opposés au principe des nationalités comme son prédécesseur Mgr Lartigue, Mgr Bourget et la presse religieuse en appellent à l'expérience du pape chassé de ses États pontificaux par les libéraux italiens et craignent de voir appliqués ici les principes qui fondent l'unité du territoire italien[2]. Dans cette prise de position militante de l'Église catholique qui renforçait le réformisme de La Fontaine, 1848 annulait pour longtemps 1838.

UNE TRADITION INDÉPENDANTISTE DANS LE CLERGÉ CANADIEN-FRANÇAIS ?

La réponse à la question est : non. Une tradition autonomiste oui, greffée à un nationalisme culturel.

Rappelons que l'Église catholique devait attester de son loyalisme politique pour obtenir et conserver sa reconnaissance juridique de la part des autorités britanniques. Rappelons aussi qu'après 1840, elle a promu et défendu un nationalisme culturel dans lequel la religion était pour elle la première des valeurs à défendre, avant la langue, et cela se comprend dans la logique de ses intérêts temporels forts nombreux.

On pourrait dire : oui, mais l'abbé Groulx ? N'est-il pas la personnification même du nationalisme ? Le directeur de *L'Action française* n'a-t-il pas mené une enquête en 1921 sur « Notre avenir politique », qui développait un scénario d'indépendance au cas, et au cas seulement, où la Confédération achopperait ? À peu près tous les jeunes nationalistes des années 1930, indépendantistes ou pas, font référence à Groulx et à cette enquête pour tenter de mener plus loin une pensée et une stratégie indépendantistes. Si Groulx attise l'idée d'indépendance chez les rédacteurs de *La Nation*, par exemple, sa conception nationaliste n'est pas indépendantiste pour autant. Une certaine radicalisation indépendantiste au milieu des années 1930 l'oblige à montrer ses couleurs ou à jouer un peu moins de l'ambiguïté. L'État français dont il se fait le promoteur entre 1935 et 1937 n'a rien d'indépendantiste. Il dira aux Jeunesses Patriotes en septembre 1936 : « Quand nous parlons, en effet, d'État français, nous n'exigeons par là nul bouleversement constitutionnel. Nul besoin, pour créer cet État, de changer un iota aux constitutions qui nous régissent[3]. » Après son fameux discours au deuxième congrès de la langue française où il affirme : « qu'on le veuille ou qu'on ne le veuille pas, notre État

---

2.   Yvan Lamonde, *Histoire sociale des idées au Québec (1760-1896)*, Montréal, Fides, 2000, chapitre IX, « L'Union, le nationalisme conservateur et un nouvel échec libéral (1840-1848) ».

3.   Abbé L. Groulx, « Labeurs de demain », *Directives*, Saint-Hyacinthe, 1959 [1937], p. 108-109.

français, nous l'aurons», il prend la peine d'écrire à «ceux qui savent lire» qu'il demande toujours à voir la faisabilité de l'indépendance et la possibilité d'un renouvellement du fédéralisme dans lequel les Canadiens français se tiendraient debout.

Groulx finit même par convaincre Paul Bouchard et *La Nation* d'opter pour l'autonomie provinciale plutôt que pour l'indépendance, pour la plus grande autonomie provinciale possible, au moment où Maurice Duplessis vient d'être élu à la grande insatisfaction de Groulx, ce même Duplessis qui va faire de l'autonome provinciale son mantra constitutionnel. Ce qui n'est pas dit dans l'État français de Groulx, c'est qu'il est d'abord catholique avant d'être français : un «État catholique et français». Et si Groulx s'est dissocié du nationalisme indépendantiste du début des années 1960, c'est qu'il n'y retrouvait plus la valeur première qu'il y avait toujours mise, la religion. Ce type de nationalisme autonomiste que Daniel Johnson père reconduira en 1966 – pas nécessairement l'indépendance, mais l'indépendance si nécessaire – est fondamentalement partagé par les catholiques «traditionnalistes» canadiens-français, hier comme aujourd'hui, qui se satisfont d'une mesure partielle de souveraineté politique pour deux raisons historiques principales[4].

D'abord, parce que pas plus que Mgr Lartigue et Mgr Bourget, ils ne peuvent accepter le principe libéral des nationalités, forme d'insoumission historique aux autorités constituées. Les penseurs catholiques canadiens-français invoquent le droit naturel pour obtenir la plus grande «autonomie» possible. Puis leur conception traditionnelle et ultramontaine de l'État bloque toute vision d'un État souverain à pleins pouvoirs. Ces penseurs catholiques, pour sauvegarder le contrôle de l'Église sur des domaines dits «mixtes» où interviendraient des valeurs spirituelles et temporelles comme l'éducation et la santé, doivent tenir au rôle de subsidiarité de l'État. Il y a donc eu un blocage historique dans la pensée catholique à concevoir un État souverain déclaré tel grâce au recours au principe des nationalités.

En jetant les yeux sur l'expérience américaine du Québec, il faut bien expliquer pourquoi elle ne fut pas, comme pour presque toutes les autres colonies, celle de l'émancipation coloniale, de l'indépendance. J'ai essayé ici de voir pourquoi et par qui le nationalisme

---

4.   Dominique Foisy-Geoffroy, «Les idées politiques des intellectuels traditionnalistes canadiens-français (1840-1960)», Ph. D. (Histoire), Université Laval, 2008, p. 273-279.

culturel s'est historiquement substitué à un nationalisme politique, qui pour d'autres raisons aussi, ne s'est pas transformé en indépendance

Deuxième partie

L'américanisation du Québec ou l'influence de la culture et des valeurs étatsuniennes

Chapitre 4

L'identité nord-américaine
des Québécois

GUY LACHAPELLE

L'objectif de ce chapitre est de faire le point sur l'identité nord-américaine des Québécois en cherchant à bien saisir l'importance des enjeux identitaires dans le contexte particulier du Québec en Amérique, une nation «sans État» fortement intégré économiquement au continent nord-américain. L'enjeu identitaire est au cœur des débats politiques au Québec depuis plus de trois siècles. La reconnaissance du Québec comme «société distincte» et comme nation au sein de la fédération canadienne a été à l'avant scène de nombreux débats politiques au cours des dernières décennies[1]. Et la discussion n'est certes pas close! Mais derrière la joute politique, l'identité nationale des Québécois a pris un autre sens face aux nouveaux enjeux liés à la continentalisation des économies québécoise et canadienne (ALE et ALENA). L'ouverture des économies nationales a non seulement favorisé la naissance d'*économies identitaires*, elle a aussi favorisé une réflexion plus globale sur la mise en place de nouvelles formes de partenariats politique, social et économique[2].

---

1. Guy Lachapelle et Stéphane Paquin, 2006, «The Myth of the Compact Theory: the Québec Challenge to the National Vision of Canadians», dans *Canadian Politics – Democracy and Dissent*, sous la dir. de J. Grace et B. Sheldrick, Toronto, Pearson Education, p. 40-58.
2. Guy Lachapelle, 2000, «Identity, Integration and the Rise of Identity Economy: The Quebec Case in Comparison with Scotland, Wales and Catalonia», dans *Globalization, Governance and Identity. The Emergence of New Partnerships*, sous la dir. de G. Lachapelle et J. Trent, Montréal, Presses de l'Université de Montréal, p. 211-231.

La vie nord-américaine a été souvent associée aux autoroutes et à l'industrie automobile. Un peintre américain comme Charles Sheeler (1883-1965) a d'ailleurs peint les usines de la compagnie Ford et en intitulant ses tableaux simplement : *American Landscape*. Les tableaux de l'artiste québécois Raphael Sottollichio, en particulier à travers sa série de *Paysages américains* (page couverture), représente bien la modernité de la vie nord-américaine des Québécois. Photos de Jacques Grenier, octobre 2005.

Le gouvernement du Québec a déployé de grands efforts depuis plus d'une dizaine d'année, comme lors du Sommet des Amériques tenu à Québec en avril 2001 pour signifier que le Québec est « Une nation d'Amérique et d'avenir ». Photo de Jacques Nadeau, 19 avril 2001.

Nous avons observé, comme plusieurs chercheurs, que la mondialisation économique et l'intégration régionale ont favorisé l'émergence de « petites nations » sur la scène internationale[3]. À l'opposé des mouvements de décolonisation qui avaient favorisé la naissance des nouveaux États, la mondialisation permet à des nations hautement démocratiques d'envisager de nouveaux *arrangements structuraux* en réduisant les craintes liées aux soubresauts économiques. De plus, autant en Europe qu'en Amérique du Nord, les gouvernements changent d'échelle, ce qui suppose un renforcement des entités *subétatiques* (Québec, Écosse, Pays de Galles, Catalogne). Cette nouvelle tendance rend désuets divers modèles de « fédéralisme fiscal » entre les ordres de gouvernement, créant alors des tensions au sein des régimes politiques. Plusieurs pays ont dû repenser assez rapidement leurs relations centre-périphérie et proposer de nouveaux modèles d'« accommodement institutionnel » répondant aux aspirations de leurs citoyens. Dans le contexte canadien, la reconnaissance du caractère *multinational* de l'État demeure au centre des tensions politiques.

Conséquemment, la question des effets de la mondialisation sur le développement d'*identités multiples* est devenue un objet de recherche en soi. L'illusion d'une allégeance prioritaire à *un* État-nation est apparue rapidement comme complètement dépassée, les citoyens ayant des identités multiples, chaque personne ayant simultanément des identités nationale, continentale, territoriale ou supranationale[4]. Si ce phénomène était connu, les recherches demeuraient relativement silencieuses sur les processus de construction de ces identités, en particulier dans les sociétés postnationales, et sur les effets du retrait de l'État providence sur les *nations* subétatiques. De plus, nous avons assisté, et encore aujourd'hui, à l'entrée en scène d'entrepreneurs identitaires dont l'allégeance première à leur nation est à la base de leurs actions économiques.

Le Québec constitue à plusieurs égards un laboratoire fascinant qui permet, compte tenu de sa situation géographique et politique particulière, d'évaluer les effets des transformations politiques et

---

3. Stéphane Paquin, 2001, *La revanche des petites nations – Le Québec, l'Écosse et la Catalogne face à la mondialisation*, Montréal, VLB éditeur.

4. Sophie Duchesne et André-Paul Frognier, 1995, « Is There a European Identity ? », dans *Public Opinion and Internationalized Governance*, sous la dir. de O. Niedermayer et R. Sinnott, Oxford, Oxford University Press, p. 193-226.

économiques sur les identités de ses citoyens. En d'autres termes, la construction des identités ou la montée d'une certaine « conscience nationale » relève à la fois de facteurs internes (histoire, clivages sociaux et politiques, spécificité culturelle) et de facteurs externes (intégration économique, mondialisation). De plus, tout changement dans l'*identification ethnolinguistique* des citoyens peut constituer un lourd facteur vers de plus fortes revendications politiques.

Dans ce texte, nous vous présenterons comment les chercheurs ont mesuré l'*identité québécoise* depuis le début des années 1960. Chacune des mesures reflète en bonne partie le contexte politique et sociopolitique d'une époque. Nous examinerons d'abord comment l'identité québécoise a supplanté l'identité canadienne-française, en particulier chez les Québécois francophones. Puis nous verrons comment l'indice de Moreno, comme mesure dualiste de la réalité canadienne, a été utilisé depuis la fin des années 1990[5]. Nous analyserons ensuite comment les nationalistes canadiens, francophones comme anglophones, continuent de soutenir que le Canada demeure le seul rempart contre « la menace américaine ». La thèse du « refuge canadien » contre l'influence culturelle américaine constitue, pour plusieurs, la raison principale de promouvoir une identité « canadienne » particulière[6].

LA MESURE TRADITIONNELLE DE L'IDENTITÉ DES QUÉBÉCOIS

Au début des années 1960, au Québec, on observe une transformation radicale du rôle du gouvernement dans la vie sociale et économique des citoyens, et ce, vers la mise en place graduelle d'un véritable État providence. Cette « Révolution tranquille » s'inscrit aux lendemains de l'élection de 1960 du gouvernement de Jean Lesage qui avait pour slogan de sa campagne électorale : « Maître chez nous ». Au cours de ses deux mandats, de 1962 à 1966, le gouvernement Lesage entreprend des réformes importantes, en particulier en matière de santé et d'éducation, et il met en place un État québécois prêt à intervenir dans tous les secteurs de l'économie. De plus, un véritable climat de revendications politiques s'installe. On assiste alors à la naissance de partis politiques carrément voués à l'indépendance

---

5.   Luis Moreno, 2005, « Dual identities and stateless nations – (The "Moreno question ") », Unidad de Politicas Comparadas, Working Paper 05-02, mars.

6.   Christian Rioux, 2005, *Carnets d'Amérique*, Montréal, Boréal, p. 171.

du Québec. Le Parti québécois naît en 1968 de la fusion de ces divers mouvements politiques.

Mais l'impact de ces bouleversements modifie de manière substantielle l'identification nationale des francophones du Québec. Durant cette période, la question sur l'identité la plus souvent posée dans les sondages consiste à demander à l'ensemble des interviewés s'ils sont Québécois, Canadiens français, Canadiens anglais ou simplement Canadiens. Cette question sera régulièrement posée pendant plus de trois décennies. Elle s'inscrit, comme on peut le noter, dans le contexte politique canadien de l'époque alors que la dualité linguistique canadienne est au cœur du débat. Ainsi, la reconnaissance de groupes minoritaires francophones hors du Québec et d'une minorité anglophone au Québec devient la préoccupation centrale de la Commission Laurendeau-Dunton sur le bilinguisme et le biculturalisme au Canada. Si au Québec la dimension linguistique de l'identité des citoyens perd de son attrait au profit d'une identité nationale plus englobante, dans le reste du Canada, on assiste à la naissance d'identités territoriales. Si au Québec les Canadiens français deviennent Québécois, dans les provinces canadiennes, ils s'identifient désormais en fonction de leur espace territorial. Ils deviennent, par exemple, Franco-Ontariens, Franco-Manitobains ou Franco-Albertains. Par ailleurs, les Acadiens du Nouveau-Brunswick s'inscrivent, comme les francophones du Québec, dans une quête identitaire nationale. Ces nuances deviendront importantes dans la construction de l'identité canadienne[7].

Au Québec, comme nous l'avons dit, si un nombre important de citoyens s'identifient d'abord comme des Canadiens français, peu à peu l'identité québécoise s'est imposée comme «référence nationale». Comme le souligne Maurice Pinard, avec la montée du mouvement indépendantiste et d'un fort sentiment nationaliste, en particulier parmi les strates les plus éduquées et militantes de la société québécoise, les identités des citoyens se sont entrechoquées au creuset des débats politiques. Ainsi, se dire « Québécois » plutôt que Canadien est devenu une affirmation politique de l'identité particulière du peuple et de la *nation* québécoise. En 1970, alors que les citoyens ont pour la première fois la possibilité de voter pour un parti indépendantiste lors des élections générales québécoises, 44 % des franco-

---

7. Denis Monière et Jean-Marc Léger, 1995, « L'imposture canadienne », *L'Action nationale*, vol. 85, n° 2, février, p. 252-257.

phones du Québec s'identifient comme des Canadiens français, 21 % comme des Québécois et 34 % comme des Canadiens. Vingt ans plus tard, en 1990, 59 % s'identifieront comme des Québécois, 28 % comme des Canadiens français et 9 % comme des Canadiens[8]. Le conflit Québec-Canada est vite devenu identitaire, les Canadiens anglais se demandant même si leur culture pouvait survivre sans le Québec français !

En 1997, nous avons mené une vaste enquête sur l'identité des Québécois. Elle avait pour objectif d'évaluer comment l'Accord de libre-échange nord-américain avait modifié la perception des Québécois par rapport à leur appartenance territoriale ou nationale au Canada et quels avaient été ses effets sur leur spécificité culturelle[9]. La question de savoir s'ils étaient devenus davantage des Nord-Américains s'appuyait sur les travaux de chercheurs européens qui s'interrogeaient sur le sens d'une identité européenne en construction[10]. Nos rencontres avec David McCrone, tant au Québec qu'en Écosse, avec John Curtice, au pays de Galles, et avec Luis Moreno sur la relation Espagne-Catalogne furent fort stimulantes et ont alimenté nos réflexions vers le développement d'indicateurs identitaires dans le cas du Québec.

Les résultats de cette enquête ont montré, comme on peut le voir au tableau 1, que 62,8 % des Québécois francophones s'identifiaient comme Québécois, 25,7 % comme des Canadiens français et 10,8 % comme des Canadiens. Ces chiffres confirmaient les observations antérieures des études sociologiques qui démontraient l'ascension d'une identité nationale forte au Québec. À l'inverse, les anglophones continuaient de s'identifier uniquement comme des Canadiens dans une proportion de 65,6 % et 18,5 % se disaient Canadiens anglais. Le clivage identitaire ne pouvait être plus évident. Malgré tout, pour l'ensemble de la population, 54,3 % se disait Québécois, un chiffre tout à fait comparable à celui de la mesure de l'identité nationale dans

8.   Maurice Pinard, 1992, «The Dramatic Reemergence of the Quebec Independence Movement», *Journal of International Affairs*, vol. 45, n° 2, hiver, p. 493.

9.   Guy Lachapelle et Gilbert Gagné, 2000, «L'Américanité des Québécois ou le développement d'une identité nord-américaine», *Francophonies d'Amérique*, n° 10, p. 87-99 ; Guy Lachapelle, 1998, «Les Québécois sont-ils devenus des Nord-Américains?», *Le Devoir*, 21 et 22 novembre, p. A15.

10. Sophie Duchesne et André-Paul Frognier, 2002, «Sur les dynamiques sociologiques et politiques de l'identification à l'Europe», *Revue française de science politique*, vol. 52, n° 4, août, p. 355-373.

Tableau 1
LA MESURE TRADITIONNELLE DE L'IDENTITÉ (1997)

	Québécois	Canadiens français	Canadiens anglais	Canadiens	Autres
	% (N)	% (N)	% (N)	% (N)	% (N)
Total	**54,3 (1 188)**	**23,1 (505)**	**2,2 (49)**	**19,2 (421)**	**1,2 (26)**
Langues maternelles					
Français	62,8 (1 163)	25,7 (476)	0,4 (8)	10,8 (200)	0,3 (6)
Anglais	5,1 (10)	3,6 (7)	18,5 (36)	65,6 (128)	7,2 (14)
Autres	10,9 (15)	16,1 (22)	3,6 (5)	68,6 (94)	0,8 (1)
Âges					
18-34	67,5 (452)	16,0 (107)	1,9 (13)	12,4 (83)	2,2 (15)
35-44	60,5 (356)	19,4 (114)	1,4 (8)	18,0 (106)	0,7 (4)
45-54	55,1 (223)	21,2 (86)	3,0 (12)	20,5 (83)	0,2 (1)
55 +	28,9 (147)	38,7 (197)	3,1 (16)	28,3 (144)	1,0 (5)
Éducation					
Primaire	34,5 (40)	42,2 (49)	1,7 (2)	21,6 (25)	–
Secondaire	54,0 (435)	27,5 (221)	1,5 (12)	17,0 (137)	0,7 (6)
Collégiale	56,7 (349)	20,6 (127)	3,9 (24)	18,7 (115)	0,2 (1)
Universitaire	56,9 (365)	17,0 (109)	1,7 (11)	22,4 (144)	2,0 (13)
Sexe					
Homme	53,2 (569)	23,8 (254)	1,8 (19)	20,6 (220)	0,6 (7)
Femme	55,4 (619)	22,6 (252)	2,6 (29)	18,1 (202)	1,3 (15)

Question: De manière générale, diriez-vous que vous vous identifiez d'abord comme...

Source: Enquête du Groupe de recherche sur l'américanité, 12 juin au 21 juillet 1997.

plusieurs pays européens. Les Québécois ont une identité nationale aussi affirmée que celle des Allemands et des Irlandais et même supérieure à celle des Français[11]. Nos résultats ont également démontré que les jeunes de 18 à 34 ans se déclaraient Québécois à 67,5 %, ce chiffre diminuant avec l'âge. Plus le niveau d'éducation des répondants était élevé, plus ils se disaient Québécois.

---

11. Yves Schemeil, 2003, «From French Nationalism to European Cosmopolitanism», Institute of Oriental Culture, University of Tokyo, Discussion Paper No. 13, mars.

L'INDICE DE MORENO ET LA « DOUBLE DUALITÉ » DES QUÉBÉCOIS

L'existence d'une identité québécoise forte et affirmée est ainsi devenue un fait sociologique incontournable au Québec depuis une quarantaine d'années. Lorsque nous avons découvert l'indice de Moreno, nous nous sommes interrogés sur les postulats derrière la construction d'une telle mesure[12]. Si, au Canada, la reconnaissance de la nation québécoise constitue un enjeu politique certes symbolique mais fondamental dans la mesure où cela se traduit par une définition claire des pouvoirs constitutionnels entre le Québec et le reste du Canada, en Europe, les Écossais, les Gallois, et même les Catalans depuis 2006[13], forment des nations pleines et entières. L'idée de nation sans État se posait différemment au Québec, puisqu'il était plutôt un « État sans nation », bien que le concept même d'État du Québec continuait d'être débattu.

L'indice de Moreno postulait que les citoyens de plusieurs nations se trouvaient souvent dans une situation de double allégeance, de dualité identitaire. Nous avons donc utilisé cet indice dans le cas du Québec à partir de 1998. Comme on peut le voir au tableau 2, de 1998 à 2007, le pourcentage de répondants qui s'identifient « uniquement » comme Québécois atteint un plancher de 16,9 % en 1998 et un sommet de 27,9 % en 2005. Par ailleurs, le pourcentage de ceux qui se disent « plus Québécois que Canadiens » est au plus bas en 2005 avec 24,9 % et il atteint 32,2 % en décembre 2007. Si on additionne ces deux catégories, les résultats varient peu, soit de 47,2 % (1998) à 51,1 % (2007). Par ailleurs, peu de répondants s'identifient uniquement comme Canadiens, le chiffre le plus haut ayant été atteint en 2001 avec 8,3 % et le plus bas, en février 2007 avec 6,1 %. Quant à ceux et celles qui se disent « plus Canadiens que Québécois », leur nombre a varié énormément en dix ans, de 15,4 % en 2001 à à peine 4,1 % en février 2007. Finalement, parmi ceux et celles qui ont véritablement une « double allégeance » et qui se disent autant Québécois

---

12.   Luis Moreno et Ana Arriba, 1996, « Dual Identity in Autonomous Catalonia », *Scottish Affairs*, n° 17, p. 78-97.

13.   Associated Press, 2006, « La Catalogne élevée au rang de nation », *Le Devoir*, 23 janvier, p. B-3 ; Christian Rioux, 2006, « Place à la "nation" catalane – L'Espagne s'oriente vers un État multinational », *Le Devoir*, 25 janvier, p. A1 et A8.

Tableau 2
L'INDICE DE MORENO DE 1998 À 2007

	Juin 1998[1] %	Février 2001[2] %	Mars 2005[3] %	Février 2007[4] %	Décembre 2007[5] %
Uniquement Québécois	16,9	23,9	27,9	22,3	18,9
Plus Québécois que Canadien	30,3	25,2	24,9	27,0	32,2
Autant Québécois que Canadien	33,5	26,1	35,4	38,6	28,1
Plus Canadien que Québécois	12,4	15,4	5,0	4,2	12,0
Uniquement Canadien	6,8	8,3	6,8	6,1	7,1

1. Léger et Léger, 19 au 26 juin 1998.
2. Léger Marketing, 31 janvier au 5 février 2001.
3. Léger Marketing, mars 2005.
4. Léger Marketing, février 2007.
5. Guy Lachapelle et Léger Marketing, décembre 2007.
Source : *Globe and Mail*, 9 février 2001, A1.

que Canadiens, ils représentent 26,1 % des répondants en 2001 et 38,6 % en février 2007.

Le tableau 3 présente quelques données supplémentaires en fonction de certaines variables socioéconomiques de notre sondage de décembre 2007. On observe, comme depuis une quinzaine d'année, la nette prédominance chez les francophones de l'identité québécoise à 60 % (uniquement Québécois, plus Québécois que Canadiens) alors qu'à peine 5 % se disent « uniquement Canadiens ». Quant aux anglophones, ils se disent à 45 % uniquement Canadiens ou plus Canadiens que Québécois. C'est au sein de la catégorie médiane, c'est-à-dire parmi ceux et celles qui se disent autant Québécois que Canadiens que la bataille identitaire se joue. Il est ainsi fort intéressant de constater que de plus en plus d'anglophones et d'allophones (des citoyens qui n'ont ni le français ni l'anglais comme langue maternelle) disent avoir une véritable « double allégeance » au Québec et au Canada. Les résultats de l'enquête démontre également que les plus jeunes s'identifient davantage comme Québécois alors que les quelques répondants qui se disent uniquement Canadiens sont nettement plus âgés et moins scolarisés. La conquête identitaire du Québec semble donc faire son chemin lentement, mais sûrement.

Tableau 3
L'IDENTITÉ DES QUÉBÉCOIS EN DÉCEMBRE 2007

	Uniquement Québécois	Plus Québécois que Canadien	Autant Québécois que Canadien	Plus Canadien que Québécois	Uniquement Canadien
	%	%	%	%	%
Total	18,9	32,2	28,1	12,0	7,1
Langues					
Français	22	38	26	7	5
Autres	6	9	36	30	15
Âges					
18-24	17	41	25	10	2
25-34	19	34	31	10	6
35-44	16	32	25	15	9
45-54	20	29	27	8	6
55-64	27	24	25	9	8
65 +	15	9	35	19	12
Éducation					
Primaire et secondaire	20	29	30	10	9
Collégiale	19	33	28	12	6
Universitaire	18	35	26	13	6
Sexe					
Homme	17	33	28	12	8
Femme	21	31	28	12	6

Question : De manière générale, diriez-vous que vous vous identifiez d'abord comme…
Source : Guy Lachapelle et Léger Marketing, enquête réalisée en décembre 2007.

Ces quelques données longitudinales démontrent bien la situation de «double dualité» dans laquelle se trouvent les Québécois. L'identité québécoise est nettement majoritaire chez les francophones du Québec alors que la minorité anglophone et allophone continue de s'identifier davantage comme canadienne. De plus, les Québécois francophones formant une minorité linguistique au sein du Canada, son poids démographique continuera à fondre avec l'arrivée massive de nouveaux immigrants. Cette «double dualité» constitue à bien des égards le terreau des revendications identitaires des Québécois au sein de la fédération canadienne. Mais l'autre constatation importante est cette fluidité des répondants qui ont parfois passé d'une catégorie

Malgré la forte présence de canaux de télévision américaine accessible au Québec, les Québécois manifestent une grande confiance identitaire.
Photo de Jacques Nadeau, février 2000.

à l'autre, par exemple, de uniquement Québécois à plus Québécois que Canadien. Ici, il faut sans doute tenir compte des événements entourant le moment de nos enquêtes. Mais il n'en demeure pas moins que la bataille identitaire reste un élément important du combat politique au Québec. À l'automne de 2007, le Parti québécois a d'ailleurs déposé, comme deuxième parti d'opposition à l'Assemblée nationale, un projet de loi visant à réaffirmer l'identité québécoise et à en faire la promotion au sein des institutions québécoises.

LE NATIONALISME ET L'INTÉGRATION CONTINENTALE

La question des identités qui a été au cœur du questionnement de Luis Moreno soulève de nombreuses hypothèses de travail importantes sur la nature et le développement des nationalismes. Une idée répandue dans la littérature affirme qu'un nationalisme faible constitue une condition nécessaire au développement de valeurs internationalistes. À l'opposé, d'autres analyses soutiennent qu'une forte identité nationale peut agir comme tremplin vers une identité davantage « cosmopolitaine » par rapport à un patriotisme traditionnel[14]. Toutefois, aucune de ces hypothèses n'a été confirmée dans les faits ou validée empiriquement. En Europe, les pays avec des nationalismes forts et faibles donnent un appui indéfectible au développement de l'Europe politique[15].

Nous pourrions également formuler l'hypothèse qu'un nouveau type de nationalisme est né à la suite des pressions exercées sur les nations par les effets de la mondialisation. Nous assisterions alors à l'émergence de postnationalismes guidés par une ouverture continentale et internationale. En fait, les nations possédant des identités nationales fortes seraient plus susceptibles d'avoir une vision plus cosmopolite. Dans le cas de l'Europe, les données empiriques démontrent qu'il n'y a pas de liens clairs, simples et directs entre le soutien à l'Union européenne et l'intégration continentale, d'une part, et le nationalisme et la fierté nationale, d'autre part[16]. De fait, les perspectives continentaliste et internationaliste des nations varie-raient davantage en fonction de leur expérience historique[17].

Dans le cas d'un ensemble subétatique comme le Québec, ses craintes moins prononcées face au libre-échange, comparativement à l'ensemble du Canada, seraient le résultat de sa volonté d'accroître son autonomie et d'affirmer autant son identité nationale que ses intérêts propres. À ce sujet, les schèmes d'intégration continentale, tels que l'ALENA et l'UE, permettraient à certaines communautés ou nations comme le Québec de s'émanciper de l'État auquel elles sont assujetties en faisant davantage et plus facilement affaire avec d'autres partenaires. Cela leur permettrait ainsi d'être soumises à des règles et à des pratiques adoptées dans un cadre plus large auquel elles s'identifient plus facile-ment. Cela explique que les projets d'intégration continentale reçoivent en général l'aval de ceux qui tiennent à ce que leurs communautés ou nations s'affirment face à l'État central dont ils font partie. Songeons, dans le cas de l'Europe, aux Basques et aux Catalans. De même, les récriminations des Écossais et des Flamands se sont manifestées davan-

---

14.   Norbert Bilbeny, 2007, *La identidad cosmopolita – Los límites del patriotismo en la era global*, Barcelona, editorial Kairós; Liah Greenfeld, 2001, *The Spirit of Capitalism: Nationalism and Economic Growth*, Cambridge, Harvard University Press.

15.   Guido Martinotti et Sonia Stefanizzi, 1995, « Europeans and the Nation State », dans *Public Opinion and Internationalized Governance*, sous la dir. de O. Niedermeyer et R. Sinnott, Oxford, Oxford University Press, p. 163-189.

16.   Max Kaase et Kenneth Newton (dir.), 1995, *Beliefs in Government*, Oxford, Oxford University Press, p. 123-124.

17.   *Ibid.*, p. 115-117.

tage à l'endroit des États britannique et belge qu'envers les instances européennes. Les Québécois, à l'instar d'autres communautés dans une situation comparable, ont été plus favorables à l'intégration continentale. Si plusieurs Québécois ne s'identifient pas au Canada, ils demeurent néanmoins fortement des Nord-Américains[18].

Si, en 1997, 62 % des Québécois se disaient favorables à l'ALENA, un pourcentage comparable à celui des Allemands et des Portugais à l'endroit de l'Union européenne, un an plus tard, en 1998, 66,3 % estimaient toujours que cet accord avait eu un impact bénéfique sur le développement économique du Québec. Clairement, l'identité québécoise s'articule au diapason de ses rapports avec les Amériques. Les Québécois redéfinissent leur appartenance autant à l'intérieur de l'État-nation qu'en fonction de plus grands ensembles, qu'ils soient européens ou américains[19].

Nous avons également cherché, à ce moment, à savoir à quel espace géographique les Québécois affirmaient d'abord appartenir : à la localité ou à la municipalité où ils habitent, à la région, à la province, au Canada dans son ensemble, à l'Amérique du Nord ou au monde. Ils ont choisi dans une proportion de 40 % la province comme source première de leur identité territoriale. Le Canada dans son ensemble a récolté la moitié de ce pourcentage, soit 19 % ; suit de près la région avec 16 %. Dans le contexte nord-américain, cette distinction nous semble importante parce qu'il existe de fortes identités nationales et régionales. Si nous additionnons province et région, nous obtenons pour le Québec un taux de 56 %, ce qui est nettement supérieur au taux obtenu pour le Canada dans son ensemble. Une enquête pancanadienne, réalisée en 1998, a donné des résultats opposés à ceux que nous avons obtenus pour le Québec ; 41 % des Canadiens affirmaient appartenir davantage au Canada dans son ensemble, tandis que 19 % disaient appartenir à leur province ou à leur région[20].

---

18. Frank L. Graves, Tim Dugas et Patrick Beauchamp, 1999, « Identity and National Attachment in Contemporary Canada », dans *Canada : The State of the Federation 1998-99 : How Canadians Connect*, sous la dir. de H. Lazar et T. McIntosh, Kingston, Institut des relations intergouvernementales, p. 307-354. Voir aussi Gilbert Gagné, 1999, « Libre-échange, souveraineté et américanité : une nouvelle trinité pour le Québec ? », *Politique et Sociétés*, vol. 18, n° 1 : p. 103-104.

19. Guy Lachapelle, 1998, *op. cit.*, p. A15.

20. Ekos Research Associate, 2000, *Exploring Perceived and Comparative Differences in Canadian and American Values and Attitudes : Continentalism or Divergence ?*, Gouvernement du

Quant à l'idée de la construction d'une identité supranationale, c'est-à-dire la propension des individus à éprouver un sentiment d'appartenance qui va au-delà des identités nationale et continentale, elle rejoignait 11 % des répondants québécois en additionnant les réponses Amérique du Nord et monde. Dans le cas du Canada dans son ensemble, elle en rejoignait 16 %. Ces chiffres sont assez semblables à ceux des enquêtes européennes. Toutefois, le soutien croissant à l'Union européenne et au processus d'intégration ne semble pas associé à un sentiment accru d'identification à l'Europe[21].

Les Québécois ont une forte identité continentale tandis que les germes d'une identité supranationale sont présents tant au Québec qu'au Canada anglais. Ce qui étonne, cependant, dans le cas des Québécois et des Canadiens, c'est leur identité supranationale aussi affirmée que celle des Européens, même si la dynamique d'intégration continentale en Amérique du Nord est beaucoup plus récente. Les Québécois et les Canadiens semblent avoir une vision de plus en plus cosmopolite de la réalité nord-américaine[22]. Il faut souligner que nos résultats diffèrent de ceux de la maison Ekos selon laquelle les Québécois seraient moins cosmopolites que les Canadiens, puisqu'ils s'identifieraient davantage à leur groupe d'appartenance. Toutefois, les auteurs de ce rapport ont omis d'observer qu'il n'y avait pas nécessairement de contradiction entre le fait d'avoir un sens patriotique élevé et une ouverture sur le monde. Comme nos résultats l'ont démontré, les Québécois ont un sentiment national comparable à celui des citoyens de pays européens, sans pour autant rejeter les valeurs internationales. Telle est l'essence même du nouveau postnationalisme québécois face à la mondialisation.

L'AMÉRICANITÉ DES QUÉBÉCOIS FACE AUX VALEURS ÉTATSUNIENNES ET LA THÈSE DU « REFUGE CANADIEN »

Les Québécois ressemblent ainsi à d'autres peuples, comme les Écossais, les Flamands et les Catalans, qui redéfinissent leur appar-

---

Canada, Développement des ressources humaines Canada, version préliminaire, 21 mars, p. 46.

21.   Sophie Duchesne et André-Paul Frognier, 1995, *op. cit.*, p. 193-226.

22.   Neil Nevitte, 1996, *The Decline of Deference: Canadian Value Change in Cross-National Perspective*, Toronto, Broadview Press; Ronald Inglehart, Neil Nevitte et Miguel Basanez, 1996, *The North American Trajectory: Cultural, Economic, and Political Ties among the United States, Canada, and Mexico*, New York, Aldine de Gruyter.

tenance autant à l'intérieur de l'État-nation que par rapport à de plus grands ensembles, qu'ils soient européen ou nord-américain. Les Québécois, et apparemment l'ensemble des Canadiens, se sentent résolument Nord-Américains. Les valeurs et l'identité québécoises s'articulent donc pour une bonne part aux confins de l'appartenance continentale. Il nous reste à analyser comment le processus d'intégration a modifié et continue à transformer les valeurs des citoyens.

L'américanité du Québec a suscité un intérêt nouveau chez les chercheurs québécois et canadiens au cours de la dernière décennie. Les travaux d'Yvan Lamonde[23] et les enquêtes d'opinion menées depuis une dizaine d'année, en particulier celle que nous avons réalisée en 1997, ont relancé le débat sur l'identité continentale des Québécois. Tout comme d'autres peuples, ils s'interrogent autant sur les conséquences de leur appartenance aux Amériques (libre-échange, monnaie commune) que sur les moyens de promouvoir la culture québécoise.

Cette réflexion n'est certes pas nouvelle dans l'histoire du Québec ; nous pouvons en trouver des traces depuis trois siècles. Pour certains, l'américanité des Québécois ou cette reconnaissance que les Québécois sont des Nord-Américains de culture française constitue une rupture parce qu'elle serait une négation de l'histoire des Canadiens français en Amérique et une menace à la survie de l'identité canadienne, un rejet de cette mémoire et de ses traditions. Les nationalistes canadiens estiment depuis toujours que les États-Unis constituent une menace aux valeurs canadiennes. Pour les nationalistes québécois, qui sont nettement moins antiaméricains que les Canadiens, les États-Unis ne sont pas perçus comme menaçants dans la mesure où le Québec assume pleinement les défis liés à l'intégration des Amériques en tant que projet social et politique en construction.

L'idée d'américanité ou d'une identité continentale et cosmopolite inquiète parce qu'elle replace la question du Québec non plus dans le cadre territorial canadien, mais bien dans une nouvelle dimension postmoderne, démocratique et continentale, tout en révélant aux Québécois leur nord-américanité. Si l'identité nord-américaine du Québec ne fait aucun doute, l'inquiétude de plusieurs est que cette « nouvelle » identité soit une négation des autres courants historiques qui ont construit l'identité québécoise au fil des ans. Mais la plus

---

23.   Yvan Lamonde, 2001, « Nous sommes à la fois Européens et Américains », *Le Devoir*, 12 avril, p. A7.

grande inquiétude des nationalistes canadiens, c'est la conséquence politique de cette acceptation continentale des Québécois, un prélude à un *réalignement* de la politique extérieure du gouvernement du Québec.

Tableau 4

LES IDENTITÉS NORD-AMÉRICAINE ET EUROPÉENNE EN 2007

	Nord-Américain	Européen	Les deux autant l'un que l'autre
	%	%	%
Total	80,4	15,7	0,6
Langues			
Français	81,8	14,3	0,4
Autres	75,3	20,8	1,3
Âges			
18-24	85,7	14,3	0
25-34	79,7	16,7	0,3
35-44	84,0	12,1	0,2
45-54	79,0	16,7	0
55-64	74,6	20,0	1,5
65 +	82,0	13,6	1,5
Éducation			
Primaire et secondaire	80,0	15,0	0
Collégiale	83,9	13,1	0,4
Universitaire	78,0	18,2	1,2
Sexe			
Homme	82,5	14,3	0,5
Femme	78,5	17,0	0,6

Question : Au-delà de cette identité, vous sentez-vous davantage Nord-Américain, Européen ou les deux autant l'un que l'autre ?

Source : Guy Lachapelle et Léger Marketing, enquête réalisée en décembre 2007, N = 1 251 répondants.

Dans notre sondage de 1997, nous avons demandé aux Québécois s'ils se considéraient, au-delà de leur identité nationale, davantage comme des Américains (au sens de citoyens des États-Unis), des Nord-Américains (appartenance continentale) ou des Européens (attachement aux origines). L'identité nord-américaine a reçu, à ce moment, un appui sans équivoque de 68 %. L'adhésion indéfectible des Québécois aux valeurs libre-échangistes nous oblige également à nous interroger sur l'importance des liens « coloniaux » entre le Québec et l'Europe par rapport aux nouveaux liens économiques du Québec avec les États-Unis. Dans notre dernière enquête de 2007, nous avons repris notre question de 1997, mais cette fois-ci, en offrant trois choix : davantage Nord-Américain, Européen ou les deux autant l'un que l'autre. Comme on peut l'observer au tableau 4, de façon tout à fait unanime, 80 % des Québécois se sont dits Nord-Américains. Ce sont davantage les francophones et les 18-24 ans qui se sentent ainsi.

Tableau 5
LES VALEURS AMÉRICAINES ET EUROPÉENNES EN 2005

	Américaines	Européennes	Aucune
	% (N)	% (N)	% (N)
Total	41,6 (369)	51,1 (453)	7,2 (64)
Langues			
Français	42,2 (304)	51,5 (371)	6,3 (45)
Autres	37,0 (60)	51,1 (83)	11,7 (19)
Âges			
18-24	42,2 (46)	55,0 (60)	2,8 (3)
25-34	35,7 (56)	60,5 (95)	3,8 (6)
35-44	37,4 (74)	56,6 (112)	6,1 (12)
45-54	42,1 (72)	52,0 (89)	5,9 (10)
55-64	42,9 (51)	46,2 (55)	10,9 (13)
65 +	53,4 (70)	32,1 (42)	14,5 (19)
Éducation			
Primaire	57,1 (20)	25,7 (9)	17,2 (6)
Secondaire	57,9 (175)	34,8 (105)	7,3 (22)
Collégiale	39,2 (91)	54,7 (127)	6,1 (14)
Universitaire	25,7 (80)	67,6 (211)	6,7 (21)
Sexe			
Homme	44,4 (197)	49,1 (218)	6,5 (29)
Femme	38,8 (172)	53,1 (235)	8,1 (36)

Question : Personnellement, vous sentez-vous plus proche des valeurs américaines ou des valeurs européennes ?
Source : Léger Marketing, enquête réalisée en mars 2005.

Mais il ne faut pas y voir pour autant, comme certaines critiques l'affirment, un rejet par les Québécois des valeurs européennes. Cette opposition binaire entre l'américanité et l'européanité du Québec peut être perçue comme une opposition entre une économie mondiale et régulée, issue du libéralisme américain, et une économie mondialisée, respectueuse de la diversité culturelle plus près des valeurs européennes. En fait, l'américanité du Québec s'est toujours conjuguée au diapason de son européanité, jamais en confrontation ou en opposition à celle-ci, mais en constante redéfinition. Dans notre enquête de 2005, nous avons demandé aux Québécois s'ils se sentaient plus proches des valeurs américaines que des valeurs européennes : 51,1 % des répondants se sont dits plus près des valeurs européennes ; 41,6 % des valeurs américaines ; 7,2 % de ni les unes ni les autres. Plus le niveau d'éducation est élevé et plus on est jeune, plus les valeurs européennes sont partagées. D'où le clivage entre les valeurs des élites québécoises et celles de la population. Peut-être assistons-nous à la naissance d'une nouvelle génération typiquement nord-américaine[24].

CONCLUSION

Dans ce chapitre, nous avons surtout voulu souligner comment les intuitions de Luis Moreno et ses efforts pour construire ce qu'on a appelé l'indice de Moreno ont été la bougie d'allumage d'une réflexion plus globale sur les nouvelles formes de nationalismes et leurs effets sur les identités des individus. La situation du Québec, tant au Canada qu'en Amérique du Nord, représente un cas particulier – une minorité francophone dans un océan anglophone –, mais un cas dont l'expérience historique est pleine d'enseignement.

Nous avons voulu montrer comment les mesures « traditionnelles » des identités québécoises et l'indice de Moreno sont complémentaires tout en nous permettant de mieux comprendre la dynamique historique et sociale propre à toute société. Nous continuerons d'utiliser l'indice de Moreno, mais le développement d'indicateurs multiples s'avère nécessaire afin de saisir la relation entre les identités nationale, continentale, territoriale et supranationale.

---

24.   Jennifer Welsch, 2000, « Is a North American Generation Emerging ? », *Revue canadienne de recherche sur les politiques*, vol. 1, n° 1, printemps, p. 86-92.

Chapitre 5

Les Québécois sont-ils davantage antiaméricains que les Canadiens?

FRÉDÉRICK GAGNON ET MARC DESNOYERS

L'antiaméricanisme est aujourd'hui la seule forme de racisme non seulement permise, non seulement politically correct, *mais entretenue, encouragée et stimulée par de puissants* establishments *[…][1].*

Mario Roy

Après le 11 septembre 2001, il est devenu à la mode de se pencher sur les sentiments négatifs dont les Américains et leur gouvernement font l'objet. Et pour cause. Les années Bush ont renforcé un anti-américanisme déjà présent aux quatre coins du globe si bien qu'aujourd'hui, il est devenu plutôt rare de ne pas rencontrer quelqu'un qui n'a pas au moins un tort à reprocher aux États-Unis. Plusieurs Américains, à l'instar de l'ancien président George W. Bush[2], se posent ainsi l'éternelle question «Pourquoi nous haïssent-ils?[3]». D'un point de vue québécois ou canadien, nous pouvons nous demander si nous les haïssons tout autant.

Durant la crise internationale qui a mené à l'invasion américaine de l'Irak, c'est à Montréal que les manifestations pacifistes ont

---

1. Mario Roy, 1993, *Pour en finir avec l'antiaméricanisme*, Montréal, Les Éditions du Boréal. p. 15.
2. CNN, 2001, «President Bush's address to the nation».
3. Voir Peter Ford, 2001, «Why do they hate us?», *Christian Science Monitor*, 27 juillet.

Des manifestations contre la guerre en Irak ont eu lieu partout dans le monde en 2003. L'antiaméricanisme était alors à son paroxysme. Manifestation d'étudiants à Montréal en mars 2003. Photo de Jacques Nadeau, mars 2003.

Paul Cellucci, l'ambassadeur américain au Canada, du 17 avril 2001 au 17 mars 2005. En avril 2003, il affirmait au moment du déclenchement de la guerre en Irak: «Nous savons que le Québec est très pro-américain, très partisan du libre-échange […]. Nous savons que ce sentiment puissant contre la guerre est historique, que cela fait partie de la culture québécoise depuis longtemps. Nous avons donc clairement dit dans nos rapports à Washington que, malgré le sentiment anti-guerre du Québec, il y persistait un sentiment pro-américain, qu'il ne fallait pas interpréter cela comme une réaction contre les États-Unis». (*Le Devoir*, 25 avril 2003). Photo de Jacques Nadeau, avril 2003.

attiré le plus de citoyens au Canada[4]. Dans le monde, la manifestation montréalaise a été une des plus populaires, avec celles de Rome, de Madrid et de Barcelone[5]. Tous les participants à ces rassemblements populaires n'avaient pas les mêmes motivations. Ils étaient toutefois unis dans leur critique et leur suspicion envers l'administration républicaine. Conséquemment, devions-nous y voir un signe que l'antiaméricanisme était plus répandu ou encore plus virulent au Québec que dans le reste du Canada? Pour répondre à cette question, nous émettons l'hypothèse que l'antiaméricanisme peut prendre différentes formes et nous noterons qu'elles varient en fonction des événements politiques.

Nous utiliserons, pour ce faire, la typologie des antiaméricanismes développée par Peter Katzenstein et Robert Keohane[6]. Nous avons opté pour cette typologie, bien qu'elle ne soit pas la seule qui existe, parce qu'elle permet de jeter un regard relativement complet sur le phénomène de l'antiaméricanisme. Elle le fait en le déclinant sous quatre formes: libérale, sociale, nationaliste et radicale. Ce cadre d'analyse nous permettra de définir et de comparer les divers types de sentiments antiaméricains présents dans le monde.

Par la suite, nous appliquerons cette typologie aux cas Québécois et Canadien pour analyser et comparer les sources et les manifestations de l'antiaméricanisme. À l'aide de sondages d'opinion, nous serons alors à même de mesurer son importance au nord du 49e parallèle. Nous pourrons aussi examiner de quelle façon il a évolué dans l'histoire récente. Notre principale conclusion est qu'il n'est pas juste d'affirmer que les Québécois sont davantage antiaméricains que les Canadiens, ou vice-versa. Les Québécois ont simplement tendance à manifester un antiaméricanisme différent de celui qui domine dans les autres régions du Canada. Cela est dû, entre autres, au fait qu'ils partagent – malgré leurs ressemblances importantes avec les Canadiens – une culture et une histoire qui leur sont propres et qui les poussent à interpréter les événements politiques étatsuniens à leur manière. Qui plus est, les degrés et les types d'antiaméricanisme que l'on trouve

---

4.   Selon Radio-Canada, le 15 février 2003, au sommet de la crise, les manifestants étaient au nombre de 150 000 à Montréal et de 30 000 à Toronto. Société Radio-Canada, 2003, *La guerre en Irak*.

5.   Angelique Chrisafis, David Fickling, Jon Henley, John Hooper, Giles Tremlett, Sophie Arie et Chris McGreal, « Millions worldwide rally for peace », *The Guardian*.

6.   Peter Katzenstein et Robert Keohane, 2007, *Antiamericanisms in World Politics*, New York, Cornell University Press, p. 9-38.

au Québec et au Canada évoluent dans le temps et sont influencés par les événements politiques, comme en témoigne l'impact positif de l'élection de Barack Obama sur l'attitude des Québécois et des Canadiens à l'endroit de leurs voisins du Sud.

QU'EST-CE QUE L'ANTIAMÉRICANISME ?

Bien qu'il existe plusieurs formes d'antiaméricanisme (libérale, sociale, nationaliste et radicale), il convient de donner une définition du phénomène avant de débuter l'analyse. En termes simples, l'anti-américanisme est « l'expression d'attitudes négatives envers les États-Unis » ou, encore, une « tendance psychologique à entretenir une vision négative des États-Unis et de la société américaine en général[7] ». Bref, l'antiaméricanisme est un ensemble d'idées reçues ou préconçues, de stéréotypes, de généralisations, de mensonges ou d'exagérations à propos des États-Unis ou de leurs citoyens. Il ne s'agit pas d'une idéologie en tant que telle, comme le souligne Brendon O'Connor : « *Anti-americanism is not a comprehensive or coherent belief system or ideology, but rather a series of criticisms and prejudices regarding the United States[8].* » Il demeure, en revanche, que de nombreux politiciens et commentateurs un peu partout dans le monde s'appuient souvent sur l'antia-méricanisme pour des considérations électoralistes ou pour promouvoir certaines idées.

Par exemple, un politicien français peut dénoncer l'attitude guerrière du gouvernement américain pour courtiser les électeurs pacifistes de son pays en vue d'une élection[9]. Ou, encore, le président iranien diabolisera « l'ennemi » américain pour inciter les Iraniens à faire preuve de cohésion sociale et à rejeter le « modèle » américain[10]. Les objectifs et les manifestations de l'attitude antiaméricaine sont donc aussi variés que les individus et les groupes qui véhiculent des préjugés à propos des États-Unis. Il convient donc de s'appuyer sur une typologie permettant de définir non pas un, mais plusieurs types d'antiaméricanisme.

---

7.   *Ibid.*, p. 2 et 12.
8.   Brendon O'Connor, 2005, « The anti-American tradition », dans *The Rise of anti-Americanism* sous la direction de Brendon O'Connor et Martin Griffiths, New York, Routledge, p. 11.
9.   Sophie Meunier, 2007, « French Anti-Americanism », dans Katzenstein et Keohane, *op. cit.*, p. 131.
10. Agence France-Presse, 2007, « Ahmadinejad launches broadside against US at United Nations ».

L'antiaméricanisme de type libéral

L'antiaméricanisme libéral est celui que l'on trouve dans les sociétés industrialisées et démocratiques, particulièrement en Europe, mais aussi au Canada. Il est présent parmi les populations qui partagent les idéaux américains de liberté et de démocratie, mais qui sont convaincues, à tort ou à raison, que la politique étrangère ou le système politique des États-Unis ne correspond pas à ces valeurs. Il s'agit donc plus d'une critique de ce qui est perçu comme étant de l'hypocrisie de la part du gouvernement américain en ce qui a trait à la promotion de ces idéaux que d'un rejet des valeurs américaines. Cette attitude est, par conséquent, largement tributaire du leadership américain du moment et des politiques que le gouvernement en place à Washington met en avant. Il s'agit en quelque sorte d'un antiaméricanisme circonstanciel.

Ce type d'antiaméricanisme était très marqué dans de nombreux pays à travers le monde lorsque George W. Bush était président, tout particulièrement lors des débats qui ont mené à l'invasion de l'Irak en mars 2003 (voir le tableau 1). Avec l'arrivée au pouvoir du président Barack Obama, il s'est estompé. Par contre, il demeure latent et pourrait regagner en importance si une crise incitait le président Obama à adopter une politique étrangère plus musclée. Au Canada, on remarquait déjà, au lendemain de l'élection de novembre 2008, la déception de plusieurs devant la volonté de l'administration Obama d'intensifier l'effort de guerre en Afghanistan. La majorité des Québécois – et des Canadiens, mais dans une moindre mesure – demeure défavorable à cette guerre et y voit toujours d'un mauvais œil la participation du gouvernement canadien. En effet, 73 % des Québécois s'opposent à la mission afghane alors qu'au Canada, l'opposition est de 54 %[11].

---

11.   Harris-Décima, 2009, « Majority Opposed to Afghan Mission, Many Concerned about New Law », 8 avril.

La présence d'entreprises américaines, comme la chaîne de restauration rapide MacDonald, demeure le symbole à la fois d'une certaine macdonalisation, uniformisation des cultures et aussi de la malbouffe à l'échelle internationale. Pourtant, au Québec comme ailleurs dans le monde, ce type d'entreprises n'est pas uniquement américain.
Photo de Jacques Nadeau, le 11 novembre 2006.

Tableau 1
LES OPINIONS DÉFAVORABLES ENVERS LES ÉTATS-UNIS, 2002-2003

Pays	Défavorables 2002 %	Défavorables 2003 %
Canada	27	34 (+7)
Brésil	32	61 (+27)
Grande-Bretagne	16	26 (10)
France	34	57 (+13)
Allemagne	35	54 (+19)
Russie	33	55 (+22)
Turquie	55	83 (28)
Indonésie	36	83 (+47)
Pakistan	69	81 (+12)
Jordanie	75	99 (+24)

Source: Pew Global Attitudes, «44 Nation Major Survey», 3 mars 2003: http://pewglobal.org/reports/pdf/185topline.pdf, page consultée le 14 avril 2010.

L'antiaméricanisme de type social

Cette forme d'antiaméricanisme est cousine de la première, celle libérale, en ce sens que ceux chez qui elle est présente partagent les valeurs démocratiques et libérales américaines. Par contre, c'est plutôt le système politique, économique et social des États-Unis qui est perçu comme étant trop conservateur. Par exemple, que la peine de mort soit toujours en vigueur dans de nombreux États américains est considéré comme contraire aux valeurs démocratiques modernes. Mais le débat sur les valeurs se transpose aussi dans l'arène économique. Dans les pays dotés d'un État providence général, notamment en Scandinavie, au Canada et au Québec, le libre-marché à l'américaine est parfois perçu comme issu d'un capitalisme sauvage qui accentue les inégalités socioéconomiques aux États-Unis et dans le monde[12].

L'antiaméricain social est donc une personne de gauche qui considère que les États-Unis sont généralement trop conservateurs. Comme pour l'antiaméricanisme libéral, l'intensité de l'antiaméricanisme social varie souvent en fonction du gouvernement américain du moment. En revanche, il fluctue moins dans le temps, puisque ce sont des traits profondément ancrés dans l'expérience américaine, comme la croyance au libre-marché, la méfiance envers les gouvernements, l'importance accordée au phénomène religieux ou, encore, une vision plus musclée de la justice qui l'alimentent. Ainsi, cette forme d'antiaméricanisme est plus «structurelle» que la première, c'est-à-dire moins susceptible d'être atténuée par une politique qu'entreprendrait le gouvernement américain.

L'antiaméricanisme de type nationaliste

Dans certaines régions du monde, le sentiment nationaliste[13] peut être mobilisé et dirigé contre les États-Unis. À ce propos, Katzenstein et Keohane rappellent que des trois formes d'antiaméricanisme

---

12. Robert Singh, 2005, «Are we all Americans now ? », dans O'Connor et Griffiths, *op. cit.*, p. 37.

13. Ne pas confondre nationalisme et patriotisme. Quoique souvent utilisés de manière interchangeable, les deux concepts traduisent une réalité différente. Le patriote défend son pays, son État et son gouvernement. Le nationaliste défend sa nation et ses attributs, comme sa culture et sa langue. L'antiaméricanisme nationaliste est donc une attaque contre la culture américaine. Ses tenants parlent souvent d'impérialisme culturel ou d'américanisation de leur culture locale et nationale. Voir Katzenstein et Keohane, *op. cit.*, p. 32-33.

qui ne sont pas radicales (libérale, sociale et nationaliste), celle de type nationaliste est la plus virulente. Cela est parfois dû au fait que dans certains pays moins développés ou ayant obtenu tardivement leur indépendance, «l'antiaméricanisme peut être un substitut utile et puissant aux symboles d'identité collective manquants[14]». Par contre, l'antiaméricanisme nationaliste est aussi répandu dans les pays qui ont de grandes traditions étatiques de défense de leur souveraineté. La Chine en serait un bon exemple.

Pour les premiers, le sentiment antiaméricain est d'abord culturel : la culture américaine, que ce soit par le truchement du cinéma, de la musique ou, encore, de la restauration rapide, est considérée comme une menace aux symboles culturels nationaux. Pour les seconds, ce sont plutôt les relations de pouvoir entre les États-Unis et leurs pays respectifs qui suscitent les passions. Par exemple, l'aide militaire que continue d'apporter Washington à Taipei sert de prétexte à de nombreuses déclarations hostiles aux États-Unis de la part de la Chine[15]. Bien entendu, ces deux types d'antiaméricanisme nationalistes coexistent souvent. En effet, alors que les élites chinoises décrient la présence militaire américaine à Taïwan, la population se soulève aussi contre l'existence d'un restaurant *McDonald's* à proximité de la cité interdite de Pékin pour des raisons culturelles. De même pour les cafés *Starbuck's*[16].

L'antiaméricanisme de type radical

L'antiaméricanisme radical anime de nombreux extrémistes, de gauche et de droite. Selon le professeur Paul Hollander, cela est dû au fait que pour ceux de gauche (marxistes, néomarxistes, altermondialistes) comme pour ceux de droite (néofascistes, fondamentalistes religieux), les États-Unis sont considérés comme le pinacle du système capitaliste mondial[17]. Par conséquent, renverser le capitalisme nécessite le renversement des États-Unis. Ainsi, pour les marxistes, les néofascistes et les islamistes radicaux, c'est l'identité même des États-Unis qui pose problème. Ce n'est pas une politique américaine en

---

14. Singh, 2005, *op. cit.*, p. 13 et 32.
15. Cindy Sui, 2010, «China accuses US of arrogance over Taiwan deal», BBC News, 1er février.
16. CNN, 2000, «Starbucks Brews Storm in China's Forbidden City», 11 décembre.
17. Paul Hollander, 1995, *Anti-Americanism: Irrational and Rational*, Somerset, NJ, Transaction Publishers, p. 54-55.

particulier qui suscite de l'appréhension. Dans leur vision du monde, les antiaméricains radicaux sont convaincus que l'existence des États-Unis va à l'encontre de la promotion de bonnes valeurs et d'institutions politiques convenables partout dans le monde[18].

Chez les extrémistes de gauche, la critique des États-Unis s'accompagne souvent d'une accusation d'impérialisme et d'imposition du modèle économique néolibéral. Bien que plus présent avant la chute du mur de Berlin, l'antiaméricanisme radical de gauche sert toujours de pierre d'assise politique dans de nombreux pays, particulièrement en Amérique latine (Cuba, Venezuela, Bolivie, Équateur). Selon Stephen Walt, cette forme particulièrement bouillante d'antiaméricanisme latino-américain puise sa source dans les frustrations liées aux nombreuses interventions militaires américaines sur ce continent[19].

En revanche, le philosophe Jean-François Revel souligne que l'Europe n'est pas épargnée par ce type d'antiaméricanisme : « En Europe, les demi-soldes du communisme effondré utilisent l'antiaméricanisme pour noircir le libéralisme dans son incarnation suprême[20]. » Par ailleurs, pour les islamistes radicaux, les États-Unis en particulier et l'Occident en général sont perçus comme étant les promoteurs de valeurs si hostiles à leur interprétation de l'Islam que la seule solution possible est la destruction violente de citoyens américains par le terrorisme.

L'ANTIAMÉRICANISME DANS LE MONDE

Toute typologie a, bien sûr, ses limites. Dans une société donnée, plusieurs formes d'antiaméricanisme peuvent coexister, se renforcer mutuellement ou être en compétition. Pour bien illustrer cette réalité, nous prendrons l'exemple de l'Europe et du Moyen-Orient pour ensuite nous pencher sur les cas du Québec et du Canada.

L'antiaméricanisme en Europe

L'antiaméricanisme européen est surtout libéral et social. Dans les pays à tradition plus sociale-démocrate, comme les pays scandinaves,

---

18.   *Ibid.*, p. 33.
19.   Stephen Walt, 2005, *Taming American Power*, New York, Norton, p. 91.
20.   Patrick Wajsman, 2002, « L'obsession anti-américaine : entretien avec Jean-François Revel », *Politique internationale*, n° 97.

c'est la variante sociale qui occupe le haut du pavé. Là où les valeurs du libre-marché sont plus présentes, comme en Grande-Bretagne, c'est plutôt la forme libérale qui occupe la partie la plus importante du terrain idéologique. Par contre, dans les pays, à l'instar de la France, qui ont une forte tradition de protection et de promotion de leur culture nationale, il existe aussi une forme modérée d'antiaméricanisme nationaliste dont la cible est l'omniprésence de la culture américaine.

Selon Sophie Meunier, la particularité de l'antiaméricanisme français, comparativement aux sentiments antiaméricains présents dans le reste de l'Europe, est qu'il s'agit d'abord d'un antiaméricanisme défensif qui plaide pour des mesures visant la protection de la culture nationale[21]. Ce cas d'espèce est intéressant parce qu'il recoupe plusieurs des types d'antiaméricanisme que nous avons présentés. D'abord, le protectionnisme culturel puise sa source dans une forme modérée d'antiaméricanisme nationaliste. Mais il rejoint aussi le discours de l'antiaméricanisme social, car les Français critiquent parfois la mondialisation des marchés et le modèle économique américain en plus de s'opposer à l'américanisation de la culture française. Ainsi, la coexistence d'au moins deux types d'antiaméricanisme en France permet de comprendre pourquoi, sondage après sondage, les Français se sont montrés plus critiques des États-Unis que la plupart des autres nations européennes.

L'antiaméricanisme au Moyen-Orient

La plupart des pays arabes connaissent une forme assez répandue, mais somme toute modérée, d'antiaméricanisme. Comme le démontrent les sondages d'opinion, l'antiaméricanisme radical que prônent les fondamentalistes religieux est partagé par une partie assez infime de la population. Ces mêmes sondages démontrent aussi que, contrairement à ce qui a cours en France, le système politique et la culture américaine continuent de susciter l'admiration d'une partie importante de la population. Essentiellement, l'antiaméricanisme libéral est celui qui y est le plus populaire, car la critique des États-Unis puise sa source dans des attentes élevées[22], particulièrement en ce qui a trait à la politique étrangère américaine dans cette région du monde.

---

21.   Meunier, 2007, « French Anti-Americanism », *op. cit.*, p. 146.
22.   Marc Lynch, 2007, « The Arab World », dans *Antiamericanisms in World Politics*, sous la direction de Peter Katzenstein et Robert Keohane, New York, Cornell University Press, p. 203.

Spontanément, la question israélo-palestinienne et l'invasion de l'Irak viennent à l'esprit.

La variante radicale de l'antiaméricanisme du monde musulman est en ce moment en compétition avec une forme plus modérée et répandue. En revanche, des événements politiques qui suscitent la colère de la population, comme l'invasion irakienne, ont tendance à assouplir les divergences entre ces deux visions des États-Unis et donnent lieu à des manifestations populaires où les drapeaux américains sont brûlés et piétinés. La variation dans le niveau de colère populaire envers les États-Unis est donc indicatrice d'un antiaméricanisme plus circonstanciel qu'absolu parce que ce sont des décisions politiques particulières qui suscitent l'indignation.

Par contre, l'appui presque systématique des États-Unis envers Israël est une politique menée sur le long terme qui joue un rôle fondamental dans la persistance de l'antiaméricanisme d'une partie importante du monde arabe. Cela signifie cependant que l'adoption d'une position moins proisraélienne de la part du gouvernement américain réduirait dans une certaine mesure le sentiment antiaméricain dans cette région.

Finalement, que ce soit en Europe, au Moyen-Orient ou ailleurs dans le monde, le sentiment antiaméricain demeure répandu et se décline sous de nombreuses coutures. Cette conclusion préliminaire est d'une importance capitale pour comprendre les dynamiques de l'antiaméricanisme au Québec et au Canada. Par exemple, la question de la guerre en Irak a certainement rallié les sentiments antiaméricains québécois et canadien. Paul Celluci, ancien ambassadeur américain à Ottawa, explique cependant que l'opposition québécoise à la guerre en Irak puisa sa source avant tout dans une opposition forte à la guerre de manière générale, ce qui ne fut pas le cas dans le reste du Canada[23]. Par contre, le meilleur exemple pour illustrer la différence entre l'antiaméricanisme au Québec et au Canada est certainement l'épisode du débat sur le libre-échange de la fin des années 1980. À ce moment-là, les différences étaient claires entre le Québec, favorable au libre-échange, et le reste du Canada qui s'y opposait majoritairement dans une perspective nationaliste où la protection de la culture canadienne était un argument central.

---

23.   Paul Celluci, 2005, *Unquiet Diplomacy*, Toronto, Key Porter Books, p. 155.

À ce titre, la comparaison avec la France est particulièrement intéressante. En effet, alors que l'Hexagone connaît son lot de réactions antiaméricaines nationalistes visant à protéger sa culture, les Québécois ne semblent pas frappés d'une aussi grande insécurité identitaire par rapport aux Américains. Est-ce à dire que l'antiaméricanisme des Canadiens anglais ressemble – curieusement – plus à celui des Français qu'à celui des Québécois? Ou, encore, que la valorisation de la culture québécoise par les Québécois protège ceux-ci contre l'américanisation sans bornes dont les Français et les Canadiens s'estiment victimes[24]? De manière complémentaire, la force de l'opposition des Québécois à la guerre en Irak par rapport à celle des autres Canadiens indique-t-elle que l'antiaméricanisme québécois est plus fort que celui trouvé ailleurs au Canada? Voilà les questions auxquelles nous répondrons maintenant.

L'antiaméricanisme au Québec et au Canada

Le débat à savoir si l'antiaméricanisme québécois est différent de celui trouvé ailleurs au Canada est loin d'être clos et il existe au moins deux thèses à ce propos dans la littérature spécialisée. La première consiste à dire qu'il n'y a pas de réelle différence. Pour Charles F. Doran et James Patrick Sewell, par exemple, l'antiaméricanisme est relativement uniforme, voire inexistant, à l'échelle du Canada et des politiciens de toutes les régions l'utilisent de temps à autre pour faire des gains aux élections provinciales ou fédérales[25], une idée avec laquelle Jack Granatstein est d'accord quand il affirme ceci: « *Well, the NDP, the Liberals and the Bloc all use anti-Americanism as a weapon, and with some success*[26]. » Norman Hillmer non plus ne voit pas de différence frappante entre l'attitude des francophones du Québec et celle des anglophones du Canada. Selon ses termes: «*Francophone Quebecers [feel] the same ambivalences toward the US as other Canadians*[27].» André Pratte semble s'accorder avec Hillmer quand il écrit

---

24. En 2004, 65,2 % des émissions de télévision regardées par les francophones du Canada étaient d'origine canadienne. Chez les anglophones, ce pourcentage chutait à 27,6 %. Statistique Canada, 2004, «Répartition des heures d'écoute de la télévision au Canada, selon l'origine du signal et le contenu canadien», automne.

25. Charles F. Doran et James Patrick Sewell, 1988, «Anti-Americanism in Canada?», *The Annals of the American Academy of Political and Social Science*, vol. 497, n° 1, p. 105-119.

26. Cité par Graeme Hamilton, 2009, «Can Obama End Our Anti-Americanism», *The National Post*, 23 janvier.

27. Norman Hillmer, 2006, «Are Canadians Anti-American?», *Policy Options*, vol. 27, n° 6, p. 64.

que les sentiments négatifs à l'endroit de la superpuissance américaine sont aussi prononcés en Ontario qu'au Québec[28].

Contrairement à ces auteurs, les tenants de la deuxième thèse croient plutôt qu'il existe des différences notables entre les sentiments des Québécois et des autres Canadiens à propos des États-Unis. Pour certains, comme David Haglund, Paul Adams, Karine Prémont et Charles-Philippe David, les Québécois sont, par exemple, devenus plus antiaméricains que le reste des Canadiens durant la présidence de George W. Bush[29], une affirmation qui semble être confirmée par les sondages menés par la firme Environics entre 1985 et 2003. En effet, à partir de 2001, l'attitude des Québécois à l'égard des États-Unis est devenue moins favorable que celle des Canadiens, alors qu'on observait le phénomène inverse entre 1997 et 2001. Haglund se dit surpris d'une telle réalité, car il affirme que le Québec a été, historiquement, la région la plus pro-américaine du Canada. Par exemple, selon une enquête Léger Marketing menée quelques jours avant le 11 septembre 2001, 33,9 % des Québécois étaient pour l'annexion du Canada aux États-Unis (moins de 20 % dans toutes les autres provinces) et 49,7 % étaient pour l'abolition des frontières entre le Canada et les États-Unis (moins de 40 % dans toutes les autres provinces)[30].

28. André Pratte, 2006, « The Myth of " Quebecistan " », *The National Post*, 16 août.
29. David Haglund, 2008, « French Connection ? Québec and anti-Americanism in the transatlantic Community », *Journal of Transatlantic Studies*, vol. 6, n° 1, p. 81 ; Paul Adams, 2004, « The September 11 Attacks as Viewed from Quebec : the Small-Nation Code in Geopolitical Discourse », *Political Geography*, n° 23, p. 765-785 ; Karine Prémont et Charles-Philippe David, 2002, « Entre antiaméricanisme et réalité économique : la perception des États-Unis par le Canada », *Le Banquet*, n° 21.
30. Léger Marketing, 2001, « A Study of How Canadians Perceive Canada-U.S. Relations », 30 août.

GRAPHIQUE 1
**L'OPINION DES QUÉBÉCOIS ET DES CANADIENS
À PROPOS DES ÉTATS-UNIS (DE 1985 À 2003)**

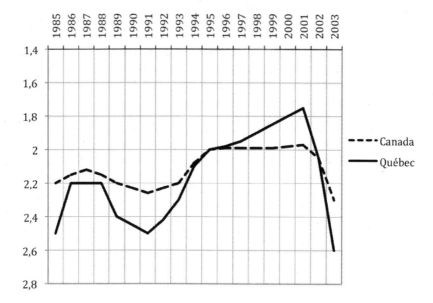

Source : Paul Adams, « The September 11 Attacks as Viewed from Quebec : the Small-Nation Code in Geopolitical Discourse », *Political Geography*, 23, 2004, p. 765-785. Note : les données illustrent les réponses des Québécois et des Canadiens à la question suivante : « En général, quelle est votre opinion des États-Unis ? Est-elle très favorable, plutôt favorable, plutôt défavorable ou très défavorable ? » Ici, les réponses ont été codées ainsi : 1.00 = très favorable, 2.00 = plutôt favorable, 3 = plutôt défavorable, et 4 = très défavorable. Les données proviennent des sondages « Focus Canada » menés par la firme Environics en 1985, 1986, 1988, 1989, 1991, 1995, 2001 et 2003.

Croyant lui aussi à l'existence de différences notables entre les attitudes des Québécois et des Canadiens à propos des États-Unis, le politologue Brian Bow écrit pour sa part que l'on trouve au moins deux types d'antiaméricanisme au Canada : un anglophone et l'autre francophone[31]. Selon lui, l'antiaméricanisme anglophone est exprimé par les Canadiens anglais et consiste à véhiculer des idées négatives ou, encore, des stéréotypes à propos des Américains dans le but de marquer la différence entre les identités canadienne et américaine. Comme il l'explique :

---

31.   Brian Bow, 2008, « Anti-Americanism in Canada, Before and After Iraq », *The American Review of Canadian Studies*, vol. 38, n° 3, p. 341-359.

Canadians are forever casting about for markers for collective identification, but there are few at hand, apart from not being Americans. When this impulse to differentiation is mixed with a jolt of resentment or fear, Canadians may be more inclined to accept and to act upon distorted, negative images of American society and (at least in the abstract) American people[32].

Comparativement à l'antiaméricanisme anglophone, l'antiaméricanisme francophone s'exprime surtout de la part de la majorité francophone du Québec et n'est pas fondé sur les mêmes motifs. En 2007, la proportion de Québécois francophones s'identifiant comme étant « proaméricains » était de 14,2 % et celle des anglophones, de 24,3 %. Aussi, les francophones avaient une opinion favorable des États-Unis dans une proportion de 51,6 % et les anglophones, de 56,4 %. On le constate : l'écart est plus marqué pour la première question. Normal ! Au début de 2007, s'identifier comme étant « proaméricain » équivalait pratiquement à soutenir la guerre en Irak. L'antiaméricanisme des francophones aurait donc été exacerbé par la guerre en Irak d'une manière plus importante que l'antiaméricanisme des anglophones.

Bref, l'antiaméricanisme des francophones serait, selon Bow, relié aux frustrations des Québécois devant la tendance des États-Unis à mener des politiques militaristes dans le monde et il aurait été exacerbé par les décisions de George W. Bush, comme en témoigne le rejet par les Québécois de la guerre en Irak. Pierre Martin est d'accord avec une telle analyse quand il écrit que les différences d'opinion entre les Québécois et les autres Canadiens sur les questions militaires ne sont pas nouvelles. Quantifiées à plusieurs reprises à l'aide de sondages, elles étaient particulièrement évidentes durant les deux guerres mondiales, alors que l'opposition à la conscription était plus présente au Québec qu'ailleurs au Canada[33]. Il ne faudrait évidemment pas confondre l'antimilitarisme et l'antiaméricanisme des Québécois, le premier désignant leur aversion à l'égard des institutions militaires et de la guerre et non un sentiment d'antipathie envers les États-Unis. Cela dit, les différences d'attitude des Canadiens et des Québécois à propos de la guerre permettent en partie de comprendre pourquoi ces derniers semblent plus allergiques aux interventions militaires

---

32. *Ibid.*

33. Pierre Martin, 2005, « All Quebec's Fault, Again ? Quebec Public Opinion and Canada's Rejection of Missile Defense », *Options politiques*, vol. 26, n° 4, p. 42.

américaines, une « allergie » qui, comme on l'a vu dans le cas de l'Irak, a alimenté l'antiaméricanisme au Québec.

Même si le débat à savoir si les Québécois sont plus antiaméricains que les autres Canadiens persiste, les données de l'enquête Lachapelle et Léger Marketing de 2007 donnent davantage de crédit à la thèse voulant que l'attitude des Québécois à l'endroit des États-Unis se distingue de celle des Canadiens. Il apparaît donc nécessaire de nuancer les propos de Doran et Sewell, de Hillmer et de Pratte pour bien comprendre le phénomène de l'antiaméricanisme au Canada.

Premièrement, une plus grande proportion de Québécois (49 %) que de Canadiens (37 %) affirme que les différences entre le Canada et les États-Unis portent avant tout sur des questions de valeurs et non de politiques. Même si le concept de « valeurs » peut revêtir diverses significations aux yeux des sondés, la typologie de Peter Katzenstein et Robert Keohane a permis d'établir qu'il fait généralement référence à quelque chose de plus permanent et de structurel que l'idée de « politiques ». Tel que mentionné plus haut, les politiques peuvent changer d'un gouvernement à l'autre alors que les « valeurs » reposent sur des croyances solidement ancrées dans la culture américaine. Les Québécois semblent donc plus enclins que leurs homologues des autres provinces à croire que le système de pensée qui prévaut aux États-Unis n'est pas celui qui devrait s'imposer au nord du 49ᵉ parallèle. En d'autres termes, leur attitude se rapproche plus d'un antiaméricanisme social que celle des Canadiens dont les griefs s'apparentent davantage à un antiaméricanisme circonstanciel, de type libéral, ayant pour cible les décisions prises à Washington D.C.

Les tableaux 2 et 3 contiennent d'autres données de l'enquête de 2007 qui confirment nos observations. En 2007, 43 % des Québécois voyaient d'un mauvais œil la diffusion des idées et des valeurs américaines au Canada, alors que seulement 37 % des Canadiens pensaient la même chose en 2002. Qui plus est, 69 % de la population québécoise n'aimait pas l'idée de démocratie véhiculée par les États-Unis (en 2007), contre seulement 40 % du côté canadien (en 2002). Ici, encore, les Québécois semblent moins à l'aise avec les valeurs américaines que les Canadiens.

Tableau 2

LA VISION DE LA DIFFUSION DES IDÉES
ET DES VALEURS AMÉRICAINES

	Bonne %	Mauvaise %	Ne sait pas %
Québec (2007)	50	43	8
Allemagne (2002)	28	67	6
Argentine (2002)	16	73	11
Brésil (2002)	30	62	8
Canada (2002)	37	54	8
France (2002)	25	71	4
Grande-Bretagne (2002)	39	50	11
Italie (2002)	29	58	12
Mexique (2002)	22	65	13
Venezuela (2002)	44	52	4

Sources: pour 2007, enquête menée par Guy Lachapelle et Léger Marketing du 27 novembre au 28 décembre 2007 auprès de 1 251 répondants (téléphone), marge d'erreur = 2,77 % ; pour 2002, les données proviennent du sondage intitulé « What the World Thinks in 2002 », mené par *The Pew Global Project Attitudes*, p. 63 : http://pewglobal.org/reports/pdf/165.pdf.

Tableau 3

LA PERCEPTION DE L'IDÉE DE DÉMOCRATIE VÉHICULÉE
PAR LES AMÉRICAINS

	J'aime %	Je n'aime pas %	Je ne sais pas %
Québec (2007)	25	69	6
Allemagne (2002)	47	45	7
Argentine (2002)	29	50	22
Brésil (2002)	35	51	15
Canada (2002)	50	40	10
France (2002)	42	53	5
Grande-Bretagne (2002)	43	42	15
Italie (2002)	45	37	18
Mexique (2002)	41	41	18
Venezuela (2002)	67	30	3

Sources: pour les données de 2007, enquête menée par Guy Lachapelle et Léger Marketing du 27 novembre au 28 décembre 2007 auprès de 1 251 répondants (téléphone), marge d'erreur = 2,77 % ; pour 2002, les données proviennent du sondage intitulé « What the World Thinks in 2002 », mené par *The Pew Global Project Attitudes*, p. 64 : http://pewglobal.org/reports/pdf/165.pdf.

Les données qualitatives illustrent un peu plus l'importance de l'antiaméricanisme social au Québec. Par exemple, les Québécois émettent régulièrement des commentaires s'y apparentant lorsqu'ils parlent de l'actualité américaine dans les forums de discussion en ligne, et ce, en particulier sur les blogues des journalistes Québécois qui couvrent l'actualité américaine. Le correspondant du journal *La Presse* à New York, Richard Hétu, fait quotidiennement face à cette réalité lorsqu'il publie ses billets sur son blogue personnel[34]. Ses lecteurs ne se gênent parfois pas pour affirmer, par exemple, que les Américains sont «fous» de ne pas vouloir une «couverture médicale universelle», qu'ils sont «racistes» ou qu'ils «auraient peut-être la plus grande longévité» s'ils «contrôlaient mieux leurs armes» à feu[35]. Il serait présomptueux d'affirmer que les journalistes alimentent eux-mêmes ce type de réflexion par leurs analyses. Cela dit, il ne fait aucun doute que les médias du Québec se (com)plaisent parfois à titiller la fibre antiaméricaine des Québécois[36].

En octobre 2004, par exemple, le journal *La Presse* publiait un dossier sur les États-Unis intitulé *L'Amérique dans tous ses états*[37]. Il s'agissait alors pour différents journalistes, correspondants et chroniqueurs d'offrir cinquante analyses originales d'un événement social ou politique se déroulant dans chacun des cinquante États de l'Union. À leur lecture, on constate une tendance (volontaire ou non) des auteurs à mettre l'accent sur des thèmes proches de la variante sociale des antiaméricanismes décrits par Peter Katzenstein et Robert Keohane. En effet, les articles suggèrent souvent que les États-Unis sont devenus un pays beaucoup plus conservateur que le Québec, une société dont les valeurs sont étrangères à celles des Québécois. À titre indicatif, un texte de Richard Labbé à propos du Texas, intitulé «Jamais sans mon fusil», tend à propager l'idée que cet État est uniquement peuplé d'individus jusqu'au-boutistes sur la question des armes à feu – ce qui est évidemment loin d'être le cas. Autres exemples: des encadrés intitulés «Les couloirs de la mort sont bien remplis», «La folie des super-églises» ou, encore, «Fanatiques d'Amérique» invitent les lecteurs à se focaliser sur trois torts que les Québécois aiment souvent reprocher aux Américains: leur appui à la peine

---

34. Richard Hétu, 2009, Blogue.
35. Commentaires recueillis sur le blogue de Richard Hétu.
36. Roy, *op. cit.*, p. 40-41.
37. La Presse, 2004, *L'Amérique dans tous ses états*, 17 octobre, Cahier PLUS, p. 1-20.

de mort, leur attachement à la religion et l'appartenance de certains à des groupes d'extrême-droite comme le mouvement néonazi. Bref, ce dossier aura conforté l'opinion des Québécois antiaméricains de gauche pour qui les Américains ne sont que des réactionnaires.

Bien que notre but ne soit pas d'affirmer que de telles opinions sont absentes ailleurs au Canada, le fait qu'elles aient été si présentes au Québec durant la présidence de George W. Bush permet de nuancer l'idée que les Québécois représentent encore aujourd'hui la population la moins antiaméricaine du Canada. L'antiaméricanisme social est, en effet, devenu à la mode au Québec durant la présidence de George W. Bush et plusieurs Québécois ont embrassé l'idée que l'Amérique était une société «troublante», pour reprendre un terme utilisé par un autre auteur du dossier de *La Presse*[38]. C'est du moins ce qu'indique un sondage publié par le même journal en 2004 : 40 % des Québécois déclaraient alors avoir une opinion négative des États-Unis. En 2007, la proportion s'établissait à 47 %[39]. Ces taux sont plus élevés que ceux généralement recueillis auprès des Canadiens des autres provinces. Par exemple, une étude du Canadian Defence and Foreign Affairs Institute menée en octobre 2008 illustre que seulement 32 % des Canadiens affirment avoir une opinion négative des États-Unis[40]. Ce taux confirme une tendance observée par la firme Environics qui, grâce à ses sondages, a remarqué que la proportion de Canadiens ayant une opinion défavorable à propos des États-Unis a toujours oscillé entre 25 % et 40 % depuis le début des années 1980[41].

Ce qui demeure toutefois paradoxal est que l'affection des Québécois à l'endroit des Américains *en tant qu'individus* reste, quant à elle, plus forte que celle des autres Canadiens, du moins si l'on se fie à l'enquête de 2007. Comme l'indique le tableau 4, alors que 74 % des Québécois disaient avoir une opinion favorable des Américains, 66 % des Canadiens affirmaient la même chose à peu près au même moment.

---

38. Alexandre Sirois, 2004, «Troublante Amérique», *La Presse*, 17 octobre, Cahier PLUS, p. 3.

39. Guy Lachapelle et Léger Marketing, 2007, «Américanité, américanisation et anti-américanisme», Rapport de recherche, 25 janvier.

40. Canadian Defence and Foreign Affairs Institute, 2008, «Canada and the United States: What Does It Mean to Be Good Neighbours», 2008 Annual Ottawa Conference Poll, octobre, p. 3.

41. Environics, 14 juillet 2003, «Canadians Approve of the US, Disapprove of President George W. Bush».

Tableau 4

**L'OPINION DES QUÉBÉCOIS À PROPOS DES AMÉRICAINS, COMPARÉE
À CELLE DES CANADIENS ET DES POPULATIONS D'AUTRES PAYS**

	Favorable %	Défavorable %	Ne sait pas %
Québec (2007)	74	24	2
Allemagne (2005)	65	24	11
Canada (2005)	66	30	4
France (2005)	64	36	–
Espagne (2005)	55	30	15
Grande-Bretagne (2005)	70	22	8
Pays-Bas (2005)	66	31	3
Pologne (2005)	68	17	16
Russie (2005)	61	29	11
Turquie (2005)	23	63	14

Sources: pour les données de 2007, enquête menée par Guy Lachapelle et Léger
Marketing du 27 novembre au 28 décembre 2007 auprès de 1 251 répondants (téléphone), marge d'erreur = 2,77 % ; pour 2005, les données proviennent du sondage
intitulé « 16-nation Pew Global Attitudes Survey», mené par *The Pew Global Project
Attitudes*, p. 20 : http://pewglobal.org/reports/pdf/247.pdf.

Ces données tendent à révéler l'importance, dans la psyché
collective des Canadiens, de ce que Katzenstein et Keohane qualifient
d'antiaméricanisme nationaliste. En effet, les anglophones du Canada
ont tendance à admirer les États-Unis en tant que pays, mais ils
n'aiment pas qu'on les confonde personnellement avec les Américains.
Il y a quelques années, une publicité télévisée faisant la promotion de
la bière *Molson Canadian* saisissait bien cette ambivalence. On pouvait
y voir un jeune Canadian anglais, debout sur une scène de cinéma,
crier haut et fort dans un micro qu'il n'était pas Américain, mais bien
Canadien et qu'il possédait sa propre identité et sa propre culture,
distinctes de l'identité et de la culture américaines. Ainsi allait le
plaidoyer du jeune homme :

> *I have a Prime Minister, not a president.*
>
> *I speak English and French, not American.*
>
> *And I pronounce it « about », not « a boot ».*
>
> *I can proudly sew my country's flag on my backpack.*
>
> *I believe in peace keeping, not policing, diversity, not assimilation, and that
> the beaver is a truly proud and noble animal.*

A toque is a hat, a chesterfield is a couch, and it is pronounced «zed» not «zee», «zed»!

Canada is the second largest landmass! The first nation of hockey! and the best part of North America! My name is Joe!! And I am Canadian[42]!

La principale raison pour laquelle cette variante d'antiaméricanisme a été moins présente au Québec que dans le reste du Canada est bien résumée par Brian Bow qui écrit que les francophones ont historiquement eu tendance à croire que leur identité était menacée par les Canadiens anglais et non par les Américains. Comme il l'explique : «*After the Confederation in 1867 – if not earlier – Francophone Canada found its overshadowing "other" in Anglophone Canada, and therefore had no widespread or substantial anti-Americanism[43].*» Toujours selon Bow, les francophones du Québec ont généralement admiré la vitalité de la société et de l'économie américaines, voyant les États-Unis comme un allié potentiel leur permettant de rester puissants devant le Canada anglais. Plusieurs événements témoignent d'ailleurs de l'affection historique des Québécois à l'endroit des Américains. Louis-Joseph Papineau et les Patriotes qui menèrent les Rébellions de 1837 et de 1838 admiraient le régime républicain à l'américaine et pourfendaient les monarchies constitutionnelles à la britannique[44]. Qui plus est, près de la moitié des 900 000 Canadiens français qui ont cherché du travail en Nouvelle-Angleterre durant les décennies 1840-1930 sont revenus à Montréal et à Québec après leur expérience et y ont fièrement diffusé la culture américaine[45]. Comme l'explique Claude Bélanger :

The emigrants became one of the prime vessels of transmission for American culture within French Canada. They also helped project a very positive image of the United States in Quebec, in sharp contrast to the anti-Americanism that sometimes characterized English-speaking Canada[46].

Cela dit, la réponse de George W. Bush au 11 septembre 2001 a nettement ébranlé l'affection des Québécois à l'égard des Américains, ce qui illustre le caractère fluctuant des antiaméricanismes au Canada.

---

42. Molson, 2001, «I am Canadian». Nous remercions Tina Storer et Reginald Stuart de nous avoir donné l'idée d'utiliser cette publicité en exemple.
43. Bow, *op. cit.*
44. Yvan Lamonde, 2008, «Anti-américanisme européen et anti-américanisme vus du Québec», dans *Américanisations et anti-américanismes comparés*, sous la direction de Olivier Dard et Hans-Jürgen Lüsebrink, Lille, Presses universitaires du Septentrion, p. 81.
45. Yves Roby, 2007, *Histoire d'un rêve brisé? Les Canadiens français aux États-Unis*, Sillery, Septentrion.
46. Claude Bélanger, 2000, «French Canadian Emigration to the United States, 1840-1930», *Readings in Quebec History*, Montréal, Marianopolis College.

La nature évolutive des antiaméricanismes québécois et canadien

Outre le fait qu'ils soient différents, les antiaméricanismes québécois et canadien étonnent aussi par leur nature évolutive. Les attitudes des Québécois et des Canadiens à propos des Américains ne sont, en effet, pas figées dans le temps : elles se transforment au gré des événements et des conjonctures politiques. Certes, les Québécois ont peut-être plus tendance que les Canadiens à rejeter les politiques militaristes des gouvernements américains, comme l'illustre l'encadré 1. Il est également vrai que les Québécois éprouvent parfois un dégoût plus viscéral que d'autres Canadiens à propos des valeurs sociales conservatrices qu'incarnent des individus comme George W. Bush. À titre indicatif, selon un sondage Ekos mené en mars 2010, seulement 24,8 % des Québécois s'opposent au mariage gai, contre 33,5 % en Saskatchewan et au Manitoba, 33,2 % en Alberta, 29,4 % en Ontario et 27,9 % dans les provinces de l'Atlantique[47]. Cela dit, l'antiaméricanisme social des Québécois est loin d'être inébranlable, même si Peter Katzenstein et Robert Keohane diraient qu'il est plus structurel que l'antiaméricanisme libéral.

---

47.   Selon le sondage, l'opinion des habitants de la Colombie-Britannique s'apparente à celle des Québécois sur cette question. En effet, 22,2 % d'entre eux s'opposent au mariage gai. Ekos, 2010, « Political Landscape – Data Tables, Weighted », 24 mars.

ENCADRÉ 1
LA COMPARAISON DE L'OPINION DES CANADIENS ET DE CELLE DES QUÉBÉCOIS À PROPOS DES ÉTATS-UNIS ET DE LA POLITIQUE AMÉRICAINE

Contre toute participation canadienne à la guerre du Golfe (1991)	
Québec	70 %
Canada dans son ensemble	56 %

Source : sondage Gallup et Société Radio-Canada, 17 janvier 1991.

Contre la guerre en Irak peu importe les circonstances (2003)	
Québec	49 %
Ontario	35 %
Provinces de l'Atlantique	34 %
Colombie-Britannique	28 %
Saskatchewan-Manitoba	27 %
Alberta	27 %

Source : Guy Lachapelle, « Pourquoi le gouvernement canadien a-t-il refusé de participer à la guerre en Irak ? », Revue française de science politique, vol. 53, n° 6 (décembre 2003), p. 919.

Pour la décision d'Ottawa de rejeter le projet américain de bouclier antimissiles (2005)	
Québec	63 %
Autres provinces	55 %

Source : Pierre Martin, op. cit., p. 42.

D'accord avec l'idée que la politique étrangère américaine est la cause des attentats du 11 septembre 2001 (2006)	
Québec	77 %
Canada dans son ensemble	63 %

Source : Léger Marketing, septembre 2006, enquête réalisée pour l'Association d'études canadiennes.

Favorable à un renforcement des liens économiques entre le Canada et les États-Unis (2007)	
Québec	68,4 %
Ontario	67,2 %
Provinces de l'Atlantique	62,3 %
Colombie-Britannique	60,3 %
Alberta-Saskatchewan-Manitoba	69,9 %

Source : SES Options-Politiques, octobre 2007.

C'est du moins ce que l'élection américaine de 2008 a révélé au grand jour. Après en avoir tant voulu à Bush et à la société qui l'avait élu, les Québécois se sont littéralement laissés envouter par Barack Obama, à la fois durant et après le duel l'opposant au

républicain John McCain. Le blogue de Richard Hétu illustre le changement de ton des Québécois au lendemain de la présidentielle de
2008 : certains lecteurs écrivaient, par exemple, que « la normalité
revient à la Maison-Blanche », qu'ils ont hâte de recevoir des touristes
américains au Québec et qu'ils sont à « nouveau fiers d'être les voisins
des Américains[48] ».

L'élection de Barack Obama a également redoré le blason
américain dans le reste du Canada. Le sondeur Peter Donolo, de
l'organisme Strategic Council, décrit bien l'opinion des Canadiens
quand il écrit ceci : « *It's one of those relatively rare moments when we look
south of the border at their politics with something approaching envy*[49]. » Le
phénomène de « l'obamanie » a été si fort au Canada que plusieurs
n'ont pas hésité à dire que ni le Canada ni le Québec n'auront la
chance de voter un jour pour un personnage politique de la trempe
d'Obama !

En plus d'atténuer les sentiments antiaméricains au nord du
49e parallèle, l'élection de 2008 a également permis de constater qu'il
n'existe pas seulement des différences entre les attitudes des Québécois et des autres Canadiens à propos des États-Unis. En effet, même
si certaines provinces canadiennes sont plus conservatrices que
d'autres, la population canadienne dans son ensemble tend – tout
comme les Québécois en particulier – à valoriser une approche libérale (*liberal* dans le vocabulaire politique américain) quant à des enjeux
comme le mariage gai, le contrôle des armes à feu, l'assurance maladie
ou, encore, la religion et la politique. Pour reprendre les termes du
politologue Nelson Wiseman, la culture politique canadienne est
nettement plus progressiste et sociale-démocrate que la culture politique américaine[50]. Jon Stewart, animateur de la populaire émission
de télévision *The Daily Show*, le rappelait d'ailleurs à sa manière en
disant que le Parti conservateur du Canada se nommerait probablement les « Partisans gais de Ralph Nader pour la paix » s'il gravitait
dans l'environnement politique américain ! Ainsi, la plupart des
provinces canadiennes seraient très certainement des « États bleus »,
c'est-à-dire qui votent démocrate, s'ils faisaient partie des États-Unis.
À ce titre, la population albertaine ressemble probablement plus à la

---

48.   Voir les commentaires en question sur le blogue de Richard Hétu.
49.   Agence France-Presse, 2008, « Canadians for Obama, but Republicans for Canada »,
       1er novembre.
50.   *Ibid.*

population québécoise que les populations « d'États rouges » comme la Géorgie, la Caroline du Sud ou l'Indiana, même si plusieurs Québécois aimeraient parfois croire le contraire.

Une autre similitude évidente des attitudes québécoise et canadienne à propos des États-Unis est que la majorité des Canadiens auraient imité les Québécois en votant pour Obama s'ils avaient eu la chance de participer à la présidentielle de 2008. Comme l'illustre un sondage Canadian Press mené en mai 2008, 56 % des Canadiens auraient voté pour Obama et seulement 16 % pour McCain[51]. L'appui à Obama était donc plus fort au Québec que dans les autres provinces (61 % des Québécois auraient voté pour le démocrate). Or, on recueillait des chiffres semblables au Manitoba, en Saskatchewan, en Colombie-Britannique et même en Alberta, qui est souvent jugée plus conservatrice que le Québec.

CONCLUSION

Même s'il n'est pas aisé de répondre à la question « Est-ce que les Québécois sont plus antiaméricains que les Canadiens? », nous avons voulu démontrer, dans ce chapitre, qu'il existe des différences frappantes entre l'attitude des Québécois et celle des autres Canadiens à propos des États-Unis. D'un côté, les Québécois semblent plus enclins que les Canadiens à croire que les valeurs américaines ne devraient pas s'imposer chez eux. Mais de l'autre, les Canadiens sont plus agacés que les Québécois lorsqu'on les compare personnellement aux Américains. Ce sont de telles distinctions que nous avons cherché à mettre en relief à l'aide de la typologie de Peter Katzenstein et Robert Keohane. Celle-ci nous a permis d'observer qu'il existe d'importantes traces d'antiaméricanisme social au Québec et d'antiaméricanisme nationaliste dans le reste du Canada.

Nous aurions, bien sûr, pu recourir à d'autres typologies pour comprendre le phénomène des antiaméricanismes au Canada. Par exemple, Reginald Stuart écrit lui aussi que la nature et l'intensité des sentiments antiaméricains diffèrent d'une région canadienne à l'autre[52]. Ainsi, certains déplorent les politiques militaristes américaines tandis que d'autres s'insurgent contre les valeurs conservatrices

---

51. Canadian Press, 2008, « Canadians would overwhelmingly vote for Obama », 21 mai.
52. Reginald Stuart, 2003, « Anti-Americanism : Before and After 9/11 », texte présenté au Canada Institute, Woodrow Wilson International Center for Scholars, Washington D.C., 23 mai.

du pays ou sont allergiques aux Américains parce qu'ils voient en eux une menace à leur identité ou à leur culture.

Quoi qu'il en soit, toute typologie des antiaméricanismes, celle de Peter Katzenstein et Robert Keohane au premier chef, illustre que les variantes trouvées dans l'ensemble du Canada sont de nature moins virulentes que celles retrouvées dans plusieurs autres pays. À titre indicatif, ni le Canada ni le Québec sont en proie à l'antiaméricanisme radical que l'on trouve parfois dans des pays d'Amérique latine, du Moyen-Orient, d'Asie ou d'Afrique. Pour reprendre l'analyse de Kim Richard Nossal, il appert donc utile de parler d'antiaméricanisme «léger» ou «ultraléger») (*anti-americanism lite or ultra-lite*) pour qualifier le phénomène au Canada[53]. Et ici réside bien ce que l'on doit surtout retenir à propos des Canadiens et des Québécois : ils haïssent parfois les États-Unis et les Américains, mais ils les aiment probablement encore plus qu'ils ne les haïssent. Dans cette relation d'amour-haine, ils leurs pardonnent vite leurs «écarts de conduite», comme en témoigne le retournement d'attitude à propos des États-Unis engendré par l'élection de Barack Obama. Il reste maintenant à voir si Obama saura faire perdurer la passion qu'il a instantanément suscitée chez les Canadiens et les Québécois. En effet, l'aimeront-ils toujours autant s'il demande à Ottawa de poursuivre l'effort de guerre en Afghanistan ? Si les démocrates adoptent une attitude protectionniste et ferment la frontière aux produits canadiens ? Rien n'est moins sûr. La passion des Canadiens et des Québécois pour les Américains pourrait donc s'étioler plus vite qu'il a été prévu, ce qui redonnerait plus d'espace aux sentiments antiaméricains de toutes sortes.

---

53. Kim Richard Nossal, 2007, «Anti-Americanism in Canada», dans *Anti-Americanism: History, Causes, Themes*, sous la direction de Brendon O'Connor, Oxford, Jordan Hill, p. 60.

Chapitre 6

L'influence des médias américains
sur la culture québécoise ou l'impact
de l'« *American Way of Life* » sur les Québécois

La crainte de l'invasion – voire de l'assimilation – culturelle par les États-Unis n'est pas nouvelle au Québec. En effet, l'omniprésence des références culturelles américaines est nettement perceptible depuis de nombreuses années, que ce soit par la présentation du football américain à la télévision de Radio-Canada, par la traduction de chansons en provenance des États-Unis et reprises par les artistes d'ici dans les années 1960 ou, encore, par l'adaptation de jeux télévisés américains. À tel point, d'ailleurs, que les entreprises législatives dans le domaine culturel ont toujours été élaborées pour contrer ce phénomène, et ce, depuis la Commission Aird, qui s'est tenue au Canada en 1929, jusqu'à l'imposition de quotas de musique francophone à la radio québécoise dans les années 1990[1].

---

1. La Commission Aird a, en effet, conclu que la radio américaine, largement écoutée au Canada, compromettait les valeurs canadiennes. À ce sujet, voir Florian Sauvageau, 1999, « Paradoxes et ambiguïté », dans Florian Sauvageau (dir.), *Variations sur l'influence culturelle américaine*, Québec, Les Presses de l'Université Laval, p. xii et Marc Raboy, 1999, « "L'État ou les États-Unis" : l'influence américaine sur le développement d'un modèle canadien de la radiodiffusion », dans Florian Sauvageau (dir.), *op. cit.*, p. 3. En ce qui concerne les quotas de musique francophone devant être diffusés par les radios francophones du Québec, ils sont passés de 65 % à 55 % en 1986, pour revenir à 65 % en 1990. Pour plus d'informations, consulter le document suivant : Gouvernement du Québec, Ministère de la Culture, des Communications et de la Condition féminine, 2006, *La musique vocale francophone*, Québec.

Le cinéma américain est souvent perçu comme l'archétype de l'impérialisme culturel américain. Malgré tout, et tous les augures de malheur, le cinéma québécois a réussi à s'imposer sur la scène culturelle internationale. Affiche à Montréal du film *On ne rigole pas avec le Zohan* mettant en vedette Adam Sandler. Photo de Jacques Nadeau, mai 2008.

Avant de comprendre l'influence américaine sur la culture québécoise, il convient tout d'abord de définir ce qu'est l'américanisation culturelle. Elle comporte deux niveaux. D'une part, on peut parler de l'américanisation des formats. Selon Dave Atkinson : « L'américanisation, c'est [...] le constat actuel que les Américains dominent outrageusement le marché international de l'audiovisuel et qu'il s'agit pour eux d'un des plus importants secteurs d'exportation[2]. » Florian Sauvageau abonde dans le même sens en affirmant que l'américanisation est principalement liée à un système commercial qui a fait ses preuves[3]. L'américanisation culturelle consiste donc, essentiellement, en une uniformisation et en une homogénéisation des formats culturels en raison de la prépondérance des façons de faire commerciales américaines. D'autre part, il faut comprendre que l'américanisation des formats peut inclure l'américanisation des contenus, c'est-à-dire le transfert des valeurs américaines à la culture québécoise grâce à la

2. Dave Atkinson, 1999, « L'américanisation de le télévision : qu'est-ce à dire ? », dans Florian Sauvageau (dir.), *op. cit.*, p. 59.
3. Florian Sauvageau, 1999, *op. cit.*, p. xix.

Le gouvernement du Québec cherche depuis plusieurs années à attirer des entreprises spécialisées dans le développement de jeux électroniques et vidéo. Il a également favorisé une collaboration plus étroite entre les universités et les entreprises afin de développer à Montréal une véritable cité de l'électronique. Photo de Jacques Grenier, novembre 2004.

forte présence de la télévision, du cinéma et de la musique en provenance des États-Unis[4].

Une analyse approfondie des comportements culturels des Québécois et des effets de la consommation de la culture américaine démontre que si l'américanisation des formats est réelle, l'américanisation des contenus, pour sa part, n'est pas si généralisée que ce que l'on pourrait croire, notamment en raison de la langue et parce que les Québécois ont pris un certain recul par rapport aux valeurs américaines, particulièrement depuis le 11 septembre 2001. Dans ces

---

4.   *Ibid.*, p. 60.

conditions, comment se manifeste la présence de la culture américaine et quelle est son influence réelle sur les valeurs québécoises et, par extension, sur la culture québécoise elle-même ? Celle-ci est-elle condamnée à disparaître ou, au contraire, à innover davantage pour faire obstacle à la culture des États-Unis ?

LA MONDIALISATION COMME ACCÉLÉRATEUR DE L'AMÉRICANISATION DES FORMATS

L'influence des modèles culturels américains ne se fait pas sentir uniquement au Québec. C'est la mondialisation qui est, en grande partie, responsable de l'américanisation de la culture à travers le monde, puisqu'elle a permis aux entreprises médiatiques américaines – principaux vecteurs de la culture – de bénéficier d'une large déréglementation[5]. Ainsi, les lois établies par la Federal Communications Commission (FCC, l'équivalent du Conseil de la radiodiffusion et des télécommunications canadiennes ou CRTC) limitant le nombre de filiales et le pourcentage des marchés qu'elles pouvaient détenir ont été abolies ou modifiées en faveur des demandes des entreprises. Celles-ci considéraient, en effet, que la présence du gouvernement dans la gestion de leurs affaires nuisait à leur rentabilité et entravait les décisions commerciales. La déréglementation a donc mené à une plus grande concentration des médias. La mondialisation a eu la même conséquence dans d'autres pays occidentaux, puisque pour augmenter leur compétitivité face aux États-Unis, les entreprises médiatiques devaient œuvrer dans les mêmes conditions que les grands conglomérats américains. L'arrivée de nouvelles technologies, telles que les satellites, Internet et la téléphonie numérique, a permis l'exportation encore plus rapide des médias américains.

Un deuxième effet de la mondialisation dans le domaine médiatique a été la vague de fusions et d'acquisitions dont les entreprises médiatiques américaines ont été l'objet dans le but d'occuper une plus grande part du marché, américain d'abord et mondial ensuite. Subséquemment, un nombre de plus en plus réduit d'entreprises contrôle désormais tous les aspects du divertissement et de l'information : alors qu'à la fin des années 1970, une cinquantaine d'entreprises médiatiques

---

5.   Pour plus de détails sur les effets de la mondialisation dans le domaine des médias (en particulier des médias d'information), voir Karine Prémont, 2006, *La télévision mène-t-elle le monde ?*, Québec, Presses de l'Université du Québec, coll. Enjeux contemporains, p. 171-189.

se partageaient le contrôle des médias en Occident, elles ne sont plus que huit aujourd'hui, dont cinq sont américaines[6].

Le dernier effet de la mondialisation, en ce qui concerne la culture, est que celle-ci est alors devenue un produit de consommation comme les autres, qui se doit de rapporter de l'argent aux actionnaires des entreprises médiatiques qui la diffuse ou, à tout le moins, de respecter des critères particuliers de rentabilité. Par exemple : « Faire de la télévision, aux États-Unis, c'est d'abord et avant tout gérer une entreprise commerciale qui, comme dans d'autres secteurs d'activité économique, est soumise à la concurrence et aux lois du marché[7]. » La culture est donc produite et vendue comme n'importe quel autre bien de consommation et c'est la réussite de ce modèle de gestion qui fait en sorte qu'il est imité par tous les autres pays. Cela signifie que même si une émission est produite à l'extérieur des États-Unis (la téléréalité *Big Brother*, par exemple, provient des Pays-Bas), son format peut être américanisé – garantissant là de meilleures chances de succès, non seulement aux États-Unis mais partout à travers le monde[8].

L'américanisation des médias – et de la culture – du Québec découle de ces constats : c'est dorénavant « la façon américaine de produire, de diffuser et de distribuer de la culture qui est érigée en modèle légitime, en norme[9] ». Ici comme ailleurs, les craintes face à l'uniformisation culturelle sont contrebalancées par le désir que les entreprises locales « participent au marché global de l'*entertainement*[10] » et c'est pourquoi les politiques culturelles québécoises « sont devenues, plus souvent qu'autrement, des politiques industrielles dans le secteur de la culture[11] ». Les émissions de télévision, les films et la musique en provenance du Québec ont donc reproduits les formats américains.

---

6.   Il s'agit de Time Warner (États-Unis), Disney (États-Unis), Viacom (États-Unis), Bertelsmann (Allemagne), News Corporation (États-Unis), Vivendi Universal (France), Comcast (États-Unis) et Sony (Japon). Il existe, bien sûr, d'autres joueurs médiatiques dans le monde, mais ce sont ces huit géants qui récoltent la plus large part du marché mondial, autant en termes de visibilité que de revenus. Pour plus d'informations à ce sujet, voir Ben Bagdikian, 2004, *The New Media Monopoly*, 2ᵉ édition, Boston, Beacon, p. 27.

7.   Dave Atkinson, *op. cit.*, p. 69.

8.   Florian Sauvageau, 2009, « La télévision en crise : le retour des Américains ? », dans Yves Théorêt, Antoine Char et Margot Ricard (dir.), *Born in the USA : les médias québécois sous influence ?*, Québec, Presses de l'Université du Québec, p. 117.

9.   Jean-Guy Lacroix, 1999, « Les politiques culturelles et de communication au Canada devant la tendance à l'américanisation : au mieux, un succès mitigé ; dans les faits, un échec dramatique », dans Florian Sauvageau (dir.), *op. cit.*, p. 54.

10.   Florian Sauvageau, 1999, *op. cit.*, p. xvi.

11.   *Ibid.*, p. xiv.

Cela est surtout visible à la télévision et au cinéma : les films les plus populaires des dernières années (*Bon Cop, Bad Cop*, notamment) ont adopté la facture et le rythme américains. À la télévision, la liste des emprunts aux États-Unis est longue : le *Téléjournal* de 18 heures à Radio-Canada, qui ressemble fort à ce que fait Wolf Blitzer à CNN dans son émission *The Situation Room*; la téléréalité qui est présente sur à peu près toutes les chaînes ; le canal *Shopping TVA* ; les reportages d'enquête sur des enjeux sociaux importants ou sur des scandales à grande échelle à la *60 Minutes* (CBS) ; les séries policières (*Omertà*) ou hospitalières (*Urgence*) ; les téléséries à grand déploiement ; les jeux télévisés, souvent repris tels quels ou tout simplement traduits (*Wipe-Out, Le Mur, La classe de 5ᵉ, Le Banquier, Jeopardy* et *La guerre des clans*, par exemple)[12]. Les autres types de médias n'échappent pas à l'américanisation des formats : les journaux québécois sont « des journaux américains écrits en français[13] », la radio québécoise mise souvent sur un « présentateur surexcité qui passe sans cesse les succès du jour[14] », alors que le vedettariat québécois est organisé comme celui des Américains.

La prépondérance du modèle culturel américain a comme conséquence inévitable l'uniformisation des modèles exportables : si on souhaite vendre nos productions culturelles à l'étranger, elles doivent être exemptes de références à des valeurs trop « locales » et, donc, se conformer au modèle imposé par les États-Unis, puisque la culture américaine est la plus connue et la plus populaire à travers le monde même si elle ne fait pas l'unanimité. C'est ce qui explique que les États-Unis soient le pays qui exporte le plus ses produits culturels, et ce, même s'il n'est pas toujours celui qui en produit le plus, comme l'illustrent les tableaux suivants.

---

12.   À ce sujet, voir Claude Jean Bertrand, 1999, « Les "modèles" étatsuniens : rien à craindre », dans Florian Sauvageau (dir.), *op. cit.*, p. 187-189 et Véronique Nguyên-Duy, 1999, « Le téléroman et la volonté d'une télévision originale », dans Florian Sauvageau (dir.), *op. cit.*, p. 153-154.

13.   *Ibid.*, p. xii.

14.   À ce sujet, voir Claude Jean Bertrand, *op. cit.*, p. 187.

Tableau 1
LES 10 PAYS QUI PRODUISENT LE PLUS DE LIVRES, 1999*

Pays	Nombre de titres/année (milliers)
Chine	110
Grande-Bretagne	107
Allemagne	71
États-Unis	*68*
Japon	56
Espagne	46
Russie	36
Italie	35
Corée du Sud	30
France	24

* Selon les données les plus récentes disponibles.
Source: UNESCO, 2004, *Statistical Yearbook 2005*.

Tableau 2
LES 10 PAYS QUI EXPORTENT LE PLUS DE LIVRES, 1999*

Pays	Exportation/année (millions de $)
États-Unis	*1 991*
Grande-Bretagne	1 786
Allemagne	975
France	594
Italie	585
Espagne	573
Singapour	403
Chine (Hong Kong)	380
Belgique	353
Pays-Bas	235

* Selon les données les plus récentes disponibles.
Source: UNESCO, 2004, *Statistical Yearbook 1999*.

Tableau 3

LES PAYS QUI PRODUISENT LE PLUS DE FILMS, 2006

Pays	Nombre de productions/année
Inde	1 091
Nigeria	872
États-Unis	*485*
Japon	417
Chine	330
France	203

Source: ONU, 2009, *Cinéma: Nollywood rivalise avec Bollywood, selon une enquête de l'UNESCO*, 5 mai.

L'idée du rêve américain est encore largement répandue et les valeurs qui y sont associées – dont l'individualisme, le consumérisme et la liberté – sont très attirantes pour une grande majorité de personnes, non seulement en Occident mais de plus en plus en Asie, en Afrique et en Amérique latine.

LA PLACE DE LA CULTURE AMÉRICAINE AU QUÉBEC : FAUT-IL CRAINDRE L'AMÉRICANISATION DES CONTENUS ?

Ce qui inquiète au Québec est plutôt la consommation culturelle, dont une grande partie est occupée par les États-Unis, que ce soit dans les domaines du cinéma, de la télévision (divertissement et information), de la musique et même d'Internet. Les seules exceptions se trouvent dans la lecture : en raison de la langue, les Québécois préfèrent, et de loin, les livres écrits par des auteurs d'ici et les revues québécoises plutôt que les produits américains, même traduits. Le bilan général de la consommation culturelle des Québécois démontre clairement que « les différents moyens de diffusion-distribution de la culture présentent quotidiennement et massivement à l'imaginaire [...] l'*American Way of Life* et la vision hollywoodienne de la réalité[15] », ce qui soulève des interrogations sur la pérennité de la culture québécoise, sur les valeurs fondamentales qu'elle véhicule et sur la nécessité de protéger l'identité nationale.

---

15.   Jean-Guy Lacroix, *op. cit.*, p. 54.

Le directeur général du Cirque du Soleil, Guy Laliberté, fêtant en juin 2009 les 25 ans de son entreprise multinationale. Le Cirque du Soleil et des chanteuses comme Céline Dion représentent des cartes de visite exceptionnelles pour la diplomatie publique québécoise aux États-Unis. Photo de Jacques Grenier, le 20 juin 2009.

Le poète, chanteur et romancier montréalais Leonard Cohen demeure un symbole de l'universalité de la culture et de la chanson québécoise. En mars 2008, il fut intronisé au Temple de la renommée du rock'n'roll. En juin 2008, le festival de jazz de Montréal lui rendait ainsi hommage : «Véritable monument, icône de la chanson autant que de la littérature, il est depuis longtemps considéré comme l'un des auteurs-compositeurs les plus importants et influents de notre temps ». Photo de Jacques Grenier, 9 mai 2006.

La consommation de films américains

En 2007, 79 % des Québécois affirmaient préférer les films américains, ce qui représente une augmentation de 6 % par rapport aux données de 1997[16] : ce fait est étonnant dans la mesure où les dix années d'écart entre les sondages sont celles qui ont vu le cinéma québécois prendre une grande expansion et acquérir une renommée jamais vue à ce jour. On constate, par ailleurs, qu'entre 2006 et 2008, des 50 films les plus populaires au Québec, 42 sont américains et seulement 6 sont québécois[17]. Ces données confirment une tendance lourde : si on compile l'assistance de tous les films présentés au Québec entre 1985 et 2008, les films américains dominent très largement le palmarès des films les plus populaires (41) alors que seulement 9 films québécois y figurent[18]. En somme, les films américains détiennent la plus grande part du marché du cinéma au Québec, comme le démontrent les graphiques suivants.

16.   Guy Lachapelle et Léger Marketing, 2007, *Américanité, américanisation et antiaméricanisme: analyse de l'opinion des Québécois envers les États-Unis et leur influence sur la société québécoise*, Montréal, décembre, p. 2-3.

17.   Gouvernement du Québec, Institut de la statistique du Québec, Observatoire de la culture et des communications du Québec, 2009, *Statistiques principales de la culture et des communications au Québec*, Québec, juin, p. 120. Les six films québécois sont les suivants: *Bon Cop, Bad Cop* (seul film québécois à faire partie de la liste des dix films les plus populaires) ; *Les 3 p'tits cochons*; *Cruising Bar 2*; *Nitro*; *Ma fille, mon ange*; *Le secret de ma mère*. La popularité est calculée en fonction du nombre de personnes qui ont vu le film: par exemple, un film qui a récolté plus d'argent, mais qui a été vu par moins de personnes sera devancé par un film qui a récolté moins d'argent, mais qui a eu une plus grande assistance.

18.   *Ibid.*, p. 122. Les neuf films québécois sont les suivants: *Un homme et son péché*; *Bon Cop, Bad Cop*; *La grande séduction*; *Les Boys*; *Les Boys II*; *Les invasions barbares*; *Les Boys III*; *C.R.A.Z.Y.*; *Aurore*. Seuls les deux premiers sont dans la liste des dix films les plus populaires.

GRAPHIQUE 1
LES PARTS DE MARCHÉ DES FILMS AMÉRICAINS, QUÉBÉCOIS ET FRANÇAIS AU QUÉBEC EN 2008, EN TERMES D'ASSISTANCE (EN POURCENTAGE)

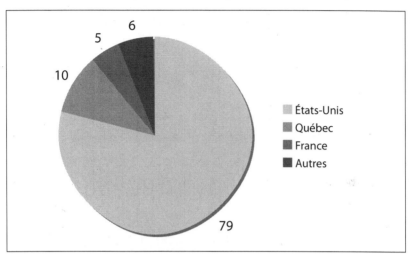

Source : Gouvernement du Québec, Institut de la statistique du Québec, Observatoire de la culture et des communications du Québec, 2009, *Statistiques en bref*, n° 45 (février).

GRAPHIQUE 2
LES PARTS DE MARCHÉ DES FILMS AMÉRICAINS, QUÉBÉCOIS ET FRANÇAIS AU QUÉBEC EN 2008, EN TERMES DE RECETTE (EN POURCENTAGE)

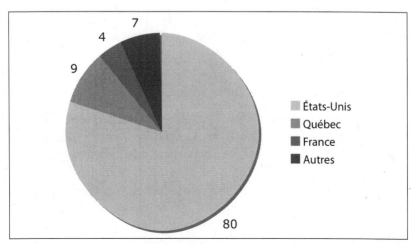

Source : Gouvernement du Québec, Institut de la statistique du Québec, Observatoire de la culture et des communications du Québec, 2009, *Statistiques en bref*, n° 45 (février).

GRAPHIQUE 3
LES PARTS DE MARCHÉ DES FILMS AMÉRICAINS,
QUÉBÉCOIS ET FRANÇAIS AU QUÉBEC EN 2008,
EN TERMES DE SALLES DE PROJECTION (EN POURCENTAGE)

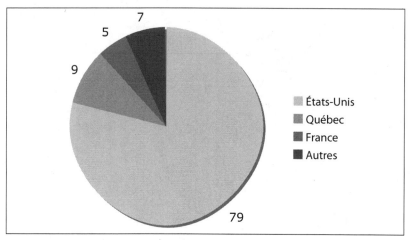

Source: Gouvernement du Québec, Institut de la statistique du Québec, Observatoire de la culture et des communications du Québec, 2009, *Statistiques en bref*, n° 45 (février).

Cependant, les films québécois les plus populaires ces dernières années ont tous été très québécois dans leur contenu: qu'on pense à l'histoire avec *Aurore, Un homme et son péché* et *C.R.A.Z.Y.*, au hockey, thème central de la trilogie des *Boys*, et aux préoccupations liées au système de santé du Québec avec *Les invasions barbares*. Il est intéressant de noter que « la popularité du cinéma américain décroît avec l'âge : alors que les 18-28 ans préfèrent les films américains dans une proportion de 83 %, les 57 à 95 ans ne les préfèrent que dans une proportion de 58 %[19] ».

La forte présence de la télévision américaine

La consommation de la culture américaine dans le domaine de la télévision est également très forte. Au Canada, cela se traduit notamment par l'achat de plus en plus important d'émissions américaines par les télédiffuseurs privés (plus de 720 millions de dollars en 2007)[20]. Il semble toutefois que les Québécois francophones soit un peu moins friands des émissions américaines que les anglophones : alors que 70 %

---

19. Guy Lachapelle et Léger Marketing, *op. cit.*, p. 3.
20. Florian Sauvageau, 2009, *op. cit.*, p. 116.

de ceux-ci écoutent des émissions de télévision qui sont d'origine étrangère (essentiellement américaine), 67 % des francophones préfèrent les émissions canadiennes (majoritairement francophones)[21]. En fait, « si les Québécois préfèrent les émissions francophones aux émissions anglophones, il est aussi important de souligner qu'ils préfèrent systématiquement, et dans une très large majorité, les productions francophones québécoises aux productions étrangères traduites en français[22] », comme le graphique suivant en fait foi.

GRAPHIQUE 4
**LE TYPE D'ÉMISSIONS LES PLUS REGARDÉES
AU QUÉBEC EN 2008-2009 (MOYENNE)**

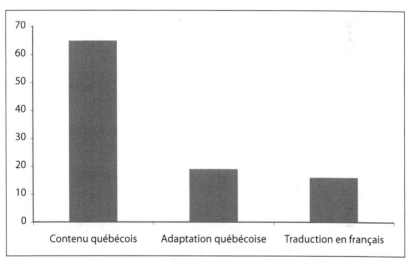

* Type d'émissions classées parmi les 20 plus populaires entre le 1er septembre 2008 et le 30 août 2009. Les émissions compilées comme étant des adaptations sont celles dont le concept provient de l'extérieur du Québec (comme *Star Académie, Tout le monde en parle* et *Le Cercle*, par exemple), alors que les émissions compilées comme des traductions françaises sont des émissions étrangères simplement traduites (comme *Dr. House, Les anges de la rénovation* et *Beautés désespérées*). Il est à noter que cette dernière catégorie comprend aussi les films, alors que les émissions sportives ont été classées dans « contenu québécois » si une équipe du Québec participait à l'événement. Enfin, les catégories « adaptation québécoise » et « traduction en français » peuvent contenir des émissions de toutes provenances.

Source : Compilation effectuée par l'auteure à partir des données des sondages BBM, disponibles sur Internet.

---

21.   Guy Lachapelle et Léger Marketing, *op. cit.*, p. 2.
22.   Véronique Nguyên-Duy, *op. cit.*, p. 132. Voir également Florian Sauvageau, 2009, *op. cit.*, p. 116-117.

De plus, si, en 2007, 38 % des Québécois affirmaient ne jamais écouter la télévision américaine, ceux qui l'ont fait se sont surtout intéressés aux chaînes d'information câblées, comme l'indique le graphique suivant.

GRAPHIQUE 5
LES CHAÎNES DE TÉLÉVISION AMÉRICAINE LES PLUS REGARDÉES PAR LES QUÉBÉCOIS EN 2007 (EN POURCENTAGE)

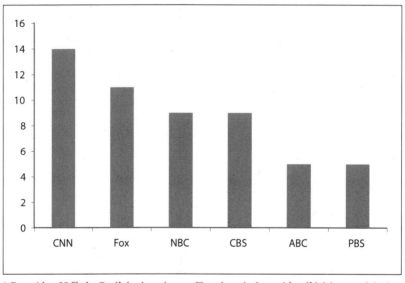

* Parmi les 62 % de Québécois qui ont affirmé avoir écouté la télévision américaine en 2007.

Source : Guy Lachapelle et Léger Marketing, 2007, *Américanité, américanisation et antiaméricanisme : analyse de l'opinion des Québécois envers les États-Unis et leur influence sur la société québécoise*, Montréal, décembre.

Même si la langue maternelle joue un rôle certain dans la proportion des personnes qui écoutent ou non la télévision américaine, on remarque toutefois un recul important de sa popularité entre 1997 et 2007, tant auprès des francophones que des anglophones du Québec[23]. Du point de vue francophone, ce sont les téléromans (téléséries) qui semblent être la pierre angulaire de la popularité de la télévision québécoise. Selon Véronique Nguyên-Duy : «Le téléroman se distingue peu des modèles américains en termes de caractéristiques [mais] on note cependant des différences

---

23.   Guy Lachapelle et Léger Marketing, *op. cit.*, p. 2.

significatives en termes de contenu [...] : c'est dans la conjonction de l'imaginaire proposé et de son impact sur le social que le téléroman est véritablement original[24] ».

On peut penser, entre autres, à *Lance et compte*, aux *Filles de Caleb*, à *Taxi-22*, à *La vie, la vie*, à *Tout sur moi*, à *Aveu* et aux *Invincibles* : toutes ces séries ont adopté le format américain à différents égards, mais traitent de réalités québécoises dans un langage culturel québécois. D'ailleurs, même *La famille Plouffe*, « émission phare, incarnation télévisuelle de l'identité québécoise [...] s'inspirait d'une émission américaine [*The Goldbergs*][25] ». Ainsi, l'adoption d'un format américain n'induit pas automatiquement et irrémédiablement l'américanisation du contenu des émissions de télévision.

La popularité de la musique américaine

Les ventes liées à la musique québécoise francophone sont peu reluisantes lorsqu'on les compare avec celles de la musique anglophone (américaine ou non). En effet, la part de marché des albums québécois francophones est passée de 53 % en 2007 à 46 % en 2008, alors que celle des albums anglophones (américains, canadiens, québécois et britanniques) a augmenté de près de 10 % durant la même période[26]. Parmi les 20 albums numériques les plus vendus au Québec en 2008, 5 sont américains, 7 proviennent d'autres pays (principalement la Grande-Bretagne) et 8 sont québécois. Il faut cependant souligner que la moitié de ces derniers sont en anglais[27]. Si on examine plutôt les pistes numériques les plus vendues en 2008, aucun artiste québécois, anglophone ou francophone, ne figure dans la liste des 20 chansons les plus populaires, place occupée par 16 artistes américains et 4 britanniques[28].

---

24.   Véronique Nguyên-Duy, *op. cit.*, p. 154.

25.   Florian Sauvageau, 2009, *op. cit.*, p. 119.

26.   Gouvernement du Québec, Institut de la statistique du Québec, Observatoire de la culture et des communications du Québec, 2009, *Statistiques en bref*, n° 52 (novembre).

27.   *Ibid.*, p. 23. Les huit albums québécois sont : *Lost in the 80's* (The Lost Fingers, en anglais) ; *Sur un air de déjà vu* (Cowboys Fringants) ; *Simple Plan* (Simple Plan, en anglais) ; *L'expédition* (Cowboys Fringants) ; *Tous les sens* (Ariane Moffat) ; *La ligne orange* (Mes Aïeux) ; *Me, Myself & Us* (Pascale Picard, en anglais) ; *Beast* (Beast, en anglais).

28.   *Ibid.*, p. 24.

Tout comme pour le cinéma américain, la consommation de musique américaine diminue cependant avec l'âge, comme le démontrent le graphique et le tableau qui suivent.

GRAPHIQUE 6

L'APPRÉCIATION DE LA MUSIQUE AMÉRICAINE PAR LES QUÉBÉCOIS EN 2007, PAR TRANCHE D'ÂGES (EN POURCENTAGE)

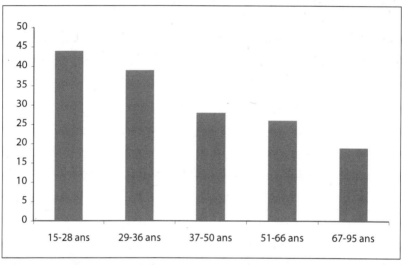

Source : Guy Lachapelle et Léger Marketing, 2007, *Américanité, américanisation et antiaméricanisme : analyse de l'opinion des Québécois envers les États-Unis et leur influence sur la société québécoise,* Montréal, décembre, p. 4.

Tableau 4

LE RANG OCCUPÉ PAR LA MUSIQUE AMÉRICAINE DANS LES PRÉFÉRENCES DES QUÉBÉCOIS EN 2007, PAR TRANCHE D'ÂGES

Âges	Rangs
15-28 ans	1er
29-36 ans	1er
37-50 ans	2e
51-66 ans	2e
67-95 ans	2e

Source : Guy Lachapelle et Léger Marketing, 2007, *Américanité, américanisation et antiaméricanisme : analyse de l'opinion des Québécois envers les États-Unis et leur influence sur la société québécoise,* Montréal, décembre, p. 4.

La musique américaine, tout comme le cinéma, semble donc profondément enracinée dans la culture québécoise, ne serait-ce que parce les plus grands consommateurs de musique sont les gens entre 15 et 35 ans.

Internet est-il américain ?

En ce qui concerne Internet, les informations sont encore peu nombreuses et, cela étant, elles ne permettent pas une appréciation globale et précise des habitudes de consommation des Québécois dans le domaine. Quelques données peuvent cependant illustrer les principales tendances concernant ce médium[29]. En 2008, alors que le moteur de recherche le plus utilisé par les Québécois est Google (de très loin), leurs sites d'informations préférés sont surtout ceux des grands médias traditionnels du Québec, tels que TVA-Canoë (20 %), Cyberpresse (16 %) et Radio-Canada (9 %)[30]. C'est en matière de divertissement que les gens se tournent vers les sites américains, notamment avec MSN, Facebook, YouTube.com et MySpace. Par contre, lorsqu'il est question de faire des achats culturels sur Internet, ce sont les sites québécois qui ont la cote en occupant les trois premières places : Archambault (qui domine largement cette catégorie), Québec-Loisirs et Renaud-Bray, lequel est suivi de très près par Amazon et HMV. On ne peut donc pas conclure qu'Internet est américain en raison de la grande confiance des Québécois envers les sites d'informations et d'achats culturels d'ici.

Les livres, les journaux et les revues : l'exception québécoise ?

La prépondérance de la culture américaine au cinéma, en télévision et en musique est compensée par la forte présence québécoise dans le domaine de l'écrit. Ainsi, les livres, les revues et les journaux les plus populaires sont d'origine québécoise. Par exemple, des 50 livres les plus vendus au Québec en 2007, seuls 3 sont écrits par des Américains (traductions françaises) alors que 25 le sont par

---

29. À moins d'avis contraire, les informations et les données de cette section proviennent exclusivement de Skooiz.com, 2009, *Comment les Québécois utilisent-ils et cherchent-ils sur Internet ?*, Montréal, mai.

30. Anne-Marie Brunet, 2009, « Concentration des médias sur le Web », *Journal UQÀM*, vol. 36, n° 1 (8 septembre).

des Québécois. Les 22 autres livres proviennent surtout de la France[31]. Même chose en 2008 : 25 livres québécois occupent le palmarès des 50 livres les plus vendus de l'année, contre seulement 4 livres américains (encore une fois, les 21 restants sont surtout français)[32].

En ce qui concerne les journaux, seulement 12 % des Québécois francophones ont affirmé avoir lu un journal américain durant le mois précédant le sondage en 2007. Le plus lu est le *New York Times* (36 %), suivi du *USA Today* (19 %), du *Washington Post* (9 %) et du *Wall Street Journal* (4 %)[33]. Bien que cela constitue une augmentation de 4 % par rapport à 1997, on ne peut pas en déduire que c'est là une tendance marquée, d'autant plus que l'écart entre les deux résultats se situe dans la marge d'erreur du sondage. On peut faire le même constat à propos des revues, puisque à peine plus de gens ont lu une revue d'actualité provenant des États-Unis durant la même période : 20 % des francophones seulement, soit 2 % de plus qu'en 1997[34]. Les revues les plus populaires sont le *Time Magazine*, *Newsweek* et le *People Magazine*.

Il ne faut toutefois pas négliger le fait que les journaux québécois eux-mêmes sont largement inspirés de leurs pendants américains, et ce, depuis l'avènement du « journalisme populaire » dans les années 1880 : cette nouvelle façon de faire, importée des États-Unis, consistait à dire que puisque c'étaient les annonceurs qui payaient le journal grâce à la publicité, « le contenu de la presse écrite [devait donc] servir leurs intérêts financiers[35] » plutôt que l'intérêt des lecteurs. La nouvelle a alors été redéfinie en fonction de son potentiel de rentabilité : accent sur la densité humaine et mise en pages accrocheuse. Ainsi, le fait de lire un journal québécois ne signifie pas qu'on soit exempt de l'influence culturelle américaine, puisqu'il est fortement américanisé dans son format et ses intentions.

---

31.   Gouvernement du Québec, Institut de la statistique du Québec, Observatoire de la culture et des communications du Québec, 2009, *Statistiques principales de la culture et des communications au Québec, op. cit.*, p. 116. Les trois livres américains sont les suivants : *Anges et démons* (Dan Brown), *Forteresse digitale* (Dan Brown) et *Echo Park* (Michael Connelly).

32.   *Ibid.*, p. 117. Les quatre livres américains sont les suivants : *Mange Prie Aime* (Elizabeth Gilbert), *Terreur à Tracadie* (Kathy Reichs), *La route* (Cormac McCarthy) et *Les rêves de mon père* (Barack Obama).

33.   Guy Lachapelle et Léger Marketing, *op. cit.*, p. 5.

34.   *Ibid.*

35.   Jean de Bonville, 1999, « Le "nouveau journalisme" américain et la presse québécoise à la fin du XIXe siècle », dans Florian Sauvageau (dir.), *op. cit.*, p. 93.

Ce portrait général peut susciter une certaine inquiétude, tout à fait justifiée, en ce sens que la suprématie du modèle américain pose la question «de la portée aliénante de l'imaginaire qu'a une telle hégémonie[36]» sur la culture québécoise. Peut-on dire que l'adoption des formats et du modèle commercial américains a mis au rancart les valeurs québécoises diffusées par la culture? Peut-on croire que le cinéma, la télévision, la musique et les livres produits au Québec véhiculent surtout des valeurs américaines? Plus fondamentalement, est-ce que la culture québécoise est menacée, alors qu'elle semble noyée dans les émissions et les chansons américaines?

Dans la réalité, l'américanisation des contenus suppose que les gens sont incapables de faire la part des choses et qu'ils absorbent indifféremment tout ce qu'ils consomment en termes de culture. Or, il n'en est rien: il semble plutôt que: «Les individus ou les cultures adaptent les contenus [culturels] à leur réalité, ils y opposent une résistance, les interprètent selon leurs propres conditions et valeurs[37]. » De plus, selon Ivan Bernier: «La pénétration des produits culturels étrangers sur un territoire national n'a qu'un impact très restreint sur les cultures nationales, les consommateurs de ces produits prenant toujours une certaine distance par rapport au contenu de ceux-ci[38]. » Cela est d'autant plus vrai par rapport à la culture américaine, notamment depuis le 11 septembre 2001 et la présidence de George W. Bush. Par exemple, les Québécois se méfient de la pénétration culturelle américaine: 55 % d'entre eux la percevant comme étant néfaste pour le développement culturel du Québec[39].

Finalement, la langue et l'âge servent de frein à une complète américanisation des contenus: même si la culture francophone doit utiliser les mêmes méthodes que celles employées par les États-Unis[40], ne serait-ce que pour survivre dans un si petit marché, il n'en demeure pas moins que les francophones privilégient le plus souvent les produits culturels francophones – et québécois –, et ce, de manière de plus en plus marquée avec l'âge.

---

36. Jean-Guy Lacroix, *op. cit.*, p. 55.
37. Dave Atkinson, *op. cit.*, p. 61.
38. Ivan Bernier, 2004, «Les exigences de contenu local au cinéma, à la radio et à la télévision, en tant que de moyens de défense de la diversité culturelle: théorie et réalité», *Diversité culturelle*, janvier-mars.
39. Guy Lachapelle et Léger Marketing, *op. cit.*, p. 3.
40. Jean de Bonville, *op. cit.*, p. 93.

CONCLUSION : FAUT-IL VRAIMENT S'INQUIÉTER DE L'OMNIPRÉSENCE DE LA CULTURE AMÉRICAINE AU QUÉBEC ?

Il importe néanmoins de rester vigilant même si l'américanisation des formats ne suppose pas systématiquement l'américanisation de la culture québécoise et que les Québécois sont essentiellement des Nord-Américains géographiquement et culturellement très proches des États-Unis – à tout le moins du nord-est des États-Unis.

Les effets pervers de l'américanisation se font particulièrement sentir au sujet du financement de la culture : depuis de nombreuses années, on assiste à une diminution substantielle du financement des produits culturels québécois au profit des produits américains traduits, souvent beaucoup moins chers (en particulier dans le domaine télévisuel). De plus, les artistes et les artisans doivent, pour survivre, concevoir des projets qui sont américanisés, c'est-à-dire qui respectent certains codes universels et possèdent un plan de rentabilisation efficace. Ainsi, les mêmes concepts inondent le marché de la culture non seulement au Québec, mais partout sur la planète, rendant difficile la découverte de nouvelles avenues de création ou de diffusion des produits culturels.

Paradoxalement, les restrictions imposées depuis la mondialisation et la déréglementation du secteur des médias ont permis l'essor du développement de la production culturelle locale pour contrer le phénomène de l'américanisation. Dans les domaines de la musique, de la littérature, du cinéma et de la télévision, les créations québécoises sont reconnues à travers le monde pour leur originalité et leur qualité, d'autant plus qu'elles sont souvent réalisées avec peu de moyens[41]. Les exemples sont nombreux : la télésérie *Un gars, une fille* qui a connu un succès planétaire, le Cirque du Soleil dont la renommée n'est plus à faire, la consécration de l'œuvre de Dany Laferrière, l'adaptation américaine du film *Louis 19* et celle, à venir, du film *De père en flic*, en plus des nombreux humoristes, groupes, chanteurs et chanteuses à se produire en France avec beaucoup de succès, dont Stéphane Rousseau, Ariane Moffat, les Cowboys Fringants et Cœur de pirate.

---

41.   Il y a là, toutefois, un effet pervers sérieux : le fait que les artistes puissent réaliser des productions de grande qualité avec aussi peu de moyens financiers et matériels confortent les décideurs politiques dans leur choix de ne pas augmenter le financement de la culture.

Il est difficile d'aborder les dangers de l'américanisation de la culture québécoise de manière isolée, puisque, nous l'avons vu, les impératifs économiques ont imposé le modèle américain dans tous les domaines culturels à l'échelle de la planète. Une étude plus globale de ce phénomène permet néanmoins d'espérer des changements. D'une part, l'utilisation croissante d'Internet permet dorénavant de contourner les médias et les produits culturels américains et de donner la chance à des concepts, à des individus et à des produits «hors normes» d'avoir une visibilité beaucoup plus intéressante. C'est d'ailleurs par des sites comme MySpace et YouTube.com que plusieurs artistes d'ici se sont fait connaître hors du circuit des médias culturels traditionnels. De même, on peut utiliser Internet pour écouter la radio, regarder des émissions de télévision et lire des livres qui ne seraient pas accessibles autrement parce qu'ils ne sont pas diffusés ou distribués à l'extérieur de leur pays d'origine.

D'autre part, la part de marché des médias américains – qui diffusent essentiellement les valeurs et la culture américaines – est en constant déclin partout dans le monde depuis plusieurs années déjà, celle des médias locaux augmentant plus rapidement encore que celle occupée par les médias américains[42]. Il faut également prendre en considération que l'Inde, la Chine, le Brésil et le Japon, parmi les pays les plus populeux du monde, exportent davantage leurs médias – et, par ricochet, leurs valeurs et leurs produits culturels – qu'ils n'en importent. On pense, par exemple, à l'industrie cinématographique en Inde (*Bollywood*) qui occupe une plus grande part du marché local que les productions hollywoodiennes, aux feuilletons télévisés sud-américains exportés partout dans les pays hispanophones (et aux États-Unis) et à la Chine qui produit de plus en plus localement. On peut également examiner le cas des chaînes d'information continue : depuis la création d'*Al-Jazeera*, en 1996, un grand nombre de chaînes ont vu le jour partout dans le monde. Ainsi, *Russia Today* espère atteindre les téléspectateurs de la Russie, mais aussi tous les russophones de l'Europe de l'Est et du Caucase. Même chose pour *TeleSur*, une chaîne de nouvelles en continue provenant du Venezuela qui s'adresse à l'ensemble des pays latino-américains, et pour *France24*. Le but de ces nouvelles chaînes n'est pas toujours de faire des profits immédiatement, mais surtout de donner une voix aux habitants des

---

42. À ce sujet, consulter Jeremy Turnstall, 2005, *The Media Were American : U.S. Mass Media in Decline*, Oxford, Oxford University Press, 480 p.

régions d'où elles proviennent, d'avoir de l'influence sur le développement de leur région.

Le Québec n'échappe pas à cette mouvance et utilise l'expertise de ses créateurs pour développer un contenu local de grande qualité au sein de ses productions culturelles. S'il ne peut échapper – comme le reste du monde – à l'influence culturelle américaine, au mode de gestion de la culture imposé par les États-Unis et à l'occupation d'une part non négligeable du marché par des produits américains, il est indéniable que c'est la langue française qui lui permet de ne pas se laisser complètement engloutir par les valeurs et la culture de son puissant voisin, à l'opposé des autres provinces canadiennes qui peinent à convaincre leurs citoyens de délaisser la culture américaine pour développer et faire connaître la leur.

Chapitre 7

George W. Bush a-t-il changé notre perception des États-Unis? La personnalité des présidents américains comme déterminant de nos perceptions

Aubert Lavigne-Descôteaux

L'image des États-Unis en tant que nation qu'ont les Québécois s'est considérablement dégradée durant la présidence de George W. Bush. Au cours de cette période, les divergences entre les sociétés québécoise et américaine sont apparues renforcées et la référence aux États-Unis est devenue moins attirante pour bon nombre de Québécois. À l'opposé, l'arrivée de Barack Obama a eu comme effet de rendre l'opinion publique québécoise majoritairement favorable à l'égard des États-Unis, comme dans de nombreux pays à travers le monde. Ainsi, près d'un sixième de la population québécoise a changé d'opinion depuis que Barack Obama occupe le Bureau ovale : 65 % des Québécois ont une opinion favorable envers les États-Unis en 2009, alors que ce taux était de 52 % sous Bush en 2007[1]. Le taux d'opinion défavorable a chuté à 30 % en 2009 alors qu'il était de 40 % en 2004 et de 47 % en 2007[2].

L'espoir de changement qu'incarnait Barack Obama a rallié un grand nombre de Québécois qui ne se reconnaissaient pas dans

---

1. Enquête Internet Léger Marketing, novembre 2009.
2. Enquête de 2004 menée par *La Presse*, citée dans Karine Prémont et Frédérick Gagnon, 2008, *Au nord de l'Hégémon. L'impact des élections américaines de 2008 sur le Québec*, Chaire Raoul-Dandurand, p. 59.

l'Amérique de George W. Bush. Les données de l'enquête réalisée à l'automne de 2007[3] et celles de différents sondages effectués depuis cette date portent à croire que la perception de notre imposant voisin est en partie influencée par la personnalité de celui qui occupe le Bureau ovale à la Maison-Blanche. Comment expliquer alors le changement d'attitude des Québécois envers les États-Unis si ce n'est que par une appréciation fort différente des idéologies de George W. Bush et de Barack Obama?

Tableau 1
LES TAUX D'OPINION FAVORABLE AUX ÉTATS-UNIS
EN 2002, 2007 ET 2009

	2002 %	2007 %	2009 %	Différence 2007/2009 %
Québec	N/D	52	65	+13
Canada	72	55	68	+13
Mexique	64	56	69	+13
Brésil	51	44	61	+17
France	62	39	75	+36
Allemagne	60	30	64	+34
Grande-Bretagne	75	51	69	+18

Sources: Pew Research Center, juillet 2009. Pour le Québec, enquête Guy Lachapelle et Léger Marketing, novembre-décembre 2007 et enquête Léger Marketing, novembre 2009.

Vu du Québec, le président est la figure par excellence du pouvoir étatsunien. Il est le personnage politique américain le plus connu parmi la population québécoise et il est un symbole important des valeurs politiques américaines. En cela, il jouit d'une certaine influence sur notre vision des États-Unis, agissant comme catalyseur et diffuseur de ces valeurs. Pour l'opinion publique québécoise, les traits de la personnalité des présidents américains peuvent donc modifier notre perception de leur pays. Ainsi, il paraît utile d'évaluer comment et à quel degré ces traits influencent notre appréciation des États-Unis et, conséquemment, de s'interroger quant à leur impact sur notre désir d'appartenance à une identité continentale américaine.

---

3.   Enquête Guy Lachapelle et Léger Marketing, réalisée entre le 27 novembre et le 28 décembre 2007 auprès de 1 251 Québécois.

Le président Georges W. Bush lors du 3ᵉᵐᵉ Sommet des Amériques tenu dans la ville de Québec en avril 2001. Cette rencontre des chefs d'États des Amériques s'est achevée par un consensus, difficilement obtenu, sur le projet d'une vaste zone de libre-échange allant du Canada au Chili. Plusieurs leaders manifestèrent leur crainte face à la domination commerciale américaine dans les deux hémisphères. Photo de Jacques Nadeau.

De par son histoire et sa proximité géographique, le Québec partage avec les États-Unis ainsi qu'avec les autres pays d'Amérique[4] une «identité américaine». Le système politique du Québec a, par contre, évolué parallèlement au système américain, et ce, dans les limites de son affiliation au système politique canadien[5]. L'identification des Québécois à l'Amérique est donc basée en majeure partie sur des *valeurs communes* plutôt que sur des *politiques communes*. Et cela s'établit principalement selon les valeurs américaines, puisque les États-Unis ont un effet prépondérant sur la perception que l'on se fait de l'Amérique en général[6]. L'identité «américaine» des Québécois est

---

4. Jean-François Côté, 2001, «L'identification américaine au Québec: de processus en résultats», dans *L'américanité et les Amériques*, sous la dir. de Donald Cuccioletta, Québec, Les Presses de l'Université Laval, p. 22.

5. Yvan Lamonde, 1999, «Pourquoi penser l'américanité du Québec?», *Politique et Sociétés*, vol. 18, n° 1, p. 93-98.

6. Guy Lachapelle et Louis Balthazar, 1999, «L'Américanité du Québec», *Politique et Sociétés*, vol. 18, n° 1, p. 89.

Le président Clinton est venu régulièrement au Québec au cours des dernières années. En novembre 2006, il était de passage pour la Conférence sur les promesses du millénaire qui avait lieu au Palais des congrès de Montréal. Photo Jacques Nadeau, 10 novembre 2006.

influencée en grande partie par le degré de correspondance entre les valeurs politiques du Québec et celles de notre voisin du Sud. Comme le président américain joue un rôle important dans la diffusion des valeurs américaines et qu'il est le représentant politique des États-Unis, il nous paraît intéressant de se demander si notre identification au continent américain se trouve affectée par sa personnalité.

L'influence de la personnalité des présidents américains a fait l'objet d'un certain nombre d'études, principalement dans le cadre politique américain. L'hypothèse avancée est que l'autorité d'un président dépend beaucoup de son leadership et de sa force de persuasion des différentes instances politiques américaines[7]. Puisque

---

7.   Jean-Frédéric Légaré-Tremblay, 2005, « La prise de décision à la Maison-Blanche », dans *La présidence aux États-Unis*, sous la dir. de Élizabeth Vallet, Québec, Les Presses de l'Université Laval, p. 209-210.

le système américain accorde une grande liberté d'action et de vastes pouvoirs au président, les traits de sa personnalité jouent un rôle non négligeable dans le succès ou l'échec de ses politiques, bien que d'autres facteurs y tiennent aussi un rôle primordial[8]. Le style de gouvernance et l'idéologie du président se reflètent dans les décisions de l'administration américaine et dans le choix de ses politiques. Sur la scène internationale, où ses pouvoirs sont plus étendus, ses traits de caractère et sa vision du monde peuvent avoir un impact déterminant sur lesdites politiques. Dans cette optique, à cause de son importance et puisqu'elle est hautement médiatisée depuis l'ère Kennedy, la personnalité du président peut donc influencer positivement ou négativement l'opinion publique envers les États-Unis, tant au niveau national qu'au niveau international.

Ce chapitre part de l'hypothèse que plus les Québécois se reconnaissent dans un président américain, plus ils ont tendance à percevoir positivement les États-Unis, et inversement. Conséquemment, plus leur opinion est favorable aux États-Unis en général, et à son rôle sur la scène internationale en particulier, plus un désir d'appartenir à une identité continentale se trouve accru. L'analyse du mouvement de l'opinion publique sous les présidences de George W. Bush et de Barack Obama suggère que cette hypothèse a un certain fondement. Afin d'évaluer comment la personnalité de ces deux présidents a un impact sur la perception des Québécois à l'égard des États-Unis, nous nous limiterons à trois de leurs traits, soit leur idéologie, leur style de gouvernance en relations internationales et leur charisme. Ces traits nous semblent les plus dominants lorsque nous les comparons chez George W. Bush et Barack Obama ainsi que leur incidence sur l'opinion publique québécoise.

Dans le cadre de notre analyse, l'idéologie du président est un facteur déterminant de notre perception de sa personnalité et du pays qu'il dirige. Plus il y a de concordance de valeurs québécoises et de valeurs politiques défendues par celui-ci, plus les Québécois ont tendance à se reconnaître dans les politiques américaines et à apprécier davantage les États-Unis. Le simple fait qu'il soit démocrate ou républicain a un effet sur notre appréciation du président tout autant que sur l'image qu'il projette de son pays. Mais outre cet indicateur, il y a aussi ses positions personnelles sur des questions telles que la

---

8. Edmond Orban, 1974, *La présidence moderne des États-Unis*, Montréal, Presses de l'Université du Québec, p. 14.

place de la religion dans la société, les libertés individuelles et la géopolitique mondiale qui modélisent l'image que l'on se fait de lui. Bref, son esprit visionnaire et la manière dont s'articulent son idéalisme et ses convictions morales ont des répercussions sur notre vision des États-Unis.

Vu de l'extérieur, le style de gouvernance du président, en particulier en politique étrangère et en relations multilatérales, interpelle grandement l'opinion publique. De par l'importance de nos relations commerciales avec notre voisin du Sud et de l'impact de la diplomatie américaine sur la gestion des affaires internationales, le président a une influence relativement notable au Québec. Ainsi, plus la gestion américaine suscite la confiance parmi l'opinion publique quant à la bonne marche des affaires internationales et plus son point de vue diplomatique correspond aux positions des Québécois, plus leur appréciation des États-Unis s'en trouve renforcée, et inversement. Dans notre analyse, les principaux indicateurs que nous utiliserons pour évaluer l'appréciation du style de gouvernance des présidents Bush et Obama sont leur approche diplomatique, leur vision du monde et la perception que les Québécois se font du rôle des États-Unis sur les principaux enjeux internationaux.

Finalement, l'attraction que suscite le président peut influencer notre perception de ce dernier et, incidemment, notre perception des États-Unis. Plus un président possède du charisme, plus il a la capacité de rallier l'opinion publique. Sa popularité personnelle devient donc un indicateur de l'impact de son charisme. Ainsi, l'attrait d'un président, tout comme ses positions idéologiques et son style de gouvernance, a, selon nous, une incidence sur l'image que nous avons des États-Unis. En somme, notre hypothèse est simple : plus les Québécois apprécient les traits de caractère d'un président, plus ils ont tendance à avoir une vision favorable des États-Unis.

LES PRÉSIDENTS AMÉRICAINS DANS L'ESPACE MÉDIATIQUE QUÉBÉCOIS

Si la personnalité des présidents américains a une certaine influence sur notre perception des États-Unis, c'est que ceux-ci occupent une place importante dans l'espace médiatique québécois. Barack Obama a été celui qui a fait le plus la nouvelle dans les médias québécois en 2009 (3,63 %) et le septième en 2008 (0,59 %), alors que George W. Bush a été le troisième le plus cité depuis 2001. Il arrivait

Visite de George Bush père à Montréal en septembre 2007.

En janvier 2010, la Secrétaire d'état américaine Hillary Clinton était à Montréal pour la conférence sur la reconstruction en Haïti. On la voit ici avec le ministre des affaires étrangères du Canada, Lawrence Cannon. Photo Jacques Nadeau, 25 janvier 2010.

en quatrième place en 2006 avec 1,01 % et il ne figurait pas au palmarès des 10 personnalités qui avaient fait la nouvelle en 2005 et 2007[9]. Ces dernières années, le président américain a donc exercé plus qu'une simple influence, il a été «la» principale référence à l'égard de la politique américaine pour la majorité des Québécois.

Tableau 2

**LES PERSONNES LES PLUS CITÉES
DANS LES MÉDIAS QUÉBÉCOIS DEPUIS 2001**

Rangs	Noms	%
1	Jean Charest	1,94
2	Stephen Harper	1,52
3	George W. Bush	1,37
4	Paul Martin	1,23
16	Barack Obama	0,55

Source : Influence Communication, *Bilan 2009*, p. 23.

Tableau 3

**PERSONNALITÉS LES PLUS CITÉES
DANS LES MÉDIAS QUÉBÉCOIS EN 2008 ET 2009**

2008			2009		
Rangs	Noms	%	Rangs	Noms	%
1	Jean Charest	2,29	1	Barack Obama	3,63
2	Stephen Harper	1,71	2	Stephen Harper	2,51
3	Mario Dumont	1,63	3	Jean Charest	2,37
4	Stéphane Dion	0,80	4	Bob Gainey	1,23
5	Guy Carbonneau	0,69	5	Carey Price	1,22
6	Pauline Marois	0,63	6	Gérald Tremblay	1,11
7	Barack Obama	0,59	7	Régis Labeaume	0,96
8	Gilles Duceppe	0,57	8	Pauline Marois	0,95
9	Régis Labeaume	0,54	9	Guy Carbonneau	0,88
10	Saku Koivu	0,53	10	Michael Ignatieff	0,86

Source : Influence Communication, *Bilan 2009*, p. 65-66.

---

9.   Influence Communication, *Bilan 2009. État de la nouvelle*, p. 65 et 68.

Les événements entourant le président américain sont parmi les plus couverts par les médias québécois. L'investiture d'Obama aura été le deuxième plus médiatisé de la décennie au Québec (poids médias sur une période de sept jours 18,9 %), après les attentats du 11 septembre 2001 (21,1 %), alors que les élections présidentielles américaines de 2008 arrivent au quatrième rang (7,18 %)[10]. Bref, la couverture médiatique accordée au président américain occupe une place de choix dans les nouvelles, ce qui fait de ce dernier l'un des principaux vecteurs de diffusion des valeurs politiques américaines au Québec. De par cette importante place que le président américain occupe dans l'espace médiatique québécois, il nous paraît manifeste qu'il peut avoir une influence notable sur l'image que l'opinion publique québécoise se fait des États-Unis.

Il est essentiel de préciser que les Québécois ont un préjugé favorable à l'égard des présidents démocrates. Le palmarès du plus grand président américain depuis 1960 est d'ailleurs dominé par des représentants de ce parti, à l'exception de Ronald Reagan. Près de la moitié des Québécois (47 %), de tous les âges, estiment que le plus grand président des États-Unis depuis le début des années 1960, à l'exception de Barack Obama, demeure John F. Kennedy. Bien que la plupart des Québécois n'aient pas connu ce président, il continue, presque 50 ans plus tard, de jouir d'une aura remarquable. Au deuxième rang, on trouve Bill Clinton avec 24 %, loin devant Ronald Reagan avec 7 %. Si on exclut John F. Kennedy, les présidents démocrates recueillent 29 % des appuis contre 11 % du côté des républicains[11].

---

10. Influence Communication, *op. cit.*, p. 17.
11. Enquête Internet Léger Marketing, novembre 2009.

Tableau 4
LES PLUS GRANDS PRÉSIDENTS AMÉRICAINS
DEPUIS 1960, SELON L'OPINION PUBLIQUE QUÉBÉCOISE

Noms	%
John F. Kennedy, démocrate (1961-1963)	47
Bill Clinton, démocrate (1993-2001)	24
Ronald Reagan, républicain (1981-1989)	7
Jimmy Carter, démocrate (1977-1981)	4
Richard Nixon, républicain (1969-1974)	2
Lyndon B. Johnson, démocrate (1963-1969)	1
George W. Bush, républicain (2001-2009)	1
Gérald Ford, républicain (1974-1977)	1
George Bush, père, républicain (1989-1993)	0

Source : Enquête Internet Léger Marketing, novembre 2009.

L'INFLUENCE DE GEORGE W. BUSH SUR LA PERCEPTION DES QUÉBÉCOIS ENVERS LES ÉTATS-UNIS

Au début du premier mandat de George W. Bush, l'opinion publique est largement favorable aux États-Unis dans la majorité des pays occidentaux, et le Québec ne fait pas exception. Toutefois, malgré la vague de sympathie et de soutien envers les Américains à la suite des attentats du 11 septembre 2001, les années qui ont suivi ont été marquées par une dégradation de l'image des États-Unis, tant au Québec qu'à l'étranger, ainsi que par une montée de l'antiaméricanisme[12]. On n'a qu'à penser aux nombreuses manifestations antiaméricaines, notamment à celles de février 2003, un mois avant l'entrée en guerre des États-Unis contre l'Irak. La personnalité du président Bush, qui s'est reflétée à travers les politiques de son administration et ses discours, y a joué un rôle important. En 2007, la vaste majorité des Québécois (91 %) considérait son attitude comme l'une des principales causes de la montée de l'antiaméricanisme dans le monde[13]. De plus, à la fin de ses deux mandats, les Québécois étaient presque unanimes à 86 % à juger sa présidence de manière négative[14].

---

12.   Karine Prémont et Frédérick Gagnon, 2008, *Au nord de l'Hégémon. L'impact des élections américaines de 2008 sur le Québec*, Chaire Raoul-Dandurand, p. 58.

13.   Enquête Guy Lachapelle et Léger Marketing, novembre-décembre 2007.

14.   Unimarketing-*La Presse, Sondage sur les élections présidentielles*, 2008, p. 15.

La désapprobation presque généralisée à l'égard de George W. Bush réside principalement dans sa façon de voir et de gérer le monde, mais également dans sa personnalité très contrastante. Sur le plan idéologique, plusieurs de ses politiques et de ses positions sur des enjeux tels que le respect des droits de la personne, l'environnement et l'avortement sont nettement à l'opposé de l'opinion publique québécoise. Sa présidence a été marquée par une montée des valeurs et des convictions religieuses, tout comme par un néoconservatisme politique, ce qui a contribué à forger une distanciation idéologique entre bon nombre de Québécois et les États-Unis. Originaire du Texas, fils d'un ancien président, George W. Bush incarne la mentalité des États du Sud et du *Bible Belt*. Étant un *Born Again Christian*, sa dévotion religieuse est une des caractéristiques importantes de sa personnalité. Sa politique étrangère aussi est fortement empreinte de sa foi religieuse et de ses convictions personnelles. L'expression *l'axe du mal*, qui définit la doctrine de Bush en politique internationale, n'en est qu'un exemple. Alors qu'au Québec, la société s'est considérablement distanciée de la religion depuis la Révolution tranquille, cet aspect de la personnalité de Bush est à l'opposé des valeurs d'un grand nombre de ses citoyens.

La politique étrangère de Bush, notamment à la suite du déclenchement de la guerre en Irak, a amené plusieurs Québécois à percevoir négativement les États-Unis ainsi que leur rôle sur la scène internationale. En décembre 2007, 59 % affirmaient avoir changé d'opinion à l'égard des États-Unis depuis la décision du président d'envahir l'Irak[15]. De plus, la vaste majorité d'entre eux (79 %) estimaient que ses politiques avaient rendu le monde plus dangereux[16]. La guerre au terrorisme ainsi que la position américaine sur des enjeux continentaux tels que le traité du bois d'œuvre et la sécurité aux frontières ont engendré une réévaluation de l'attitude de la société québécoise à l'égard des États-Unis[17].

C'est principalement le style de gouvernance de George W. Bush qui a contribué au désengagement des Québécois envers la politique étrangère américaine, et à une certaine distanciation des États-Unis. Alors que la société québécoise est plutôt pacifiste, l'attitude va-t-en-guerre et l'unilatéralisme de Bush ont particulièrement

---

15.　Enquête Guy Lachapelle et Léger Marketing, novembre-décembre 2007.
16.　*Ibid.*
17.　Guy Lachapelle, 2008, « Les Québécois et l'ALENA – L'enthousiasme refroidit », *Le Devoir*, 23 avril, p. A9.

marqué l'opinion des Québécois qui, de manière générale, ont perçu fort négativement le rôle des États-Unis sur la scène internationale au cours de sa présidence, comme le démontre le tableau 5.

Tableau 5
LA PERCEPTION DES QUÉBÉCOIS DU RÔLE DES ÉTATS-UNIS SUR LA SCÈNE INTERNATIONALE EN 2007

	Positive %	Négative %	Neutre %
L'environnement	14	79	5
La réduction des tensions internationales	17	73	6
La recherche d'une solution au conflit entre Israël et la Palestine	22	63	9
Le développement économique des pays pauvres	28	61	8
Le progrès de la démocratie et des droits de l'homme dans le monde	37	51	9

Source : Enquête Guy Lachapelle et Léger Marketing, novembre-décembre 2007.

L'ARRIVÉE DE BARACK OBAMA À LA MAISON-BLANCHE : LE RETOUR DU BALANCIER

Les élections présidentielles de 2008 ont interpellé les Québécois comme rarement auparavant. D'ailleurs, 81 % d'entre eux jugeaient qu'elles auraient un impact important sur le Canada[18]. Après la présidence décriée de George W. Bush, c'était l'espérance que l'élection d'un démocrate et du premier président afro-américain ait un effet positif sur la politique extérieure américaine et sur l'image internationale du pays.

L'arrivée de Barack Obama a effectivement eu un résultat positif sur l'image des États-Unis, et ce, à l'échelle planétaire. Dans la plupart des pays occidentaux, les taux d'opinion favorable à leur endroit sont revenus au niveau qu'ils étaient en 2002 (voir le tableau 1) et une obamanie a déferlé un peu partout dans le monde. Obama est devenu une véritable star et sa victoire aux présidentielles lui a valu d'être nommé personnalité de l'année 2008 par le magazine *Times*. Fascinante à de nombreux égards, cette personnalité est en partie responsable du rétablissement de l'image des États-Unis. Obama est

---

18.   Unimarketing-*La Presse, op. cit.*, p. 13.

charismatique et politiquement habile, ce qui n'est pas étranger à sa popularité. Ses talents de communicateur, qui l'ont fait découvrir lors du congrès démocrate de 2004, ainsi que ses positions politiques, notamment en relations internationales, ont grandement contribué à le rendre attrayant aux yeux de tous.

Le Québec n'a pas non plus été épargné par l'obamanie. Onze mois après l'investiture, les deux tiers de la population (65 %) avaient une opinion favorable des États-Unis et les Québécois étaient très majoritairement satisfaits de la performance du 44ᵉ président : le taux d'approbation envers Barack Obama atteignait alors 86 %[19]. Aux États-Unis, à la même période, c'est environ la moitié des Américains qui approuvaient la performance de leur président[20]. Non seulement l'attitude des Québécois à l'égard des États-Unis avait changé, mais ils appréciaient plus fortement la performance du président que les Américains eux-mêmes !

Idéologiquement, Barack Obama est à l'opposé de George W. Bush. Ayant débuté sa carrière à Chicago, l'une des villes les plus libérales d'Amérique, il est perçu comme un progressisme-réformateur et il véhicule nombre de valeurs sociales-démocrates qui sont au diapason des valeurs québécoises. Sa réforme de la santé a suscité de ce point de vue bien des espoirs. Il représente l'Amérique généreuse à laquelle les Québécois adhèrent alors que Bush représentait à bien des égards l'antithèse des valeurs sociales plus égalitaires. De plus, bien que Obama soit croyant, la religion n'occupe pas une part aussi grande dans sa présidence que dans celle de son prédécesseur.

Barack Obama a, à maints égards, une approche différente de la politique internationale que George W. Bush. Non seulement il a été l'un de ses seuls hommes politiques américains à s'opposer ouvertement à la guerre en Irak, mais sa démarche, plus consensuelle et multilatérale, a contribué à forger une image positive de l'opinion publique envers le chef d'État qu'il est et ses politiques. Déjà comme sénateur de l'Illinois, il affichait une politique conciliante, alors qu'il cherchait à trouver un consensus entre démocrates et républicains, une attitude qui se reflète aujourd'hui dans son style de gouvernance en relations internationales. Sa politique de la main tendue envers le Moyen-Orient, plus particulièrement son discours au Caire, ainsi que

---

19. Enquête Internet Léger Marketing, novembre 2009.
20. Polling Report, *Obama Job*.

sa promesse de fermer la prison de Guantanamo en sont les symboles. Il a d'ailleurs obtenu le prix Nobel de la Paix parce qu'il était perçu comme celui qui pouvait apporter des solutions à bien des maux tout en semant certaines valeurs de justice dans plusieurs parties du monde. La confiance que porte l'opinion publique dans un grand nombre de pays envers la conduite du président américain en relations internationales a littéralement bondi depuis son arrivée au pouvoir, comme le montre le tableau 6.

Tableau 6

LES TAUX DE CONFIANCE ENVERS LE PRÉSIDENT DES ÉTATS-UNIS EN MATIÈRE DE POLITIQUE ÉTRANGÈRE EN 2003, 2007 ET 2009

	2003 %	2007 %	2009 %
Canada	59	28	88
Mexique	N/D	18	55
Brésil	13	17	76
France	20	14	91
Allemagne	33	19	93
Grande-Bretagne	51	24	86

Source : Pew Research Center, juillet 2009.

L'opinion des Québécois à l'égard du rôle des États-Unis sur la scène internationale s'est aussi modifiée de façon notable depuis que Barack Obama occupe le Bureau ovale. Sur les différents enjeux évalués dans le tableau 7, le rôle des États-Unis est perçu moins négativement que sous Bush, notamment quant à la réduction des tensions internationales et du progrès de la démocratie dans le monde. Sur ce dernier enjeu, la moitié des Québécois (51 %) l'estimait négatif en 2007, alors que ce n'est plus qu'un cinquième (20 %) qui est de cet avis en 2010. Quant à la réduction des tensions internationales, les trois quarts des Québécois (73 %) l'estimaient négatif en 2007, alors que ce n'est plus que de 38 % en 2010.

Tableau 7
LA PERCEPTION DES QUÉBÉCOIS DU RÔLE DES ÉTATS-UNIS SUR LA SCÈNE INTERNATIONALE EN 2010

	Positive %	Négative %	Neutre %
L'environnement	19	47	25
La réduction des tensions internationales	31	38	22
La recherche d'une solution au conflit entre Israël et la Palestine	26	35	25
Le développement économique des pays pauvres	34	26	29
Le progrès de la démocratie et des droits de l'homme dans le monde	48	20	25

Source : Enquête Léger Marketing, avril 2010.

L'INFLUENCE DE BUSH ET DE OBAMA SUR LA PERCEPTION DES QUÉBÉCOIS ENVERS LES ÉTATS-UNIS

Les différents sondages montrent clairement que le changement à la présidence des États-Unis a eu un impact sur la perception des Québécois, et sur celle de l'Occident en général, à l'égard des États-Unis. La personnalité du président Bush n'est certes pas à elle seule tributaire de la dégradation de leur image, mais elle y a manifestement participé. Il incarnait une Amérique conservatrice et religieuse, à l'opposé des valeurs politiques ayant cours au Québec, et sa politique étrangère ainsi que son approche diplomatique ont profondément déplu à une grande partie de sa population. Il s'est donc effectué une distanciation des Québécois envers les États-Unis, jumelée à un profond désaccord avec leur politique internationale. Bush est devenu pour beaucoup de Québécois l'image d'une Amérique religieuse et belliqueuse, politiquement campée à droite. Cela s'est traduit notamment par le fait que leur identification aux Américains a diminué de moitié entre 1997 et 2007 : 33 % des Québécois se sentaient plus près des Américains que des Canadiens des autres provinces en 1997, alors que cette proportion était de 15 % en 2007[21].

L'image que les Québécois se font des États-Unis s'est toutefois rétablie avec l'arrivée au pouvoir de Barack Obama, entre autres, parce qu'ils en ont une opinion favorable en tant que président

---

21.   *Ibid.*

américain, notamment parce qu'il est démocrate, mais aussi à cause de son charme et de sa façon différente de voir le monde. Autant la présidence de Bush a mis à mal la réputation des États-Unis, autant celle de Obama a suscité l'espoir du changement, lequel on n'aurait pas cru possible même un an et demi plus tôt.

Il faut toutefois relativiser l'influence de la personnalité des présidents américains sur l'opinion publique québécoise et sur l'image qu'elle se fait des États-Unis. Par exemple, la personnalité du président n'a pas eu d'influence sur l'appréciation des Québécois envers le peuple américain, car les trois quarts d'entre eux (74 %) avaient sous la présidence de Bush une opinion favorable des Américains en tant qu'individus et la moitié (52 %), une opinion favorable envers les États-Unis en tant que pays[22]. C'est donc envers la nation que s'est effectué la distanciation des Québécois, sur laquelle la personnalité du président a une influence. Il est aussi important de noter que dans les faits, la personnalité du président n'influence que partiellement les relations politiques entre les États-Unis et le Québec, puisque leur bonne marche ne dépend pas que de l'attitude du président, mais aussi des autres instances politiques[23].

De plus, au-delà de la personnalité des présidents, le changement d'attitude de l'opinion publique québécoise envers les États-Unis ces dernières années s'explique également par le fait que les Québécois se reconnaissent davantage dans les valeurs véhiculées par le Parti démocrate. D'ailleurs, si les Québécois étaient citoyens étatsuniens, 69 % d'entre eux seraient démocrates et 11 % seraient républicains[24]. Les Québécois se reconnaissent donc avant tout dans l'Amérique libérale et progressiste qu'incarnent le Parti démocrate et Barack Obama, alors qu'ils associent le Parti républicain à des valeurs plus traditionnelles, voire religieuses. Les présidents du Parti démocrate ont d'ailleurs marqué la majorité des Québécois (voir le tableau 4).

La perception des États-Unis est aussi une question de génération. En 2007, les jeunes âgés entre 18 et 24 ans étaient majoritairement défavorables à l'égard des États-Unis : 63 % en avaient une opinion défavorable, alors que 37 % en avaient une opinion favorable. Deux ans plus tard, cette opinion s'est littéralement inversée : le taux d'opinion défavorable a chuté à 38 %, alors que le taux d'opinion favorable

---

22.   Enquête Guy Lachapelle et Léger Marketing, novembre-décembre 2007.
23.   Karine Prémont et Frédérick Gagnon, *op. cit.*, p. 44.
24.   Unimarketing-*La Presse, op. cit.*, p. 5.

a atteint 58 %. Par ailleurs, les personnes âgées de plus de 65 ans sont largement favorables aux États-Unis en 2009 : 76 % en ont une opinion favorable, alors qu'ils étaient 56 % en 2007[25].

CONCLUSION

Si notre vision est affectée par la personnalité des présidents américains, on doit se demander quel impact celles-ci peuvent avoir sur l'américanité des Québécois. L'identification politique américaine des Québécois est principalement conditionnée par un idéal auquel on peut se rattacher : le rêve américain. Incarnant une part de cet idéal, la personnalité du président peut faire fluctuer l'adhésion des Québécois à une identité américaine continentale. Celle-ci se manifeste davantage lorsque les valeurs politiques d'un président convergent vers les valeurs partagées par la majorité des Québécois. L'adhésion à Obama et la distanciation de Bush montrent que les Québécois se reconnaissent dans une Amérique en particulier, celle du Nord-Est américain, libérale et progressiste.

Bien que le concept d'américanité s'appuie aujourd'hui sur une définition qui dépasse l'identité étatsunienne, et qui englobe les identités plurielles du continent américain, il demeure que les États-Unis jouent un rôle prépondérant sur la perception que l'on se fait de l'Amérique en général[26]. De par leur influence culturelle, politique et économique, les États-Unis modélisent jusqu'à un certain degré les valeurs qui définissent l'américanité. Puisque les présidents américains occupent une place importante dans l'espace médiatique québécois et à cause de l'importance de leur rôle en politique américaine, ils sont porteurs de certaines des valeurs qui définissent l'américanité. Si celles portées par le président sont à l'opposé de celles de la société québécoise, l'adhésion des Québécois à une identité continentale américaine est plus volatile.

Ainsi, de celui qui siège au Bureau ovale dépend en quelque sorte la direction de notre américanité, ou simplement du fait que nous y souscrivons ou non. Cette américanité ne serait-elle donc qu'un idéal politique, que certains présidents américains peuvent incarner, alors que d'autres agissent plutôt en repoussoir ? Barack Obama

---

25. Enquête Guy Lachapelle et Léger Marketing, novembre-décembre 2007, et Enquête Internet Léger Marketing, novembre 2009.

26. Guy Lachapelle et Louis Balthazar, *op. cit.*, p. 14.

incarne un rêve américain qui mobilise les Québécois, une Amérique dans laquelle ils se reconnaissent, alors que George W. Bush incarne une autre Amérique, conservatrice et religieuse, à laquelle peu de Québécois s'identifient.

TROISIÈME PARTIE

Les grands défis de la politique
étatsunienne québécoise

Chapitre 8

Le Québec après 20 ans de libre-échange avec les États-Unis

GILBERT GAGNÉ ET LAURENT VIAU

L'Accord de libre-échange entre le Canada et les États-Unis (ALE) a fêté ses 20 ans en 2009. Qu'est-ce que le Québec a gagné ou perdu après 20 ans de libre-échange avec les États-Unis ? Pour répondre à cette question, nous revenons, dans un premier temps, sur les objectifs du Québec en s'engageant en faveur du libre-échange continental. Ce faisant, nous identifions les vues et les intérêts des acteurs influents dans le débat qui a accompagné la conclusion de l'ALE en 1987, puis celui autour de l'Accord de libre-échange nord-américain (ALENA) en 1992. Nous nous penchons, dans un deuxième temps, sur les principales dispositions de l'ALE et de l'ALENA et nous tentons d'identifier de quelle façon le Québec a pu laisser sa marque dans ces traités. Nous traitons, dans un troisième temps, de l'impact du régime nord-américain de libre-échange en comparant les objectifs initiaux avec les résultats et en voyant en quoi les espoirs et les craintes de certains acteurs-clés se sont avérés fondés ou erronés. Si le commerce régional s'est grandement accru, il stagne depuis le début des années 2000. Aussi, il n'y a pas eu la convergence macroéconomique escomptée. Nous en concluons que le bilan est mitigé. À défaut de pouvoir dynamiser le régionalisme en Amérique du Nord, le Québec doit trouver d'autres voies pour faire valoir ses intérêts économiques et commerciaux.

Le Président américain Ronald Reagan et le Premier ministre du Canada, Brian Mulroney, ont signé en 1988 l'Accord de libre-échange (ALE) entre le États-Unis et le Canada. Sans l'appui du Québec lors des élections fédérales de 1988, ce traité n'aurait sans doute jamais été mis en œuvre. Le Canada anglais a d'ailleurs souvent reproché aux Québécois leur appui à un raffermissant des relations Québec-États-Unis.

LES VUES ET LES OBJECTIFS AU QUÉBEC FACE AU LIBRE-ÉCHANGE AVEC LES ÉTATS-UNIS

En économie classique, le libre-échange en commerce international permet la spécialisation des économies nationales là où ces dernières détiennent un avantage comparatif, ce qui permet des gains d'efficacité par une meilleure allocation des facteurs de production. Dans le cas du Canada, si l'idée du libéralisme économique est largement ancrée chez les élites politiques, son pendant, le nationalisme économique, n'en est pas moins demeuré fort présent jusqu'à une période assez récente. Selon Jacques Parizeau : « La seule stratégie cohérente de développement économique que le Canada ait connue, la "National Policy" de John A. MacDonald, consistait précisément à forcer d'est en ouest ce que le bon sens et la géographie eussent voulu du nord au sud[1]. » Outre la théorie économique classique, comment

---

1.   Jacques Parizeau, cité dans Bernard Landry, *Commerce sans frontière : le sens du libre-échange*, Montréal, Québec Amérique, 1987, p. 22.

Le débat autour du libre-échange a suscité bien des passions. Un débat organisé par le Regroupement pour le libre-échange a eu lieu à Montréal au Palais des congrès en novembre 1988.
Photo de Jacques Grenier, 9 novembre 1988.

expliquer l'engouement pour le libre-échange à la fin des années 1980 et au début des années 1990 de la part du Canada et, plus spécifiquement, du Québec? Alors que le Canada se targuait de favoriser le multilatéralisme en jouant un rôle actif au sein de l'Accord général sur les tarifs douaniers et le commerce (GATT) et des institutions de l'Organisation des Nations Unies (ONU), la signature d'un traité commercial bilatéral avec les États-Unis venait marquer une rupture avec cette politique.

Cependant, comme l'explique Christian Deblock: «le régionalisme s'inscrirait dans une dynamique de régionalisation en venant consacrer sur le plan juridique (*de jure*) ce qui existait déjà *de facto*[2].» Du reste, à l'époque pour la plupart des auteurs en faveur du libre-échange continental, il était essentiel pour le Canada d'institutionnaliser ses relations avec les États-Unis afin d'éviter d'être victime de mesures arbitraires de rétorsion de la part de son principal partenaire[3]. Au

2. Christian Deblock, «Régionalisme économique et mondialisation: que nous apprennent les théories?», dans Pierre Berthaud et Gérard Kébadjian (dir.), *La question politique en économie internationale*, Paris, La Découverte, 2006, p. 251.

3. B. Landry, *op. cit.*; John Crispo (dir.), *Free Trade: The Real Story*, Toronto, Gage Educational Publishing Company, 1988; Steven Globerman (dir.), *Continental Accord: North American Economic Integration*, Vancouver, Fraser Institute, 1991.

moment du lancement des négociations de l'ALE, la politique de la troisième option de Trudeau, qui visait notamment à diversifier les marchés d'exportation et à réduire la dépendance commerciale du Canada à l'endroit des États-Unis, a largement échoué. Au début des années 1980, le Canada exporte l'équivalent de 19 % de son produit intérieur brut (PIB) vers les États-Unis et le Québec, 13 %[4]. De plus, l'intégration déjà prononcée des deux économies fait mal au moment de la récession de 1981. Aux prises avec des difficultés économiques et un déficit de leur balance commerciale, les voisins du Sud semblent alors emportés par une vague protectionniste. En 1985, ce sont plus de 300 projets de loi qui circulent à Washington pour élever les barrières au commerce[5]. De plus, 56 produits font l'objet de mesures de rétorsion en 1983[6], notamment des droits *antidumping* dans des secteurs où l'économie américaine est moins compétitive. Le Québec est souvent victime de « tirs croisés » quand ses exportations sont soumises à des recours qui visent prioritairement des produits d'autres pays[7].

Ainsi, pour le Canada et pour le Québec, il s'agissait, au moyen d'un traité de libre-échange, de s'assurer de règles claires pour sécuriser leur accès au marché américain. Cependant, la signature d'accords de libre-échange entraîne inévitablement une perte de souveraineté, eu égard notamment à la capacité des États de légiférer en matière économique. De plus, la proximité culturelle et linguistique du Canada avec le géant américain a suscité des craintes quant au maintien d'une identité nationale propre. Si cette question n'a pas vraiment figuré dans le débat au Québec, elle s'est posée avec acuité dans le reste du Canada. Conscients des perceptions de l'opinion publique à cet égard, les négociateurs de l'ALE et de l'ALENA ont exempté bon nombre de services publics et certains secteurs sensibles de la portée des accords[8]. Dans le cas du Québec, il est intéressant de souligner que son appui

4.   Calculs des auteurs. Sources : Statistique Canada et Institut de la statistique du Québec.

5.   William G. Watson, « Canada-US Free Trade : Why Now ? », *Canadian Public Policy / Analyse de politiques*, vol. 13, n° 3, septembre 1987, p. 339.

6.   Robert O'Brien, « North American Integration and International Relations Theory », *Canadian Journal of Political Science / Revue canadienne de science politique*, vol. 28, n° 4, décembre 1995, p. 706.

7.   B. Landry, *op. cit.*, p. 82 ; Richard G. Lipsey et Robert C. York, « Tariffs and Other Border Measures », dans John Crispo (dir.), *Free Trade : The Real Story*, Toronto, Gage Educational Publishing Company, 1988, p. 27.

8.   B. Landry, *op. cit.* ; J. Crispo, *op. cit.*

au libre-échange était aussi en partie motivé par l'idée que celui-ci réduirait sa dépendance face au pouvoir d'Ottawa[9].

Dans la mesure où le Québec compte sur une société civile bien organisée et sur des partis de masse, une prise de position importante, comme celle touchant le libre-échange avec les États-Unis, doit faire l'objet d'un certain consensus. Pour bien comprendre les vues du Québec face au libre-échange nord-américain, il faut donc tenir compte des positions des acteurs susceptibles d'orienter les décisions prises par l'État, soit principalement les partis politiques, les groupes patronaux et les centrales syndicales. Outre une revue de la littérature, nous avons conduit quelques entrevues semi-dirigées auprès d'acteurs influents dans le débat ayant accompagné la négociation puis la mise en place d'un régime de libre-échange en Amérique du Nord[10].

Les vues et les objectifs face à l'ALE

Les partis politiques québécois ont fait preuve à l'époque d'une rare unanimité sur la question du libre-échange avec les États-Unis. Tant le Parti québécois que le Parti libéral du Québec (quoique plus tardivement pour ce dernier) étaient convaincus du bien-fondé d'une intégration économique avec les États-Unis et leurs positions respectives ont été presque en tous points similaires[11]. Les deux partis y voyaient des bénéfices en termes d'économies d'échelle et d'un accès plus sûr au marché américain. Toutefois, ils estimaient qu'un accord de libre-échange avec les États-Unis devait contenir un certain nombre de garanties pour le Québec. Le traité devait comporter des mesures transitoires et des clauses de sauvegarde pour protéger les industries fragiles pendant la période d'adaptation. L'agriculture devait en être en partie exemptée pour tenir compte des mécanismes de gestion de l'offre. L'accord devait aussi exclure le secteur de la culture, protéger les lois linguistiques québécoises et pouvoir garantir le maintien des politiques sociales.

---

9. Gilbert Gagné, « Libre-échange, souveraineté et américanité : une nouvelle Trinité pour le Québec ? », *Politique et Sociétés*, vol. 18, n° 1, 1999, p. 99-107.

10. Les personnes que nous avons été en mesure de joindre et qui ont bien voulu répondre à nos questions sont : Ghislain Dufour, ancien président du Conseil du patronat du Québec (CPQ) ; Clément Godbout, ancien président de la Fédération des travailleurs du Québec (FTQ) ; Bernard Landry, économiste et ancien premier ministre du Québec ; Rodrigue Tremblay, économiste et professeur émérite à l'Université de Montréal.

11. B. Landry, *op. cit.* ; Glenn Drover et K.K. Leung, « Nationalism and Trade Liberalization in Quebec and Taiwan », *Pacific Affairs*, vol. 74, n° 2, été 2001, p. 214.

Les économistes et les regroupements patronaux ont été plutôt unanimes pour soutenir le projet de libre-échange. Cela dit, cet appui, pour enthousiaste qu'il fût, n'en demeurait pas moins un « oui prudent[12] » dans la mesure où tous les secteurs économiques du Québec n'étaient pas prêts à faire face aux ajustements que supposait une zone de libre-échange avec les États-Unis. Des secteurs comme le textile, la bière et l'agriculture furent alors exclus de l'accord ou bénéficièrent d'une période de transition pouvant aller jusqu'à dix ans. Ghislain Dufour, à l'époque président du Conseil du patronat du Québec (CPQ), nous a affirmé avoir été en relation étroite avec l'équipe responsable de ce dossier au gouvernement du Québec et que des échéanciers, du moins pour les produits fabriqués au Québec, ont été en grande partie définis de pair par le gouvernement et le CPQ.

C'est autour des centrales syndicales et de certains groupes sociaux que s'est organisée au Québec l'opposition au libre-échange. En 1986, la Coalition québécoise d'opposition au libre-échange (CQOL) fut créée, composée de la Centrale de l'enseignement du Québec (CEQ), de la Confédération des syndicats nationaux (CSN), de la Fédération des travailleurs du Québec (FTQ) et de l'Union des producteurs agricoles (UPA). La CQOL a également contribué à une coalition pancanadienne opposée au libre-échange, elle aussi composée d'organisations syndicales et sociales, le Pro-Canada Network, qui deviendra plus tard le Action Canada Network[13]. Les craintes exprimées face au libre-échange avec les États-Unis tenaient principalement à la perte de contrôle démocratique, à l'asymétrie des forces en présence, au nivellement par le bas des politiques sociales et à la possibilité de pertes d'emplois, surtout dans le secteur manufacturier.

Les objectifs défendus par le gouvernement du Québec représentaient en quelque sorte l'agrégation de toutes les préoccupations des partis politiques et de la société civile. Comme l'indiquait Bernard Landry, le Québec défendait une position à la fois positive et défensive

---

12.   Conseil du patronat du Québec (CPQ), *Mémoire présenté à la Commission de l'économie et du travail sur la libéralisation des échanges commerciaux entre le Canada et les États-Unis*, Montréal, Conseil du patronat du Québec, 1987, p. 6.

13.   Jeffrey M. Ayres, « Political Process and Popular Protest : The Mobilization Against Free Trade in Canada », *American Journal of Economics and Sociology*, vol. 55, n° 4, octobre 1996, p. 476 ; Dorval Brunelle et Sylvie Dugas, « Les oppositions au libre-échange en Amérique du Nord », dans Dorval Brunelle et Christian Deblock (dir.), *L'ALENA : le libre-échange en défaut*, Montréal, Fides, 2004, p. 279-280.

en matière de libre-échange[14]. Pierre MacDonald, alors ministre du Commerce extérieur et du Développement technologique du Québec, résumait la position du gouvernement comme suit:

> L'objectif du gouvernement du Québec était simple: arriver à une entente qui soit avantageuse pour toutes les parties et qui puisse contribuer à notre développement économique en créant des emplois, en améliorant la capacité concurrentielle de nos entreprises et en augmentant les investissements chez nous. Nos exigences portaient, entre autres, sur le respect du partage actuel des juridictions entre les deux paliers de gouvernement au Canada. Nous ne voulions pas non plus que nos politiques sociales, culturelles et linguistiques fassent l'objet de négociations[15].

Les vues et les objectifs face à l'ALENA

Entre l'ALE et l'ALENA, la plupart des acteurs identifiés n'ont pas sensiblement changé leur position relativement au libre-échange. Du côté des partis politiques, l'ALENA ne soulèvera pas beaucoup de débats. Le CPQ estimait, quant à lui, que les éléments importants pour le patronat contenus dans l'ALE étaient pour l'essentiel maintenus (agriculture, industries culturelles et programmes sociaux) ou améliorés (énergie, investissements, propriété intellectuelle, règlement des différends, transports terrestres, marchés publics, services financiers, etc.)[16]. Enfin, le Mexique, malgré son sous-développement relatif, présentait de bonnes perspectives d'affaires pour les exportateurs québécois.

En ce qui concerne les syndicats et les groupes sociaux, ils demeureront tout autant opposés à l'ALENA qu'à l'ALE. Au Québec, la CQOL deviendra, en 1991, la Coalition québécoise sur les négociations trilatérales (CQNT[17]). Sans grand succès, elle tentera de s'opposer à l'accord en optant cette fois pour une stratégie d'alliance avec des partenaires aux États-Unis et au Mexique. Selon l'ancien président

---

14. B. Landry, *op. cit.*

15. Québec, Ministère du Commerce extérieur et du Développement technologique, *L'Accord de libre-échange entre le Canada et les États-Unis: analyse dans une perspective québécoise*, Québec, Ministère du Commerce extérieur et du Développement technologique, 1988, p. 5.

16. Conseil du patronat du Québec, *L'Accord de libre-échange nord-américain (ALENA): les objectifs du Canada et du Québec ont été atteints – Mémoire présenté à la Commission des institutions de l'Assemblée nationale du Québec*, Montréal, Conseil du patronat du Québec, 1993.

17. D. Brunelle et S. Dugas, *op. cit.*, p. 281.

de la FTQ, Clément Godbout, une des différences dans le positionnement de l'opposition à l'ALENA par rapport à l'ALE tenait à une
préoccupation plus vive quant aux questions de *dumpings* social et
environnemental. Les syndicats estimaient notamment que la syndi-
calisation et l'assurance-emploi n'étaient pas clairement protégées
dans l'accord.

Après l'entrée en vigueur de l'ALENA, les opposants au libre-
échange se sont regroupés dans le Réseau québécois sur l'intégration
continentale (RQIC). Ce dernier existe toujours et ses motivations
sont essentiellement les mêmes qu'à l'origine. Par contre, ses efforts
ont été redirigés vers le projet de zone de libre-échange des Amériques
puis, plus récemment, vers le partenariat nord-américain pour la
sécurité et la prospérité et la multiplication des accords bilatéraux de
libre-échange, comme celui entre le Canada et la Colombie.

LES DISPOSITIONS DE L'ALE ET DE L'ALENA ET LE QUÉBEC

Nous allons maintenant regarder de plus près le texte de l'ALE
et identifier les différences entre ses dispositions et celles comprises
dans l'ALENA. Nous reviendrons ensuite sur les principaux éléments
de ces accords afin d'y percevoir la marque du Québec.

L'ALE[18]

L'accord en tant que tel est plutôt classique dans sa facture. Il
est divisé en 8 sections et 21 chapitres. Du côté institutionnel, le seul
organe créé par ce traité est la Commission mixte du commerce
canado-américain, laquelle est chargée de superviser sa mise en œuvre
(article 1802). Elle est composée des ministres ou des hauts fonctionnaires responsables du commerce de chaque pays et elle se réunit au
moins une fois par année. De plus, en vertu de l'article 1909, un
secrétariat permanent a été institué à Washington et à Ottawa afin
d'assurer le suivi des engagements et des obligations de chaque partie
en matière de règlement des différends. Sans en faire l'analyse dans
le détail, on peut souligner les dispositions de l'ALE relatives au règlement des différends et aux exceptions.

---

18. *Accord de libre-échange entre le Canada et les États-Unis*, Ottawa, Gouvernement du Canada,
    1987.

On a vu que pour le Québec et le Canada, l'ALE visait à sécu-riser l'accès au marché américain. Une manière d'y parvenir consistait à inclure un mécanisme efficace de règlement des différends, ce qui était une condition *sine qua non* pour que le Canada décide de ratifier l'accord. En fait, l'ALE inclut deux procédures de règlement des différends. La première touche à tous les types de différends et figure au chapitre 18 sur les dispositions institutionnelles. La seconde fait l'objet du chapitre 19 et elle se rapporte aux recours commerciaux sous la forme de droits *antidumping* et compensateurs. En vertu de ces deux procédures, des groupes spéciaux binationaux sont établis en cas de disputes et ils rendent leurs décisions selon un calendrier précis. Ces groupes sont constitués de cinq personnes : deux nommées par les États-Unis, deux par le Canada et une, d'un commun accord, par les parties. Soulignons que contrairement à la procédure générale de règlement des différends, les décisions des groupes spéciaux rela-tives aux recours commerciaux sont légalement contraignantes. À cet égard, les mécanismes de règlement des différends rencontraient les exigences canadiennes, tout en évitant de constituer une instance juridique supranationale. Cela dit, si le chapitre 19 fournit une certaine garantie contre l'abus des mesures *antidumping* et compen-satoires de la part des États-Unis, il illustre néanmoins l'échec du Canada d'en arriver à éliminer toute mesure protectionniste améri-caine à son endroit. Le conflit du bois d'œuvre illustre bien ce problème[19].

Quant aux mesures d'exception, elles touchent principalement les billes de bois (articles 1203.a et 1203.b), certains produits de la pêche non transformés (article 1203.c), la bière et les boissons conte-nant du malt (article 1204) et les industries culturelles (article 2005). L'ensemble des autres produits est sujet à une élimination progressive des barrières tarifaires sur une période de dix ans, avec des délais variant selon les produits. Par ailleurs, l'article 1201 spécifie que l'article XX du GATT, portant sur les exceptions générales, s'applique intégralement, ce dernier permettant aux États de légiférer pour

---

19.   Pour plus de détails sur les mécanismes de règlement des différends dans le régime nord-américain de libre-échange, voir : Philip Raworth, « Canada-US Free Trade : A Legal Perspective », *Canadian Public Policy / Analyse de politiques*, vol. 13, n° 3, septembre 1987, p. 360 ; Debra Steger, « Dispute Settlement », dans John Crispo (dir.), *Free Trade : The Real Story*, Toronto, Gage Educational Publishing Company, 1988 ; Gilbert Gagné, « Le règlement des différends », dans Dorval Brunelle et Christian Deblock (dir.), *L'ALENA : le libre-échange en défaut*, Montréal, Fides, 2004, p. 318.

L'ancien Premier ministre du Québec, M. Bernard Landry, un ardent défenseur d'une normalisation des relations commerciales entre le Canada et les États-Unis, est intervenu à maintes reprises, et ce tout au long des 20 dernières années, pour appuyer l'Accord de libre-échange. Photo Jacques Grenier, 10 novembre 1988.

Une large coalition de gens d'affaires québécois regroupés au sein du Regroupement pour le libre-échange a appuyé avec énergie l'Accord de libre-échange.
Photo Jacques Grenier, 10 novembre 1988.

assurer le bien commun. Ainsi, l'ALE préserve notamment la capacité d'instituer des législations sociales de même que de favoriser le développement régional[20].

Enfin, les dispositions de l'ALE ne s'appliquent, en règle générale, qu'aux institutions fédérales de chaque pays, exemptant les États, les provinces et les territoires, notamment en ce qui a trait aux règles d'accès aux marchés publics. Les entreprises publiques sont aussi exemptées des dispositions du traité et elles peuvent se placer en position de monopole, en autant que cette situation ne permet pas d'exercer une concurrence déloyale dans des champs d'action en dehors de la mission principale du monopole. Pour ce qui est de l'agriculture, si l'essentiel des barrières doit progressivement tomber, le Canada conserve le droit de maintenir ses organismes de stabilisation et de mise en marché. De plus, un certain nombre de produits sont toujours soumis aux politiques de quotas et de fixation des prix, tels le lait et les œufs[21].

De l'ALE à l'ALENA[22]

L'ALENA est en grande partie calqué sur l'ALE. Il s'agit dans les deux cas d'une intégration limitée au commerce. Cela dit, il existe certaines différences entre les deux accords. Celles-ci concernent principalement l'investissement, les droits de propriété intellectuelle, le règlement des différends et l'ajout de protocoles sur l'environnement et sur les normes du travail.

Tout comme pour l'ALE, un chapitre de l'ALENA porte sur le mécanisme général de règlement des différends (chapitre 20) et un autre, sur les droits *antidumping* et compensateurs (chapitre 19). Un troisième mécanisme est institué en vertu du chapitre 11 sur l'investissement. Si le chapitre 16 de l'ALE portait déjà sur l'investissement, le chapitre 11 de l'ALENA prévoit le recours automatique à l'arbitrage international pour un investisseur[23]. Pour plusieurs, cela donne trop de droits aux entreprises dans la mesure où les législations et les

20.   Thomas J. Courchene, « Social Policy and Regional Development », dans John Crispo (dir.), *Free Trade: The Real Story*, Toronto, Gage Educational Publishing Company, 1988.

21.   T.K. Warley, « Agriculture », dans John Crispo (dir.), *Free Trade: The Real Story*, Toronto, Gage Educational Publishing Company, 1988, p. 49.

22.   *Accord de libre-échange nord-américain.*

23.   G. Gagné, « Le règlement des différends », *op. cit.*

réglementations nationales peuvent être dénoncées quand elles affectent négativement la profitabilité d'un investissement. Bernard Landry et Rodrigue Tremblay nous ont également souligné que la libéralisation des règles en matière d'investissement a permis la prise de contrôle d'entreprises québécoises par des intérêts étrangers.

La marque du Québec

Il est difficile d'établir clairement la marque du Québec dans l'ALE et dans l'ALENA du fait que la province ne siégeait pas à la table des négociations. Cela dit, nous avons vu ses principaux objectifs et ses exigences de même que les résultats des négociations en ce qui a trait à certaines dispositions-clés et au cadre institutionnel de ces traités. Ainsi, nous pouvons dégager certains constats. À notre avis, les principaux éléments où l'on peut trouver la marque du Québec se rapportent à l'exception culturelle et au respect des lois linguistiques, au respect des champs de compétence provinciaux et à leur exclusion générale des accords, au maintien de la gestion de l'offre dans le secteur agricole et aux échéanciers spécifiques de libéralisation pour les secteurs industriels importants au Québec.

Selon un rapport d'analyse publié par le ministère du Commerce extérieur et du Développement technologique du Québec en 1988, l'ALE respectait toutes ces conditions. Les éléments qui étaient non négociables à l'époque portaient justement sur le « maintien actuel des pouvoirs législatifs et constitutionnels », le « maintien de l'intégralité des lois, programmes et politiques qui, dans le domaine social de même que dans ceux des communications, de la langue et de la culture, contribuent à la spécificité de la société québécoise », le « maintien d'une marge de manœuvre nécessaire pour développer et moderniser [l']économie [du Québec] » et, finalement, le « maintien des systèmes de soutien à l'agriculture[24] ». Chacun de ces éléments ne peut pas être mis uniquement au crédit du Québec, mais son rôle demeure non négligeable.

Nous avons vu que les autres provinces canadiennes tenaient aussi à conserver une distance culturelle des États-Unis et qu'elles craignaient également pour leurs programmes sociaux, leur capacité à agir en matière de développement économique régional et le main-

---

24. Québec, Ministère du Commerce extérieur et du Développement technologique, *op. cit.*, p. 39.

tien de leurs systèmes de soutien à l'agriculture. Cela dit, le gouvernement du Québec ayant été l'un des principaux supporteurs de l'ALE et le gouvernement Mulroney ayant été élu avec une forte base électorale québécoise, il était normal qu'Ottawa lui prête l'oreille. De plus, il est à noter que le gouvernement fédéral était bien au fait des vues des provinces. L'équipe de négociation canadienne, dirigée par Simon Reisman, tenait des réunions avec leurs représentants chaque mois et trois conférences des premiers ministres provinciaux ont été tenues sur le sujet[25].

LE LIBRE-ÉCHANGE AVEC LES ÉTATS-UNIS 20 ANS PLUS TARD

Au moment de ratifier l'ALE, il y avait plusieurs visions de ce vers quoi il devait mener. On a fait miroiter à la fois la terre promise et l'enfer. Or, qu'en a-t-il été vraiment? D'un côté, le libre-échange devait apporter la prospérité, accroître les exportations à destination des États-Unis et y sécuriser l'accès des produits québécois et canadiens. Il devait également permettre de rendre le Québec plus attrayant aux investisseurs désireux d'exporter vers le marché américain. D'un autre côté, on a craint pour l'emploi manufacturier et pour la liberté de choix en matière de politiques sociales et environnementales. Nous allons d'abord tenter d'évaluer les impacts du libre-échange avec les États-Unis par rapport aux espoirs qu'il suscitait puis par rapport aux craintes.

Les espoirs

Les effets sur le commerce

Du côté des bénéfices anticipés du libre-échange, le maintien et l'accroissement des échanges du Canada avec les États-Unis figuraient évidemment au premier plan. Ces derniers ont effectivement triplé depuis 1989 et les importations ont presque doublé en termes réels. Ce commerce a même devancé celui entre les provinces canadiennes[26]. La figure 1 révèle cependant que pour ce qui est du Québec, la croissance des exportations vers les États-Unis n'a vraiment décollé qu'à partir de 1993, et ce, jusqu'en 2000, où elle a commencé à décliner.

---

25.   Gordon Ritchie, «The Negotiating Process», dans John Crispo (dir.), *Free Trade: The Real Story*, Toronto, Gage Educational Publishing Company, 1988, p. 18.

26.   Martin A. Andresen, «The Geographical Effects of NAFTA on Canadian Provinces», *Annals of Regional Science*, vol. 43, 2009, p. 251-252.

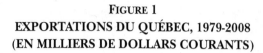

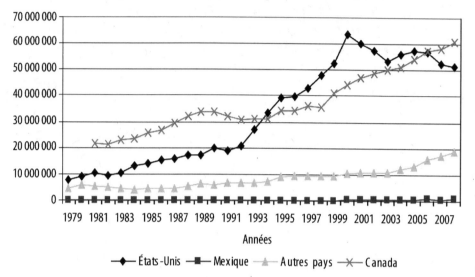

Sources : Institut de la statistique du Québec et Statistique Canada.

    Pour ce qui est des importations québécoises en provenance des États-Unis, même si celles-ci ont pratiquement doublé en termes réels entre 1993 et 2000, à l'instar des exportations, elles ont, depuis, stagné ou diminué (figure 2).

FIGURE 2
**IMPORTATIONS DU QUÉBEC, 1979-2008
(EN MILLIERS DE DOLLARS COURANTS)**

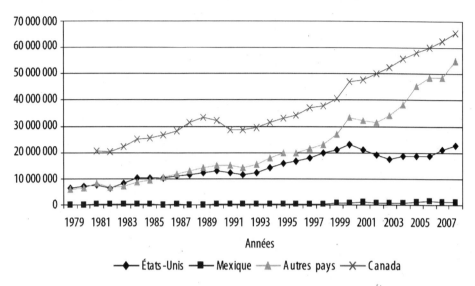

Sources : Institut de la statistique du Québec et Statistique Canada.

Quand on considère la place des États-Unis dans les échanges commerciaux du Québec, on s'aperçoit qu'elle a diminué depuis l'entrée en vigueur de l'ALENA. Alors qu'en 1994 les États-Unis comptaient pour 81,73 % des exportations du Québec, cette proportion est passée à 72,17 % en 2008. Quant aux importations, leur part déjà relativement basse à 44,64 % en 1994 n'était plus que de 28,62 % en 2008 (figures 3 à 6).

FIGURE 3
RÉPARTITION DES EXPORTATIONS DU QUÉBEC (1994)

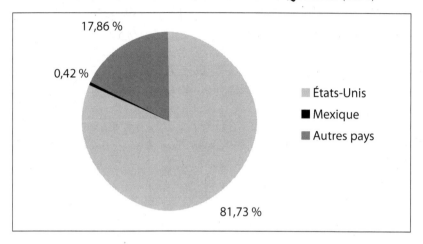

FIGURE 4
RÉPARTITION DES EXPORTATIONS DU QUÉBEC (2008)

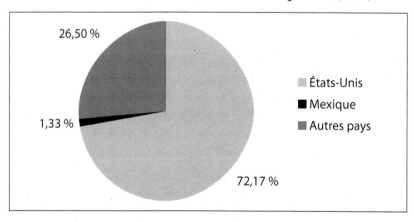

FIGURE 5
RÉPARTITION DES IMPORTATIONS DU QUÉBEC (1994)

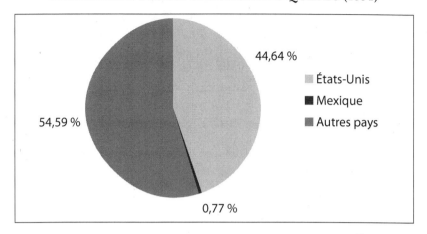

FIGURE 6
RÉPARTITION DES IMPORTATIONS DU QUÉBEC (2008)

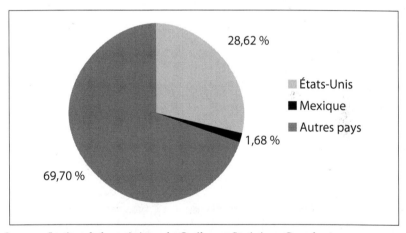

Sources: Institut de la statistique du Québec et Statistique Canada.

En fait, le commerce avec le voisin américain a commencé à stagner ou à décliner depuis le début des années 2000 (figures 1 et 2). Par ailleurs, mentionnons que pour ce qui est des importations québécoises, la part de marché des États-Unis est en déclin relatif depuis au moins les 30 dernières années, comme le révèle la figure 2. La balance commerciale du Québec, quant à elle, est demeurée fortement positive avec les États-Unis. Par contre, l'ampleur du gain commercial réalisé face aux Américains, depuis 2007, ne permet plus au Québec de compenser le déficit commercial qui se creuse avec le reste du monde (figure 7).

FIGURE 7
BALANCE COMMERCIALE DU QUÉBEC, 1979-2008
(EN MILLIERS DE DOLLARS COURANTS)

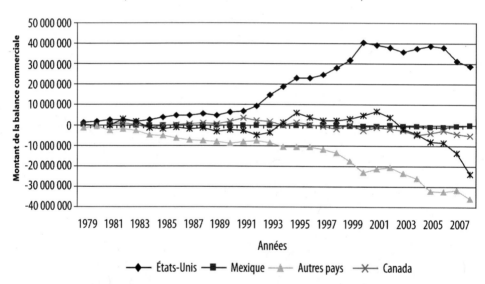

Sources: Institut de la statistique du Québec et Statistique Canada.

La part des importations américaines en provenance du Canada et du Québec a, elle aussi, décliné au cours des dernières années. Pour le Canada, elle est passée de 20,45 %, lors de la mise en place de l'ALE, à un sommet de 29,83 % en 2001 et a rapidement chuté à 17,31 % en 2008. Pour le Québec, elle est passée de 3,44 % en 1989 à 5,10 % en 2001 puis à 2,36 % en 2008 (tableau 1).

Tableau 1

**ÉVOLUTION DE LA PART DES IMPORTATIONS AMÉRICAINES
EN PROVENANCE DU CANADA, DU QUÉBEC, DU MEXIQUE
ET D'AUTRES PAYS (%)**

Pays/Années	1984	1989	1994	1999	2004	2008*
Canada	24,56	20,45	26,60	29,08	22,82	17,31
Québec	3,76	3,44	4,87	4,96	3,67	2,36
Mexique	4,78	3,26	7,43	11,37	10,92	10,78
Autres	76,25	79,47	73,10	69,06	71,55	72,99
Total	100,00	100,00	100,00	100,00	100,00	100,00

* Dernière année complète disponible.

Sources: calcul des auteurs à partir des données de Statistique Canada, Institut de la statistique du Québec, UN Comtrade Database, UNCTAD Handbook of Statistics 2008 et Banque du Canada.

Un autre aspect où les résultats sont mitigés concerne la composition des exportations. Avec ses industries aéronautiques, biopharmaceutiques et multimédias, une part importante des exportations du Québec consiste en des produits à haute teneur technologique. Cependant, la part des exportations de haute technologie est en baisse depuis le début des années 2000, passant de près de 34 % à moins de 25 % en 2008. Pendant ce temps, la part des produits à moyenne-faible teneur technologique a augmenté considérablement, de près de 19 % en 2000 pour atteindre, en 2008, un peu plus de 32 % (tableau 2).

Tableau 2

**COMPOSITION DES EXPORTATIONS QUÉBÉCOISES
EN 2000 ET 2008 (%)**

Années	Haute technologie	Moyenne-haute	Moyenne-faible	Faible
2000	33,76	16,54	18,59	31,11
2008	24,63	17,93	32,11	25,33

Source: Institut de la statistique du Québec.

Enfin, rappelons qu'un objectif central du libre-échange a été d'augmenter, en termes absolus, le commerce avec notre voisin, ce qui a été réalisé. À cet égard, Carol Wise souligne la réussite relative de l'ALENA[27]. Après une revue de diverses études économétriques, Martin A. Andresen arrive également à la conclusion que le libre-échange avec les États-Unis a eu un impact positif. En qui concerne le Québec, il estime que plus de 5 % des échanges avec les États-Unis s'explique par l'ALENA[28]. En revanche, si les États-Unis demeuraient de très loin le principal partenaire commercial du Québec, en recevant à eux seuls 72,2 % de ses exportations en 2008, cette proportion est pratiquement la même qu'en 1989 lors des débuts de l'ALE alors qu'elle était de 72,8 %. Ce taux avait néanmoins grimpé à 85,5 % en 2000[29]. Aussi, il est important de souligner que depuis 2007, la part des exportations québécoises en direction du reste du Canada est redevenue plus importante que celle des exportations vers les États-Unis (figure 1).

Les effets sur l'investissement

Le Québec et le Canada fondaient également des espoirs dans un accord de libre-échange avec les États-Unis pour accroître l'investissement direct étranger (IDE). On croyait qu'avec un accès plus sûr au marché américain, de nombreux investisseurs jusque-là réticents allaient investir au Québec. À ce chapitre, si on considère les pays membres de l'ALENA, il est bien difficile de déterminer un effet «libre-échange» dans l'évolution de l'IDE. En termes absolus, les investissements entrant au Canada ont été presque 15 fois plus élevés en 2008 qu'en 1989. Cependant, si 65,6 % de ces investissements provenaient des États-Unis en 1989, ils diminuaient à 58 % en 2008. La même tendance se remarque en ce qui a trait à l'IDE sortant du Canada. Alors que 63 % de celui-ci se dirigeait vers les États-Unis en 1989, cette proportion tombe à 49 % en 2008[30].

La croissance économique et la convergence macroéconomique

Dans la mesure où l'ALE puis l'ALENA devaient servir à améliorer la compétitivité des entreprises et à accroître les échanges et l'investissement, cela aurait dû se traduire en termes de croissance.

---

27.   Carol Wise, «The North American Free Trade Agreement», *New Political Economy*, vol. 14, n° 1, mars 2009, p. 139.
28.   Martin A. Andresen, *op. cit.*, p. 260.
29.   Institut de la statistique du Québec et Statistique Canada.
30.   Statistique Canada, Cansim Tableau 376-0051.

Une plus grande imbrication des économies du Québec et des États-Unis aurait également dû mener à une convergence macro-économique, que ce soit en termes de croissance, de revenus ou de productivité. Mais qu'en est-il advenu?

En ce qui a trait à la croissance économique, celle du Québec est demeurée en deçà de celle du Canada et des États-Unis (tableau 3). Alors qu'au cours des années 1990, le Canada et les États-Unis vont connaître un taux de croissance réel moyen de 2,44 % et de 3,19 % respectivement, celui du Québec ne dépassera pas 2 %. Dans les années 2000, si l'écart s'est réduit entre le taux de croissance au Québec (2,11 %) et aux États-Unis (2,38 %), il s'est légèrement accru entre le Québec et le Canada (2,64 %).

Tableau 3
TAUX DE CROISSANCE RÉEL MOYEN DE 1980 À 2008 (%)

États	1980-1989	1990-1999	2000-2008	Croissance totale
Québec*	2,16	1,97	2,11	73,06
Canada**	3,14	2,44	2,64	104,13
Mexique	2,36	3,38	2,15	88,61
États-Unis**	3,42	3,19	2,38	127,99

* Les données sont mesurées à partir de 1982.

** Les données sont mesurées à partir de 1981.

Sources: Fonds monétaire international, World Economic Outlook 2009, Institut de la statistique du Québec et Banque du Canada.

Du reste, l'écart s'est creusé avec le temps en ce qui a trait au revenu par habitant et à la productivité. Pour ce qui est du niveau de revenu par habitant, la figure 8 montre qu'après s'être creusé pendant les années 1990 et le début des années 2000, l'écart canadien avec le PIB par habitant américain s'est resserré. Par contre, l'écart s'est creusé entre le Québec et le Canada de même qu'entre le Québec et les États-Unis.

FIGURE 8
ÉVOLUTION DU PIB PAR HABITANT EN DOLLARS AMÉRICAINS
COURANTS (1980-2008)

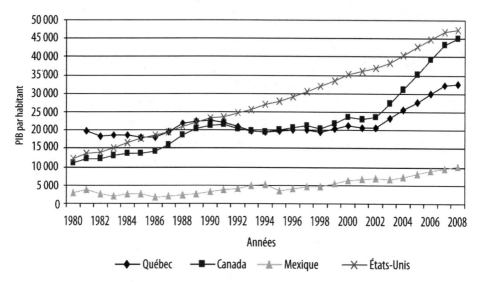

Sources : Fonds monétaire international, World Economic Outlook 2009, Statistique Canada et Institut de la statistique du Québec.

Le niveau de vie des individus dépend, pour une bonne part, de la croissance de la productivité. À cet égard, le niveau de productivité globale du Québec correspond à 85,9 % de celui des États-Unis. Cela peut s'expliquer du fait que la croissance moyenne de la productivité, de 1981 à 2006, n'a été que de 1 % par an au Québec, comparativement à 1,6 % aux États-Unis[31].

Éviter le protectionnisme américain

Un argument primordial en faveur d'une entente de libre-échange avec les États-Unis tenait à un accès sûr au marché américain. À cet égard, est-ce que le Québec et le Canada ont été en mesure de contrer le protectionnisme américain ? Sans y aller d'une analyse détaillée, soulignons que les chapitres portant sur le règlement des différends n'ont pas mené à l'avalanche de poursuites appréhendée

---

31.   Pierre Fortin, André Corriveau et Jean Boivin, *L'investissment au Québec : on est pour – Rapport du Groupe de travail sur l'investissement des entreprises*, Québec, Ministère du Développement économique, de l'Innovation et de l'Exportation, 2008, p. 33-35.

par certains opposants au libre-échange. En effet, on compte 55 affaires conduites en vertu des chapitres 18 et 19 de l'ALE et 129 en vertu des chapitres 19 et 20 de l'ALENA[32]. Les dispositions investisseur-État du chapitre 11 ont, quant à elles, donné lieu à 59 notifications d'intention d'avoir recours à l'arbitrage[33]. Les mécanismes de règlement des différends ont, de manière générale, rempli leur rôle de façon efficace. Le Québec et le Canada ont atteint leur objectif principal, soit celui de limiter les recours protectionnistes à leur endroit et, dès lors, d'améliorer leur accès au marché des États-Unis, sans toutefois être en mesure de le sécuriser complètement[34]. En 2004, dans l'éternel contentieux du bois d'œuvre, le non-respect par les États-Unis du caractère exécutoire des dispositions du chapitre 19 de l'ALENA va amener le Québec et le Canada à considérer sérieusement d'autres voies que le libre-échange continental afin de servir leurs intérêts économiques.

Les craintes

La signature d'un traité commercial avec les États-Unis avait suscité un certain nombre d'interrogations et de craintes. Pour ce qui est de l'emploi, le libre-échange continental semble avoir eu moins d'impact que le contexte économique global et l'avancée des négociations commerciales multilatérales. La figure 9 montre l'évolution de la proportion d'emplois au Québec par secteurs. Ainsi, les variations n'ont pas été prononcées dans les deux dernières décennies, soit depuis la mise en place de l'ALE.

---

32.   Compilation effectuée à partir du site Internet du Secrétariat de l'ALENA, en date du 17 décembre 2009.

33.   Ces notifications n'ont toutefois pas toutes abouti à l'enclenchement d'une procédure d'arbitrage. Données tirées du site Internet NAFTA Claims du juriste Todd Weiler, consulté le 27 décembre 2009.

34.   G. Gagné, « Le règlement des différends », *op. cit.*, p. 316.

FIGURE 9

ÉVOLUTION DE LA PART DES EMPLOIS OCCUPÉS AU QUÉBEC PAR SECTEUR ÉCONOMIQUE (1987-2008)

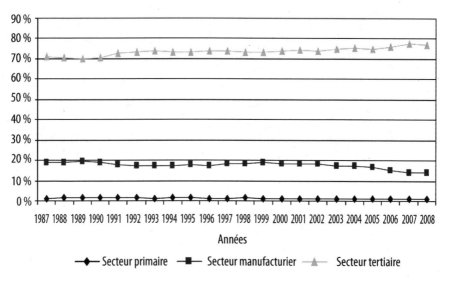

Source : Statistique Canada.

En ce qui a trait au secteur manufacturier plus précisément, sa part dans l'emploi au Québec a d'abord connu une légère baisse dans les premières années du libre-échange avec les États-Unis pour se relever à partir de la fin des années 1990, atteignant 19 % de l'emploi total, soit un niveau similaire à celui précédant l'entrée en vigueur de l'ALE. Depuis, le déclin continu de ce secteur est avant tout attribuable à la réduction de l'écart entre le dollar canadien et le dollar américain ainsi qu'à la concurrence des pays asiatiques comme la Chine[35]. Comme l'avait prévu Bernard Landry en 1987, un secteur comme le textile a en bonne partie été balayé au cours des dernières décennies et le libre-échange continental a peu à voir avec ce phénomène[36].

En ce qui a trait aux préoccupations en matière de politiques sociales, est-ce que le libre-échange a freiné les élans socio-démocrates de la société québécoise? L'ALE et l'ALENA n'ont pas empêché le Québec de financer ses réseaux de la santé et de l'éducation ou de créer les garderies à prix réduits et le régime québécois d'assurance

---

35.   Statistique Canada, Cansim Tableau 282-0012.
36.   B. Landry, *op. cit.*

parentale, pas plus qu'ils ne l'ont empêché de renforcer un certain nombre de lois environnementales ou de s'engager à respecter le cadre du Protocole de Kyoto. On peut donc dire que la « course vers le bas » anticipée n'a pas eu lieu. Lorsque des politiques néolibérales ont été introduites, elles ont été davantage le fait de la volonté des gouvernements en place au Québec que des contraintes externes liées au libre-échange.

Enfin, est-ce que les craintes suscitées par la mise en place de l'ALE et de l'ALENA se sont avérées fondées ? Bien que le bilan soit, somme toute, mitigé, le tableau noir dépeint par les activistes qui invitaient au rejet complet des accords semble s'être éclairci avec le temps. Les problèmes anticipés ont été moins le fait des traités de libre-échange que du contexte économique et des gouvernements en place au cours des dernières décennies. Pour le Québec, il ne s'agit donc pas de rejeter en bloc l'ALENA, mais plutôt de voir comment faire évoluer l'accord dans le sens de ses intérêts et positions.

CONCLUSION ET PERSPECTIVES D'AVENIR

Quel bilan pouvons-nous tirer de 20 ans de libre-échange continental pour le Québec ? L'ALE puis l'ALENA ont sans conteste favorisé l'accroissement des exportations à destination du marché américain. Cependant, depuis le tournant des années 2000, les échanges ont eu tendance à décliner et le Québec accuse un retard de productivité important avec son puissant voisin du Sud. Comme le signale Carol Wise, l'ALENA semble avoir atteint son plein potentiel, ce dernier étant limité par les dispositions institutionnelles de l'accord[37]. En fait, son modèle contractuel montre non seulement des signes d'essoufflement, mais il semble figé.

En ce qui concerne le Québec, le commerce interprovincial devance de nouveau le commerce international. Il n'est donc pas surprenant que son gouvernement ait été à l'avant-garde de la réforme de l'accord sur le commerce intérieur entre les provinces canadiennes et qu'il perçoive celui-ci comme une voie à privilégier pour assurer sa prospérité. Une autre voie à considérer consiste à approfondir ses relations avec certains États américains. Il s'est également fait le principal promoteur d'un traité Canada-Europe, où les provinces sont aux premières loges des négociations, afin d'être en mesure d'en arriver

---

37.   C. Wise, *op. cit.*, p. 142.

à une entente pouvant inclure les marchés publics et des disciplines dépassant les compétences constitutionnelles fédérales. À cet égard, il semble bien qu'après avoir tenté la voie du libre-échange nord-américain et s'y être résolument engagé, le Québec soit actuellement à la recherche de nouvelles voies. Espérons seulement que, ce faisant, il sache tirer les véritables leçons de 20 ans de libre-échange avec les États-Unis.

Chapitre 9

Le partenariat nord-américain pour la prospérité et la sécurité : quel rôle pour le Québec ?

PATRICK LEBLOND

Depuis longtemps, le Québec joue un rôle prépondérant dans les relations économiques entre le Canada et les États-Unis[1]. Par exemple, la population québécoise permit à Brian Mulroney et à son parti de conserver le pouvoir lors des élections de novembre 1988, dont l'enjeu majeur de la campagne électorale était l'Accord de libre-échange canado-américain (ALE) que le gouvernement conservateur venait de signer. Au Québec, le Parti conservateur obtint 63 sièges sur 75 le soir des élections. Sans cet appui non équivoque de la part des Québécois au projet de libre-échange avec les États-Unis, la ratification de l'accord par le Parlement canadien aurait été beaucoup plus difficile. Vingt ans plus tard, les Québécois continuent d'appuyer l'intégration nord-américaine. Lors d'un sondage effectué par Léger Marketing à la fin de 2007, au-delà des deux tiers des répondants se disaient favorables à une plus grande intégration avec les États-Unis et le Mexique.

Après l'Ontario et l'Alberta, le Québec est la province canadienne qui exporte le plus vers les États-Unis, représentant un peu plus de 10 % des exportations canadiennes vers le marché américain en 2008, selon Statistique Canada. Pour leurs parts, l'Ontario et

---

1. Guy Lachapelle (dir.), 1995, *Quebec Under Free Trade: Making Public Policy in North America*, Québec, Presses de l'Université du Québec, 410 p.

l'Alberta y exportaient respectivement 33 % et 20 % du total canadien en 2008. Même si son importance a quelque peu diminué depuis 2000, le marché américain représente toujours la principale destination des exportations internationales québécoises (72 % des exportations totales en 2008). Pour le Québec, il s'agit donc de liens économiques appréciables qu'il ne faut pas négliger. C'est pour cette raison que le dernier plan d'action (2009-2014) de la politique internationale du gouvernement du Québec fait de l'action internationale à l'égard des États-Unis un des principaux axes d'intervention[2].

Depuis les attaques terroristes du 11 septembre 2001 à New York et à Washington, les relations économiques entre le Canada, le Québec et les États-Unis sont intimement liées aux questions de sécurité nationale. Pour les Américains, la sécurité est devenue l'objectif primordial, même si cela risque de nuire aux échanges commerciaux des États-Unis. Le gouvernement du Québec a très bien compris cette nouvelle donne. En effet, lors du dévoilement de sa nouvelle politique internationale en mai 2006, dans son communiqué on pouvait lire :

> Contribuer à la sécurité du Québec et du continent américain est devenu, selon la ministre des Relations internationales, madame Monique Gagnon-Tremblay, un objectif incontournable de l'action internationale du Québec. C'est d'ailleurs la première fois que cet enjeu est reconnu comme une préoccupation majeure de la politique internationale du Québec[3].

Cette réalité du lien étroit entre sécurité et économie dans le contexte nord-américain fut officiellement reconnue par les chefs des gouvernements des trois pays de l'Accord de libre-échange nord-américain (ALENA), en mars 2005, lors de leur sommet à Waco, au Texas, où ils mirent sur pied le Partenariat nord-américain pour la sécurité et la prospérité (PSP) en vue de fournir un nouvel élan à l'intégration nord-américaine dix ans après l'entrée en vigueur de l'ALENA et, en plus, de continuer le travail d'étroite collaboration en matière de frontière intelligente entamé en décembre 2001[4]. Le but premier du

---

2.   Ministère des Relations internationales, 2009, «Politique internationale du Québec : plan d'action 2009-2014. Mesures pour l'année 2009-2010 », Gouvernement du Québec, 25 p.

3.   Ministère des Relations internationales, 2006, «La sécurité : nouvel enjeu de l'action internationale du Québec», Gouvernement du Québec.

4.   À la suite des attaques du 11 septembre 2001, le Canada a rapidement proposé un plan d'action aux Américains afin d'améliorer la sécurité à la frontière tout en facilitant le mouvement des biens et des personnes entre les deux pays. Cette proposition fut favorablement accueillie par le gouvernement américain et donna lieu à l'entente

L'idée d'avoir un train à haute vitesse pouvant relier Montréal à New York est dans l'air depuis des décennies. En 2003, la compagnie Bombardier avait présenté son jet train, une locomotive non électrique propulsé par une turbine au gaz. L'administration Obama a relancé les discussions à ce sujet dans la perspective de doter les États-Unis d'un système de trains rapides et de TGV. L'enjeu de la sécurité est au cœur des discussions surtout pour un train devant traversé la frontière du Québec. Photo Jacques Nadeau, le 13 mars 2003.

Le transport d'électricité du Québec vers les États-Unis représente un enjeu de taille pour le développement économique du Québec et pour la sécurité énergétique des États-Unis. En août 2010, le premier ministre du Québec, Jean Charest, et le gouverneur du Vermont, James H. Douglas, ont dévoilé les détails du contrat d'approvisionnement en électricité conclu entre Hydro-Québec, Central Vermont Public Service (CVPS) et Green Mountain Power (GMP). Ce contrat d'une durée de 26 ans (2012-2038) permettra au Vermont d'acheter 225 MW/heures d'électricité du Québec. Photo de Jacques Nadeau, mars 2006.

Le port de Montréal est l'une des principales portes d'entrée de marchandises en Amérique du Nord. Le développement de la voie maritime du Saint-Laurent autant que la gestion de l'eau sont des sujets fréquemment à l'ordre du jour de la commission des Grands lacs et représentent des enjeux à la fois économiques et environnementaux. Photo de Jacques Nadeau, mars 2008.

Lors du sommet pour le Partenariat pour la sécurité et la prospérité (PSP) qui s'est tenu à Montebello (Québec) en août 2007, des manifestants de diverses allégeances ont exprimé leurs inquiétudes face aux objectifs du PSP bien que ce genre de rencontres est devenu le prétexte à manifester pour toute sorte de causes. En fait, plusieurs se demandent si le PSP pourra survivre dans sa forme actuelle. Photo de Jacques Nadeau, 21 août 2007.

PSP est d'améliorer la collaboration et la coordination entre les trois pays de l'ALENA en matière de politiques et de réglementations touchant la sécurité et la prospérité du continent nord-américain. Bien que le Québec n'ait pas participé à l'élaboration du PSP, il n'en est pas moins touché par sa mise en œuvre, puisque dans plusieurs domaines d'intervention, il possède des compétences uniques ou partagées au sein du système fédéral canadien.

> Au sein de la fédération canadienne, la sécurité n'est pas réservée en exclusivité à un ordre de gouvernement. Plusieurs compétences des provinces sont directement interpellées. Les pouvoirs du Québec en matière d'administration de la justice et de la santé, le rôle qu'il joue en environnement et en agriculture, ses responsabilités en matière de sécurité publique et l'impact des nouveaux enjeux de sécurité sur son économie font qu'il ne peut rester à l'écart des préoccupations internationales de sécurité[5].

Cela veut donc dire qu'en tant que province canadienne et partenaire commercial important des États-Unis, le Québec a un rôle crucial à jouer dans la réussite du PSP, défi qu'il a su relevé depuis 2006.

LE PARTENARIAT NORD-AMÉRICAIN POUR LA SÉCURITÉ ET LA PROSPÉRITÉ

Contrairement à l'ALE et à l'ALENA, le PSP n'est pas un traité ou un accord légal qui vient changer les lois des trois pays membres; il s'agit plutôt d'une entente de principe entre les trois chefs des gouvernements des pays de l'Amérique du Nord qui crée un engagement à améliorer la collaboration et la coordination en matière de sécurité et de prospérité à l'échelle nord-américaine. Le PSP prévoit que les actions communes des trois pays toucheront les aspects techniques des normes et des réglementations gouvernant la sécurité et l'économie nord-américaines[6].

À l'origine, la nature technocratique et administrative du PSP faisait en sorte de dépolitiser autant que possible toute négociation

---

suivante en décembre 2001 : Déclaration et plan d'action sur la frontière intelligente. En janvier 2002, les États-Unis et le Mexique signaient une entente similaire.

5. Ministère des Relations internationales, 2009, « Contribuer à la sécurité du Québec et du continent nord-américain », Gouvernement du Québec.

6. De cette façon, le PSP vise à remplacer les groupes de travail trilatéraux qui avaient été mis sur pieds à la suite de l'ALENA pour harmoniser les règles et les régulations.

visant à approfondir l'intégration nord-américaine. Anderson et Sands affirment d'ailleurs :

> *Perhaps the most important feature of the SPP design is that it is neither intended to produce a treaty nor an executive agreement like the NAFTA that would require congressional ratification or the passage of implementing legislation in the United States. The SPP was designed to function within existing administrative and legislative authority already residing with the executive branch. Rules and standards could be set, law enforcement and national security prerogatives pursued, all within the broad parameters of constitutional authority or prior congressional authorization[7].*

Cette volonté de faire passer les activités du PSP « sous le radar » ne tarda pas à soulever des soupçons auprès des membres du Congrès américain, des partis d'opposition canadiens et mexicains et des groupes de pression de toutes sortes[8]. On déplore son manque de transparence et l'absence de débats publics autour des questions qu'il vise à régler. Dans les cas extrêmes, on l'accuse de mener à l'affaiblissement de la souveraineté du pays, et ce, autant au Canada, aux États-Unis et au Mexique. On dit même qu'il mènera à la création d'une union nord-américaine calquée sur le modèle européen.

Les objectifs du PSP furent établis lors du sommet tenu à Waco, au Texas, en mars 2005. En matière de sécurité, on en identifia trois : protéger l'Amérique du Nord contre les menaces externes ; prémunir contre les menaces venant de l'intérieur du continent ; assurer à la fois la sécurité et l'efficacité en favorisant encore davantage les mouvements transfrontaliers légitimes à faible risque. Pour y arriver, les trois gouvernements s'engagèrent à travailler ensemble afin de mettre en œuvre des stratégies communes de sécurité frontalière et de bioprotection, d'améliorer la protection des infrastructures essentielles, d'établir une approche commune pour les interventions d'urgence, d'apporter des améliorations en matière de sécurité de l'aviation et de sécurité maritime, de contrer les menaces transnationales, de renforcer les partenariats entre les services de renseignement ; de mettre en place une stratégie de circulation en vue d'augmenter les ressources et de faciliter les passages légitimes de voyageurs et de

---

7. Greg Anderson et Christopher Sands, 2007, « Negotiating North America : The Security and Prosperity Partnership », White Paper, Washington, DC, Hudson Institute, version révisée du 7 septembre 2008, 36 p., p. 18.
8. À l'origine, des consultations avec les différents intervenants touchés par le PSP étaient prévues ; cependant, autre qu'avec la communauté d'affaires, il ne semble pas y avoir eu beaucoup de consultations.

marchandises aux frontières communes[9]. En matière de prospérité, les objectifs furent l'accroissement de la compétitivité nord-américaine et l'amélioration de la qualité de vie des Nord-Américains. Pour ce faire, on a considéré important d'accroître la productivité grâce à la coopération relative à la réglementation de manière à stimuler la croissance tout en maintenant des normes de santé et de sécurité élevées, de promouvoir la collaboration, entre autres, dans les secteurs de l'énergie, des transports, des services financiers et de la technologie afin de faciliter le commerce et d'investir dans les personnes, de réduire le coût du commerce en assurant la circulation efficace des marchandises et des voyageurs, d'améliorer l'intendance de l'environnement nord-américain, d'assurer la sûreté et la fiabilité de l'approvisionnement alimentaire tout en facilitant le commerce agricole et de protéger les Nord-Américains contre les maladies[10].

Quelques mois plus tard, en juin 2005, les responsables ministériels de la mise en œuvre du PSP déposèrent un rapport établissant plus de trois cents actions que les trois gouvernements (seuls ou ensemble) se devaient d'entreprendre en priorité sur des échéances de courtes et de longues durées afin d'améliorer la sécurité et la prospérité nord-américaine[11]. Plusieurs de ces actions n'étaient pas nouvelles, car elles existaient déjà sous la forme de collaborations bilatérales ou trilatérales, telles que l'ALENA. Comme le veut l'expression anglaise, le PSP était plutôt du *old wine in new bottles*[12].

Lors du sommet tenu à Cancún, au Mexique, un an plus tard, les trois dirigeants décidèrent de mettre l'accent sur cinq priorités pour l'atteinte à court terme de certains des objectifs mentionnés ci-dessus. Ces priorités étaient : le renforcement de la compétitivité ; la coordination de la gestion des situations d'urgence ; la coopération en matière de grippe aviaire et de pandémie d'influenza ; la sécurité énergétique ; l'aménagement de frontières intelligentes et sécuritaires[13]. Un autre résultat important de la rencontre de Cancún fut la création du Conseil nord-américain de la compétitivité (CNAC), un forum de gens d'affaires chevronnés provenant des trois pays de

---

9.   « Déclaration des dirigeants : création du Partenariat nord-américain pour la sécurité et la prospérité », Waco, Texas, 23 mars 2005.

10.   *Ibid.*

11.   « Partenariat nord-américain pour la sécurité et la prospérité : rapport aux chefs », juin 2005.

12.   Anderson et Sands, *op. cit.*, p. 17.

13.   « Déclaration conjointe des chefs », Cancun, 31 mars 2006.

l'ALENA que les chefs de gouvernement, ministres et hauts fonction-naires consultent en rapport au PSP[14]. Son mandat est de formuler aux gouvernements des recommandations sur les grands dossiers du PSP, notamment la facilitation du passage à la frontière et les règle-ments connexes de même que la compétitivité de secteurs clés comme l'automobile, les transports, la fabrication et les services. À Cancún, les trois chefs de gouvernement demandèrent au CNAC de leur faire rapport à l'intérieur d'un délai de 12 mois sur les enjeux d'importance demandant une attention immédiate en plus de fournir des conseils sur les enjeux stratégiques à moyen et long terme pour améliorer la compétitivité de l'économie nord-américaine tout assurant la sécurité du continent.

Dans son rapport, publié en février 2007, le CNAC exprima son inquiétude quant aux nombreuses (plus de 300) actions identifiées par les ministres des pays de l'ALENA lors de leur compte rendu aux chefs en juin 2005. Il fallait réduire le nombre d'actions et les prioriser afin de fournir une direction claire à l'engagement des gouverne-ments. Pour ce faire, le CNAC fit une cinquantaine de recommanda-tions à échelonner sur trois ans: quinze en 2007 et les autres entre 2008 et 2010. Elles étaient regroupées en trois catégories que le CNAC considérait comme des domaines à prioriser: 1) les mouvements transfrontaliers de biens et de personnes, afin de faciliter les échanges commerciaux nord-américains; 2) la collaboration trilatérale quant à la compatibilité des normes et des régulations, dans le but de réduire, sinon d'éliminer, les obstacles au commerce[15]; 3) l'offre et la distri-bution d'énergie en Amérique du Nord, avec l'objectif premier d'en sécuriser l'approvisionnement et la distribution tout en promouvant le développement de technologies énergétiques propres et efficientes. Même si la mise en application de ces recommandations par les trois gouvernements dans les délais demandés par le CNAC restait à voir, la création du CNAC et son rapport représentaient une étape impor-tante dans la réussite du PSP, selon Anderson et Sands[16].

Au sommet de Montebello, au Québec, en août 2007, les trois chefs ont fait peu mention du PSP lors de leurs points de presse, même

---

14. Le CNAC est formé de 30 représentants du secteur privé: dix de chaque pays.
15. L'agriculture, l'alimentation, les services financiers, les transports et les droits de propriété intellectuelle sont les principaux secteurs où l'harmonisation des normes et des régulations doit être une priorité, selon le rapport du CNAC.
16. Anderson et Sands, *op. cit.*, p. 23-24.

s'ils ont affronté les critiques qui lui étaient adressées. Néanmoins, le communiqué final mettait le PSP en avant-plan[17]. De plus, il annonçait la mise en place de certaines des recommandations du CNAC[18]. Parmi les plus importantes, il y avait le Plan nord-américain de préparation contre la grippe aviaire et la grippe pandémique, le Cadre de coopération en matière de réglementation, la Stratégie d'action sur la propriété intellectuelle et l'Accord de coopération trilatéral en sciences et technologies énergétiques. Dans le contexte du PSP, les trois chefs demandèrent à leurs ministres de se concentrer sur cinq secteurs prioritaires au cours de l'année qui allait suivre : l'amélioration de la compétitivité de l'Amérique du Nord sur les marchés mondiaux des aliments et des produits sûrs ; l'énergie durable et l'environnement ; des frontières intelligentes et sûres ; la gestion des urgences ; la protection civile.

Malgré ses quelques réalisations, l'impression générale après le sommet de Montebello était que le processus du PSP s'essoufflait[19]. On critiquait l'insuffisance de son progrès même s'il pouvait compter plusieurs réalisations importantes à son actif[20]. De plus, son bilan mitigé rendait plus difficile la tâche des chefs de gouvernement, des ministres et des fonctionnaires de le défendre face à ses critiques[21]. Malheureusement, le sommet des chefs tenu à la Nouvelle-Orléans en avril 2008 ne permit pas de convaincre les sceptiques que le PSP n'était pas en baisse de vitesse. Son communiqué était de nature plutôt générique, ne faisant que répéter les objectifs que les trois gouvernements désiraient atteindre sans toutefois faire état des réalisations accomplies depuis le sommet de Montebello[22]. Ces dernières étaient recensées dans un document séparé[23], démontrant que le PSP était toujours vivant, même si pas nécessairement aussi dynamique que

---

17. « Déclaration conjointe : premier ministre Harper, président Bush et président Calderón – Sommet des leaders nord-américains », Montebello, Québec, 21 août 2007.

18. Pour plus de détails, voir Anderson et Sands, *op. cit.*, p. 28.

19. Alexander Moens et Michael Cust, 2008, « Saving the North American Security and Prosperity Partnership : The Case for a North American Standards and Regulatory Area », Fraser Institute, mars, 33 p.

20. Pour une liste des principales réalisations du PSP entre 2005 et 2007, voir *ibid.*, p. 17-18.

21. Pour plus de détails, voir *ibid.*, p. 8-10.

22. « Déclaration conjointe du président Bush, du président Calderón et du premier ministre Harper à l'occasion du Sommet des leaders nord-américains », Nouvelle-Orléans, Louisiane, 22 avril 2008.

23. « Partenariat nord-américain pour la sécurité et la prospérité – Principales réalisations depuis août 2007 », Nouvelle-Orléans, Louisiane, 22 avril 2008.

souhaité. Quant au sommet trilatéral des chefs de gouvernement de l'ALENA ayant eu lieu à Guadalajara, au Mexique, les 9-10 août 2009, son communiqué ne fait aucune référence directe au PSP; d'ailleurs, le mot « prospérité » n'est présent qu'à deux endroits dans le texte alors que le mot « sécurité » n'y apparaît que trois fois[24]. Le sommet mit plutôt l'accent sur la crise économique mondiale (en vue du sommet du G20 à Pittsburgh en septembre 2009), sur le changement climatique (en vue du sommet de Copenhague en décembre 2009), sur le retour de la pandémie H1N1 ainsi que sur le combat contre la drogue au Mexique et l'aide que le Canada et les États-Unis pouvaient apporter au gouvernement mexicain.

En conséquence, le PSP semble maintenant privé de l'énergie et de la vision des chefs de gouvernement des trois pays du continent nord-américain. Ainsi, il risque de s'éteindre si on ne l'alimente pas d'une bonne dose d'appui politique. Bien que tous les projets mis en place par le processus du PSP ne disparaissent pas, son échec risque d'avoir des effets très néfastes sur la compétitivité des économies nord-américaines, puisque là où il a encore beaucoup à faire, selon les experts, c'est du côté de la gestion des frontières et de l'harmonisation des normes et des réglementations[25]. Il y a un réel besoin de rendre le commerce entre les trois pays de l'ALENA plus fluide. Par exemple, plusieurs dénoncent le fait que la peur du terrorisme de la part des Américains et, donc, leur désir de sécuriser leurs frontières a nettement augmenté les coûts du mouvement transfrontalier des biens et des personnes entre les trois pays du continent nord-américain. Sans le PSP ou son successeur, ces coûts ne risquent que d'augmenter. Comme le disent Moens et Cust: « *Letting SPP fall by the wayside would be a mistake*[26]. »

---

24.   « Déclaration conjointe des leaders nord-américains », Guadalajara, Mexique, 10 août 2009.

25.   Michael Kergin et Birgit Matthiesen, 2008, « Nouvelle passerelle entre vieux alliés », Rapport sur les questions frontalières, Conseil international du Canada, Toronto, novembre, 17 p. ; Geoffrey Hale, 2009, « In Search of Effective Border Management », Conseil international du Canada, Toronto, février, 39 p. ; Christopher Sands, 2009, « Towards a New Frontier: Improving the U.S.-Canadian Border », Brookings Institution, Metropolitan Policy Program, Washington, DC et Conseil international du Canada, Toronto, juillet, 42 p.

26.   Moens et Cust, *op. cit.*, p. 2.

LE QUÉBEC ET LE PSP

Bien que le PSP soit en quelque sorte en tutelle à l'heure actuelle, cela n'a pas empêché le Québec de jouer un rôle important dans sa mise en œuvre depuis 2005. Comme déjà mentionné, le gouvernement fédéral ne peut en réaliser les objectifs seul ; il a besoin de la contribution des provinces pour ce faire. De son côté, s'il veut assurer et promouvoir son développement économique, le Québec ne peut ignorer les enjeux qui ont été mis en lumière jusqu'à maintenant, surtout la préoccupation des Américains en matière de sécurité nationale et l'impact correspondant sur la facilité d'accès au grand marché américain.

C'est dans ce contexte que le gouvernement du Québec dévoila une nouvelle politique internationale (l'ancienne étant vieille de 15 ans) en mai 2006[27], soit un an après la création du PSP. Trois de ses cinq objectifs sont en lien direct avec ce dernier : renforcer la capacité d'action et d'influence de l'État québécois ; favoriser la croissance et la prospérité du Québec ; contribuer à la sécurité du Québec et du continent nord-américain[28]. Dans ces trois objectifs, on trouve cinq priorités (sur un total de dix) devant guider l'action du gouvernement québécois en matière de relations internationales qui sont pertinentes au PSP : 1) accroître la présence et l'action du Québec auprès des organisations internationales et lors des négociations ou des travaux touchant ses intérêts ; 2) intensifier les relations avec les décideurs politiques et économiques des pays, États fédérés ou régions avec lesquels le Québec partage des intérêts ; 3) consolider et accroître les échanges économiques avec les États-Unis ; 4) s'assurer d'un accès rapide et fiable à l'information stratégique et participer aux travaux des instances régionales et internationales sur les questions de sécurité non militaire ; 5) favoriser une circulation fluide et sécuritaire des personnes et des marchandises à la frontière et renforcer la sécurité des infrastructures stratégiques du Québec. Il est donc clair qu'en raison de sa nouvelle politique internationale, le gouvernement du Québec tient à se tailler un rôle prépondérant dans le cadre du PSP.

---

27. Ministère des Relations internationales, 2006, « La Politique internationale du Québec. La force de l'action concertée », Gouvernement du Québec, 113 p.

28. Les deux autres objectifs sont promouvoir l'identité et la culture du Québec et contribuer à l'effort de solidarité internationale.

Renforcer la capacité d'action et d'influence de l'État québécois

Eu égard à la priorité d'accroître la présence et l'action du Québec lors des négociations et des travaux touchant ses champs d'intérêt, la nouvelle politique internationale du gouvernement provincial identifie clairement le PSP comme une initiative importante où le Québec doit participer activement au succès du PSP : « Compte tenu de la très vaste portée de cette initiative, il est évident que la contribution des États et des provinces en augmente de façon significative [*sic*] les chances de succès[29]. » C'est en partie pour cette raison que le Québec était l'hôte du lancement de l'Alliance des États du sud-est des États-Unis et des provinces canadiennes en novembre 2007[30]. Cette nouvelle alliance vient s'ajouter à la Conférence des gouverneurs de la Nouvelle-Angleterre et des premiers ministres de l'est du Canada, dont le Québec est membre. D'ailleurs, en août 2005, cette dernière avait adopté une résolution qui appuyait l'objectif du PSP et faisait valoir auprès des gouvernements fédéraux du Canada et des États-Unis l'importance de la participation des provinces et des États à l'élaboration des mesures mettant en œuvre le PSP[31]. Finalement, le Québec est également membre associé ou affilié de deux autres regroupements transfrontaliers importants : le Conseil des gouverneurs des Grands Lacs et l'Eastern Regional Conference du Council of State Governments. Bref, le gouvernement du Québec s'assure d'être présent dans tous les forums importants où des décisions affectant ses champs d'intérêt sont prises.

Favoriser la croissance et la prospérité du Québec

Le deuxième objectif de la nouvelle politique internationale du gouvernement du Québec est de favoriser la croissance et la prospérité du Québec, ce qui demande, entre autres, de consolider et d'accroître les échanges économiques avec les États-Unis. À cet égard, la politique mentionne que :

---

29. Ministère des Relations internationales, « La Politique internationale du Québec. La force de l'action concertée », *op. cit.*, p. 31.

30. L'Alliance réunit six États du sud-est des États-Unis (Géorgie, Caroline du Sud, Caroline du Nord, Tennessee, Mississippi et Alabama) et sept provinces canadiennes (Québec, Ontario, Nouvelle-Écosse, Nouveau-Brunswick, Manitoba, Île-du-Prince-Édouard et Terre-Neuve-et-Labrador).

31. Conférence des gouverneurs de la Nouvelle-Angleterre et des premiers ministres de l'est du Canada, 2005, « Résolution concernant le Partenariat nord-américain pour la prospérité et la sécurité », Résolution 29-1, 29ᵉ conférence annuelle, 28-29 août.

Les avantages initialement procurés par l'ALENA se sont également atténués à cause du nombre croissant d'accords bilatéraux et multilatéraux signés par le gouvernement américain. Le Québec fera donc face à un défi de taille s'il veut maintenir et renforcer ses exportations aux États-Unis. Pour y parvenir, il faudra améliorer la fluidité des corridors commerciaux, accroître le bassin des exportateurs actifs et consolider les rapports avec les États-Unis aux plans politique, institutionnel et économique. Ces considérations militent aussi pour un engagement soutenu du Québec dans la mise en place du Partenariat nord-américain pour la sécurité et la prospérité entre le Canada, les États-Unis et le Mexique[32].

Un élément fondamental sur lequel le gouvernement du Québec mise afin de consolider les rapports économiques avec les États-Unis est le développement de corridors commerciaux. Le but de tels corridors est de faciliter le mouvement des biens et des personnes en collaborant particulièrement au développement et à la coordination de projets d'infrastructure et à l'harmonisation des normes et des réglementations en matière de transports aérien, ferroviaire, routier et maritime[33]. Au cours des dernières années, le Québec a d'ailleurs signé des ententes en ce sens avec l'État de New York pour le corridor de commerce Québec-New York et avec les gouvernements fédéral et ontarien pour le corridor de commerce Québec-Ontario, dont l'objectif est de renforcer les liens économiques non seulement entre le Québec et l'Ontario mais surtout avec les États du Midwest américain, ce corridor étant au cœur de l'activité économique nord-américaine.

Le Québec s'est également joint à la North America's Super Corridor Coalition (NASCO) en 2007 et il a été l'hôte de sa conférence annuelle à l'été de 2009, où il a notamment fait la promotion du corridor de commerce Québec-Ontario. Les activités de la NASCO portent sur la maximisation de l'efficience et sur la sécurité des infrastructures de transport et de commerce le long d'un corridor qui va du centre et de l'est du Canada jusqu'au cœur du Mexique en passant par le centre des États-Unis. Pour ce faire, elle regroupe des représentants de municipalités locales et régionales, d'États américains et

---

32. Ministère des Relations internationales, « La Politique internationale du Québec. La force de l'action concertée », *op. cit.*, p. 45-46.

33. Pour plus d'informations sur les corridors commerciaux, voir David Bourgeois-Hatto et Patrick Leblond, 2009, « Les facteurs clés de succès des corridors commerciaux nord-américains », Notes et analyses sur les États-Unis n° 22, Chaire d'études politiques et économiques américaines, Université de Montréal, février, 21 p.

mexicains et de provinces canadiennes ainsi que d'entreprises privées situés le long de son corridor. Finalement, en ce qui concerne les infrastructures de transport pour faciliter le commerce avec les États-Unis, le plan d'action du gouvernement du Québec pour la mise en œuvre de sa politique internationale prévoit la rénovation et le développement des principales infrastructures routières menant à la frontière américaine : États de New York, du Vermont et du Maine. Par exemple, le gouvernement planifie le prolongement de l'autoroute 35 entre Iberville et Saint-Armand jusqu'à la frontière du Vermont et l'autoroute I-91. Dans la région de la Beauce, il a déjà entamé les travaux de prolongement de l'autoroute 73 jusqu'à Saint-Georges et l'amélioration de la route 173 jusqu'à la frontière du Maine.

L'exportation d'hydroélectricité vers les États-Unis est un autre pan de la mise en œuvre de sa politique internationale auquel le gouvernement du Québec travaille dans le but non seulement d'améliorer la prospérité des Québécois, mais également de contribuer à la réalisation des axes environnement et énergie du PSP. Bien que l'exportation d'électricité québécoise vers les États-Unis n'est pas un fait nouveau, la promotion de l'hydroélectricité comme une énergie verte et stable est une des mesures clairement identifiées dans le plus récent plan d'action de la politique internationale du Québec[34]. De plus, la hausse des prix de l'énergie au cours des dernières années et la dépendance des États-Unis par rapport au pétrole rendent les autorités et les distributeurs américains plus réceptifs aux exportations québécoises sur la base de contrats à long terme. D'ailleurs, Hydro-Québec et deux distributeurs américains (Northeast Utilities et NStar) ont récemment développé un projet de construction d'une nouvelle interconnexion reliant la ligne de transmission Nicolet-des-Cantons au sud de l'État du New Hampshire. On prévoit que cette ligne aura une capacité de transport d'électricité de 1 200 mégawatts et qu'elle coûtera entre 700 millions $ et 1 milliard $[35]. Grâce à l'approbation du projet par la Federal Energy Regulatory Commission au printemps de 2009, la construction de l'interconnexion devrait débuter en 2011

---

34. Ministère des Relations internationales «Politique internationale du Québec : plan d'action 2009-2014, Mesures pour l'année 2009-2010».

35. Hélène Baril, 2008, «Une nouvelle interconnexion vers les États-Unis», *La Presse*, 19 décembre, La Presse Affaires, p. 1.

et les premières livraisons d'électricité devraient se faire en 2014[36]. Avec les centrales hydroélectriques actuellement en construction dans le Nord québécois et sa volonté de développer la production d'énergie éolienne[37], le Québec veut non seulement assurer son indépendance énergétique, mais il veut également jouer un rôle central dans l'approvisionnement énergétique futur de l'Amérique du Nord, une des grandes priorités du PSP.

Contribuer à la sécurité du Québec et du continent nord-américain

Le dernier objectif de la politique internationale du Québec touche le volet sécurité du PSP. Le gouvernement reconnaît que les domaines de la sécurité nationale et internationale ne peuvent plus être dissociés aujourd'hui. La notion de sécurité est maintenant élargie afin d'y incorporer de nouvelles menaces comme « [...] le crime organisé, le terrorisme, la prolifération des armes de destruction massive, les guerres intraétatiques, l'expansion des maladies infectieuses telles que le VIH-sida, la pauvreté et la dégradation des l'environnement [...][38]. » Cela modifie également le rôle des frontières. Comme le mentionne Peter Andreas, l'État ne voit plus ce rôle comme celui de la défense militaire du territoire contre des attaques d'armées étrangères ou la protection de l'activité économique nationale contre les producteurs de biens et services étrangers, il accorde maintenant un rôle prioritaire à l'aspect « policier » de la frontière[39]. Étant donné ces changements dans la nature de la sécurité nationale et internationale, les différents paliers de gouvernement au sein de l'appareil étatique sont maintenant tous interpellés.

Au sein de la fédération canadienne, la sécurité nationale se compose d'un ensemble de compétences tant provinciales que fédérales. Les pouvoirs qu'exercent les provinces en matière d'administration de

---

36. Martine Letarte, 2009, « À la conquête de la Nouvelle-Angleterre », *La Presse*, 4 juin, La Presse Affaires, p. 12.

37. La politique internationale du Québec mentionne que la capacité de production d'énergie hydroélectrique sera augmentée de 4 500 mégawatts d'ici 2010. Ministère des Relations internationales, « La Politique internationale du Québec. La force de l'action concertée », *op. cit.*, p. 61.

38. Anne Bernard, 2006, « Contribuer à l'édification d'un monde plus sûr ou le défi de la sécurité pour le Québec », Ministère des Relations internationales, Gouvernement du Québec, novembre, 32 p., p. 1.

39. Peter Andreas, 2003, « Redrawing the Line : Borders and Security in the Twenty-first Century », *International Security*, vol. 28, n° 2, p. 78-111.

la justice, de sécurité publique et les responsabilités qu'elles assument en matière de santé, d'environnement et d'agriculture témoignent de la place névralgique qu'elles occupent dans la construction d'un monde plus sécuritaire[40].

L'une des premières actions entreprises par le gouvernement du Québec en matière de sécurité à la suite du dévoilement de sa politique internationale fut la création du Centre de gestion de l'information de sécurité (CGIS) par le ministère de la Sécurité publique afin d'avoir un accès fiable et rapide à l'information stratégique. Il créa également le Centre des opérations gouvernementales pour coordonner l'intervention des acteurs gouvernementaux en cas de sinistres. Parmi ses autres actions, il y a la modification de la réglementation de l'authentification de documents afin de combattre le vol d'identité et les fraudes du même genre ainsi que la mise sur pied à la Sûreté du Québec d'un service de lutte contre le terrorisme, service qui fait aussi partie en permanence de l'Équipe de sûreté maritime qui est dirigée par la Gendarmerie royale du Canada et la Garde côtière canadienne. Finalement, il existe maintenant au Québec un plan de lutte aux pandémies d'influenza, un système de traçabilité agroalimentaire de la ferme à la table et des laboratoires d'épidémio-surveillance et de pathologie animale. Même les infrastructures de production et de distribution d'énergie électrique d'Hydro-Québec font preuve d'une plus grande sécurisation.

Comme les menaces à la sécurité ne s'arrêtent pas aux frontières, le gouvernement du Québec doit collaborer avec ses partenaires canadiens et américains pour sécuriser le continent nord-américain. À cet égard, il possède une entente de coopération avec l'État de New York pour la lutte contre le terrorisme et la criminalité. Il est aussi membre du Consortium des directeurs de la sécurité intérieure du Nord-Est du continent américain, lequel regroupe dix États américains et trois provinces. Son objet est d'échanger de l'information, de déterminer les meilleures pratiques et de développer des stratégies communes d'intervention. Dans ce dernier cas, le consortium réalise des exercices conjoints de simulation afin d'améliorer la coordination des intervenants lors d'attaques terroristes ou de catastrophes naturelles. De plus, le Québec est membre du Groupe international de gestion des urgences, créé par la Conférence des gouverneurs de la

---

40.   Ministère des Relations internationales, « La Politique internationale du Québec. La force de l'action concertée », *op. cit.*, p. 67.

Nouvelle-Angleterre et des premiers ministres de l'est du Canada. Ce groupe a pour mandat de mettre en œuvre le Protocole d'entente internationale d'aide à la gestion des urgences, lequel se veut une entente d'entraide mutuelle en cas de catastrophes de nature terroriste, biologique, chimique et même naturelle. Finalement, le Québec collabore avec les Centers for Disease Control and Prevention et il est membre de la Eastern Border Health Initiative afin de prévenir et de détecter les maladies infectieuses, les pandémies et le bioterrorisme. Dans cette même veine, il participe au Canada-United States Cargo Security Project qui vise à sécuriser les conteneurs intermodaux.

Dans le but de maintenir un accès fluide mais en même temps sécuritaire des biens et des personnes à la frontière des États-Unis, le gouvernement du Québec a adopté une série de mesures touchant les infrastructures et l'appui direct aux entreprises exportant vers le marché américain. Dans le cas des infrastructures de transport, par exemple, il existe maintenant une voie dédiée aux camions lourds au poste frontière Lacolle/Champlain. Au même endroit, des systèmes de transport intelligents comme la pesée dynamique et la présélection des camions, la détection de la congestion et l'information aux usagers en temps réel permettent une meilleure gestion du trafic routier et, donc, une plus grande fluidité. Des projets similaires sont en place pour d'autres postes frontières. Encore dans le but de faciliter l'accès des Québécois aux États-Unis par voies terrestre et maritime, le gouvernement du Québec a développé un nouveau permis de conduire « Plus » qui satisfait aux exigences américaines en matière de sécurité et d'information dans le cadre du Western Hemisphere Travel Initiative du gouvernement fédéral américain. En ce qui concerne l'appui direct aux entreprises québécoises faisant affaires aux États-Unis, le gouvernement du Québec a mis en place des programmes de formation et de soutien financier afin de faciliter l'adhésion des entreprises aux divers programmes de la frontière intelligente tels que C-TPAT, FAST et NEXUS.

En somme, le gouvernement du Québec réagit rapidement aux événements qui menèrent à la création du PSP entre le Canada, les États-Unis et le Mexique. C'est à travers une nouvelle politique internationale dévoilée en 2006 que cette réaction s'articula pleinement. Depuis, le Québec joue un rôle très actif dans la prospérité et la sécurité du continent nord-américain grâce à la mise en place d'une série de mesures améliorant sa capacité d'action et d'influence, sa croissance et sa prospérité et, finalement, sa sécurité et celle de ses voisins.

CONCLUSION

Le PSP est la suite logique de l'ALENA dans un contexte où la sécurité est maintenant un enjeu de taille pour le maintien de l'intégration nord-américaine. Et il est clair que sa réussite ne peut se faire sans la participation active et étendue des provinces et des États fédérés américains et mexicains, ce que le Québec reconnaît très bien. Depuis 2006, grâce à sa politique internationale et aux plans d'action qui lui sont associés, le gouvernement du Québec compte sur de nombreuses mesures en matière de capacité d'action et d'influence, de croissance et de prospérité et, finalement, de sécurité afin de contribuer à l'atteinte des objectifs du PSP. Il n'y a pas vraiment de domaines qui y sont reliés où il est possible de critiquer le Québec pour son manque de vision et d'action. Ce dernier occupe une position centrale dans le processus de développement d'un continent nord-américain prospère et sécuritaire.

Aujourd'hui, le PSP bat de l'aile, surtout en raison des attaques qui lui sont portées par ceux qui critiquent son manque de transparence ainsi que l'attention trop importante qu'il porte au milieu des affaires. Néanmoins, indépendamment du sort qui lui est réservé, le Québec se doit de poursuivre le chemin entamé avec sa nouvelle politique internationale. C'est pourquoi le plan d'action 2009-2014 est un signal encourageant à cet égard. La qualité de vie des Québécois et de leurs voisins nord-américains en dépend.

Chapitre 10

Le Québec, les États-Unis et l'environnement

ANNIE CHALOUX

L'environnement suscite de plus en plus de débats au sein des instances politiques québécoises, canadiennes, américaines et internationales. Les changements climatiques, les pluies acides, la découverte d'un trou dans la couche d'ozone de même que la pollution transfrontalière sont de plus en plus traités dans les médias, reflétant une préoccupation populaire à leur égard. Très souvent, le Québec se perçoit comme étant un leader dans la promotion et la mise en place de politiques pour réguler ces domaines. Au surplus, dans l'imaginaire collectif québécois, on croit très souvent que la dégradation de l'environnement nord-américain est avant tout le résultat des politiques américaines laxistes face à la protection de l'environnement. Toutefois, s'il est vrai que le gouvernement fédéral américain n'a ratifié aucune convention internationale ayant un effet sur les législations américaines au cours des quinze dernières années[1], on oublie souvent le rôle moteur qu'ont les États fédérés américains dans l'établissement de normes environnementales sur leur territoire. Ces derniers ont joué un rôle très actif dans la promotion de législations, de politiques et de règlementations en faveur de l'environnement. Enfin, certains États américains ont même poursuivi le gouvernement fédéral

---

1. Hans Bruyninckx, 2009, «The EU: Structural Power or Ideational Leader in Global Environmental Governance », Communication présentée à la Conférence *Mécontentement global ? Les dilemmes du changement*, Association internationale de science politique, Santiago, Chili, 12-16 juillet.

américain afin d'exiger de sa part des réglementations plus rigoureuses en la matière[2].

En outre, une paradiplomatie environnementale transfrontalière devient de plus en plus présente entre le Québec et nombre d'États américains, cela résultant des systèmes fédéraux dans lesquels ces acteurs évoluent, mais également d'une grande cohésion entre eux qui découle de préoccupations communes. Le Québec a adopté des plans d'action régionaux sur le mercure, les pluies acides et les changements climatiques avec ses partenaires régionaux de la Conférence des gouverneurs de la Nouvelle-Angleterre et des premiers ministres de l'est du Canada. Il a également adhéré à un marché du carbone promu par la Western Climate Initiative, organisation transfrontalière qui a été lancée par le gouverneur de la Californie, Arnold Schwarzenegger, en 2007. Plusieurs ententes sur les eaux transfrontalières ont aussi été signées entre le Québec et les États voisins. Au total, le Québec a signé, depuis 1982, plus de 24 ententes bilatérales et multilatérales avec ses partenaires étatsuniens en matière d'environnement[3], ce qui exclut les plans d'action développés régionalement avec, notamment, la Nouvelle-Angleterre. Ainsi, ce nombre important d'ententes bilatérales et multilatérales démontre le haut degré de coopération entre le Québec et les États américains dans le domaine environnemental. Alors qu'un sondage réalisé en 2007 montre que la population québécoise perçoit les États-Unis comme étant un acteur négatif à l'égard de l'environnement sur la scène internationale, et ce, à près de 79 %[4], ces ententes confirment, au contraire, l'intérêt des États américains à coopérer dans le domaine. Cela résulte, du moins en partie, de la méconnaissance du rôle des États fédérés en la matière, mais aussi du rôle transfrontalier que peuvent jouer ces entités subétatiques à l'échelle internationale.

---

2.   Alexis Beauchamp, 2004, « La politique climatique américaine – La stratégie de l'autruche », *Le Devoir*, 23 décembre.

3.   Gouvernement du Québec, 2009.

4.   Guy Lachapelle et Léger Marketing, 2007, *Américanité, américanisation et antiaméricanisme. Analyse de l'opinion des Québécois envers les États-Unis et leur influence sur la société québécoise,* enquête réalisée en novembre-décembre.

Rencontre le 6 septembre 1984 avec des journalistes américains spécialisés en science et environnement. De gauche à droite : Paul Hayes, Jim Carney et Ron Wislow.

Conférence intergouvernementale sur les précipitations acides tenue à québec en avril 1985. Bibliothèque et Archives nationales du Québec, E10,S44,SS1,D85-240,DP26/Ministère des Communications/Marc Lajoie.

Le premier ministre René Lévesque et Michaël Dukakis, alors gouverneur du Massachusetts (1975-1979 et 1983-1991), les deux coprésidents de la conférence intergouvernementale sur les précipitations acides tenue à québec en avril 1985. Bibliothèque et Archives nationales du Québec, E10,S44,SS1,D85-241,BP11A/ Ministère des Communications
Photo : Marc Lajoie, avril 1985.

Rencontre entre le premier ministre du Québec, Jean Charest, et le ministre indien de l'environnement, Jairam Ramesh, lors du *New York Climate Week* en septembre 2009 à New York. Photo de la Délégation générale du Québec à New York.

TABLEAU 1
PERCEPTION DU RÔLE ÉTATS-UNIS
EN MATIÈRE D'ENVIRONNEMENT

Rôle positif	Rôle négatif	Ni l'un ni l'autre
14%	79%	5%

Question : De manière générale, diriez-vous que les États-Unis jouent un rôle positif ou un rôle négatif pour ce qui concerne l'environnement ?

Source : Enquête Guy Lachapelle et Léger Marketing, réalisée entre le 27 novembre et le 28 décembre 2007 auprès de 1 251 Québécois.

L'objectif de ce chapitre est donc d'observer le rôle phare qu'ont certains États fédérés en matière d'environnement ainsi que le degré de coopération qui s'est développé entre le Québec et ses partenaires transfrontaliers afin d'améliorer l'environnement qu'ils partagent. Divisé en deux sections, ce chapitre dressera un portrait des relations transfrontalières entre le Québec et ses voisins américains face à divers enjeux environnementaux. De façon plus particulière, ce chapitre se concentrera, dans un premier temps, sur la distribution de la compétence environnementale au sein des fédérations canadienne et étatsunienne. Cela nous éclairera quant au rôle du Québec et de ses partenaires américains en ce qui a trait aux politiques et aux législations environnementales qu'ils ont adoptées. Dans un second temps, il sera question des grands enjeux environnementaux nord-américains qui se sont développés au cours des vingt-cinq dernières années et de la coopération qui s'est établie entre le Québec et ses partenaires étatsuniens relativement à leur régulation. Ainsi, nous aborderons les problèmes des eaux transfrontalières, des pluies acides et des changements climatiques, considérés comme les enjeux environnementaux majeurs auxquels le Québec et ses partenaires se sont intéressés au cours des années passées.

LA DISTRIBUTION DE LA COMPÉTENCE ENVIRONNEMENTALE

La protection de l'environnement n'est pas une compétence clairement attribuée à l'un ou à l'autre des paliers gouvernementaux, tant au Canada qu'aux États-Unis. Cela s'explique, d'une part, par le fait que cela n'a pas toujours été une préoccupation pour les gouvernants[5] et, d'autre part, par le fait que cela touche une variété de secteurs jusqu'alors ignorés par les décideurs. Or, comme l'environnement est généralement considéré tel un bien public, il devient essentiel de déterminer à quel palier de gouvernement revient le droit de légiférer sur la question, puisque « la plupart des solutions aux problèmes environnementaux impliquent une régulation[6] », sans quoi les pollueurs ne paieront pas les coûts sociaux liés à leur comportement.

Le fédéralisme canadien et l'environnement

Pour de nombreux auteurs, l'environnement est considéré comme étant l'un des principaux défis de la fédération canadienne, lié, entre autres, à l'attribution de cette compétence à divers paliers gouvernementaux et à l'efficacité des institutions de le relever[7]. Or, comme il n'est pas explicitement lancé constitutionnellement à l'un ou à l'autre, il est divisé entre l'État fédéral et les provinces canadiennes, créant ainsi un chevauchement de compétences fédérales et provinciales, selon sa nature. Ainsi, dès les premières années de la fédération canadienne, les toutes premières régulations environnementales provenaient essentiellement d'enjeux locaux (notamment la santé). Par conséquent, les provinces ont rapidement acquis une prééminence dans les dossiers environnementaux, au détriment des compétences fédérales[8].

---

5. Evelyne Dufault, 2006, *Demi-tour: une approche sociologique des renversements de politique étrangère. Le cas de la politique étrangère environnementale canadienne*, Thèse dirigée par Philippe Le Prestre, Université du Québec à Montréal, Montréal, juin, 331 p., p. 50 ; Herman Bakvis, Gerald Baier et Douglas Brown, 2009, *Contested Federalism: Certainty and Ambiguity in the Canadian Federation*, Toronto, Oxford University Press, 304 p., p. 208.
6. Bakvis *et al.*, *op. cit.*, p. 209.
7. *Ibid.*, p. 205-218.
8. F.L. Morton, 1996, « The Constitutional Division of Powers with Respect to the Environment in Canada », dans *Federalism and the Environment: Environmental Policymaking in Australia, Canada, and the United States*, sous la dir. de Kenneth M. Holland, F.L. Morton et Brian Galligan, Westport, Greenwood Press, 234 p., p. 37 ; Debora L. Vannijnatten, 2006, « Towards Cross-Border Environmental Policy Spaces in North America : Province-State Linkages on the Canada-U.S. Border », *AmeriQuests*, vol. 3, n° 1, p. 1-19 ; Mark S. Winfield, 2002, « Environmental Policy and Federalism », dans *Canadian Fede-*

Toutefois, puisque les enjeux environnementaux ont désormais des répercussions à la fois aux niveaux local, provincial, national et international[9], leur régulation passe inévitablement par une coopération et une coordination entre le fédéral et les provinces. De même, la taille et la géographie de l'État canadien contribuent à la complexité de ce champ de compétence, puisque les enjeux environnementaux n'affectent pas les provinces de la même façon partout au pays (comme les changements climatiques) et que certains sont concentrés sur des régions en particulier (comme les pluies acides)[10]. De ce fait, la façon de réguler les enjeux environnementaux demeure fort ambiguë et complexe au sein de la fédération canadienne.

Les pouvoirs fédéraux

Bien que les provinces canadiennes possèdent une large part des compétences relatives à l'environnement, le gouvernement fédéral jouit néanmoins de compétences exclusives découlant de l'article 91 de la Loi constitutionnelle de 1867. Notamment, il détient les pouvoirs relatifs à la contamination internationale et interprovinciale, au contrôle des importations et à l'utilisation et au contrôle des substances toxiques[11]. Également, avec les années, il a eu tendance à étendre certaines politiques environnementales indirectement liées à ses sphères de compétence[12], comme les pêches, la navigation et l'agriculture. En outre, il possède certains pouvoirs généraux pouvant influer sur de possibles lois environnementales touchant le commerce, le droit criminel, la taxation, la négociation et la ratification de traités internationaux, les dépenses et, bien sûr, ce qui constitue le principe Paix, ordre et bon gouvernement[13] (POBG). Ces pouvoirs étendus peuvent jouer de manière considérable dans le contrôle de l'environnement[14].

---

ralism. Performance, Effectiveness, and Legitimacy, sous la dir. de Herman Bakvis et Grace Skogstad, _Canadian Federalism. Performance, Effectiveness, and Legitimacy_, Toronto, Oxford University Press, p. 124-125.

9. Bakvis _et al._, _op. cit._, p. 205-218.
10. _Ibid._, p. 208.
11. Melody Hessing et Michael Howlett, 1997, _Canadian Natural Resource and Environmental Policy_, Vancouver, UBC Press, p. 61 ; Bakvis et Skogstad, _op. cit._, p. 267.
12. Evelyne Dufault, _op. cit._, p. 52.
13. Marcia Valiante, 2002, « Legal Foundations of Canadian Environmental Policy : Underlining Our Values in a Shifting Landscape », dans _Canadian Environmental Policy. Context and Cases_, sous la dir. de Debora L. Vannijnatten et Robert Boardmand, Toronto, Oxford Press, 2002, p. 3-24, p. 4.
14. Kathryn Harrison, 1996, _Passing the Buck : Federalism and Canadian Environmental Policy_, Vancouver, UBC Press, 238 p., p. 39.

Par ailleurs, dans le jugement *R. c. Crown Zellerbach*, la Cour suprême du Canada avait statué que le fédéral pouvait utiliser la clause POBG pour mettre en place des mesures environnementales au niveau national si les provinces étaient incapables de légiférer ou de réglementer adéquatement cet enjeu, et ce, même si cela relevait de leurs compétences constitutionnelles[15]. En effet, dans ce jugement particulier, la Cour a déterminé que selon la théorie de l'intérêt national, la « pollution des mers, à cause de son caractère et de ses incidences extraprovinciales surtout, mais aussi internationales, est manifestement une matière qui intéresse le Canada tout entier[16] ». Ainsi, la clause Paix, ordre et bon gouvernement peut s'appliquer à l'environnement.

Dans un autre jugement, soit *R. c. Hydro-Québec*, la Cour a statué qu'en vertu des pouvoirs conférés par le droit criminel, le Parlement fédéral pouvait mettre en place des politiques de contrôle de la pollution et, donc, de protection de l'environnement, et ce, sans empiéter sur les compétences législatives des provinces[17]. Dans son jugement, la Cour soutient que : « [l]e recours à la compétence fédérale en matière de droit criminel n'empêche nullement les provinces d'exercer les vastes pouvoirs que leur confère l'art. 92 pour réglementer et limiter la pollution de l'environnement de façon indépendante ou de concert avec des mesures fédérales[18]. »

Les pouvoirs provinciaux

Ce qui complique la donne par la suite, c'est l'extension possible de certaines compétences, tant provinciales que fédérales. Les provinces canadiennes ont, par ailleurs, joué un rôle de premier plan lié à leurs pouvoirs constitutionnels en ce qui a trait au droit civil, au droit de propriété, aux ressources naturelles non renouvelables, aux ressources forestières, aux affaires municipales et locales, etc. Cela a fait en sorte d'étendre très tôt dans l'histoire leurs compétences relatives à l'environnement[19].

---

15. Bakvis et Skogstad, *op. cit.*, p. 268 ; Bakvis *et al.*, *op. cit.*, p. 209.
16. Canada, *R. c. Crown Zellerbach Canada Ltd.*, [1988] 1 R.C.S. 401.
17. Canada, *R. c. Hydro-Québec*, [1997] 3 R.C.S. 213.
18. *Ibid.*
19. Vincent Arel-Bundock et Pierre Martin, 2008, « Les politiques de contrôle des émissions de gaz à effet de serre aux États-Unis. Qui fait quoi ? », *Notes et analyse sur les États-Unis*, Chaire d'études politiques et économiques américaines, n° 21, avril, p. 7.

Plusieurs auteurs s'accordent pour affirmer que jusqu'à récemment, le gouvernement fédéral a exercé un rôle minimal dans l'exercice de ses compétences en la matière, laissant aux provinces celui de « première ligne de protection de l'environnement[20] ». Quelques raisons peuvent expliquer cela. D'une part, les résistances provinciales sont certainement des éléments à considérer[21]. D'autre part, la mise en place et l'application de politiques nationales nécessitent des investissements supplémentaires, ce qui amène certaines appréhensions de la part du gouvernement fédéral[22].

Les résistances provinciales proviendraient essentiellement du fait que les provinces réclament une souveraineté certaine sur la gestion de leur territoire et, donc, de la protection de l'environnement liée à celle-ci. Les compétences du fédéral sur cette question seraient, quant à elles, plus indirectes et incertaines, ce qui le pousserait à vouloir éviter d'affronter les provinces[23]. Aussi, les lourds conflits intergouvernementaux reliés à l'environnement, de même que les risques pour l'unité nationale (notamment par des divergences avec le Québec[24]), le pousseraient également à exercer une certaine prudence dans l'élaboration de ses politiques et de ses législations environnementales[25]. Les provinces seraient fortement réfractaires à des actions supplémentaires qui auraient une incidence sur leurs propres compétences. Enfin, comme elles exercent depuis longtemps leur pouvoir en matière d'environnement sur leur territoire, des normes imposées par le fédéral risqueraient de doubler le travail déjà effectué en plus d'ajouter un coût, dû aux investissements techniques et bureaucratiques qu'elles entraîneraient[26].

LE FÉDÉRALISME AMÉRICAIN ET L'ENVIRONNEMENT

La distribution de la compétence environnementale demeure tout aussi complexe chez les instances américaines. En effet, selon Denise Scheberle, « *[d]ebates over the appropriate scope and division of power, responsibilities, and authority among the federal and state governments*

---

20. Traduction libre de Harrison, *op. cit.*, p. 4.
21. *Ibid.*, p. 4-8.
22. Bakvis *et al.*, *op. cit.*, p. 211.
23. Harrison, *op. cit.*, p. 4-5.
24. Bakvis *et al.*, *op. cit.*, p. 211.
25. Harrison, *op. cit.*, p. 4.
26. Bakvis *et al.*, *op. cit.*, p. 211.

are certainly not over, and especially not for environmental federalism[27]». Ainsi, la compétence environnementale se trouve dispersée entre l'autorité fédérale, les 50 États fédérés, les 80 000 gouvernements locaux et les agences fédérales[28], entretenant une certaine confusion, une complexité, une rivalité et, bien sûr, des délais dans l'application de politiques[29]. Au surplus, cette complexité dans l'attribution de la compétence environnementale «bloque l'élaboration d'une stratégie complète et globale sur l'environnement[30]» aux États-Unis.

Comme la Constitution américaine demeure silencieuse sur la distribution de la compétence environnementale, ce serait l'extension de certains champs juridictionnels ainsi que des décisions judiciaires qui auraient lentement forgé la distribution des compétences entre le fédéral et les États fédérés américains. En fait, l'État fédéral aurait acquis une plus large autorité par rapport aux États fédérés, en raison de la nature des enjeux environnementaux actuels[31]. Néanmoins, la structure du système étatsunien, avec son principe de «*check-and-balance*», limite la centralisation de l'enjeu environnemental, ce qui crée une compétition entre les instances et évite ainsi la monopolisation de l'enjeu aux mains d'une autorité particulière[32], l'un des principes fondateurs de la démocratie américaine.

Les pouvoirs fédéraux

Certaines clauses constitutionnelles favorisent la centralisation de l'enjeu environnemental au sein de l'autorité fédérale. En effet, en vertu de celle qui porte sur le commerce interétatique[33], le fédéral jouit d'une prééminence considérable. Le but de cette clause est d'assurer des normes nationales minimales et d'éviter une compétition déloyale de la part d'un État par rapport aux autres États. Comme

---

27. Denise Scherberle, 2004, *Federalism and Environmental Policy*, 2ᵉ édition révisée et mise à jour, Washington, Georgetown University Press, p. 8.

28. Michael E. Kraft, 2002, «La politique de l'environnement aux États-Unis: facteurs déterminants, internes et internationaux», *Annuaire français de relations internationales*, vol. 3, Éditions Bruylant, p. 530.

29. Walter A. Rosenbaum, 2005, *Environmental Politics and Policy*, 6ᵉ édition, Washington, CQ Press, p. 33.

30. Kraft, 2002, *op. cit.*, p. 530.

31. Markus Knigge et Camilla Bausch, 2006, «Discussion Paper. Climate Change Policies at the U.S. Subnational Level – Evidence and Implications», *Ecologic*, janvier, p. 7-8.

32. Rosenbaum, *op. cit.*, p. 33.

33. James Salzman et Barton H. Thompson, 2007, *Environmental Law and Policy*, 2ᵉ édition, New York, Foundation Press, p. 65.

l'abaissement de normes environnementales de certains d'entre eux peut entraîner une forme de compétition inéquitable, la Cour suprême des États-Unis a statué, dans un jugement rendu en 1981 dans l'affaire *Hodel v. Virginia Surface Mining[34]*, la prééminence de la législation fédérale en matière d'environnement afin de limiter la dégradation de l'environnement découlant d'un nivellement vers le bas des législations et des réglementations mises en place par les États fédérés[35]. De fait, le Congrès avait légiféré, puisqu'il reconnaissait qu'il existait certaines « inadéquations dans les lois des États, réalisant que des normes nationales étaient nécessaires[36] ». La Cour suprême ajoutait à ce propos que ces normes étaient essentielles afin « de s'assurer que la compétition commerciale interétatique entre les producteurs de charbon ne s'effectue pas au détriment de certains États[37] », « d'améliorer et de maintenir des normes adéquates sur la production de charbon au sein d'un État[38] » et « de prévenir une compétition interétatique destructive, un rôle traditionnel des actions du Congrès sous la clause du commerce interétatique[39] ».

Finalement, la Constitution américaine attribue d'autres compétences en matière environnementale à l'autorité fédérale avec la clause de taxation et de dépenses ainsi que la prévention des litiges entre les États[40]. Enfin, l'article 1 de la Constitution américaine attribue à l'État fédéral seul la possibilité de négocier et de ratifier des traités internationaux[41].

Les pouvoirs des États fédérés

Bien que l'État fédéral acquière une large part des compétences en matière d'environnement, les États fédérés possèdent néanmoins un rôle important dans l'établissement des politiques environnementales. Alors qu'au Canada, les pouvoirs résiduaires sont de compétence

---

34.   Edward Fitzgerald, 1996, « The Constitutional Division of Powers with Respect to the Environment in the United States », dans *Federalism and the Environment : Environmental Policymaking in Australia, Canada, and the United States*, sous la dir. de Kenneth M. Holland, F.L. Morton et Brian Galligan, Westport, Greenwood Press, 234 p., p. 22.

35.   *Ibid.*, p. 22.

36.   Traduction libre de *ibid.*

37.   Traduction libre de Cour Suprême des États-Unis, *Hodel v. Virginia Surface Mining*, 452 U.S. 264 (1981).

38.   *Ibid.*

39.   *Ibid.*

40.   Fitzgerald, *op. cit.*, p. 34.

41.   Knigge et Bausch, *op. cit.*, p. 7 ; Fitzgerald, *op. cit.*, p. 34.

fédérale, aux États-Unis, ils relèvent des États fédérés, leur laissant, du coup, une certaine capacité d'action sur la question environne-mentale[42]. De plus, ce sont les États fédérés qui ont la compétence en matière de gestion du sol, de santé publique et de droit criminel. Enfin, les États fédérés possèdent une certaine autonomie en ce qui a trait à l'établissement des politiques environnementales en vertu de certaines clauses d'exception incluses dans les lois fédérales. Par exemple, au sein du Clean Air Act (loi environnementale fédérale limitant la pollution atmosphérique sur l'ensemble du territoire américain), on prévoit que la Californie peut se soustraire des normes fédérales pour implanter des normes de qualité de l'air plus strictes sur son territoire[43].

De même, environ 70 % de toutes les législations importantes en environnement sont promulguées par les États fédérés sous leur initiative, et non à la suite d'exigences d'une politique fédérale[44]. Il a d'ailleurs été constaté que sur certains enjeux environnementaux, le fait que les États fédérés mettent en place des politiques environne-mentales qui leur sont propres a créé une certaine «course vers le sommet», menée, entre autres, par l'État californien, notamment sur l'établissement de normes de contrôle des émissions des véhicules[45]. Ainsi, les États fédérés peuvent exercer des pressions sur d'autres États, même sur le fédéral, afin de mettre en œuvre de nouvelles politiques plus contraignantes vis-à-vis de l'environnement.

En somme, grâce aux marges de manœuvre acquises par les systèmes fédéraux canadiens et étatsuniens, plusieurs problèmes transfrontaliers ont pu faire l'objet de discussions, de négociations et d'accords à l'échelon subétatique. De cette capacité d'action est née une coopération importante entre le Québec et ses partenaires améri-cains, démontrant ainsi le rôle qu'occupent certains États fédérés dans la promotion de l'environnement en Amérique du Nord.

---

42.   Knigge et Bausch, *op. cit.*, p. 7.
43.   *Ibid.*, p. 9.
44.   Michael E. Kraft, 2004, *Environmental Policy and Politics*, 3ᵉ édition, New York, Pearson Longman, p. 90.
45.   Bakvis *et al.*, *op. cit.*, p. 210.

LES GRANDS ENJEUX ENVIRONNEMENTAUX NORD-AMÉRICAINS

C'est au cours des années 1980 que les enjeux environnementaux prennent une place majeure dans l'ordre du jour nord-américain. Les problèmes environnementaux affectent des territoires de plus en plus importants et les effets se font remarquer de façon indifférenciée des frontières des États. Ainsi, pour réguler un enjeu environnemental d'envergure, une forte collaboration devient nécessaire entre les paliers de gouvernements nord-américains. On assiste donc à une redéfinition du mode de gouvernance actuelle, correspondant davantage à une gouvernance transnationale à paliers multiples, puisque la régulation d'un problème environnemental suppose nécessairement une variété d'acteurs, dont les autorités fédérales, étatiques et municipales. D'ailleurs, dans une étude publiée en 2004, Debora Vannijnatten affirmait que la capacité des systèmes politiques canadiens et étatsuniens à travailler de concert face à l'enjeu environnemental a été, au cours des dernières années, élargie et approfondie, et ce, grâce à la coopération transfrontalière ayant cours depuis de nombreuses années à l'échelon infraétatique[46].

Par exemple, la pollution atmosphérique provenant des industries des Grands Lacs et de l'Ontario a entraîné des pluies acides causant l'acidification des sols dans le nord-est américain, affectant l'agriculture, l'acériculture de même que plusieurs lacs, rivières et forêts de la Nouvelle-Angleterre et de l'est du Canada. Alors que les autorités fédérales américaines demeuraient réticentes quant à la mise en œuvre d'une politique conjointe à cet égard, bon nombre d'ententes à l'échelon infraétatique ont eu cours, notamment avec le Québec. Des ententes subétatiques ont également été signées entre le Québec et ses partenaires étatsuniens depuis le début des années 1980, et ce, sur une grande variété d'enjeux environnementaux (voir le tableau 1). Il est à noter que certaines d'entre elles sont aujourd'hui abrogées ou échues, mais cela prouve néanmoins les préoccupations des décideurs envers certains enjeux particulièrement importants pour le Québec.

---

46. Debora L. Vannijnatten, 2004, «Canadian-American Environmental Relations: Interoperability and Politics», *The American Review of Canadian Studies*, hiver, p. 649.

Tableau 1
ENTENTES SIGNÉES PAR LE GOUVERNEMENT DU QUÉBEC
AVEC DES ÉTATS AMÉRICAINS

Ententes	Bilatérales	Trilatérales ou multilatérales	Total
Environnement en général	4	1	5
Eaux transfrontalières	5	10	15
Pluies acides	3		3
Changements climatiques		1	1
Total	12	12	24

Nous pouvons remarquer au tableau 1 que plus de la moitié des ententes signées par le Québec et ses partenaires portent sur les eaux transfrontalières (lac Memphrémagog, lac Champlain, les Grands Lacs). Les pluies acides ont également constitué une préoccupation commune du Québec et des États avoisinants ainsi que les changements climatiques.

Les eaux transfrontalières

Bien que la question de l'eau en ce qui concerne le Canada et les États-Unis ne fût pas exempte de litiges et de tensions, une très grande coopération entre eux s'est néanmoins installée au cours des cent dernières années. En effet, la gestion des eaux transfrontalières canado-américaines est régie par le traité des eaux limitrophes de 1909, qui a pour objectif «de prévenir ou de résoudre les conflits concernant la qualité et la quantité des ressources en eau communes[47]». C'est la Commission mixte internationale, un organe indépendant, qui est chargée d'appliquer le traité et d'arbitrer les différends entre les deux pays.

En dépit de la création de cette instance et de l'accord bilatéral sur les eaux limitrophes, plusieurs ententes subnationales ont eu cours depuis le début du XXᵉ siècle. Dans le cas particulier du Québec et des États voisins, la gestion des eaux transfrontalières constitue un élément moteur de leurs relations, du moins dans une perspective environnementale. C'est d'ailleurs dans le domaine des eaux fronta-

---

47.   Luc Descroix et Frédéric Lasserre, 2007, « Or bleu et grands ensembles économiques : une redéfinition en cours des rapports de force interétatiques ? », *Revue internationale et stratégique*, vol. 2, n° 66, p. 94.

lières que le Québec a signé le plus d'ententes internationales en matière d'environnement avec les États fédérés nord-américains. Elles concernent le lac Memphrémagog (avec l'État du Vermont), le lac Champlain (ententes tripartites entre le Vermont, New York et le Québec), le fleuve Saint-Laurent et les Grands Lacs (ententes entre huit États entourant les Grands Lacs, l'Ontario et le Québec) et elles s'intéressent notamment au transfert massif d'eau, à sa qualité, à la réduction de phosphore et à sa gestion en général.

Un objet de préoccupation important tant du côté québécois que vermontois concerne la mauvaise qualité de l'eau de la baie Missisquoi. Cette détérioration, due en grande partie aux apports de phosphore provenant majoritairement des terres agricoles, s'est accentuée au cours des vingt dernières années. En plus, le secteur est, depuis quelque temps, victime de cyanobactéries qui nuisent à la santé du lac ainsi qu'à celle des riverains et des villages qui s'approvisionnent en eau dans la baie[48]. En 2002, une entente est intervenue concernant la réduction des apports de phosphore dans cette partie du lac Champlain. Elle signale le partage des responsabilités entre le Québec et le Vermont (respectivement de 40 % et de 60 % des apports de phosphore dans la baie) en plus des échéanciers et des cibles de réalisation, soit une concentration maximale de phosphore fixée à 0,025 mg/L pour 2016, ce qui, concrètement, limite les charges cibles pour 2016 à 58,3 tm/an pour le Vermont et à 38,9 tm/an pour le Québec[49]. Puis en 2004, les deux parties ont décidé de raccourcir leur échéancier de travail pour qu'en 2009, elles aient atteint leur objectif[50]. Et comme les eaux du lac Champlain touchent aussi l'État de New York, des ententes l'incluant sont intervenues depuis 1980, toujours dans le but d'améliorer et de maintenir la qualité de l'eau.

Le partage des eaux des Grands Lacs et du fleuve Saint-Laurent a également suscité certaines tensions entre le Canada et les États-Unis au cours du dernier siècle. Par ailleurs, comme cette région contient près de 20 % des ressources en eau douce de surface de la planète et

---

48.   M. Simoneau, 2007, *État de l'écosystème aquatique du bassin versant de la baie Missisquoi: faits saillants 2001-2004*, Québec, Ministère du Développement durable, de l'Environnement et des Parcs, Direction du suivi de l'état de l'environnement, 18 p.

49.   Ministère des Relations internationales du Québec, 2002, *Entente entre le gouvernement du Québec et le gouvernement de l'État du Vermont concernant la réduction du phosphore dans la baie Missisquoi*.

50.   Karine Fortin, 2004, «Jean Charest rencontre le gouverneur du Vermont. Le Québec et le Vermont veulent accélérer la dépollution du lac Champlain», *Le Devoir*, 4 août.

que plus de 40 millions de personnes y vivent[51], il a été nécessaire pour les autorités fédérales de développer des mécanismes de concertation transfrontaliers. Toutefois, les politiques touchant la gestion de ce bassin concernent des compétences de part et d'autre de la frontière, soit huit États américains et deux provinces canadiennes. Ont été créés en 1983 la Great Lakes Commission, laquelle comprenait au départ uniquement les États fédérés américains, mais qui a depuis peu intégré le Québec et l'Ontario, ainsi que le Council of Great Lakes Governors. Ces deux organisations se sont concentrées sur les problèmes environnementaux et sur le développement économique touchant la gestion de l'eau du bassin en général. En 1985, la Charte des Grands Lacs a été adoptée par leurs membres dans le but de :

> maintenir les niveaux et les débits des eaux des Grands Lacs, de leurs tributaires et des cours d'eau qui les relient ; protéger l'équilibre de l'écosystème du bassin des Grands Lacs ; assurer l'élaboration et la mise en œuvre d'un programme coopératif de gestion des ressources en eau du bassin des Grands Lacs par les États et les provinces signataires ; protéger les aménagements situés à l'intérieur de la région et établir des bases solides en vue des futurs investissements et développements dans la région[52].

En dépit du caractère non contraignant de cette entente, les États jettent néanmoins les bases d'une coopération transfrontalière importante au niveau subétatique. D'autres ententes furent annexées à la Charte dans les années qui suivirent. Puis en 2005, une entente concernant explicitement les transferts massifs d'eau dans le bassin des Grands Lacs et du fleuve Saint-Laurent fut adoptée par les huit États et les deux provinces canadiennes. Pour le gouvernement du Québec, cette entente constitue l'une des plus importantes à ce jour. En effet, elle permet de « se prémunir contre les effets des dérivations d'eau hors du bassin des Grands Lacs et du fleuve Saint-Laurent, ce qui rendra impossible tout transfert d'eau en vrac du bassin vers d'autres régions d'Amérique du Nord[53] ». En somme, les États fédérés ont joué un rôle déterminant dans la mise en place d'un système de

---

51.   Marcia Valiante, 2008, « Management of the North American Great Lakes », dans *Management of Transboundary Rivers and Lakes*, sous la dir. de Olli Varis, Cecilia Tortajada et Asit K. Biswas, Berlin, Springer, p. 245-267.

52.   Council of Great Lakes Governors, 1985, Charte des Grands Lacs.

53.   Gouvernement du Québec, 2005, *Signature de l'Entente sur les eaux durables du bassin des Grands Lacs et du fleuve Saint-Laurent. Une entente internationale au service du développement durable du bassin des Grands Lacs et du fleuve Saint-Laurent − Communiqué*, 14 décembre.

gouvernance et de gestion des eaux transfrontalières entre le Canada et les États-Unis.

Les pluies acides

Le problème des pluies acides touche plusieurs territoires de la planète depuis plus d'un siècle. Quoique l'acidification des précipitations puisse être de sources naturelles, du moins en partie, l'augmentation et la fréquence de ces précipitations sont surtout le résultat de l'activité humaine. Cette acidification est donc causée par l'émission d'oxyde de soufre et d'azote dans l'atmosphère, produite par les industries, les producteurs d'énergie thermique, les transports, etc., qui par la suite se combine à d'autres molécules présentes dans l'air pour finalement retomber sous diverses formes de pluies acides qui ont des répercussions sur la faune et la flore, mais également sur les infrastructures et la santé humaine.

En Amérique du Nord, les émissions de SO2 responsables des pluies acides proviennent essentiellement des producteurs d'électricité (67 % pour les États-Unis, 27 % pour le Canada) et de sources industrielles (68 % pour le Canada)[54]. Le NOx, quant à lui, provient majoritairement du secteur des transports, tant au Canada qu'aux États-Unis[55]. Ces émissions sont surtout concentrées dans certaines régions géographiques, dont le Midwest américain. Par ailleurs, plus de 50 % des dépôts acides au Canada proviennent des États-Unis et environ 15 % des dépôts acides aux États-Unis proviennent du Canada[56]. Leurs conséquences sont vastes. En effet, ces précipitations ont d'importantes répercussions sur la faune et la flore, surtout dans le Nord-Est du continent (Ontario, Québec, provinces de l'Atlantique et Nouvelle-Angleterre)[57]. Dans cette perspective, toute régulation potentielle de cet enjeu nécessite une collaboration de part et d'autre de la frontière ainsi qu'une stratégie commune de lutte contre les émissions de SO_2 et de NO_x qui soit coordonnée entre le Canada et les États-Unis.

Dès 1978, les deux États créèrent un groupe consultatif afin d'étudier la question des polluants atmosphériques voyageant sur de

---

54. Environnement Canada, 2005, *Les pluies acides et… les faits.*
55. Environnement Canada, *ibid.*
56. Elizabeth R. DeSombre, 2000, *Domestic Sources of International Environmental Policy: Industry, Environmentalists and U.S. Power,* Cambridge, MIT Press, 300 p., p. 104.
57. H.L. Ferguson, «Pluies acides», *Historica, L'encyclopédie canadienne.*

grandes distances[58]. Les objectifs étaient, avant tout, de développer une expertise commune et d'acquérir une meilleure connaissance scientifique des causes et des effets des pluies acides. Puis en 1980, une déclaration d'intention portant sur la pollution atmosphérique transfrontalière fut signée. Toutefois, à cette époque, une certaine opposition était constatée entre le Canada et les États-Unis sur la nature même des précipitations acides. Les États-Unis n'accordaient pas beaucoup de crédibilité aux études scientifiques portant sur les causes et sur les effets de la pollution transfrontalière entraînant les pluies acides, alors que du côté canadien, on ressentait clairement les effets des précipitations acides sur plusieurs zones du territoire[59]. Cet enjeu deviendra une source de vive tension entre les deux gouvernements fédéraux. Il faudra donc attendre plus de dix ans avant qu'un accord bilatéral sur la qualité de l'air soit signé entre le Canada et les États-Unis, permettant ainsi de développer un cadre de régulation à l'égard des pluies acides sur le territoire canado-américain[60].

Bien que certaines actions coordonnées aient été mises en place par les deux gouvernements fédéraux au cours des années 1990, d'autres acteurs ont, quant à eux, développé des politiques beaucoup plus rigoureuses à l'égard des émissions entraînant des précipitations acides, et ce, avant tout accord entre les autorités fédérales. Comme le Québec et ses voisins frontaliers étaient fortement touchés par ces précipitations, plusieurs ententes ont eu cours, à la fois sur le plan bilatéral (voir le tableau 1 plus haut) et sur le plan multilatéral, dans le cadre de la Conférence des gouverneurs de la Nouvelle-Angleterre et des premiers ministres de l'est du Canada (CGNA-PMEC). D'ailleurs, l'ensemble de la région s'est préoccupé des effets néfastes des précipitations acides dès le début des années 1980. Tandis qu'à cette époque, les autorités fédérales de chaque côté de la frontière ne parvenaient pas à s'entendre sur des mesures coordonnées, en 1982, une première résolution fut adoptée par les premiers ministres et les gouverneurs, lors de la conférence annuelle, afin de les pousser à négocier un accord transfrontalier sur les dépôts acides. Puis en 1985, un premier plan régional à court terme visant la réduction des émissions d'anhydride sulfureux en Nouvelle-Angleterre et dans l'est du

---

58.   Alan Nixon et Thomas Curran, 1998, *Les pluies acides*.

59.   Ulrike Rausch, 1997, *The Potential of Transborder Cooperation: Still Worth a Try. An Assessment of the Conference of New England Governors and Eastern Canadian Premiers*, Halifax, Centre for Foreign Policy Studies, Dalhousie University, 51 p., p. 11.

60.   Nixon et Curran, *op. cit.*

Canada est adopté par les membres de la CGNA-PMEC[61]. Les premiers ministres et les gouverneurs reconnaissaient alors que : « *First, they had to deal with the problem of air pollution locally although the main sources lay outside of the region and, second, they could in the end not substitute an international transboundary agreement but at least anticipate it*[62]. » Ce plan d'action a ainsi permis de pousser ce dossier auprès des instances fédérales qui ont, à leur tour, adopté un accord bilatéral formel sur la pollution transfrontalière en 1991.

Puis, alors que plusieurs croyaient le dossier des pluies acides clos, de nouvelles études scientifiques effectuées dans les années 1990 révèlent que les problèmes en découlant persistent, malgré les améliorations constatées par les scientifiques. Ainsi, les pluies acides demeurent un objet de préoccupation pour les membres de la CGNA-PMEC. Au cours de la décennie 1990, cet enjeu revient au centre des inquiétudes des premiers ministres et des gouverneurs et un nouveau plan d'action visant les pluies acides est adopté en 1998. Ce plan sera par ailleurs considéré comme un franc succès partout en Amérique du Nord et il servira de modèle pour le plan d'action canado-américain qui suivra sur la question[63].

LES CHANGEMENTS CLIMATIQUES

Les grands enjeux environnementaux mentionnés plus haut permettent rapidement d'observer la grande coopération qui existe entre le Québec et ses voisins partenaires. Le domaine des changements climatiques n'a pas échappé à ces relations transfrontalières nord-américaines. Par contre, ce sont plutôt des relations multilatérales qui se sont développées à l'égard de cet enjeu. En outre, la Conférence des gouverneurs de la Nouvelle-Angleterre et des premiers ministres de l'est du Canada a développé un plan d'action régional de lutte contre les changements climatiques dès 2001, alors que plus récemment, d'autres organisations transfrontalières nord-américaines étaient créées dans le but de développer des marchés du carbone, dont la Western Climate Initiative (WCI) et la Regional Greenhouse Gas Initiative (RGGI). Le Québec, étant membre de la CGNA-PMEC,

---

61. Conférence des gouverneurs de la Nouvelle-Angleterre et des premiers ministres de l'est du Canada, 1985, *Les précipitations acides*, Résolution 13-1.

62. Rausch, *op. cit.*, p. 13.

63. *Entrevues effectuées entre le 4 mai et le 12 août 2009 auprès de fonctionnaires participants à la CGNA-PMEC.*

a collaboré très tôt à la mise en place d'un plan d'action régional et parce qu'il souhaitait participer à un marché de plafonnement et d'échange d'émissions, il s'est joint à la WCI en avril 2008.

Dans le cadre de ses relations multilatérales à l'intérieur de la Conférence des gouverneurs de la Nouvelle-Angleterre et des premiers ministres de l'est du Canada, le Québec s'est penché, dès 1989, sur la question des changements climatiques. Dans les années qui suivent, son comité sur l'environnement se concentre sur les causes possibles du réchauffement climatique et développe une certaine expertise à cet égard. Il soutient d'ailleurs, dès le début des années 1990, le rôle vital que devrait jouer la région pour réguler ce problème mondial[64]. Par la suite, quelques résolutions sont adoptées à l'égard du climat, de façon directe ou indirecte. L'intérêt porté à cet enjeu demeure toutefois relativement faible au cours de la décennie. Il faut souligner qu'à cette époque, la compréhension scientifique des changements climatiques n'était qu'à ses débuts et leur caractère large et diffus les rendait difficiles à évaluer. En fait, les acteurs étatiques et subétatiques constataient que ce phénomène environnemental était beaucoup plus global que les enjeux rencontrés jusqu'alors. Au surplus, au cours de cette période, l'intérêt des gouverneurs et des premiers ministres était davantage tourné vers les effets des dépôts acides et du mercure sur leur territoire, ce qui a valu à chacun d'eux l'adoption d'un plan d'action régional en 1998.

Au début de l'année 2000, revigoré par les succès de ses deux plus récents plans d'action environnementaux, la CGNA-PMEC se penche de nouveau sur les effets du réchauffement de la planète sur la région[65]. Rapidement s'entament des pourparlers concernant le développement d'une stratégie régionale de lutte contre les changements climatiques. En 2001, alors que le Canada n'a toujours pas ratifié le Protocole de Kyoto et que les États-Unis viennent tout juste de le rejeter, la Conférence des gouverneurs de la Nouvelle-Angleterre et des premiers ministres de l'est du Canada adopte le tout premier plan d'action de lutte contre le changement climatique en Amérique

---

64.   Rausch, *op. cit.*, p. 25.
65.   Henrik Selin et Stacy D. Vandeveer, 2005, « Canadian-U.S. Environmental Cooperation : Climate Change Networks and Regional Action », *The American Review of Canadian Studies*, été, p. 356 ; Abbey Tennis, 2006, « States leading the way on climate change action : the view from the Northeast », dans *Creating a Climate for Change : Communicating Climate Change & Facilitating Social Change*, sous la dir. de Suzanne C. Moser et Lisa Dilling, New York, Cambridge University Press, p. 418.

du Nord, se fixant alors des objectifs de réduction des émissions de gaz à effet de serre (GES) très ambitieux pour l'époque[66]. Ainsi, les États américains et les provinces canadiennes s'entendent sur des mesures de réduction chiffrées et communes à l'ensemble des acteurs. Les objectifs à atteindre sont une stabilisation des GES au niveau de 1990 pour l'année 2010, une réduction de 10 % des émissions de GES pour l'année 2020 et, enfin, un objectif de réduction des émissions à long terme de 75 % à 85 % sous les niveaux de 2001 pour l'année 2050[67], afin d'«éliminer toute menace grave pour le climat[68]».

Par ailleurs, la CGNA-PMEC a été le tout premier regroupement d'États fédérés à mettre en place un plan d'action de lutte aux changements climatiques en 2001 dans le monde[69], ce qui témoigne du haut niveau de coopération entre les parties. Le plan d'action alors adopté constitue une avancée importante pour la région. Les objectifs qui s'y rapportent permettent une coopération entre les acteurs, tous ayant un effort de même ampleur à fournir. De plus, le plan offre de développer une expertise régionale sur l'enjeu tout en valorisant une collaboration transfrontalière. D'ailleurs, selon Selin et Vandeveer, « *NEG-ECP climate change efforts offer expended opportunities for data gathering, knowledge sharing and the development of more effective policy responses than could be achieved by each individual state and province*[70]. »

Le plan d'action régional sur le changement climatique développé par la CGNA-PMEC demeure unique encore aujourd'hui. Contrairement aux organisations transfrontalières qui ont suivi, la CGNA-PMEC a souhaité développer un plan très large, couvrant à la fois la sensibilisation, les transports, le marché du carbone ainsi que des mesures visant l'efficacité énergétique. D'ailleurs, les cibles correspondent tant à des mesures quantifiables qu'à des actions plutôt diffuses, touchant donc directement la réduction et la stabilisation des émissions, mais également la sensibilisation et l'éducation.

---

66. *Entrevues effectuées entre le 4 mai et le 12 août 2009 auprès de fonctionnaires participants à la CGNA-PMEC.*

67. Conférence des gouverneurs de la Nouvelle-Angleterre et des premiers ministres de l'est du Canada, 2007, *Résolution au sujet de l'énergie et de l'environnement*, Résolution 31-1.

68. Conférence des gouverneurs de la Nouvelle-Angleterre et des premiers ministres de l'est du Canada, 2001, *Plan d'action sur les changements climatiques 2001*, CGNA-PMEC, août, p. 7.

69. Tennis, *op. cit.*, p. 419 ; *Entrevues effectuées entre le 4 mai et le 12 août 2009 auprès de fonctionnaires participants à la CGNA-PMEC.*

70. Selin et Vandeveer, *op. cit.*, p. 357.

L'objectif de la CGNA-PMEC était de se doter d'outils variés d'intervention à l'intérieur de sa région, poussée par le tout nouveau défi que représentaient les changements climatiques pour les États fédérés nord-américains. Il s'agissait essentiellement de fournir les grandes orientations pour qu'à l'intérieur des États, par la suite, une harmonisation soit effectuée avec les mesures développées par le plan en question. Aussi, il est important de noter le caractère volontaire des actions et des recommandations à mettre en place par la Conférence dans ce cadre. Toutefois, ce premier plan d'action a entraîné une « course vers le sommet » et tant les États membres de la Conférence que d'autres États fédérés nord-américains ont par après développé leur propre plan d'action[71], devenant en quelque sorte un laboratoire pour les politiques fédérales ultérieures[72], mais aussi pour d'autres politiques régionales et étatiques.

Notamment, une initiative novatrice a été mise en avant par le gouverneur de la Californie, Arnold Schwarzenegger, en 2007, afin d'établir un marché du carbone nord-américain touchant directement les États fédérés. Cette initiative demeure néanmoins l'aboutissement de deux initiatives antérieures. D'abord, la West Coast Global Warming Initiative, regroupant alors trois États américains, à savoir la Californie, l'Oregon et Washington, avait vu le jour en septembre 2003[73]. Puis en 2006, à ces trois premiers membres se sont ajoutés l'Arizona et le Nouveau-Mexique, pour devenir la Western Regional Climate Action Initiative. L'objectif de cette alliance était d'harmoniser les normes énergétiques, surtout en ce qui a trait aux émissions de GES produites dans ces États, en plus d'établir des objectifs de réductions similaires entre les États[74].

Puis en 2007, la WCI est créée. Souhaitant l'établissement d'un cadre de régulation beaucoup plus englobant vis-à-vis des émissions de GES, les États membres développent les bases de ce qui instituera un nouveau marché du carbone nord-américain. Rapidement, certaines provinces canadiennes s'intéressent à ce regroupement et

---

71. *Entrevues effectuées entre le 4 mai et le 12 août 2009 auprès de fonctionnaires participants à la CGNA-PMEC.*

72. Pew Center on Climate Change, 2009, *Climate Change 101 State Action*, Arlington, 8 p.

73. West Coast Governors' Global Warming Initiative, 2004, *West Coast Governors' Global Warming Initiative – Staff Recommendations to the Governors*, novembre, p. 1.

74. The Western Regional Climate Change Action Initiative, 2007, *Five Western Governors Announce Regional Greenhouse Gas Reduction Agreement : Communiqué de presse,* 26 février, 2 p.

dans les mois qui suivent, la Colombie-Britannique[75] (avril 2007) et le Manitoba[76] (juin 2007) joignent les rangs de l'organisation. D'autres États fédérés font de même, soit l'Utah[77] (mai 2007), le Montana[78] (janvier 2008), le Québec[79] (avril 2008) et l'Ontario[80] (juillet 2008). Au total, la WCI regroupe à l'heure actuelle 11 États fédérés et 14 États fédérés nord-américains agissent à titre d'observateurs[81], faisant de cette organisation le plus grand marché du carbone en Amérique du Nord[82], touchant un peu plus de 25 % de la population canado-américaine[83].

La WCI est un marché qui englobe une large gamme d'interventions. D'ailleurs, il est prévu qu'en 2015, lorsque le programme sera totalement implanté dans chacun des États, il « couvrira près de 90 % des émissions de GES dans l'ensemble des États et provinces participantes[84] ». De plus, de nombreux critères sont préalables à l'adhésion à la WCI. D'abord, les États doivent s'être dotés de cibles de réduction d'émissions de gaz à effet de serre sur leur territoire. Ensuite, ils doivent avoir mis en place un plan d'action pour atteindre les objectifs de lutte contre les changements climatiques et ils doivent adopter les normes californiennes relatives aux émissions de GES des automobiles sur leur territoire. Finalement, ils doivent faire partie du Climate Registry, qui consiste en un registre des émissions de GES[85].

75. Government of British-Columbia, 2007, *B.C. Joins Western Regional Climate Action Initiative*: Communiqué 2007OTP0053-000509, 24 avril.

76. Gouvernement du Manitoba, 2007, *Manitoba Newest Member of International Climate Change Initiative: press release*, [s.l.], 12 juin.

77. Government of California, 2007, *Governor Schwarzenegger Joins Governor Huntsman As Utah Signs Western Climate Initiative, Strengthening Regional Fight Against Global Warming: Press Release*, 21 mai.

78. The Associated Press, 2008, « Montana joins B.C., Manitoba, 6 other states in regional climate initiative », *The Canadian Press*, 9 janvier.

79. Alexandre Robillard, 2008, « Le Québec adhère à un regroupement pour mettre sur pied un marché du carbone », *La Presse canadienne*, 18 avril.

80. The Associated Press, 2008, « Ontario joins North American network to reduce greenhouse gas emissions », *The Canadian Press*, 18 juillet.

81. Aux États-Unis : l'Alaska, le Colorado, l'Idaho, le Kansas, le Nevada et le Wyoming ; au Canada : la Nouvelle-Écosse et Terre-Neuve ; au Mexique : la Baja California, le Chihuahua, le Coahuila, le Nuevo Leon, le Sonora et le Tamaulipas.

82. Cate Hight et Gustavo Silva-Chavez, 2008, « Du changement dans l'air : les bases du futur marché américain du carbone », *Études climat*, Mission Climat de la Caisse des Dépôts, n° 15, octobre.

83. Statistique Canada, 2008, recensement canadien et US Census Bureau (2008).

84. Traduction libre de Western Climate Initiative.

85. Réseau québécois des groupes écologistes, 2009, « Québec se joint à la Western Climate Initiative (WCI) ».

La WCI a une large étendue d'action pour lutter contre les gaz à effet de serre. Elle offre donc une plate-forme intéressante aux États souhaitant limiter leurs émissions de GES sur leur territoire, tout en participant à la création d'un nouveau marché du carbone nord-américain.

CONCLUSION

Au cours des vingt-cinq dernières années, les États fédérés étatsuniens et canadiens ont pris une place prépondérante dans la régulation des enjeux environnementaux. Ils ont investi beaucoup d'énergie pour lutter contre les pluies acides et les changements climatiques et pour améliorer les relations concernant les eaux transfrontalières. L'inaction de Washington ne signifie donc pas que les États-Unis soient restés les bras croisés. Comme les enjeux environnementaux touchent différents paliers de gouvernements, les États fédérés ont développé un leadership relatif à de nombreuses questions environnementales et, dans certains cas, ils se sont regroupés, développant une paradiplomatie transfrontalière et dirigeant divers plans d'action, notamment avec le Québec.

La perception populaire québécoise à l'égard des États-Unis en matière d'environnement demeure malheureusement quelque peu réductrice. Elle oublie, en effet, toutes les mesures élaborées à l'échelon infraétatique, tant par les États fédérés, les villes et la société civile étatsunienne. En outre, une grande coopération a été observée entre les acteurs subétatiques nord-américains, démontrant ainsi que le succès de tout mode de gouvernance environnemental passe d'abord par la concertation des acteurs en cause.

Chapitre 11

La frontière américaine du Québec : la sécurité avant tout ?

Stéfanie von Hlatky et Jessica N. Trisko

La frontière canado-américaine a longtemps été reconnue comme la plus longue frontière indéfendue au monde : plus de 8 000 km. Sur le plan économique, elle est vitale pour le Canada. Sa gestion est donc d'une importance capitale pour les décideurs politiques et pour la communauté des affaires, au Québec comme au Canada. À la suite des attaques du 11 septembre 2001, les enjeux de sécurité à la frontière sont devenus prioritaires avec des répercussions majeures sur la libre circulation des biens et des services entre le Canada et les États-Unis et des conséquences tout aussi importantes pour les provinces. Dès lors, la gouvernance frontalière a subi une mutation et s'est adaptée aux nouvelles réalités sécuritaires. Depuis, comment le Canada et les États-Unis répondent-ils aux impératifs de sécurité dans le cadre de leurs relations frontalières ? Le Canada se trouve-t-il désavantagé par la puissance supérieure de son voisin du Sud ?

Dans le domaine des relations internationales (RI), plusieurs théories offrent des pistes de réflexion pour aider à mieux comprendre ce type de relations asymétriques. Le Canada est souvent représenté comme le passager clandestin dans ses relations avec les États-Unis, surtout sur les plans de la sécurité et de la coopération militaire. Ce genre d'approche, qui étudie le partage des coûts et des bénéfices entre États alliés, maintient que le plus puissant prendra à sa charge une plus grande partie des coûts et sera dominant au sein des ententes institutionnelles communes. Cependant, cette explication se doit d'être nuancée par une appréciation différenciée de la puissance relative entre États qui va au-delà des capacités strictement matérielles et qui tient compte de la motivation, de l'expertise et de l'endurance des parties qui négocient ces ententes bilatérales. Dans ce chapitre, nous faisons l'analyse des enjeux de sécurité dans le cadre de la gestion de la frontière entre le Canada et les États-Unis. Nous étudions le cas du Québec pour retracer les changements et l'adaptation des politiques de gestion frontalière par rapport aux nouvelles exigences de sécurité.

Nous proposons que l'approche du passager clandestin n'est pas adéquate pour analyser la gestion de la frontière, car elle fait fi de variables contextuelles importantes. Notamment, si les capacités matérielles du Canada et des États-Unis sont asymétriques, leurs intérêts respectifs dans l'élaboration de solutions conjointes peuvent redresser cette asymétrie. Le pays plus faible en apparence peut donc se retrouver dominant, lorsqu'il voit l'utilité à y investir plus de temps et de ressources pour l'accomplissement d'une tâche qui est prioritaire pour ses bénéfices nationaux. En comparant le comportement de deux États voisins, on constate aisément lequel peut tirer profit d'une solution rapide et efficace du problème. Cet État aura donc intérêt à investir plus de ressources, d'un point de vue comparatif, dans l'élaboration d'un cadre institutionnel avantageux qui cherche à réconcilier deux approches divergentes pour gérer la frontière commune.

En effet, le Canada et les États-Unis n'ont pas tout à fait les mêmes préférences pour régler les questions de sécurité aux frontières : les deux États sont conscients des préoccupations en la matière, mais le Canada est plus sensible aux répercussions économiques des mesures envisagées. Dans ce chapitre, nous cherchons à expliquer comment ces différences sont négociées dans la mise en œuvre de solutions communes. Dans la première section, nous exposons un cadre d'analyse pour étudier les enjeux frontaliers entre le Canada et les États-Unis. Ensuite, nous discutons de l'impact du 11 septembre sur les préoccupations sécuritaires en ce qui concerne la frontière canado-américaine. Puis nous examinons le cas du Québec en détail pour illustrer la dimension régionale de la sécurité aux frontières. Enfin, nous concluons avec une discussion pratique des modèles de gestion frontalière dans le but de présenter les options politiques les plus probables pour l'avenir.

Le 4 octobre 2007, 28 agents de Douane Canada ont reçu le certificat de port d'arme du centre de formation de la Gendarmerie royale du Canada. De ce nombre, 25 ont été affectés aux postes frontaliers entre le Québec et les États-Unis. Photo: Jacques Nadeau, 4 octobre 2007.

La sécurité dans les aéroports est devenue un enjeu sécuritaire majeur en Amérique du Nord après les événements du 11 septembre 2001 à New York et en particulier pour les voyageurs désirant aller aux États-Unis. Au cours des dernières années, il y eut un resserrement des mesures de sécurité à l'aéroport de Montréal (Dorval-Trudeau). Photo: Jacques Nadeau, 7 janvier 2010.

Le transbordement de conteneurs dans le port de Montréal représente toujours un défi de taille tant sur le plan sécuritaire qu'en terme de fluidité du commerce international. Photo de Jacques Grenier, février 1995.

La sécurité alimentaire constitue un enjeu de taille avec la mondialisation et l'accroissement des échanges commerciaux entre les trois pays signataires de l'ALÉNA, le Canada, les États-Unis et le Mexique. Photo de Jacques Nadeau, 10 février 2009.

LA COOPÉRATION INTERÉTATIQUE EN MATIÈRE DE SÉCURITÉ

La théorie des relations internationales propose une réflexion sur la coopération asymétrique en matière de sécurité. Pour sa part, l'école réaliste prétend que les relations interétatiques sont guidées par des relations de pouvoir où les plus forts dominent. Donc, dans tout arrangement institutionnel, ce serait l'État dominant qui dicterait les conditions de coopération sécuritaire, tout en maintenant la puissance relative de chacun au sein de cette structure. Toujours selon l'école réaliste, une coopération parfaitement équitable demeure impossible, car les États se soucient des gains relatifs et de leurs effets sur la distribution de la puissance dans le système international[1]. Cette analyse rationaliste maintient que la coopération sécuritaire entre alliés fonctionne sur la base de calculs de coût et de bénéfices.

Pour les alliances de longue date, comme celle entre le Canada et les États-Unis, nous pouvons tenir pour acquis qu'un consensus existe par rapport aux objectifs sécuritaires minimaux. En outre, les arrangements sont soutenus par une puissance hégémonique qui peut prendre une plus grande part du fardeau financier au moment de la création des structures de coopération[2]. Dans ce contexte, le Canada agit-il en passager clandestin ? Le partenaire plus faible au sein d'une alliance est souvent perçu comme tel, ne payant pas sa juste part tandis que le partenaire dominant en subit les coûts[3]. Plus l'alliance perdure, plus il est probable que les États qui y participent voudront investir davantage dans son renouvellement plutôt que d'y renoncer[4]. Une autre hypothèse, qui s'inspire de la théorie économique des alliances, soutient que les coûts sont distribués proportionnellement aux bénéfices que chacun des alliés retire[5]. S'il existe une asymétrie de puissance au sein d'une alliance, le plus faible pourra accepter certaines

1. Kenneth Waltz, *Theory of International Politics*, Reading, MA, Addison-Wesley, 1979; Joseph M. Grieco, *Cooperation among Nations: Europe, America, and Non-Tariff Barriers to Trade*, Ithaca, New York, Cornell University Press, 1990, p. 47; Duncan Snidal, «Relative Gains and the Pattern of International Cooperation», *American Political Science Review*, vol. 85, 1991, p. 710-726.

2. Stephen M. Walt, «Why Alliances Endure or Collapse», *Survival*, vol. 39 (1), 1997, p. 156-179.

3. Mancur Olson, *The Logic of Collective Action: Public Goods and the Theory of Groups*, Cambridge, Harvard University Press, 1971.

4. Albert O. Hirschman, *Exit, Voice, and Loyalty: Responses to Decline in Firms, Organizations, and States*, Cambridge, Harvard University Press, 1970.

5. Todd Sandler, «The Economic Theory of Alliances: A Survey», *Journal of Conflict Resolution*, vol. 37 (3), 1993, p. 446-483.

concessions pour ne pas être considéré comme un passager clandestin. En guise d'exemple, certains États peuvent offrir un accès à leur territoire en temps de conflit, ce qui est considéré comme une ressource primordiale pour les États-Unis dans le cadre d'une guerre contre le terrorisme dont l'envergure est mondiale[6].

Retenons simplement que lorsqu'il y a une asymétrie, celle-ci peut être compensée par une situation d'interdépendance[7]. Cette perspective offre la possibilité d'aller au-delà des capacités matérielles au sens strict. De toute évidence, les États-Unis sont l'État le plus puissant dans tous les arrangements institutionnels auxquels ils participent, assumant une part plus grande des coûts par rapport aux autres partenaires. Cela dit, les contributions d'États secondaires, moins puissants certes, peuvent être tout aussi précieuses dans certains cas. Si nous ne tenions pas compte du contexte, les contributions secondaires paraîtraient insignifiantes et presque tous les partenaires des États-Unis seraient alors classés au rang de passagers clandestins. Cette approche ne se révélerait guère utile. Nous proposons donc un cadre d'analyse plus équilibré qui permet de ne pas négliger les variables contextuelles qui mettent en valeur les contributions des alliées sur les plans national et provincial. Dans ce chapitre, nous examinons les attentes respectives du Canada et des États-Unis par rapport à leur coopération mutuelle en matière de sécurité pour comprendre les paramètres des négociations bilatérales et les résultats qui s'ensuivent. Dans la section suivante, nous discutons d'abord de l'impact du 11 septembre sur les mesures de sécurité à la frontière canado-américaine et ensuite nous nous concentrons sur le cas québécois.

LE CHOC FRONTALIER

Les attentats du 11 septembre ont eu un impact direct sur la gestion de la frontière canado-américaine. Le trafic étant très important entre les deux pays, ces incidents ont créé des inquiétudes du côté américain quant à la porosité de la frontière et à la sécurité. Les appréhensions ont donné lieu à la Déclaration et au plan d'action sur la frontière intelligente qui visent une coopération plus étroite entre

---

6.   Thomas Donnely et Vance Serchuk, « Transforming America's Alliances », *National Security Outlook*, janvier 2005, p. 1-7.

7.   Robert Keohane et Joseph N. Nye, *Power and Interdependence*, New York, Longman, 2001.

le Canada et les États-Unis en matière de sécurité nationale[8]. Depuis 2001, environ 4 milliards de dollars ont été investis dans des projets d'infrastructure gouvernementaux canadiens[9].

Une autre initiative a vu le jour avec le renforcement des équipes intégrées de la police des frontières (EIPF). Ce programme conjoint vise l'amélioration de la capacité de réaction rapide des agences dans l'application de la loi. La Gendarmerie royale du Canada (GRC), l'Agence des services frontaliers du Canada (ASFC), le US Customs and Border Protection/Office of Border Patrol (CBP/OBP), le US Bureau of Immigration and Customs Enforcement (ICE) ainsi que la US Coast Guard (USCG) y participent. Il y a trois EIPF qui patrouillent le long de la portion québécoise de la frontière avec les États de New York, du Vermont et du Maine. Le Canada a exercé une grande part de leadership dans la mise en œuvre des nouvelles mesures de sécurité, et il importait qu'elles n'entravent pas le commerce avec les États-Unis.

Les États-Unis ont aussi agi pour lutter contre la menace terroriste, mais le Canada a souvent été exempté de leurs procédures plus intrusives. Par ailleurs, le Rapport de la Commission du 11 septembre a recommandé au gouvernement américain de renforcer ses frontières avec le Mexique *et* le Canada. Ainsi est issue de l'Acte sur la réforme du renseignement et la prévention du terrorisme de 2004 et des recommandations de ladite commission l'Initiative relative aux voyages dans l'hémisphère occidental (IVHO), mise en œuvre en 2009. Encore une fois, le Canada s'est conformé aux mesures américaines, mais il a cherché à minimiser les impacts sur le registre économique d'une frontière plus lourde pour le commerce. Les programmes EXPRES et FAST, conçus pour favoriser un trafic plus rapide, sont offerts au Québec à Saint-Bernard-de-Lacolle (Champlain, NY), à Saint-Armand (Highgate Springs, VT) et à Stanstead (Derby Line, VT). Ces trois postes frontaliers traitent 7,8 % du trafic commercial par voie terrestre

---

8. Sécurité publique Canada, *Déclaration et plan d'action sur la frontière intelligente*. L'approche de la frontière intelligente trouve son origine dans les travaux effectués au Congrès américain dans le cadre de la Commission Hart-Rudman. Voir Edward Alden, *The Closing of the American Border: Terrorism, Immigration, and Security Since 9/11*, New York, Harper Collins, 2008, p. 33-41.

9. Transports Canada, *La carte des investissements dans l'infrastructure frontalière*, Ottawa, Gouvernement du Canada, mai 2009.

entre le Canada et les États-Unis et ont reçu 378,5 milliards de dollars pour l'amélioration de leurs infrastructures depuis 2001[10].

L'approche de la frontière intelligente semble avoir mérité un consensus politique assez solide. Cependant, il y a encore beaucoup de débats quant à la façon optimale de gérer celle entre le Canada et les États-Unis. Les regroupements d'affaires ainsi que les milieux universitaires ont proposé des solutions pour rendre le passage plus rapide et, donc, pour faciliter davantage le commerce. Christopher Sands a écrit un rapport détaillé sur la frontière canado-américaine proposant une approche décentralisée pour la gouvernance frontalière[11]. Lorsque le Département de la sécurité intérieure a été créé au États-Unis, à la suite du 11 septembre 2001, une tendance centralisatrice s'est imposée du côté américain. Le Canada a répondu aux attentes de son voisin en créant un ministère équivalent en 2003, soit Sécurité publique Canada.

Aux États-Unis, ces changements ont provoqué des frustrations dans plusieurs des États qui partagent la frontière avec le Canada. La communauté des affaires s'est jointe à eux, décriant l'impact néfaste sur le commerce à la suite du ralentissement du trafic transfrontalier. Certains auteurs affirment même que les mesures de sécurité imposées par le gouvernement américain sont l'équivalent de barrières non tarifaires entre le Canada et les États-Unis[12]. Les plus ressenties au Canada sont la Container Security Initiative (CSI), le programme d'expédition rapide et sécuritaire (EXPRES), le Partenariat douane-commerce contre le terrorisme (C-TPAT) et la Déclaration sur la frontière intelligence (SMART) qui imposent des réglementations plus intrusives à la frontière. Le Canada étant dépendant des États-Unis sur le plan économique, il est vulnérable aux changements effectués sur le plan de la gestion des frontières. C'est donc dans son intérêt de réexaminer les mesures de sécurité en fonction des

---

10.   Transports Canada, *ibid.*

11.   Christopher Sands, *Toward a New Frontier: Improving the U.S.-Canadian Border*, Washington, D.C., Institut Brookings, 2009.

12.   Alan D. MacPherson et James E. McConnell, «A Survey of Cross-Border Trade at a Time of Heightened Security: The Case of Niagara Bi-National Region», *American Review of Canadian Studies*, vol. 37 (3), 2007, p. 301; Peter Andreas, *Perspective: Border Security in the Age of Globalization*, Boston, Federal Reserve Bank of Boston, 2003; Peter Andreas et Thomas J. Biersteker, *The Rebordering of North America*, New York, Routledge, 2003.

répercussions commerciales plutôt que de prioriser les impératifs de sécurité inconditionnellement.

Du côté américain, le discours officiel provenant de Washington met la sécurité au premier plan en y subordonnant les intérêts commerciaux. La secrétaire du Département de la sécurité intérieure des États-Unis, Janet Napolitano, semble vouloir renforcer cette approche de gestion : « Il ne faut pas prétendre qu'on puisse simplement brandir une baguette magique et avoir une structure partagée pour gérer la frontière. Ce n'est pas une chose facile[13]. » (traduction des auteurs)

LA FRONTIÈRE QUÉBEC–ÉTATS-UNIS

D'importantes variations régionales existent en termes de trafic et de modalités de gestion aux frontières. Le cas du Québec est particulièrement intéressant. En tant qu'État fédéré au sein du Canada, il suit la doctrine Gérin-Lajoie, laquelle sous-tend que le Québec assure, au niveau international, l'extension de ses compétences constitutionnelles internes. Il a donc le droit de signer des ententes internationales avec des États souverains[14]. De plus, il a déployé plusieurs missions diplomatiques à l'étranger, dont six aux États-Unis. La réalisation de cette doctrine lui permet de poursuivre des objectifs de sécurité internationale pour protéger les citoyens sur son territoire et assurer la liberté des échanges commerciaux et le renforcement des infrastructures stratégiques, tout en faisant en sorte que celles-ci ne soient pas une source de menaces pour ses partenaires[15].

---

13. Janet Napolitano, « The United States and Canada : Toward a Better Border », Conférence organisée par le Metropolitan Policy Program de l'Institut Brookings et le Conseil international du Canada à Washington, D.C., 25 mars 2009, p. 7.

14. Robert Dutrisac, « Québec entend renforcer la doctrine Gérin-Lajoie », *Le Devoir*, 3 septembre 2005.

15. Ministère des Relations internationales (MRI), *La politique internationale du Québec. La force de l'action concertée*, Québec, Gouvernement du Québec, 2006, p. 23.

CARTE 1
CARTE FRONTALIÈRE DU QUÉBEC

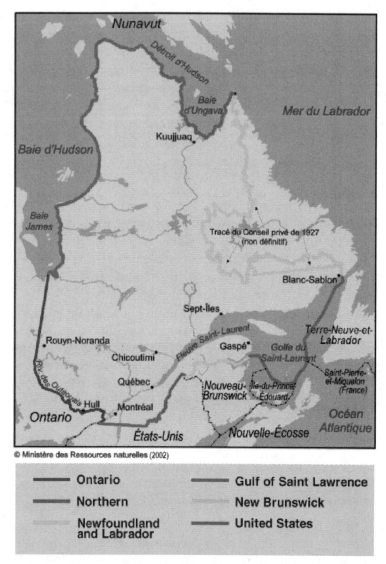

© Ministère des Ressources naturelles (2002)

▬▬ Ontario	▬▬ Gulf of Saint Lawrence
▬▬ Northern	▬▬ New Brunswick
▬▬ Newfoundland and Labrador	▬▬ United States

Source: Ministère des Ressources naturelles (2002).

Le Québec fait partie d'une région transfrontalière importante et il travaille à l'édification et à l'approfondissement de liens commerciaux avec l'État de New York et la Nouvelle-Angleterre[16]. La relation du Québec avec les États-Unis est devenue cruciale grâce à son emplacement géographique dans le Nord-Est, à sa structure économique dépendante des marchés extérieurs et à son statut particulier au Canada[17]. En somme, cette relation est axée vers la facilitation du commerce et le développement de liens d'affaires malgré le ralentissement dû aux nouvelles mesures de sécurité, à la hausse du dollar canadien et à l'éclatement de la bulle technologique depuis 2000-2001[18].

Il n'est pas surprenant qu'un des objectifs principaux du ministère des Relations internationales (MRI) soit la protection des échanges commerciaux. Le gouvernement du Québec a été porteur d'une vision décentralisée de la gestion frontalière, en affirmant que les menaces d'aujourd'hui, non étatiques et diffuses, sont mieux gérées par le provincial que par le fédéral. D'importantes motivations organisationnelles soutiennent cette approche, accordant au gouvernement du Québec une nouvelle importance. Néanmoins, il faut reconnaître que les menaces identifiées par le MRI ne nécessitent pas nécessairement une réponse militaire dont : le crime organisé, incluant le trafic de la drogue, le blanchiment de l'argent, le trafic des personnes, le terrorisme ainsi que les menaces à la santé publique, tels les risques de pandémie. Dans son Plan national de lutte contre le terrorisme, le gouvernement fédéral a reconnu l'importance du rôle du gouvernement provincial face aux nouvelles menaces à la sécurité du Canada. Dans plusieurs énoncés de sa politique internationale, le MRI dresse la liste de celles qui préoccupent également les organisations internationales, les États et les gouvernements locaux, tout en décrivant la coordination à laquelle doivent se livrer les agences gouvernementales dans le partage des compétences pour les éradiquer.

---

16. Jean-François Abgrall, « The Regional Dynamics of Province-State Relations : Canada and the United States », *Horizons*, vol. 7 (1), p. 50-54.

17. MRI (2006), *La force de l'action concertée, op. cit.*

18. Ministère des Relations internationales (MRI), *La politique internationale du Québec. Plan d'action 2009-2014*, Québec, Gouvernement du Québec, 2009.

CARTE 2

LIEUX DE PASSAGE FRONTALIERS AUX ÉTATS-UNIS

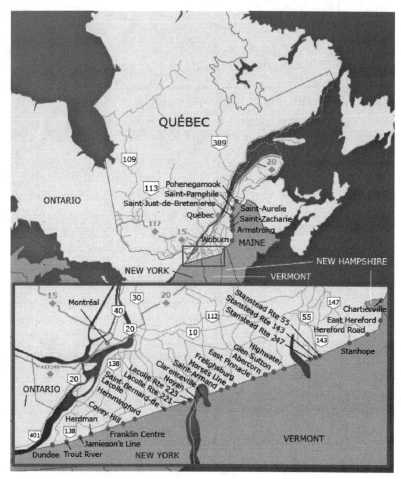

Source : Groupe de travail sur les questions frontalières de transport du Canada et des États-Unis (2008).

Le gouvernement du Québec et plusieurs États américains ont exprimé leur insatisfaction croissante face à la tendance centralisatrice imposée à la gestion frontalière depuis le 11 septembre 2001. Le Québec, par exemple, a posé plusieurs gestes pour se réapproprier son rôle en matière de sécurité. Plusieurs de ses initiatives sont réalisées de concert avec les États du Vermont, du Maine, du Massachusetts, de New York et du New Hampshire.

Le gouvernement du Québec, conjointement avec la Sûreté du Québec, a participé à l'application des initiatives fédérales canadiennes et américaines[19]. Tandis que les mesures adoptées pour la prévention d'actions terroristes ont davantage ciblées la frontière, certaines mesures provinciales ont servi à renforcer la collaboration avec les États-Unis afin d'assurer la sécurité des systèmes publics dans le domaine de la technologie de l'information et de la protection de l'information personnelle. Un exemple est celui d'un nouveau permis de conduire (PC Plus) développé par la Société de l'assurance automobile du Québec (SAAQ) qui permet de traverser la frontière terrestre ou maritime sans passeport[20]. La SAAQ estime que ce programme coûtera environ 12,8 millions de dollars canadiens. Pour qu'il réussisse à se financer, il faudra que 10 % des conducteurs du Québec, soit 500 000 personnes, en fassent la demande et paient les frais de 40 $ chacun. Depuis le 1er juin 2009, date d'entrée en vigueur de cette nouvelle réglementation, seulement 11 000 PC Plus ont été émis. La SAAQ avait prévu que 276 000 nouveaux permis seraient émis durant la première année d'implantation[21]. Pour pouvoir évaluer le succès de tels programmes, il faudra mesurer leur impact à long terme sur la facilité de traverser la frontière.

Un autre aspect important du rôle québécois dans l'administration des questions frontalières concerne ses responsabilités diplomatiques. Le gouvernement du Québec participe activement à plusieurs forums, dont le Consortium des directeurs de la sécurité intérieure de la région Nord-Est (Northeast Regional Homeland Security Directors Consortium) qui regroupe dix États américains ainsi que les provinces d'Ontario et du Nouveau-Brunswick[22]. Par l'intermédiaire de son ministère des Transports, le Québec fait aussi partie de nombreuses alliances multilatérales, comme la Coalition de transport à la frontière de l'Est (Eastern Border Transportation Coalition) qui regroupe les États américains et les provinces canadiennes de cette région frontalière[23].

---

19. Ministère des Relations internationales (MRI), «Québec: A Major Partner for North American Security», *Québec's International Initiatives*, vol. 3, 2008.

20. Les permis de conduire PC Plus sont disponibles en Colombie-Britannique, en Ontario et au Québec. Agence des services frontaliers du Canada, *Initiative relative aux voyages dans l'hémisphère occidental*, 2009.

21. Kevin Dougherty, «Few takers for new Quebec border card: Slow start; Just 11 000 pay for "enhanced" driver's permit», *The Gazette*, 27 mai 2009.

22. Ministère des Relations internationales (MRI), *Contribuer à l'édification d'un monde plus sûr ou le défi de la sécurité pour le Québec*, Québec, Gouvernement du Québec, 2006, p. 9.

23. *Ibid.*, p. 14.

Tableau 1

NOMBRE DE PASSAGERS À LA FRONTIÈRE ENTRE LES ÉTATS-UNIS ET LE QUÉBEC (2001-2008)

		2001	2002	2003	2004	2005	2006	2007	2008
New York									
Champlain/ Rouses Pt.	Automobiles	2 902 006	3 766 141	3 521 091	3 538 682	2 921 118	2 920 749	1 923 295	1 946 442
	Autobus	291 421	282 859	234 620	277 018	296 390	294 028	306 898	306 006
	Camions	382 319	371 059	387 962	397 317	388 869	409 372	387 033	364 912
Trout River/ Fort Covington/ Châteaugay	Automobiles	354 650	352 623	351 830	343 393	348 123	365 688	216 541	387 592
	Autobus	3 043	2 270	1 002	866	336	406	17 860	15 435
	Camions	22 441	19 627	22 273	22 044	19 681	20 797		
Vermont									
Beecher Falls	Automobiles	165 191	171 611	145 861	122 416	142 110	148 761	137 962	128 078
	Autobus	1 503	1 507	717	1 028	842	841	906	915
	Camions	20 767	22 106	17 279	17 279	18 467	16 810	15 159	12 762
Derby Line	Automobiles	1 394 589	1 326 105	1 213 036	1 199 969	1 227 581	1 305 573	1 186 093	1 335 860
	Autobus	65 809	57 884	44 031	49 633	53 336	66 238	65 020	69 363
	Camions	141 444	142 283	136 521	136 353	134 130	137 805	125 545	116 055
Springs	Automobiles	987 694	1 027 399	1 004 978	942 188	425 050	913 197	1 019 319	1 224 464
	Autobus	104 901	90 767	82 208	87 797	48 091	82 287	71 330	58 195
	Camions	125 470	120 717	128 203	142 038	124 376	120 435	124 086	102 872
Norton	Automobiles	148 135	152 802	152 430	165 213	174 916	172 550	136 826	126 200
	Autobus	968	1 181	1 032	896	855	695	291	559
	Camions	21 137	23 995	21 641	25 914	26 687	24 314	19 931	13 936
Richford	Automobiles	250 084	233 661	200 340	206 068	176 399	199 615	239 117	241 682
	Autobus	2 164	3 418	1 938	1 383	1 425	1 428	679	311
	Camions	10 882	10 585	10 537	9 723	9 367	7 960	9 984	8 399
Maine									
Jackman	Automobiles	559 098	412 008	354 370	354 934	328 698	379 612	294 833	282 338
	Autobus	13 184	11 577	8 892	9 915	9 139	8 358	7 288	5 819
	Camions	138 837	126 086	105 093	122 826	116 515	115 722	106 964	97 457

Sources : U.S. Department of Transportation, Research and Innovative Technology Administration, Bureau of Transportation Statistics et U.S. Department of Homeland Security.

Les nouvelles mesures de sécurité frontalière ont eu un effet perceptible sur le trafic en territoire québécois (voir le tableau 1). Il est clair que le trafic allant du Québec vers les États-Unis, quoique variable, a diminué à presque tous les postes frontaliers terrestres d'importance depuis 2002. Le nombre total d'Américains qui sont entrés au Québec a aussi diminué durant cette même période[24].

DU CHEMIN À FAIRE

Avec le ralentissement économique qui a commencé en 2007, les questions frontalières deviennent encore plus préoccupantes. Les exportations vers les États-Unis sont vitales à l'économie, tant canadienne que québécoise. Au Québec, elles représentent 80 % de ses exportations internationales et valent 57 milliards de dollars canadiens[25]. Étant donné la diminution importante du nombre de voyages des États-Unis vers le Canada depuis 2001 tandis que les Canadiens ont maintenu leur fréquentation des États-Unis (voir la figure 1), il existe une asymétrie dans les retombées des échanges entre le Canada et les États-Unis, et ce, au détriment des provinces canadiennes, dont le Québec.

---

24. Voir la figure 1.
25. MRI, *Contribuer à l'édification d'un monde plus sûr ou le défi de la sécurité pour le Québec*, *op. cit.*, p. 13.

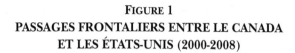

FIGURE 1

PASSAGES FRONTALIERS ENTRE LE CANADA
ET LES ÉTATS-UNIS (2000-2008)

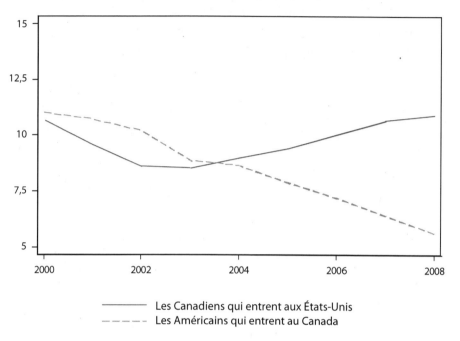

——————— Les Canadiens qui entrent aux États-Unis
— — — — — Les Américains qui entrent au Canada

Source : Statistique Canada, *Tableau 387-0004 : voyageurs internationaux, trimestriel (personnes)*, CANSIM, E-STAT : http://estat.statcan.gc.ca/cgi-win/cnsmcgi. exe?Lang=F&EST-Fi=EStat/Francais/CII_1-fra.htm.

Il n'y a toujours pas de consensus par rapport aux impacts qu'ont les nouvelles réglementations frontalières sur le commerce entre le Canada et les États-Unis. Comme l'indique la figure 2, il est demeuré plutôt stable après le 11 septembre 2001. Cependant, les mesures que nous avons décrites ont néanmoins augmenté les coûts d'expédition. Ces effets unilatéraux désavantages les compagnies qui sont installées au Canada, au point tel que certaines d'entre elles ont décidé de réorienter leurs affaires ailleurs qu'aux États-Unis[26]. Quelques études récentes démontrent que les conséquences sur les

---

26.   Alan D. MacPherson, James E. McConnell, Anneliese Vance et Vida Vanchan, «The Impact of US Government Antiterrorism Policies on Canada-US Cross-Border Commerce», *Professional Geographer*, vol. 58, 2006, p. 266-277.

exportations canadiennes ont été néfastes[27]. Globerman et Storer établissent que les programmes des secteurs publics et privés mis en place après le 11 septembre n'auraient pas réussi à parer aux coûts additionnels imposés par les mesures de sécurité à la frontière[28]. Ces auteurs présentent une comparaison des exportations canadiennes estimées à partir des données d'exportations réelles, mais en y soustrayant les coûts reliés aux réglementations imposées depuis le 11 septembre. Avec le temps, nous pourrons déterminer l'exactitude de ces projections pour comprendre l'impact réel du 11 septembre sur l'économie du Québec et du Canada.

FIGURE 2
COMMERCE CANADIEN AVEC LES ÉTATS-UNIS (2000-2008)

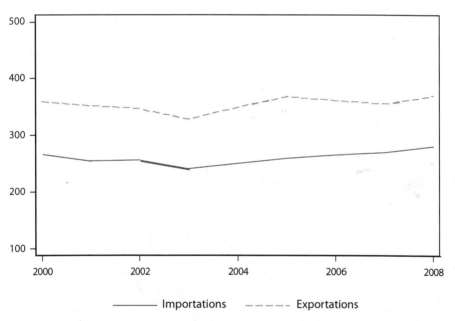

Note : Balance des paiements; États-Unis, Porto Rico et Îles Vierges incluses

Source : Statistique Canada, *Tableau 228-0003 : importations et exportations de marchandises, par groupes principaux et par marchés principaux pour tous les pays, annuel (dollars)*, CANSIM, E-STAT : http://estat.statcan.gc.ca/cgi-win/cnsmcgi.exe?Lang=F&EST-Fi=EStat/Francais/CII_1-fra.htm.

---

27. Steven Globerman et Paul Storer. *The Impacts of 9/11 on Canada-US Trade*, Toronto, University of Toronto Press, 2008.
28. Steven Globerman et Paul Storer, « Border Security and Canadian Exports to the United States : Evidence and Policy Implications », *Canadian Public Policy*, vol. 35 (2), 2009, p. 171-186.

Malgré la mise en œuvre de la frontière intelligence, qui semble faire le consensus des décideurs politiques à Ottawa et à Washington, certaines inquiétudes ont été exprimées au Québec. Même si les décisions qui touchent la gestion des frontières sont de compétence fédérale, elles ont un impact direct sur les provinces, qui doivent ajuster leurs lois, leurs politiques et leurs programmes. Les provinces ne sont pas invitées à participer aux négociations bilatérales; pourtant, leur participation est la clé de la mise en œuvre de la frontière intelligente[29]. Malgré les efforts soutenus du gouvernement québécois après la Déclaration sur la frontière intelligente, l'adaptation de la communauté des affaires québécoise aux mesures de sécurité demeure un défi stratégique important. Jusqu'à présent, peu d'entreprises de petite et moyenne tailles se sont enregistrées aux programmes pour assurer le passage rapide et sécuritaire des marchandises. Cela pourrait désavantager le Québec à long terme, en diminuant la compétitivité des entreprises québécoises qui dépendent de leurs exportations vers le marché américain[30]. Aussi, la faible participation des compagnies de camionnage au programme EXPRES est tout aussi troublante à long terme[31].

CONCLUSION

Comme nous l'avons mentionné précédemment, l'approche de la frontière intelligente est dominante dans l'élaboration de solutions pour la gestion frontalière. Il existe divers choix, mais ils n'ont guère réussi à obtenir un appui suffisant au sein de la communauté politique. L'un de ceux proposés est le périmètre de sécurité externe. Cette stratégie déplace l'attention vers les frontières externes du Canada et des États-Unis plutôt que de viser celle qui divise les deux pays. La frontière externe, selon les supporteurs de cette approche, serait plus facile à sécuriser et le trafic serait plus facile à contrôler[32]. Cette option favorise une intégration des règlements sécuritaires et commerciaux plus étroite entre le Canada et les États-Unis, ce qui rappelle le modèle de l'Union européenne.

---

29.   MRI, *Contribuer à l'édification d'un monde plus sûr ou le défi de la sécurité pour le Québec*, *op. cit.*, p. 13.
30.   *Ibid.*, p. 15.
31.   Globerman et Storer (2009), *op. cit.*, p. 184.
32.   MacPherson et McConnell, *op. cit.*, p. 317.

Même si ce choix jouit d'une popularité auprès des entreprises qui dépendent du transport transfrontalier, plusieurs obstacles politiques risquent de nuire à son succès. Le gouvernement américain, pour sa part, ne voudra pas céder sur les préoccupations de souveraineté nationale dans un avenir proche. Washington n'est pas prêt à déléguer une partie de ses responsabilités frontalières aux agences gouvernementales canadiennes[33]. Même à Ottawa, l'approche du périmètre de sécurité est perçue comme une solution dangereuse parce qu'elle est présentée dans le contexte d'un partenariat trilatéral qui inclut le Mexique. Le Partenariat nord-américain pour la sécurité et la prospérité (PSP) de 2005 s'inscrit dans ce cadre, mais il place le Canada sur un pied d'égalité avec le Mexique en ce qui a trait aux enjeux de sécurité[34]. Enfin, il existe aussi des solutions semblables à une union douanière Canada–États-Unis, selon laquelle il y aurait un tarif externe commun pour alléger le fardeau des procédures de l'ALENA qui régissent les accès hors taxes. D'après certains auteurs, cette solution permettrait aux entreprises de libérer une part de leurs ressources pour se conformer aux procédures de sécurité frontalière existantes[35]. Cette approche est sensible au niveau de dépendance économique du Québec vis-à-vis des États-Unis. Par contre, en se concentrant exclusivement sur les répercussions économiques des réglementations frontalières, cette option ne tient pas compte des répercussions sécuritaires plus larges d'un remplacement éventuel du système de frontière intelligente.

Malgré les coûts supplémentaires qui découlent d'une frontière plus sécurisée, le système actuel présente quand même certains avantages. Premièrement, il a contribué à la visibilité du Québec en tant qu'acteur majeur des relations nord-américaine en matière de sécurité frontalière. Les traités bilatéraux signés entre le Québec et plusieurs États américains démontrent que plusieurs enjeux de sécurité ne peuvent être régis au niveau fédéral seulement. Deuxièmement, la frontière intelligente a augmenté les interactions et les efforts de coopération entre le gouvernement fédéral et les provinces, d'une part, et entre le Canada et les États-Unis, d'autre part. L'intégration

---

33. Globerman et Storer (2009), *op. cit.*, p. 184.
34. Joel J. Sokolsky et Philippe Lagassé, «Suspenders and a Belt: Perimeter and Border Security in Canada-US Relations», *Canadian Foreign Policy*, vol. 12 (3), 2005, p. 15-29; Peter Andreas, «The Mexicanization of the US-Canada Border», *International Journal*, vol. 60 (2), 2005, p. 449-462.
35. Globerman et Storer (2009), *op. cit.*, p. 184.

progressive de plusieurs organisations et agences à vocation sécuritaire peut sans doute aboutir à une gestion plus compréhensive de la sécurité de chaque côté de la frontière canado-américaine. Au fur et à mesure que le MRI investira dans ses relations avec les États-Unis pour l'élaboration de sa politique internationale, le Québec pourra sans doute y trouver des occasions d'agir comme médiateur dans la réconciliation des approches fédérales et locales au Canada et au sein de la région frontalière du Nord-Est.

Finalement, les affirmations selon lesquelles le Québec serait soumis à un processus américain d'hypersécurisation semblent exagérées. Pourtant, il y a de la place pour de l'amélioration. Pour satisfaire les intérêts des entreprises québécoises et canadiennes, il faudra sensibiliser la population aux répercussions économiques des mesures de sécurité frontalière intrusives. Tandis que les Canadiens se sont souvent exprimés contre la politique étrangère des États-Unis, ils semblent inquiétés par les préoccupations frontalières d'Ottawa et de Washington. Dans un sondage d'opinion publique, 67,2 % des répondants québécois se sont dits en faveur d'une coopération plus étroite avec les États-Unis en matière de sécurité à la frontière, en comparaison de la moyenne canadienne à 72,2 % et celle des États-Unis à 79,9 %[36]. Ces données indiquent que les options du périmètre de sécurité et d'une union douanière pourraient obtenir l'assentiment de la population. Par contre, les décideurs politiques peuvent entraver tout progrès dans cette voie, car l'approche actuelle est fortement entamée et comporte des coûts énormes qui sont encore loin d'être rentabilisés. Il est donc peu probable que nous soyons témoins d'un changement majeur dans l'approche sécuritaire actuelle qui repose sur le concept de frontière intelligente. Il semble maintenant qu'il soit trop tard pour envisager une modification de la politique de sécurité frontalière du Canada et des États-Unis, ce qui limite de beaucoup les options québécoises.

---

36.   «Americans Keen on Security and Border Cooperation with Canada», Canada-US Border and Security Tracking Study, sondage réalisé par SES and the University at Buffalo, 26 février 2007.

Quatrième partie

Les relations Québec–États-Unis vers un nouvel américanisme

Chapitre 12

Une relation politique

LOUIS BALTHAZAR

À proprement parler, il n'existe pas de relation politique entre le Québec et les États-Unis. Washington, contrairement à Paris, ne laisse subsister aucun doute sur le statut provincial du Québec. Le seul interlocuteur politique officiel, c'est le gouvernement du Canada. Il existe cependant une forte volonté politique de la part du Québec, une nette intention de se faire reconnaître comme acteur politique autonome, selon une doctrine qui a cours depuis plus de quarante ans et qui s'applique à la présence québécoise aux États-Unis aussi bien qu'ailleurs. Cette volonté se manifeste par une importante représentation du gouvernement du Québec dans la métropole de New York et dans d'autres grands centres américains, et même par une présence politique à Washington.

On peut donc parler d'une véritable diplomatie québécoise au sud de la frontière. Une diplomatie qu'on peut qualifier de triangulaire dans la mesure où elle doit s'inscrire, par la force des choses, dans la trame de la diplomatie officielle du Canada. On peut même parler d'une volonté américaine de reconnaître au moins tacitement le Québec comme un acteur autonome. Plus ou moins ouvertement, Washington s'intéresse depuis longtemps au Québec comme un cas particulier à l'intérieur du Canada. Le département d'État y maintient une présence consulaire exceptionnelle et, tout en se déclarant nettement opposé au projet québécois de souveraineté, il envisage en silence la perspective de la réalisation de ce projet.

UNE FORTE VOLONTÉ POLITIQUE

Depuis les premiers jours d'une présence française en Amérique du Nord, Québec a toujours jeté un regard attentif au sud de sa frontière, d'abord en raison des rivalités économiques et coloniales, puis en s'intéressant à la révolution et à la création d'un nouveau pays. Les États-Unis ont souvent été perçus comme un modèle, comme un indispensable partenaire économique, voire, à l'occasion, comme un allié dans la poursuite de grands projets. Toujours, la relation avec le voisin du Sud s'est présentée non pas comme une relation parmi d'autres, mais comme un lien existentiel en quelque sorte. Il est mpossible de penser le Québec, son histoire, sa survivance et son développement sans tenir compte des États-Unis. Ce lien avec l'Amérique du Nord, d'abord vécu dans le cadre d'un empire français qui occupait le tiers du pays actuel, a toujours constitué, qu'on le veuille ou non, un élément incontournable de l'identité québécoise. Le Québec français, sans renoncer à sa langue et à sa culture propres, s'est très tôt démarqué de la métropole française en raison de son intégration à l'espace américain. Il en est résulté une relation parfois pénible mais toujours nécessaire avec le puissant voisin.

Cette relation allait tellement de soi qu'on ne l'a pas vraiment encadrée par une politique avant la Révolution tranquille. Certes, Papineau et les Patriotes se sont inspirés des États-Unis et ont voulu y établir des liens formels. Les Rouges ont prôné l'annexion. Des premiers ministres y ont fait des voyages importants. Certains, comme Gouin, Taschereau et Duplessis, ont favorisé les investissements américains. Il n'y a eu cependant aucune présence québécoise officielle avant 1940 et, même alors, le bureau du Québec est demeuré dénué d'une fonction politique jusqu'en 1962.

La délégation générale de New York

À partir du moment où le Québec renouait avec les relations internationales en créant des missions à Paris et à Londres, il devenait impératif d'établir une véritable présence politique aux États-Unis, le premier pays étranger sur lequel se portent les regards des Québécois. Cela devenait d'autant plus essentiel que les grands projets de la Révolution tranquille, au premier chef celui de la nationalisation de toutes les compagnies privées de production d'électricité, devaient être financés à New York même. Le développement du Québec moderne était indissociablement lié au voisinage américain. Cela ne

Plusieurs jeunes et personnes plus âgées se sont réunis à Montréal le 21 janvier 2009 pour célébrer lors de la cérémonie d'investiture de Barack Obama à Washington. Le phénomène a été planétaire avec l'élection du premier noir à la présidence des États-Unis.
Photo : Jacques Nadeau, le 21 janvier 2009.

Verra-t-on un jour la création d'une zone de libre-échange des Amériques (ZLÉA) ? Ce projet suscite de fortes appréhensions autant chez les politiciens que les citoyens des Amériques. Manifestation contre la ZLÉA et la mondialisation le 21 novembre 2003 à Montréal.
Photo : Jacques Nadeau, novembre 2003.

Malgré le libre-échange, diverses mesures protectionniste sont venues entraver la libre circulation des biens et services entre le Québec et les États-Unis. Par exemple, dans le débat sur le bois d'œuvre, autant que dans le cas du *Buy America Act*, les principes ayant guidé le libre-échange sont parfois mis à dure épreuve.

pouvait pas ne pas se traduire par une forte volonté politique de dialogue avec des partenaires américains. Le bureau de New York est donc devenu une délégation générale et les États-Unis, une destination obligée des premiers ministres québécois. Jean Lesage (1960-1966) donne le ton en se rendant cinq fois dans le pays voisin au cours de ses six années à la tête du gouvernement.

La relation avec les États-Unis ne pouvait prendre la forme d'une représentation dans la capitale, comme c'était le cas en France en raison de l'intérêt particulier du président De Gaulle qui s'est traduit par un statut quasi diplomatique pour le Québec, ni même comme à Londres où une tradition britannique accordait une reconnaissance spécifique aux provinces canadiennes. De plus, la forte décentralisation des institutions politiques américaines a amené le Québec à faire valoir ses intérêts au moyen d'une présence dispersée sur le territoire américain. Plusieurs délégations ont été ouvertes dans des grands centres où il importait d'assurer une visibilité politique aux Québécois. Le gouvernement ne faisait que suivre en cela les mouvements de population qui ont caractérisé l'histoire d'un peuple enchâssé dans la trame de l'Amérique. De tout temps, des Québécois ont voyagé et se sont établis dans plusieurs régions d'Amérique du Nord. Tant il est vrai que l'intégration du Québec au territoire américain est un phénomène congénital.

La délégation générale de New York a tout de même été le lieu par excellence où s'est exprimée la volonté politique de reconnaissance du Québec. Cela est dû à l'importance vitale pour le Québec des institutions financières de la métropole, à sa proximité du territoire québécois et à la nature de l'accréditation du gouvernement québécois auprès du gouvernement des États-Unis. En effet, faute d'un statut diplomatique, le Québec est tout de même reconnu comme un agent chargé des intérêts «financiers, commerciaux, touristiques et culturels» de sa population. Selon le Foreign Agents Registration Act, une loi américaine qui vise à assurer la surveillance des activités des agents étrangers, le gouvernement québécois doit s'inscrire auprès du département américain de la Justice et soumettre un rapport annuel de ses activités sur le territoire américain. C'est la délégation générale de New York qui est responsable de ce rapport et qui agit au nom de toutes les autres délégations. Cette délégation revêt donc un caractère politique particulier. Elle constitue le lieu central de la présence politique aux États-Unis. Son conseiller aux affaires nationales est un agent politique dont le mandat porte sur l'ensemble des institutions politiques américaines. Par sa taille et son action, elle se compare favorablement à la majorité des consulats établis à New York[1].

Le bureau de Washington

Le gouvernement du Québec a tout de même tenu à s'assurer une présence à Washington. Quoi qu'il en soit du statut diplomatique refusé, on a jugé que le grand nombre de décisions prises dans la capitale, et qui affectent des intérêts du Québec, rend une présence québécoise opportune. En dépit de la forte décentralisation américaine, notamment de la dispersion des intérêts québécois, c'est à Washington que se dessinent les éléments majeurs de la politique américaine, d'ailleurs décentralisés à l'intérieur même de la capitale. Même s'il est extrêmement difficile pour le Québec d'établir des liens officiels avec les ministères de la branche exécutive, il est toujours possible d'exercer un monitorage des activités de ces ministères qui concernent des intérêts québécois. Par ailleurs, les Chambres du Congrès fonctionnent indépendamment des règles diplomatiques de l'exécutif et en deviennent plus poreuses. Elles sont soumises à d'innombrables influences de toutes sortes, dont plusieurs proviennent d'agents étrangers. Enfin, on ne compte pas les institutions nationales dont le siège est à Washington de même que les grands centres de recherche dits laboratoires d'idées (*think tanks*) qui influent aussi considérablement sur le pouvoir.

Pour toutes ces raisons et d'autres, le gouvernement du Québec a mis sur pied, en 1978, un modeste bureau qui allait servir de pied-à-terre à ses membres officiels de passage dans la capitale. Il s'est agi d'abord d'un simple bureau de tourisme dont la fonction était officiellement restreinte à des démarches auprès des grandes organisations pour les inviter à tenir leurs congrès à Montréal ou à Québec. Aussi valable que soit cette fonction, elle n'a jamais été exclusive. Par la seule présence régulière du conseiller aux affaires nationales de New York, le bureau de Washington entendait jouer un rôle politique évident, ne serait-ce que pour recueillir de précieuses informations et faciliter la voie à des pressions auprès du Congrès.

---

1.   « *The number of staff assigned to the* délégation générale *in the New York City office is also larger than that found in over 80 percent of the national consulates in that city…* », Earl H. Fry, 2009, « An Assessment of Quebec's Relations with States in the U.S. Federal System », *Quebec Studies*, vol. 47, printemps-été, p. 146. L'auteur se fonde sur le document du département d'État américain, *Consular Offices in the United States*, de 2006.

Dès le départ, le gouvernement du Canada, bien représenté à Washington par une des ambassades les plus prestigieuses de la capitale, a tenu à circonscrire étroitement la présence du Québec à Washington. Jalouse de son rôle exclusif d'agent diplomatique pour tout le Canada et jouissant d'un excellent réseau de communications auprès du gouvernement américain, l'ambassade a veillé diligemment à ce que soient fermées pour le Québec les voies d'accès aux diverses instances, notamment au département d'État. On a fait valoir, à plusieurs reprises, que la politique américaine était à ce point complexe que les Canadiens ne gagnaient rien à multiplier leur présence officielle. En d'autres termes, le gouvernement du Canada entendait représenter aussi bien les provinces que l'ensemble du pays. On pouvait toujours tolérer des bureaux provinciaux ailleurs sur le territoire américain, mais pas à Washington. À cet effet, l'ambassade du Canada, déjà pourvue d'un personnel fort abondant, a mandaté des fonctionnaires pour s'occuper spécifiquement des questions relatives aux juridictions des provinces. Elle a donc vu à ce que le bureau du tourisme du Québec ne prenne pas l'allure d'un organe politique en établissant des conditions à l'octroi du visa de séjour du conseiller aux affaires nationales de New York. Ce visa, octroyé par le département d'État, doit être transmis par le gouvernement canadien. En 1988, par exemple, au moment du remplacement du fonctionnaire, Ottawa a spécifié qu'il devait demeurer affecté à la délégation de New York et que sa résidence soit établie dans cette région, à l'exclusion de la capitale nationale.

En 1997, dans le contexte postréférendaire, le gouvernement fédéral a cru bon de rappeler sa compétence exclusive à Washington. Dans une lettre rendue publique au ministre des Relations internationales du Québec, le ministre des Affaires étrangères d'alors, Lloyd Axworthy, invoquait encore la diversité et la complexité des relations du Canada avec les États-Unis de même que la fluidité et l'extrême hétérogénéité des centres de décision américains pour affirmer la nécessité de l'unicité de la présence canadienne dans la capitale américaine. Il poursuivait en manifestant ses inquiétudes: «Je m'opposerais à ce que, se servant du bureau du tourisme à Washington, certains de vos représentants s'y installent et y œuvrent en permanence [...]². » Le ministre québécois a répondu en reconnaissant la compétence diplomatique exclusive du gouvernement canadien, mais en

---

2.   Lettre de Lloyd Axworthy à Sylvain Simard, le 16 juillet 1997.

faisant aussi valoir les champs de compétence du gouvernement québécois : «Ainsi le gouvernement du Québec estime essentiel de devoir répondre aux demandes qui lui sont soumises et aux questions qui lui sont formulées, sans pour cela remettre en question le rôle du gouvernement du Canada auprès du gouvernement des États-Unis[3]. » Le conseiller québécois aux affaires nationales a donc maintenu sa présence dans la capitale et ses fonctions de repérage d'information, d'établissement de liens interpersonnels avec des personnages influents, de défense des intérêts du Québec et de contacts auprès de diverses institutions de haut savoir et de laboratoires d'idées. Il demeurait toutefois attaché à la délégation générale de New York.

Par la suite, à la faveur d'une accalmie relative dans les rapports entre Ottawa et Québec de 2006 à 2008, alors que le conservateur Stephen Harper était premier ministre fédéral et le libéral Jean Charest à la tête du gouvernement québécois, la présence politique du Québec à Washington a été quelque peu accréditée. Le directeur du bureau de Washington y demeure en permanence et s'acquitte d'un large mandat sans toutefois recevoir une reconnaissance officielle de la part du gouvernement américain. La délégation générale de New York conserve un attaché aux affaires nationales.

Une diplomatie triangulaire[4]

Dans le mandat officiel du directeur du bureau du Québec à Washington, il n'est pas fait mention des relations de ce représentant avec l'ambassade canadienne. Compte tenu de l'incessante vigilance des nombreux fonctionnaires de la mission du Canada et de l'inévitable chevauchement des dossiers du Québec et de ceux du Canada,

---

3.   Lettre de Sylvain Simard à Lloyd Axworthy, le 20 août 1997.

4.   Gouvernement du Québec, Ministère des Relations internationales, «Réaliser une veille des dossiers nationaux susceptibles d'avoir un impact sur les intérêts du Québec ; développer un réseau de contacts influents à Washington, notamment parmi les membres du Congrès et de l'Administration ; maintenir des relations étroites avec les grands groupes de réflexions, les universités et les membres du corps diplomatique présents dans la capitale américaine ; assurer le développement et la prospection des affaires dans la grande région de Washington ; suivre les travaux de l'Organisation des États américains et de la Banque mondiale ; fournir des informations aux voyageurs qui désirent se rendre au Québec, et assurer à travers les représentants du Palais des Congrès et de l'Office de Tourisme, la promotion de Montréal comme destination privilégiée pour la tenue de conférences et de congrès internationaux » : Site du ministère des Relations internationales du gouvernement du Québec : www.mri.gouv. qc.ca/fr/ministere/bureaux_etranger/amerique_du_nord/États-Unis/washington/ mandat.asp, consulté le 28 août 2009.

il serait impensable que le directeur du bureau québécois ne soit pas en contact plus ou moins constant avec l'ambassadeur et le personnel de l'ambassade. En effet, une véritable diplomatie québécoise se doit de faire preuve de toute la subtilité requise pour utiliser à la fois tous les moyens qui sont à sa disposition et ceux de la diplomatie canadienne. C'est d'ailleurs une fonction essentielle des missions québécoises partout dans le monde que de recourir au besoin aux services canadiens et de veiller à ce que les Québécois reçoivent leur juste part de ces services. Selon un réflexe d'autonomie bien compréhensible, on a parfois tendance à oublier cette fonction. Pourtant, quelle que soit l'orientation du parti au pouvoir à Québec, dans la mesure où les Québécois versent des impôts au gouvernement fédéral, il serait sûrement injuste qu'ils soient privés des moyens de la politique étrangère du Canada sous prétexte que le Québec s'est donné un réseau de représentations qui lui est propre. Ce serait une fierté bien mal placée que d'agir comme si le Québec était reconnu comme un acteur autonome quand il ne l'est pas.

Cela est vrai pour la diplomatie québécoise dans son ensemble. Ce l'est particulièrement à Washington, là où les moyens sont très limités quand ils ne sont pas entravés par l'ambassade du Canada. Il importe donc au directeur du bureau du Québec de défendre fermement la raison d'être de sa présence dans la capitale, mais aussi d'établir des liens avec l'ambassade et de veiller à ce que les intérêts du Québec y soient constamment tenus en compte. Il en va de même sur tout le territoire américain, y compris à New York. Les services consulaires canadiens sont tellement considérables que ce serait une folie suicidaire de croire que les Québécois peuvent s'en passer.

Cette diplomatie triangulaire exige, à n'en point douter, beaucoup de talent et de finesse de la part des représentants du Québec. Dans un sens, ces fonctionnaires québécois en poste aux États-Unis doivent se comporter davantage en diplomates que leurs collègues du reste du Canada. Si l'on définit, en effet, la diplomatie comme l'art de faire valoir les intérêts de la nation que l'on représente auprès de nations étrangères, c'est-à-dire d'établir de communications au-delà des différences culturelles et langagières, le Québécois, appartenant à une culture moins familière aux Américains que celle du Canada anglais, aura plus à faire que son homologue canadien de langue anglaise. Il est bien vrai que ce dernier doit aussi défendre des intérêts multiples que les Américains ont tendance à ignorer, comme si le Canada faisait partie des États-Unis, mais la tâche des Québécois est doublée de la défense des intérêts d'une minorité à l'intérieur même du Canada.

Fort heureusement, il semble que les représentants du Québec s'acquittent le plus souvent assez bien de cette tâche difficile. D'après un observateur attentif de la diplomatie québécoise aux États-Unis, les membres du service extérieur québécois sont les mieux formés et les plus compétents des représentants d'États non souverains et se comparent même favorablement aux diplomates de plusieurs pays souverains[5].

Une relation prioritaire

En raison des difficultés propres à ce travail diplomatique aux États-Unis, on pourrait en conclure qu'il n'en vaut pas la chandelle et que le Québec gagnerait à concentrer ses efforts ailleurs, notamment en France et dans la Francophonie, là où les retombées sont plus visibles et propres à faire valoir la spécificité culturelle québécoise. Ce serait une grave erreur. Certes, les relations avec la France doivent toujours demeurer primordiales. C'est, pour une bonne part, en raison de la reconnaissance reçue à Paris que le Québec a pu se voir conférer un certain statut sur la scène internationale. Il en va aussi de l'intérêt économique du Québec de promouvoir l'intensification des échanges avec les pays de l'Union européenne. Malgré tout, cependant, le poids économique des relations avec les États-Unis demeurera toujours largement prépondérant. De plus, si la spécificité du Québec est française, elle est non moins américaine, comme en fait foi l'ensemble de cet ouvrage.

Dès les origines de la nation québécoise, ses habitants ont voulu se démarquer par rapport à l'Europe. Au moment même où la dépendance de la métropole française demeurait indiscutable, les colons français ont voulu se donner un nom propre, Canadiens. Ils ont fait valoir autant qu'ils ont pu leur américanité qui les distinguait fortement de la France. Cette conscience d'appartenir à l'Amérique du Nord est devenue plus vive encore après la Conquête britannique, même si on a préservé la langue et la culture françaises. Elle demeure toujours à notre époque, alors que les liens avec la France ont été

---

5.   « Quebec's foreign service is arguably the best trained and most professional of any comparable subnational government in the world, and it even compares favorably with many national foreign services », Earl H. Fry, *op. cit.*, p. 152.

puissamment renouvelés et renforcés. Quel est, en effet, le message le plus significatif envoyé aux Français et aux membres de la Francophonie sinon celui de l'américanité du Québec ?

Or, l'entretien de cette américanité suppose des liens prioritaires établis avec l'Amérique du Nord. Il est vrai que l'américanité québécoise dépasse les liens avec les États-Unis et qu'il faille toujours faire la différence entre cette américanité et l'américanisation ou assimilation culturelle aux valeurs proprement étatsuniennes. Les Québécois partagent des valeurs avec les Mexicains et autres Latino-Américains. À cet égard, il importait d'établir une délégation générale à Mexico et de renforcer les liens avec d'autres pays d'Amérique latine.

Cela dit, ne nous illusionnons pas. Les liens qui unissent le Québec aux États-Unis sont considérablement plus forts et plus significatifs que ceux qu'on pourra maintenir et intensifier avec l'Amérique latine. C'est donc une erreur de considérer la relation avec les États-Unis comme étant une simple composante de la politique québécoise dans les Amériques. Comme c'est indéniablement le cas pour le Canada, les relations établies par les Québécois avec leurs voisins américains sont uniques et dépassent de beaucoup en intensité, en nombre et en signification ceux établis avec d'autres nations étrangères.

Il est vrai, comme on l'a vu plus haut, qu'une diplomatie québécoise aux États-Unis exige plus de talent et plus de subtilité qu'en bien d'autres endroits. Précisément parce qu'elle est plus complexe et plus exigeante, cette diplomatie doit être l'objet d'une attention particulière et de l'affectation d'une part importante des ressources de la politique étrangère du Québec. En raison même des liens multiples et variés des Québécois avec les Américains, il importe de faire des relations avec les États-Unis une priorité, comme le fait la politique étrangère du Canada. Le Québec ne gagnerait rien à ne pas suivre Ottawa et à lui laisser toute la place aux États-Unis. C'est bien à cause du poids des États-Unis dans la diplomatie canadienne que le Québec doit aussi accorder une priorité à ses relations avec le pays voisin.

C'est là une tâche ingrate dans un pays où la reconnaissance demeure bien faible. Sans doute. Mais le Québec n'en reçoit pas moins une certaine attention de la part des États-Unis.

UNE RECONNAISSANCE TACITE

Il faut d'abord reconnaître que le Canada lui-même ne reçoit guère d'attention dans les milieux où se jouent les grandes décisions stratégiques de la politique étrangère américaine. La collaboration du voisin du Nord est souvent considérée comme un fait accompli. Pourtant, la relation canado-américaine s'avère une des plus intenses sinon la plus intense du monde. Il n'existe pas deux pays sur la planète qui soient plus intégrés l'un à l'autre de diverses façons que les États-Unis et le Canada. Paradoxalement toutefois, pendant longtemps, les deux États n'ont pas eu de véritable politique l'un envers l'autre. La tendance à Washington a souvent été de considérer le Canada comme s'il faisait partie de l'ensemble socioéconomique nord-américain. Il a fallu que se manifeste un certain nationalisme au Canada à compter des années 1960 pour que le gouvernement américain se donne une politique envers le Canada et pour que, peu à peu, on en vienne à prendre conscience que sa position géographique est plus significative que sa participation au Commonwealth. Encore aujourd'hui, même si un grand nombre de fonctionnaires traitent du Canada au sein de plusieurs départements de la branche exécutive, la politique de Washington envers son voisin du Nord n'est guère l'objet d'une définition.

Tout au plus, le Canada a suscité des inquiétudes en raison de la frontière dite poreuse entre les deux pays. À une époque où les frontières deviennent presque invisibles entre les pays de l'Union européenne, pourtant beaucoup moins intégrés les uns aux autres que les États-Unis et le Canada, alors qu'on serait en droit de s'attendre à ce que l'énorme volume des échanges dans le cadre de l'Accord de libre-échange nord-américain en vienne à effacer la frontière, on assiste plutôt à un renforcement des mesures de sécurité.

Une attention politique particulière

En conséquence, envers le Québec, toujours vu comme une composante du Canada, on ne discerne aucune politique formelle. Pourtant, la province francophone a été l'objet d'attentions particulières depuis les années de la Révolution tranquille. En effet, dès 1961, l'Agence centrale sur le renseignement (CIA) a jugé bon de produire une note sur la situation du Québec et les possibles répercussions de son néonationalisme sur la structure politique canadienne. En 1965, le bureau du renseignement et de la recherche (Intelligence and

Research : INR) du département d'État produit une note sur les fameux discours du ministre Paul Gérin-Lajoie et sur l'éclosion de la doctrine qui inspire encore les relations internationales du Québec. À l'été de 1967, on s'inquiète évidemment des déclarations du président De Gaulle. L'année suivante, un autre mémorandum porte sur les affrontements entre Pierre E. Trudeau, alors ministre de la Justice, et le premier ministre québécois Daniel Johnson : « Quebec, Ottawa and the Confederation... ». En 1969, c'est au tour du Conseil de sécurité nationale de produire un court mémorandum sur le « séparatisme » au Canada. Puis, en 1973, à la suite de la réélection de Robert Bourassa à la tête du gouvernement québécois, l'INR du département d'État revient sur la question : « Separatism Quiescent but not Dead[6] ».

C'est en 1977, tout naturellement, que le Québec suscite un intérêt tout à fait nouveau, à la suite de l'élection d'un gouvernement souverainiste en novembre 1976. Le bureau du Canada au département d'État produit une étude sérieuse, bien documentée et nuancée à souhait : « *The Quebec Situation : Outlook and Implications* ». Cette étude est demeurée « document secret » jusqu'à ce qu'elle soit déclassifiée en 1989, grâce à l'insistance de Jean-François Lisée, alors journaliste. L'auteur de l'étude ose aller plus loin que le gouvernement du Canada en souhaitant une certaine « dévolution » des pouvoirs vers le Québec, un statut particulier plutôt qu'une décentralisation généralisée, comme étant plus favorable aux intérêts des États-Unis[7].

Sans doute, plusieurs autres notes et mémorandums ont été produits sur le Québec, tout particulièrement à l'occasion des deux référendums sur la souveraineté en 1980 et 1995. Est-ce à dire qu'on aurait formulé une politique envers le Québec ? Pas tout à fait, du moins pas officiellement, car le Québec est toujours considéré comme une province du Canada, seul interlocuteur diplomatique. Washington n'en maintient pas moins un consulat général dans la ville de Québec, qu'on peut considérer comme une représentation particulière auprès du gouvernement du Québec.

---

6. Informations colligées par Jonathan Lemco, 1994, *Turmoil in the Peaceable Kingdom : The Quebec Sovereignty Movement and Its Implication for Canada and the United States*, Toronto, University of Toronto Press, p. 147.
7. L'étude est reproduite en entier dans l'ouvrage de Jean-François Lisée, 1990, *Dans l'œil de l'aigle*, Montréal, Boréal, p. 479.

Le consulat général de Québec

Cette présence américaine dans la Vielle Capitale date de 1834. Elle est la plus ancienne mission étrangère à Québec. Son rôle a longtemps été limité aux affaires commerciales. À l'époque contemporaine, cependant, alors que Washington concentre ses activités consulaires dans les grands centres urbains (Halifax, Montréal, Toronto, Winnipeg, Calgary et Vancouver), le consulat général de Québec est maintenu, dans la seule province du Canada à compter deux consulats.

Selon toute évidence, même si cela n'est pas reconnu officiellement, le consulat général de Québec remplit une fonction particulière, celle d'établir des relations avec les milieux politiques de la capitale francophone, ceux du gouvernement, de l'Assemblée nationale et d'autres instances. Il est clair que les affaires commerciales et proprement consulaires ne nécessitent pas une représentation particulière à Québec. On peut donc voir dans le maintien du consulat général une reconnaissance tacite du caractère distinct du Québec, une volonté politique d'être bien informé sur l'évolution du Québec francophone. Le consul général de Québec demeure sous l'entière responsabilité de l'ambassade d'Ottawa, mais il fait rapport régulièrement et directement au département d'État.

Dans l'ensemble, surtout depuis le dernier quart du vingtième siècle, les personnes désignées pour occuper cette fonction ont été des diplomates compétents et de bon jugement. On peut donc en conclure que Washington est demeuré bien informé de la véritable situation politique au Québec, conservant un contact direct avec le milieu francophone québécois, ne se contentant pas, comme c'est souvent le cas pour les médias, des messages transmis par des interlocuteurs anglophones canadiens.

On pourrait même croire que si jamais Québec devenait un acteur politique autonome, soit dans le cadre de l'union canadienne, soit à l'extérieur, le consulat général des États-Unis pourrait demeurer et jouer un rôle important d'information et de dialogue dans des moments de transition avant l'établissement de relations diplomatiques officielles. À cet égard, il importe d'examiner les positions officielles de Washington à l'endroit du mouvement souverainiste québécois.

Les États-Unis et la souveraineté du Québec

Dès après l'élection à Québec d'un parti voué à la réalisation de la souveraineté, la Maison-Blanche se devait de répondre aux questions qui se posaient alors. Allait-on laisser la voie libre à un Québec déclaré souverain par la simple volonté de ses citoyens? Allait-on s'employer, au contraire, au nom de l'amitié canadienne, à favoriser l'unité du Canada au point de menacer un Québec souverain de représailles dont les États-Unis possèdent une capacité exception- nelle? Il faut rappeler ici qu'à Washington, si bien informé soit-on sur le Québec et sur son caractère distinct, on se place d'abord et avant tout devant l'interlocuteur canadien, allié et partenaire privi- légié. La question qui se pose ne s'adresse donc pas au Québec comme tel, mais à l'ensemble du Canada.

C'est le président Jimmy Carter qui, le premier, énonça la politique américaine à l'endroit du mouvement souverainiste québé- cois en répondant aux questions des journalistes à l'occasion d'une conférence de presse à l'hiver 1977. Ses successeurs l'ont réitérée par la suite sans y apporter de modifications importantes. Cette politique comprend trois volets essentiels:

1. Les États-Unis considèrent le Canada comme un partenaire privilégié. Ils favorisent tout ce qui peut renforcer l'unité et la cohésion du Canada. Ils expriment donc leur nette préférence pour un Canada uni plutôt que pour la sécession de l'une de ses parties.

2. Cela dit, les États-Unis n'entendent pas intervenir dans les affaires internes du Canada, notamment dans le débat consti- tutionnel.

3. Il appartient aux Canadiens de décider de l'avenir de leur pays. Les États-Unis respecteront, à cet égard, tout changement constitutionnel entériné par la volonté populaire des citoyens canadiens.

Il ressort clairement de cette prise de position que les gouver- nements américains favorisent la stabilité au Canada comme ils l'ont généralement fait ailleurs. S'il est arrivé que Washington encourage des mouvements sécessionnistes, c'était invariablement dans des situations déjà troublées et à l'encontre de gouvernements jugés hostiles et non respectueux des droits et libertés. Tel a été le cas, par exemple, pour le Timor oriental et, en dernière analyse, pour le Kosovo. Le président Bill Clinton s'est fort bien exprimé là-dessus dans une brillante intervention à l'occasion d'une conférence sur le fédéralisme à Mont-Tremblant en 1999. Il défendait à la fois la diversité culturelle à l'intérieur d'un même pays et le respect du caractère distinct de certaines entités à l'intérieur d'une fédération. Il s'en tirait en donnant l'exemple du Nunavut, se gardant bien de mentionner le Québec. Ce même président avait d'ailleurs déclaré, quelques jours avant la tenue du référendum de 1995, qu'il ne comprenait pas pourquoi des Québécois pouvaient opter pour la souveraineté. Son secrétaire d'État, pour sa part, affirmait qu'il ne fallait pas compter que Washington soit aussi bien disposé envers une autre forme d'union canadienne. Ces interventions, plutôt contraires à la politique de non-intervention énoncée plus haut, avaient été suscitées par un ambassadeur très activiste, James Blanchard, qui s'était livré, sur toutes les tribunes qui lui étaient offertes, à une campagne passionnée contre l'option souverainiste[8].

Peut-être avait-on jugé que la menace de sécession était assez forte en 1995 pour justifier de telles interventions et déroger à la volonté exprimée de ne pas intervenir dans les débats canadiens. Tel n'avait pas été le cas en 1980, à l'occasion du premier référendum sur la souveraineté-association. Washington avait alors fait preuve d'une réserve exemplaire, à l'encontre des sollicitations de nombreux Canadiens réclamant une intervention.

Notons encore que les États-Unis ne sont jamais allés jusqu'à menacer de ne pas reconnaître un Québec souverain. Il apparaît, au contraire, que devant le fait accompli d'une sécession du Québec négociée avec le reste du Canada, Washington s'ajusterait assez bien à la nouvelle situation. C'est du moins l'analyse qu'en ont faite de nombreux commentateurs indépendants qui, après avoir réaffirmé la nette préférence américaine pour le *statu quo*, acceptent d'envisager l'avènement d'un Québec souverain qui, à leurs yeux, se produirait vraisemblablement d'une manière plutôt lente et graduelle. Cela permettrait à Washington, selon ces analystes, de formuler une politique conforme à ses intérêts en fonction de la nouvelle conjoncture[9].

---

8.   Il s'en est d'ailleurs fait un point de fierté dans un ouvrage relatant ses années en poste à Ottawa : James J. Blanchard, 1998, *Behind the Embassy Door : Canada, Clinton and Quebec*, Toronto, McClelland & Stewart. Voir notamment p. 236-239.

9.   Voir, entre autres, Joseph T. Jockel, 1991, « If Canada Breaks Up : Implications for U.S. Policy », *Canadian-American Public Policy*, n° 7, University of Maine, p. 22 ; Dwight N. Mason, 1992, « An Independent Quebec ? », *National Security Law Report*, février, p. 6 ; Jonathan P. Doe, 1996, « Le Plus Ça Change – The Quebec Referendum and U.S.-

Notons encore que la plupart des analystes croient que Washington accueillerait volontiers le Québec dans l'Accord de libre-échange nord-américain, bien que cela ne doive pas se faire automatiquement, sans une nouvelle négociation.

CONCLUSION

Il existe donc une relation d'ordre politique entre le Québec et les États-Unis. Certes, les relations établies par des Québécois sur le continent nord-américain débordent de beaucoup le cadre politique. Ces relations sont d'abord transnationales et de tous ordres. Une volonté politique s'est tout de même exprimée, surtout au moment de la Révolution tranquille, de la part d'un Québec qui se doit de concevoir son insertion dans le continent comme étant d'une importance vitale pour son développement et son avenir. Tant en raison de l'intransigeance du gouvernement fédéral canadien que de l'absence de reconnaissance du gouvernement américain, cette politique s'est manifestée surtout par l'intermédiaire de la délégation générale de New York, mais aussi à travers les diverses autres missions sur le territoire des États-Unis. Le Québec a tout de même voulu être présent à Washington pour y établir des contacts et observer de près l'évolution des politiques concernant ses intérêts. Cette présence prend une importance particulière dans le cadre d'une diplomatie triangulaire ou à deux niveaux qui doit jouer autant auprès des services du gouvernement canadien qu'auprès d'interlocuteurs américains.

Les États-Unis, pour leur part, ont accordé depuis 1960 une attention particulière au Québec et à son affirmation nationale. Ils ont voulu maintenir dans la capitale québécoise un consulat général dont la fonction ne peut être que politique. Sans se donner de véritable politique à l'endroit du Québec, Washington se tient donc bien informé de l'évolution de cet acteur particulier et serait assez bien préparé à envisager une modification qu'il ne souhaite pas du cadre constitutionnel canadien.

Canada Relations : A U.S. Perspective », *North American Outlook*, National Planning Association, Washington, D.C., juillet, p. 46 ; David T. Jones, 1997, « An Independent Quebec : Looking into the Abyss », *The Washington Quarterly*, n° 20, p. 35 ; The American Review of Canadian Studies, 1997, *Special Issue : A Sovereign Quebec and the United States*, vol. 27, n° 1.

Chapitre 13

La nouvelle politique internationale du Québec

Luc Bernier, Geneviève Blouin et Mathieu Faucher

Il y a eu une époque des relations internationales du Québec où le lien avec la France primait. Le Québec avait trouvé un pays souverain qui désirait avoir des rapports diplomatiques avec un État non souverain. Ce lien a donné une stature aux relations internationales québécoises que jamais les échanges économiques avec les États-Unis n'auraient pu lui offrir[1]. Sous De Gaulle – puis avec des fortunes variées selon la personnalité et l'idéologie de celui qui était à l'Élysée – et malgré l'importance croissante de l'Europe unie pour la politique étrangère française, les relations internationales du Québec avec la France ont continué d'avoir un caractère particulier. Cet espace, qui s'est élargi à la Francophonie, poussait le Québec à développer rapidement ses stratégies, parfois à improviser, tellement les possibilités dépassaient les ressources disponibles tant sur le plan des compétences que sur le plan financier.

Les premiers travaux de recherche sur la politique internationale du Québec ont beaucoup porté sur le statut juridique particulier de ces relations dans une fédération aux pouvoirs internationaux partagés[2]. Le Québec a maintenu deux relations privilégiées : une avec

---

1. Ivo D. Duchacek, 1988, « Multinational and Bicommunal Polities and Their International Relations », dans *Perforated Sovereignties and International Relations*, sous la direction de Ivo D. Duchacek, Daniel Latouche et Garth Stevenson, New York, Greenwood, p. 14-25.
2. Luc Bernier, 1996, *De Paris à Washington : la politique internationale du Québec*, Québec, Presses de l'Université du Québec. Voir le chapitre 4.

la France et une avec les États-Unis[3]. Celle avec la France a été tissée au fil de liens étroits, surtout de nature affective, politique et culturelle, alors que celle avec les États-Unis a été plus tacite, surtout pragmatique et commerciale. On a souvent insisté sur l'institutionnalisation de ces relations alors que comme au lendemain de la Révolution tranquille du début des années 1960, la chance et l'entreprenariat expliquent mieux les succès que la planification[4]. Mais, et ce mais est important, une fois cette reconnaissance légale, politique et symbolique acquise, les relations internationales doivent être faites en fonction des intérêts de l'entité qui s'y consacre. Les intérêts économiques du Québec sont d'abord avec les États-Unis, son principal allié commercial. Malgré tous les efforts des ministères québécois à vocation économique pour diversifier les marchés d'exportation, les États-Unis demeurent le grand partenaire commercial du Québec. Il faut aussi rappeler que certains États américains pris individuellement effectuent plus de commerce avec le Québec que ses plus grands partenaires européens ou asiatiques. Le Québec exporte, en 2008, plus dans les États de New York, du Vermont, du Tennessee, de l'Illinois, de l'Ohio, du Michigan, du Texas, du Connecticut et du New Jersey individuellement qu'au Royaume-Uni qui est son deuxième marché après les États-Unis. Il exporte plus au Massachussetts et au New Hampshire qu'en Allemagne qui est au troisième rang. Il exporte plus en Californie qu'en France, son quatrième partenaire économique.

Les États-Unis ne sont pas seulement un lieu d'échange commercial pour le Québec. L'historien Yvan Lamonde proposait d'ailleurs, en 1996, l'équation suivante *Québec = – France + Grande-Bretagne + USA*[2] pour expliquer l'américanité du Québec et la modernité des Québécois. Suivant cette équation, les Québécois sont moins de tradition française qu'on pourrait le penser à première vue, ont un héritage britannique plus important que ce qu'on est prêt à reconnaître et, surtout, sont davantage nord-américains que certains sont prêts à l'admettre[5]. Dans une version plus longue de cette équation,

---

3.   Ivo D. Duchacek, 1986, *The Territorial Dimension of Politics Within, Among and Across Nations*, Boulder, Westview, p. 270.

4.   *Ibid.* Voir aussi Daniel Latouche, 2006, « Culture and the Pursuit of Success : The Case of Québec in the Twentieth Century », dans *Developing Cultures : Case Studies*, sous la direction de Lawrence E. Harrison et Peter L. Berger, New York, Routledge, p. 445-464.

5.   Pierre Monette, 2001, « Allégeances et dépendances, réponse de Normand », *Voir*, vol. 15, n° 24, p. 36.

Visite en 1982 de René Lévesque à Washington en compagnie du vice-premier ministre et ministre des affaires intergouvernementales, Jacques-Yvan Morin.

Signature le 30 mars 1983 d'un protocole d'entente Québec-États-Unis en présence de Jacques-Yvan Morin, ministre des Affaires intergouvernementales du Québec et le consul des États-Unis, M. Jeager. Bibliothèque et Archives nationales du Québec, E10,S44,SS1,D83-162, CP19/Ministère des Communications/Daniel Lessard, 30 mars 1983.

Lors du sommet des Amériques à Québec en avril 2001, le gouvernement du Québec avait déployé une large banderole sur l'un des édifices gouvernementaux afin de souhaiter la bienvenue aux participants. Le gouvernement canadien avait refusé alors au gouvernement du Québec d'intervenir comme participant bien que la ville de Québec en était l'hôte. Photo de Jacques Nadeau, 17 avril 2001.

Lamonde ajoutait – *Rome + Canada* pour souligner que l'influence du catholicisme romain sur les valeurs québécoises est moindre que ce qu'on entend et dit généralement et que le Québec a certaines affinités avec le Canada[6].

Lamonde écrivait qu'en entrant dans la société de consommation d'après-guerre, le Québec est devenu « américain » au même titre que tous ceux qui habitent le continent nord-américain. Une fois la ruralité et la religion effacées, les Québécois sont devenus des Américains parlant français. L'idée même de penser l'américanité du Québec en ces termes a suscité de nombreux débats au cours des dernières années. Chez certains auteurs, cette américanité a fait naître un profond malaise identitaire au point où ils se demandent s'il est socialement acceptable d'admettre l'américanité des Québécois. Dans

---

6.   Yvan Lamonde, 2001, *Allégeances et dépendances. L'histoire d'une ambivalence identitaire*, Montréal, Nota Bene.

L'accueil de la délégation du Québec à New York.

la mesure où on partage le point de vue de Lamonde, on peut se demander si cette américanité des Québécois demeurent davantage une caractéristique propre aux citoyens, nullement partagée par les élites québécoises et ceux qui œuvrent au sein du ministère des Relations internationales du Québec. Entre d'autres termes, l'américanité des Québécois se reflète-t-elle dans les relations internationales du gouvernement du Québec ? Et les États-Unis sont-ils encore à la fois trop près et trop loin ?

Dans le numéro spécial de la revue *Politiques et Sociétés* publié en 1999, Luc Bernier écrivait que la proximité des États-Unis avait aussi une conséquence importante sur le Québec quant à ses relations avec son voisin du Sud : « L'impression qu'ont les Québécois de connaître les États-Unis leur camoufle la nécessité d'y être représenté sur le plan institutionnel[7]. » Les moyens consacrés à la relation avec les États-Unis ont été longuement limités et nettement en deçà des

---

7. Luc Bernier, 1999, « Les États-Unis : à la fois trop près et trop loin », *Politiques et Sociétés*, vol. 18, n° 1, p. 110. Il faut toutefois faire attention à ces chiffres qui incluent les importants services d'immigration à Paris.

ressources dévolues aux relations France-Québec. Les chiffres en témoignent éloquemment. Entre 1981 et 1995, le pourcentage des exportations québécoises vers les États-Unis est passé de 65 % à 81 % alors que vers la France, il est demeuré plutôt stable, de 1,7 % à 1,9 %. En 1981, le Québec avait 76 employés dans ses bureaux aux États-Unis et 73 en France ; en 1995, 84 aux États-Unis et 82 en France[8].

Quelle est la situation aujourd'hui, 15 ans plus tard et plus de 20 ans après l'Accord de libre-échange avec les États-Unis ? Est-ce que la formulation et les moyens disponibles pour représenter le Québec à l'étranger permettent de défendre les intérêts du Québec, plus particulièrement aux États-Unis ? Est-ce que cette situation a changé au point ou les États-Unis sont devenus prioritaire dans les politiques québécoises et que les moyens financiers dédiés au ministère des Relations internationales permettent vraiment de mettre en œuvre la politique étatsunienne du Québec ? Mais avant de parler des moyens, il faut se demander si le gouvernement du Québec a une véritable vision de ses relations avec les États-Unis ?

L'AMÉRICANITÉ DU QUÉBEC

L'américanité des Québécois est d'abord économique ; leur plus grand partenaire commercial demeure les États-Unis. Les Québécois ont importé pour 27 milliards de dollars en 2008 des États-Unis et ils y ont exporté pour 51 milliards de dollars. Comme le tableau 1 l'illustre, avec la France, autre relation internationale privilégiée, les importations sont de presque 3 milliards de dollars, mais les exportations ne sont que de 1,3 milliard de dollars. En fait, selon les statistiques gouvernementales, la France est le quatrième pays pour les exportations internationales du Québec et le septième pour les importations. Pour les produits québécois, les États-Unis sont premiers avec 72 % des exportations. Ils sont aussi le pays avec qui les échanges – au total déficitaires de plus de 16 milliards de dollars – sont positifs pour le Québec. Outre les États-Unis, le Québec exporte davantage vers le Royaume-Uni et l'Allemagne que vers la France. Il importe aussi plus de Chine, d'Algérie, du Royaume-Uni, d'Allemagne et du Japon que de la France.

---

8.   *Ibid.*, p. 96-99.

Le pourcentage des exportations vers les États-Unis est en baisse par rapport aux années 1990 alors qu'il avait dépassé 80 %[9]. On peut y voir une diversification des échanges économiques du Québec comme l'effet de l'émergence de nouvelles puissances économiques telle la Chine, qui est la deuxième source des importations québécoises et le sixième marché pour ses exportations. Les événements tragiques du 11 septembre 2001 à New York et les politiques de sécurité frontalières mises en place par le gouvernement américain ont aussi freiné le flot des échanges commerciaux. En outre, l'année 2008 a été difficile pour l'économie mondiale et les effets se sont fait ressentir aussi au Québec. L'économie québécoise demeure malgré tout l'une des plus ouverte au monde, les exportations représentant 51,3 % du PIB. En contrepartie, cette ouverture fait que les soubresauts de l'économie mondiale l'affectent fortement. La balance positive de 2002 à 2004 devient déficitaire en 2005 et croît graduellement jusqu'en 2008. Durant cette période, alors que les exportations ont augmenté en moyenne de 0,2 % par année, les importations, elles, ont augmenté de 4,4 %[10].

Tableau 1

EXPORTATIONS ET IMPORTATIONS INTERNATIONALES DU QUÉBEC EN 2008 (EN MILLIARDS DE DOLLARS)

	Total	États-Unis	France
Exportations	71,023	51,259	1,326
Importations	87,576	27,272	2,917

Source : Gouvernement du Québec, 2009, Banque de données des statistiques officielles sur le Québec.

L'américanité des Québécois est plus que cela, c'est la proximité géographique, les vacances en Floride et la télévision américaine en direct ou traduite sur les petits écrans québécois. La moitié des Québécois ont pris des vacances aux États-Unis au cours des cinq dernières années. Ce sont aussi des liens familiaux, puisque le quart de la population québécoise a des parents qui y habitent. Certains de ces traits ne sont pas exclusifs au Québec. La culture américaine a fait le tour

9.   Luc Bernier, 1996, *op. cit.*, p. 96.
10.   Voir Gouvernement du Québec : http://www.stat.gouv.qc.ca/donstat/econm_finnc/ conjn_econm/TSC/pdf/chap9.pdf.

du globe et elle est imitée en tous lieux. « L'*American way of life*», malgré l'antiaméricanisme, est enviée partout.

Aussi, le Québec s'est ouvert sur le monde. Selon le sondage de 2007 utilisé dans ce livre, les Québécois souhaitent à plus de 60 % que le gouvernement soit plus actif sur la scène internationale et à 31 % qu'il demeure « aussi actif » ; uniquement 5 % croient qu'il devrait l'être moins. Parmi les répondants, 48 % estiment que compte tenu de sa taille et de ses moyens, le Québec a moins d'influence par rapport à ce à quoi ils s'attendent alors que 38 % estiment qu'il en a autant et 12 %, qu'il en a davantage. Si on leur demande de comparer à il y a 25 ans, 56 % jugent qu'il en a plus, 34 %, qu'il en a autant et 7 %, qu'il en a moins.

Le tableau 2 illustre les perceptions qu'ont les Québécois sur un certain nombre d'enjeux de la politique internationale du Québec qui confirment les observations précédentes. L'appui au rôle international du gouvernement du Québec est sans équivoque dans plusieurs secteurs. L'idée que le Québec peut servir de médiateur souligne l'autonomie souhaitée de sa politique internationale par les Québécois. Son rôle devrait être celui d'un État souverain. Les débats dans les médias après le tremblement de terre en Haïti ont aussi illustré cette perspective alors que le premier ministre provincial a dû rappeler que plusieurs éléments de l'aide qui devait être apportée relevaient du gouvernement fédéral. Les Québécois veulent que leur gouvernement joue un rôle actif sur la scène internationale, et ce, de manière autonome. Vis-à-vis des États-Unis, les résultats du sondage révèlent que les Québécois souhaitent une plus grande distance que vis-à-vis du gouvernement canadien. On peut déduire des informations présentées au tableau 2 que le rôle international du Québec est jugé positivement par les Québécois, non seulement sur le plan économique, mais également dans des domaines comme l'aide internationale. On parlait autrefois du Québec comme étant une société repliée sur elle-même, mais les résultats du sondage prouvent le contraire.

Tableau 2
ÊTES-VOUS EN ACCORD OU EN DÉSACCORD
AVEC LES ÉNONCÉS SUIVANTS?

	En accord	En désaccord
Le Québec est très généreux lorsque vient le temps de donner de l'aide aux pays pauvres.	70%	24%
Le Québec devrait avoir une politique internationale indépendante même si cela créait des tensions avec les États-Unis.	64%	33%
L'un des rôles importants que le Québec pourrait jouer sur la scène internationale serait d'agir comme médiateur dans les conflits.	65%	33%
Le gouvernement du Québec devrait être plus actif sur la scène internationale.	79%	19%
Le Québec devrait avoir une politique internationale indépendante même si cela créait des tensions avec le gouvernement fédéral.	58%	39%

Source: Enquête Lachapelle et Léger Marketing, 2007.

LA FORMULATION DE LA POLITIQUE INTERNATIONALE DU QUÉBEC

Les efforts de planification stratégique des gouvernements ont l'avantage de pousser les ministères à organiser leurs priorités, lesquels peuvent ensuite développer, dans une perspective de gestion par résultats, des indicateurs pour voir si leurs objectifs ont été atteints. Il est possible, toutefois, que ceux-ci soient difficiles à concrétiser. Il peut aussi arriver que les énoncés publics ne soient que des exercices où chaque mot est soigneusement pesé et qu'ils n'indiquent guère de choix tranchés. Qui plus est, dans le cas des relations internationales, il est probable qu'on évite de froisser des partenaires potentiels en les classant parmi les pays non priorisés. Tout cela peut à la longue s'avérer fastidieux lorsqu'on cherche des priorités claires. Néanmoins, le processus, lorsqu'il touche une grande partie du personnel d'un ministère, a l'avantage de faire discuter des objectifs et des priorités dans des organisations aux finalités complexes qui peuvent ensuite guider l'action[11]. Ces efforts qui, au Canada, ont vu le jour au cours de la période des compressions budgétaires des années 1990 ont été suivis, au Québec,

---

11.   Luc Bernier et Evan H. Potter, 2001, *Business Planning in Canadian Public Administration*, Toronto, Institut d'administration publique du Canada, New Directions, n° 7.

par la *Loi sur l'administration publique* de 2000 qui oblige désormais les ministères à produire un plan stratégique. C'est ainsi qu'un certain nombre de documents publics ont été émis par le ministère des Relations internationales du Québec dans lesquels on peut retracer l'importance qu'il accorde à son lien avec les États-Unis.

Pour Paul Painchaud (1980: 367), à partir de 1976, il y a un élargissement de la politique internationale du Québec alors que les États-Unis deviennent une des priorités: «Il s'agit là d'un changement radical dans la mesure où les États-Unis cessent d'être considérés comme une simple extension du territoire national pour devenir objet de politiques spécifiques et intégrées.» C'est l'époque de ce qui fut nommé l'*Opération Amérique* et où on vit le personnel des délégations croître et une antenne être déployée à Washington. Cette opération visait à préparer le référendum de 1980, mais aussi à mieux faire connaître le Québec aux États-Unis et à améliorer les échanges économiques[12]. La politique envers les États-Unis avait été jusqu'à ce jour improvisée[13]. On crée alors une direction des États-Unis au ministère. Pour Louis Balthazar, ceux-ci ont toujours été importants dans la politique internationale du Québec, mais ce dernier, ajoute-t-il, n'a pas aux États-Unis les contacts directs dont il jouit avec la France[14].

Il y a eu, en 1991, la publication d'un énoncé de politique intitulé *Le Québec et l'interdépendance: le monde pour horizon*. C'était le deuxième du gouvernement, émis après *Le Québec dans le monde: le défi de l'interdépendance*, en 1985, qui avait été rendu public brièvement avant le changement de pouvoir. Le document de 1991 était présenté avec la mention «Éléments d'une politique d'affaires internationales». Le ministère était alors celui des Affaires internationales. C'était une époque où la dimension économique des activités internationales et les relations internationales étaient regroupées au sein d'un seul ministère et non partagées comme actuellement entre le ministère des Relations internationales (MRI) et le ministère du Développement économique, de l'Innovation et de l'Exportation (MDEIE), lequel a

---

12.   Louis Balthazar, 2006, «Québec-États-Unis: une relation primordiale», dans *Les relations internationales du Québec depuis la doctrine Gérin-Lajoie (1965-2005)*, sous la direction de Stéphane Paquin, Robert Comeau, Louise Beaudoin et Guy Lachapelle, Québec, Les Presses de l'Université Laval, p. 115.

13.   Lise Bissonnette, 1981, «Quebec-Ottawa-Washington: the pre-referendum triangle», *American Review of Canadian Studies*, vol. 11, p. 64-76.

14.   *Ibid.*, p. 116-117.

succédé au ministère de l'Industrie et du Commerce qui avait la responsabilité du commerce extérieur.

Au chapitre 8, qui portait sur les partenaires étrangers, le premier pays mentionné était les États-Unis. On y écrivait:

> L'importance des échanges avec les États-Unis et l'influence des décisions qui se prennent dans ce pays exigent de la part du Québec des efforts particuliers et soutenus pour faire connaître aux divers milieux influents sur le plan national comme dans les sphères financières, industrielles, universitaires et culturelles, les principaux aspects de sa réalité actuelle[15].

On était alors dans les années qui suivaient l'Accord de libre-échange et on voyait celui-ci comme une possibilité d'accès au marché américain. Le Québec avait alors un bureau à Lafayette, en Louisiane, pour la promotion du fait français et des délégations où la dimension économique était prédominante. Outre l'importance du marché américain, on soulignait dans cet énoncé celle du tourisme américain au Québec, de la culture américaine au Québec, des liens scientifiques, du nombre d'étudiants québécois aux États-Unis et d'étudiants américains au Québec ainsi que des rapports entre le Québec et divers regroupements américains comme l'Association des études canadiennes aux États-Unis (ACSUS) et l'American Council for Quebec Studies, mais aussi des regroupements commerciaux. On y expliquait également que le Québec devait privilégier certaines actions régionales dans le Nord-Est tout en ayant un bon mot pour les autres régions.

En 2006, le gouvernement publie un énoncé de politique intitulé *La politique internationale du Québec: la force de l'action concertée.* Son organisation est différente. On y parle de grands enjeux comme renforcer la capacité d'action et d'influence de l'État québécois, favoriser sa croissance et sa prospérité, accentuer sa sécurité et celle du continent nord-américain, promouvoir son identité et sa culture ainsi qu'augmenter la contribution nécessaire à l'effort de solidarité internationale. Cette fois-ci, dans l'énoncé du MRI et au-delà de la portion sur le commerce international, on réitère que la politique se déploiera d'abord «auprès des deux pays stratégiques que sont les États-Unis et la France[16]. »

---

15. Gouvernement du Québec, 1991, Ministère des Affaires internationales, *Le Québec et l'interdépendance*, p. 139.

16. Gouvernement du Québec, 2006, Ministère des Relations internationales, *La politique internationale du Québec*, p. 107.

Dans cet énoncé, rendu public sous un gouvernement fédéraliste, on réaffirme l'autonomie du Québec en matière de relations internationales. Dans le chapitre sur l'évolution du contexte international, on répète que les États-Unis demeurent le principal marché pour le Québec[17]. Quatre priorités façonnent désormais l'action du Québec aux États-Unis: le commerce et les investissements; la sécurité; l'énergie; l'environnement[18]. On insiste de nouveau sur l'importance des liens avec la côte Est américaine et le Midwest[19]. Comme l'annexe 1 de ce texte permet de le constater, les deux encadrés repris de cet énoncé sur les relations avec les États-Unis et la France sont représentatifs de la différence entre le ton et ce qui est souhaité. On y indique également qu'on espère, dans la perspective du développement des relations avec les États fédérés, une intensification des liens avec les États américains et mexicains[20]. Dans les pages qui sont ensuite consacrées au marché américain, on note que celui-ci est de plus en plus difficile à pénétrer et concurrentiel et que le centre de gravité se déplace davantage vers le Sud-Ouest, ce que l'énoncé de 1991 soulignait déjà[21]. Le gouvernement entend renforcer en conséquence sa présence économique à Atlanta et à Washington[22]. Par ailleurs, dans la perspective d'une sécurité accentuée aux frontières américaines, le gouvernement prévoit favoriser une circulation fluide et sécuritaire des personnes et des biens et, donc, maintenir le commerce ouvert[23].

Outre cet énoncé de politique, au fil des années 2000, le MRI a publié quatre plans stratégiques qui doivent favoriser une gestion par résultats à la suite de l'adoption de la *Loi sur l'administration publique*[24]. Dans le premier, on définit le gouvernement comme le premier client du ministère à cause de son rôle conseil et les autres ministères comme des partenaires[25]. Les moyens disponibles sont le réseau des représentations à l'étranger, les ententes internationales, l'analyse politique et stratégique, les missions des membres du gouver-

---

17.   *Ibid.*, p. 12.
18.   *Ibid.*, p. 32.
19.   *Ibid.*, p. 31.
20.   *Ibid.*, p. 39.
21.   *Ibid.*, p. 45.
22.   *Ibid.*, p. 62.
23.   *Ibid.*, p. 77.
24.   Gouvernement du Québec, Ministère des Relations internationales, *Le Québec dans un ensemble international en mutation, plan stratégique 2001-2004*, p. vii.
25.   *Ibid.*, p. 4-5.

nement à l'étranger, les programmes d'appui, les mécanismes de coordination et le protocole[26]. On y écrit : « Il est capital que le Québec renforce son image aux États-Unis notamment par l'action énergique de son réseau qui vient d'être élargi avec l'ouverture de délégations à Boston, à Chicago, à Los Angeles et d'un bureau à Miami[27] », délégations qui avaient été fermées lors des compressions budgétaires de la seconde moitié des années 1990.

Dans le plan suivant, on redéfinit la mission du ministère en trois points[28] :

– promouvoir et défendre les intérêts du Québec sur la scène internationale ;

– planifier, organiser et diriger l'action du gouvernement à l'étranger ainsi que des ministères et organismes ;

– coordonner leurs activités au Québec en matière de relations internationales.

On y répète qu'il faut « poursuivre le développement des relations avec les États-Unis en faisant valoir les intérêts du Québec, particulièrement dans les domaines de la sécurité, du commerce, de l'investissement, de l'énergie et de l'environnement[29] ».

Le plan d'action suivant découle de la nouvelle politique de 2006. Il comprend 69 mesures dont plusieurs sont en coordination avec d'autres ministères. Le rôle du ministère y est redéfini de manière plus fonctionnelle[30]. Cette fois, le plan prévoit une réorganisation des services au ministère, un redéploiement des ressources à l'étranger et une révision des façons de faire avec les autres ministères[31]. On y réitère que le statut de la représentation à Atlanta ainsi que ses ressources, comme pour Los Angeles, seront augmentées[32]. On prévoit aider aux exportations qui se fragilisent[33]. Les autres mesures, particulières aux États-Unis, portent sur le renforcement de la coopération

---

26.   *Ibid.*, p. 6.

27.   *Ibid.*, p. 37.

28.   Gouvernement du Québec, Ministère des Relations internationales, *Plan stratégique 2005-2007*, p. 8.

29.   *Ibid.*, p. 10.

30.   Gouvernement du Québec, Ministère des Relations internationales, *La politique internationale du Québec : la force de l'action concertée*, plan d'action 2006-2009, p. 15.

31.   *Ibid.*, p. 19.

32.   *Ibid.*, p. 21.

33.   *Ibid.*, p. 39-40.

en matière de sécurité et d'environnement et de la libre circulation aux frontières[34].

Le plan 2008-2011 s'appui aussi sur la politique de 2006. On peut y lire :

> à l'endroit des États-Unis, voisin et partenaire commercial du Québec, les questions de commerce et d'investissements, de sécurité, d'énergie et d'environnement sont prioritaires. Pour faire progresser ces priorités, les rapports bilatéraux avec certains États sont très importants, tout comme le travail au sein des forums régionaux regroupant des États qui font face à des problématiques communes[35].

Les enjeux de commerce, de sécurité, d'environnement et d'approvisionnement énergétique sont repris[36].

Dans un discours prononcé aux États-Unis le 3 février 2005, le premier ministre Jean Charest a qualifié de vitale la relation du Québec avec les États-Unis. Il a alors parlé de trois axes majeurs : intérêts économiques, intérêts en matière de sécurité (aussi énergétique et environnementale) et intérêts partagés dans l'hémisphère[37]. Sur le site Internet du ministère des Relations internationales, on peut lire :

> Le gouvernement du Québec a fait de l'intensification de ses relations avec les États-Unis l'une des priorités de son action internationale. Plus précisément, il a été décidé d'œuvrer dans cinq secteurs stratégiques soit : l'économie, l'énergie, l'environnement, la sécurité et, enfin, l'identité et la culture.

Dans le but de promouvoir et de défendre les intérêts du Québec, des efforts considérables ont été faits au niveau du renforcement des liens politiques et économiques avec les États-Unis, et ce tant sur le plan bilatéral (États, Administration fédérale, Congrès) que multilatéral (forums régionaux)[38].

La formulation de la politique internationale envers les États-Unis ne sera jamais simple. Celle-ci doit tenir compte d'enjeux qui dépassent la capacité d'action non seulement du Québec, mais aussi des pays souverains. L'enjeu de la sécurité en est un exemple. Le

---

34. *Ibid.*, p. 60-67.
35. Gouvernement du Québec, 2006, Ministère des Relations internationales, *Plan stratégique 2008-2011*, p. 10.
36. *Ibid.*, p. 12.
37. Nelson Michaud, 2005, « Le gouvernement Charest et l'action internationale du Québec : bilan d'une année de transition », dans *L'Annuaire du Québec 2006*, sous la direction de Michel Venne et Antoine Robitaille, Montréal, Fides, p. 643.
38. Gouvernement du Québec : https://www.mri.gouv.qc.ca/fr/relations_quebec/ameriques/amerique_du_nord/usa/relations.asp.

Québec a ajouté un volet sécurité à sa politique extérieure, mais la solution, même s'il participe à la concertation, n'est pas de son ressort. La vente d'électricité aux États-Unis dépend des cycles économiques et des prix des autres sources. On pourrait multiplier les exemples, mais ces difficultés expliquent en partie pourquoi les plans stratégiques du MRI, lorsqu'ils incluent des indicateurs d'atteinte des objectifs, indiquent surtout des moyens et non des cibles. On peut retenir de la politique internationale formulée à travers les énoncés et les plans stratégiques que l'importance des États-Unis pour le Québec a été maintes fois répétée. Elle l'a été encore en 2010 avec la parution de la *Stratégie du gouvernement du Québec à l'égard des États-Unis*[39]. Ce document est dans la lignée logique de ce qui précède. Dans les mots du ministre : « Cette relation essentielle doit être l'objet d'une gestion et d'une réflexion attentives. » Cette intervention à venir porte sur cinq domaines : les échanges économiques (14 mesures) ; la sécurité nord-américaine (5 mesures) ; l'énergie et l'environnement (6 mesures) ; la diffusion de la culture québécoise (5 mesures) ; l'accroissement de la capacité d'action du Québec et l'appui au développement des expertises (8 mesures). C'est une suite logique aux plans de la dernière décennie.

Les moyens de la politique internationale du Québec

Selon l'énoncé de 2006, le MRI « a le mandat de coordonner la mise en œuvre du plan d'action découlant de la politique[40] », ce qui se concrétise en fonction des moyens disponibles, mais aussi d'un ensemble de facteurs. Mazmanian et Sabatier[41] ont suggéré que trois types de considérations devraient être pris en compte pour comprendre la mise en œuvre des politiques publiques. Le premier relève de la « solvabilité » des enjeux : quels sont les groupes visés, peut-on influencer leur comportement, le changement souhaité est-il important ? Le deuxième porte sur les particularités légales de ce qui est mis en œuvre : est-ce que la loi prévoit des objectifs clairs, une chaine hiérarchique précise entre les organisations concernées, des processus de règlement de conflits entre les ministères si nécessaire, l'obtention des ressources

---

39. Ministère des Relations internationales, janvier 2010.

40. Gouvernement du Québec, 2006, Ministère des Relations internationales, *La politique internationale du Québec*, p. 105.

41. Daniel A. Mazmanian et Paul A. Sabatier, 1989, *Implementation and Public Policy*, Lanham, MD, University Press of America.

humaines et financières essentielles pour mener à bien la politique. Le troisième type prend en considération des variables externes au cadre légal, des variables plus politiques comme l'appui du premier ministre, de la population et de groupes intéressés ainsi que l'évolution des conditions socioéconomiques et technologiques.

Relativement au premier type, on a déjà dit qu'aux États-Unis, la variété des intervenants rend la mise en œuvre de la politique internationale du Québec plus complexe qu'en France. Les relations se font bilatéralement avec de nombreux États américains et, en particulier, lors de forums régionaux (Nord-Est, Midwest, Eastern Regional Conference, Council of State Governments, National Governors Association). Il y a, en outre, dans la capitale fédérale américaine des réseaux, des relations de sociétés d'État avec des partenaires américains, des contacts avec des représentants des médias, des universités, des *think tanks*, des rencontres entre gens d'affaires et des liens avec l'Ambassade du Canada et les consulats américains[42]. Par ailleurs, relativement au deuxième type, les groupes visés sont nombreux et les comportements qu'on désire changer le sont en fonction d'intérêts locaux puissants. Par exemple, faire exclure le Canada du « *Buy American Act* » demande de tenir compte des intérêts économiques locaux.

On peut avoir une excellente planification stratégique et des fonctionnaires compétents et dévoués, mais des événements particuliers viennent parfois nuire aux activités prévues : ce sont des éléments de troisième type. Par exemple, au moment du 11 septembre 2001, le Québec devait inaugurer à New York la « Saison du Québec », laquelle fut malheureusement annulée. L'enjeu de la sécurité a changé la donne complètement. C'est ce qu'écrivait en 2006 Diane Wilhelmy[43], sous-ministre des Relations internationales et déléguée générale du Québec à New York, en soulignant que les relations entre le Québec et les États-Unis traversaient une zone de turbulence, et ce, pour trois raisons :

- La population québécoise n'est pas suffisamment consciente de la profondeur de l'intégration de l'économie américaine et

---

42.   Diane Wilhelmy, 2006, « Les relations entre le Québec et les États-Unis », dans *Les relations internationales du Québec depuis la doctrine Gérin-Lajoie (1965-2005)*, sous la direction de Stéphane Paquin, Robert Comeau, Louise Beaudoin et Guy Lachapelle, Québec, Les Presses de l'Université Laval, p. 125.

43.   Diane Wilhelmy, 2006, *ibid.*, p. 119-120.

de l'économie québécoise. Contrairement à l'Europe bâtie de façon planifiée, l'évolution s'est faite ici de façon éclatée par l'addition de décisions individuelles de milliers de gens d'affaires et d'initiatives gouvernementales.

- Depuis le 11 septembre 2001, la sécurité est devenue un préalable non négociable à toute relation commerciale avec nos voisins. Les Américains ont resserré les contrôles à la frontière, ce qui est contraire à la dynamique de la fluidité des échanges économiques requise pour le bon fonctionnement d'une zone de libre-échange.

- La guerre en Irak, la position de l'administration américaine sur l'environnement, la réélection du président Bush et les différents conflits commerciaux, notamment ceux qui touchent le bois d'œuvre et l'exportation du bœuf, ont polarisé l'opinion publique québécoise dans le sens d'un fort sentiment anti-américain.

Les enjeux sont donc complexes et des éléments incontrôlables ont un impact sur la politique internationale du Québec. Une fois les facteurs qui touchent son application pris en considération, que fait le gouvernement du Québec dans le cadre de sa politique pour la mettre en œuvre? Après avoir maintes fois répété que les États-Unis étaient une priorité et que les ressources devaient être augmentées, comme nous l'avons vu dans la section précédente, est-ce que ce fut le cas? Le gouvernement dispose d'un certain nombre de moyens et d'instruments et il a de nombreuses tâches à accomplir. Aux États-Unis, le Québec doit participer à de multiples forums. Par exemple, il doit assister aux réunions des gouverneurs de la Nouvelle-Angleterre et des premiers ministres des provinces de l'Est. Ces actions sont répertoriées dans les rapports annuels de gestion. On peut aussi compter les missions que font les ministres québécois aux États-Unis et les visites que font des représentants américains au Québec.

Le ministère est en soi un moyen. Sa restructuration a été faite pour, d'un côté, traiter de questions multilatérales, d'affaires publiques et de politiques et, de l'autre, de questions bilatérales, dont celles avec les États-Unis. Cette réorganisation précise où sont les priorités tout autant que les plans stratégiques. Le ministère a un budget annuel. Le tableau 3 en illustre l'évolution de 2000 à aujourd'hui. En fait, il souligne plutôt son manque d'évolution. Au fil de la décennie, malgré les inévitables augmentations de coût de système, dont les hausses annuelles des salaires, le budget du MRI n'a pratiquement pas bougé. Il a même diminué. La capacité financière du ministère baisse en pratique alors que malgré une faible inflation, il a subi une augmentation du coût des produits et des services qu'il achète pour remplir sa mission. On pourrait ajouter à ces sommes celles que les autres ministères consacrent aux relations internationales, mais le fait demeure que la capacité du responsable n'a pas progressé.

Tableau 3
BUDGET DU MINISTÈRE DES RELATIONS INTERNATIONALES
(DÉPENSES EN MILLIONS DE DOLLARS DE 2000 À 2010)

	Total
2000-2001	103,9
2001-2002	110,9
2002-2003	109,1
2003-2004	111,6
2004-2005	111,6
2005-2006	102,7
2006-2007	101,7
2007-2008	115,3
2008-2009	128,4
2009-2010	120,4

Source : MRI, *Rapports annuels de gestion 1999-2009*, Québec, Gouvernement du Québec.

Aux États-Unis, le Québec dispose présentement d'un réseau de six représentations : Atlanta, Boston, Chicago, Los Angeles, New York et Washington, D.C. New York fut la première grande délégation, ouverte en 1941. Il y a eu, temporairement au cours de la décennie, une délégation à Miami. En 2007-2008, ces délégations coûtaient 12,3 millions en Amérique du Nord et 21,2 millions en Europe[44]. En 2008-2009, ces chiffres étaient respectivement de 12,6 millions en Amérique du Nord comparativement à 23,6 millions en Europe[45].

---

44.   Gouvernement du Québec, Ministère des Relations internationales, *Rapport annuel de gestion 2007-2008*, p. 68.
45.   Gouvernement du Québec, Ministère des Relations internationales, *Rapport annuel de gestion 2008-2009*, p. 76.

Tableau 4

ÉVOLUTION DU PERSONNEL DU MRI (1999-2009)

	Employés affectés à l'étranger	Employés à l'étranger	Employés au Québec	Total
1999-2000	59	231	328	561
2000-2001	68	253	332	587
2001-2002	68	269	371	640
2002-2003	70	278	374	652
2003-2004	69	276	372	648
2004-2005	62	253	360	613
2005-2006	62	246	336	582
2006-2007	64	248	330	578
2007-2008	59	245	331	642
2008-2009	*	249	306	599

* Non disponible.

Source : MRI, *Rapports annuels de gestion 1999-2009*, Québec, Gouvernement du Québec.

Ces bureaux ont un personnel qui a varié au fil du temps. Les chiffres par délégation ne sont pas disponibles pour toute la décennie. Le tableau 4 démontre que dans l'ensemble, le personnel a été très stable[46]. C'est vrai autant à l'étranger qu'au Québec. Les chiffres relatifs au personnel dans divers pays sont dans les rapports 1999-2000, 2000-2001, 2007-2008 et 2008-2009. En 2008-2009, le Québec avait 63 employés affectés à l'étranger ou recrutés locaux aux États-Unis, dont 22 dans le domaine économique. La même année, il avait 128 employés dans ses bureaux européens, dont 62 en France (14 en immigration). En 2007-2008, il avait 63 employés aux États-Unis (25 en économie), 123 en Europe, dont 56 en France (14 en immigration). En 1999-2000, il avait 72 employés à Paris puis en 2000-2001, il en avait 71. Un total de 123 personnes se trouvaient en Europe en 1999-2000 puis 118 l'année suivante. Il y avait 43 employés aux États-Unis en 1999-2000 et 64 en 2000-2001. Il y a eu une augmentation aux États-Unis pendant cette

---

46. Il est à noter que dans ce tableau, certains totaux annuels ne concordent pas avec l'addition des deux autres colonnes. Selon les années, le nombre total d'employés provient d'un tableau différent de la répartition et doit tenir compte des ETC alloués et non des postes occupés.

période alors qu'en Europe, les chiffres sont demeurés stables. On peut y voir un modeste changement de priorités[47].

On peut aussi, comme le MRI le fait, comptabiliser certaines activités. On peut additionner le nombre d'ententes signées chaque année ou avec diverses régions du monde, ce qui n'est pas fait ici. On peut également inclure dans les rapports annuels les principales visites officielles au Québec. En 2007-2008, il y en a eu 10 en provenance des États-Unis et 26 de l'Europe, dont 6 de France[48]. En 2008-2009, il y a eu 9 visites officielles au Québec en provenance des États-Unis, 60 d'Europe, dont 33 de France[49]. Inversement, il y a eu, en 2007-2008, 6 visites ministérielles québécoises aux États-Unis et 15 en Europe, dont 11 arrêts en France[50]. En 2008-2009, il y a eu 16 visites ministérielles québécoises aux États-Unis, 28 en Europe, dont 10 en France[51].

En politique publique, il y a, certes, la formulation, mais aussi l'application. Est-ce que les moyens font encore défaut aux représentants du Québec aux États-Unis? Est-ce que le Québec a progressé dans sa capacité de mettre en œuvre sa politique américaine? En 1977, Jean-Louis Roy évaluait qu'il ne consacrait pas assez de ressources à sa relation avec les États-Unis, constatation que reprenait Jean-François Lisée en 1990. Le Québec y est peu connu[52]. Est-ce que le nombre de voyages des ministres québécois aux États-Unis et en Europe pourrait être inversé pour mieux faire connaître le Québec? Aller chaque année au Festival de Cannes représenter le Québec a sans doute sa justification, mais on doit pouvoir trouver une occasion de vendre le cinéma québécois aux États-Unis? Malgré les vœux des plans d'action et des énoncés de politique, il est difficile de voir une augmentation des moyens disponibles pour développer les relations avec les États-Unis.

---

47.   Ces calculs sur le nombre d'employés sont généralement pris à la légère par les fonctionnaires du MRI qui estiment que c'est un très mauvais indicateur des priorités. Ils soulignent aussi que les chiffres publics ne donnent pas toute la réalité de ces personnels, ce qui est aussi vrai. Il s'agit néanmoins d'un indicateur facile à suivre dans le temps et illustratif sur de longues périodes.

48.   MRI, *Rapport annuel 2007-2008*, p. 74-75.

49.   MRI, *Rapport annuel 2008-2009*, p. 80-82.

50.   MRI, *Rapport annuel 2007-2008*, p. 71-72.

51.   MRI, *Rapport annuel 2008-2009*, p. 84-85.

52.   David Biette, 2006, «Le Québec vu des États-Unis», dans *Les relations internationales du Québec depuis la doctrine Gérin-Lajoie (1965-2005)*, sous la direction de Stéphane Paquin, Robert Comeau, Louise Beaudoin et Guy Lachapelle, Québec, Les Presses de l'Université Laval, p. 130.

Une fois les budgets, les employés et certaines activités comptabilisés, on pourrait s'interroger sur les résultats des actions. Est-ce que le montant de ressources investies en Europe et aux États-Unis est le bon? Est-ce que les activités ont un effet? Les deux graphiques ci-dessous montrent que les relations économiques du Québec sont en voie de changer. L'attraction américaine semble diminuer.

GRAPHIQUE 1
EXPORTATIONS DU QUÉBEC (M$)

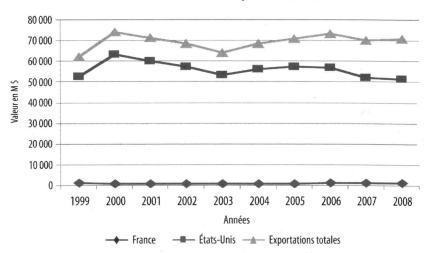

GRAPHIQUE 2
IMPORTATIONS DU QUÉBEC (M$)

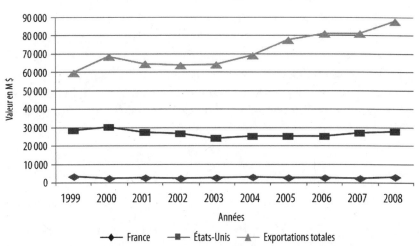

LA NATURE DE LA POLITIQUE INTERNATIONALE D'UN ÉTAT NON SOUVERAIN

Une question relative aux relations avec les États-Unis sur laquelle il faut revenir est la séparation entre les activités commerciales du MDEIE et celles du MRI. Si l'américanité ne se définit pas seulement par des échanges économiques, cette séparation est utile ou nuisible ? Comment est-elle vécue dans des organisations qu'on a par le passé fusionnées puis ensuite séparées[53] ? Comme le soulignaient certains fonctionnaires du MRI, il est possible que cette question soit désormais dépassée. Pratiquement tous les ministères ont des pans de la politique internationale à mettre en œuvre et ont désormais une partie des budgets pour ce faire. Par exemple, le plan stratégique du ministère de la Culture, des Communications et de la Condition féminine fait référence à celui du MRI dans ses efforts de promotion à l'étranger et se demande comment être plus présent aux États-Unis[54]. La prospection des investissements étrangers se fait de concert avec Investissement Québec[55]. Le savoir-faire international a augmenté et la relation avec les États-Unis n'est pas, dans la culture organisationnelle du ministère, le parent pauvre qu'elle a été[56]. La transformation fait aussi partie d'une approche par région aux États-Unis, par exemple, avec celle des Grands Lacs avec laquelle le Québec a des liens économiques importants. Un autre sujet qui mériterait d'être discuté est celui du rôle d'Hydro-Québec dans la relation avec les États-Unis, en particulier avec les États limitrophes. De la même manière, la prospection d'investissements que font la Société générale de financement et Investissement Québec devrait être étudiée, ce qui ne peut être fait par manque d'espace.

La politique internationale d'un État non souverain est faite de ce qu'on y met en termes de planification stratégique et de moyens pour l'appliquer. Elle est faite des styles de ceux qui la pratiquent, de leur talent à ce faire, mais également de la chance et de l'entrepreneuriat pour en profiter. Dans le cas du Québec, elle fut d'abord moins planifiée que réactive, ce qui est vrai aussi des pays souverains. Elle

---

53. Luc Bernier, 1996, *op. cit.*
54. Gouvernement du Québec, Ministère de la Culture, des Communications et de la Condition féminine, *Plan stratégique 2008-2011*, p. 13 et entrevues.
55. Gouvernement du Québec, *Rapport du vérificateur général du Québec à l'Assemblée nationale du Québec pour l'année 2009-2010*, chapitre 3.
56. Trois entrevues faites à l'automne de 2009.

est un cas très achevé pour un État fédéré[57]. Sans le concours du général De Gaulle, le Québec n'aurait pas eu d'interlocuteur international avec qui se lancer. Cela se fit malgré la mauvaise humeur du gouvernement fédéral dans ce qu'il percevait comme une atteinte à sa mission propre et auquel il fallut répondre. Il se fit parce que les règles constitutionnelles canadiennes laissaient une zone d'ombre qui donna une marge de manœuvre au Québec pour prolonger à l'externe ses compétences internes selon la formule qu'on conserva des discours de Paul Gérin-Lajoie en 1965.

Les relations développées avec la France l'étaient avec un État centralisé, où l'impulsion venait du sommet. C'était une mauvaise préparation pour le système décentralisé et perméable aux influences qu'est le système américain. Il fallut encore une fois réagir et s'adapter, par exemple, lors de la bataille opposant le gouvernement et les Cris sur les projets hydro-électriques à la baie James. De plus, le gouvernement canadien a toujours eu une meilleure oreille de la part des représentants du gouvernement américain. Qui plus est, et contrairement à Londres ou à Paris, les représentants québécois n'y ont pas de statut diplomatique.

La chance, les réactions nécessaires à des pressions contradictoires, la difficulté d'agir avec de modestes moyens et la variation des priorités des gouvernements au pouvoir ont fait du développement des relations du Québec avec les États-Unis et, ailleurs, un processus beaucoup plus itératif que rectiligne, ce qui tend toutefois à s'estomper. Il n'y a pas eu initialement une lente institutionnalisation de ces relations, mais un parcours avec des bons coups et des échecs. Par exemple, on peut célébrer la présence à l'UNESCO d'un représentant québécois comme un progrès pour le Québec dans sa recherche de reconnaissance sur la scène internationale[58]. Des difficultés continuent cependant à émerger du côté du gouvernement fédéral, même sous

---

57. Pour une perspective comparée récente sur le sujet, voir Nelson Michaud et Marc T. Boucher, 2006, *Les relations internationales du Québec comparées*, Observatoire de l'administration publique. Voir Earl H. Fry, 2002, « Quebec's Relations with the United States », *American Review of Canadian Studies*, vol. X, n° X, p. 323-342. Cet article est un excellent résumé des relations Québec–États-Unis. Voir également Ines Molinaro, 2002, « Quebec in Europe », *American Review of Canadian Studies*, vol. X, n° X, p. 239-258.

58. Nelson Michaud, 2006, « Le Québec sur la scène internationale : évolution ou nouvelle révolution tranquille ? », dans *L'Annuaire du Québec 2007*, sous la direction de Michel Venne et Miriam Fahmy, Montréal, Fides, p. 391.

un gouvernement fédéraliste à Québec[59]. C'est le gouvernement canadien et non le gouvernement américain qui s'opposait à la présence des provinces à Washington[60].

Le modèle réactif développé dans les années 1960 et 1970 envers la France ne peut fonctionner aux États-Unis où les questions à traiter sont plus prosaïques et les enjeux plus nombreux. Des ressources limitées peuvent difficilement être suffisantes dans un système aussi ouvert que le système américain alors que le système français est centralisé et unifié. Cela dit, le Québec a développé sa capacité de planification stratégique comme le démontre les quatre plans des années 2000 qui complètent la politique de 2006. Dans ce domaine, l'institutionnalisation de la politique internationale est réussie. Le ministère est également une organisation stable avec un budget récurrent et un personnel stabilisé, où on a su remplacer les départs à la retraite.

Mais après avoir autant répété que les États-Unis étaient une priorité de la politique internationale du Québec, les données présentées ici illustrent qu'on n'y consacre guère de moyens ou d'efforts. On peut voir dans le modeste investissement dans la relation Québec–États-Unis le reflet d'une méfiance ancienne envers les États-Unis, d'un antiaméricanisme, d'une peur de l'assimilation et d'une sympathie forte pour la France. C'était certainement vrai de Georges-Émile Lapalme qui a longuement célébré dans ses mémoires les retrouvailles avec la France. Il est possible que l'abbé Lionel Groulx ait été de son époque à craindre les États-Unis dans un Québec replié sur lui-même après que ce dernier y ait perdu la moitié de sa population, mais rendu à Fernand Dumont, en 1982, était-ce encore nécessaire[61]? En fait, le budget total consacré à la relation Québec–États-Unis y est à peu près le même qu'au début des années 1990, ce qui est un recul important en dollars

59.   Nelson Michaud, 2006, «Le bilan du gouvernement Charest en matière de relations internationales: de la consolidation à l'innovation», dans *Le Parti libéral: enquête sur les réalisations du gouvernement Charest*, sous la direction de François Pétry, Éric Bélanger et Louis M. Imbeau, Québec, Les Presses de l'Université Laval, p. 379-397.

60.   David Biette, 2006, *op. cit.*, p. 134.

61.   Fernand Dumont, 1982, «Parlons américain... si nous le sommes devenus!», *Le Devoir*, 3 septembre, p. 17; Lise Bissonnette, 1987, «De notre agonie», dans *La Passion du présent*, Montréal, Boréal, p. 298-300, reprise d'une chronique du 11 septembre 1982. Voir aussi Yvan Lamonde, 1997, *Ni avec eux, ni sans eux: le Québec et les États-Unis*, Montréal, Nuit Blanche éditeur; Gil Courtemanche, 1997, «Un peuple entre deux chaises», *L'actualité*, vol. 22, n° 5, p. 56.

constants[62]. Il faut toutefois noter, selon une des personnes interviewées pour ce chapitre, que depuis 2006, une partie des budgets pour l'international se trouve dans une douzaine de ministères, ce qui relativise la faible importance du budget du MRI. Le gouvernement du Québec avait plus d'employés en poste aux États-Unis entre 1980 et 1995[63] qu'il en a aujourd'hui, après avoir répété depuis 10 ans qu'il fallait les augmenter. Et pendant ce temps, les exportations sont fragilisées. Pourtant, d'après le sondage mentionné à la première section, les Québécois trouvent que l'influence du Québec sur la scène internationale s'est accrue depuis 25 ans. Ce n'est pas parce que les moyens ont augmenté. Pour employer l'expression anglophone, en ce qui a trait à ses relations avec les États-Unis, le Québec « *has to walk the talk* » !

---

62. Luc Bernier, 1996, *op. cit.*, p. 146.
63. *Ibid.*, p. 99.

ANNEXE 1

Extraits de la *Politique internationale du Québec: la force de l'action concertée,* 2006 (p. 32 et 33)

LA RELATION QUÉBEC–ÉTATS-UNIS

Les intérêts économiques et points de convergence sont nombreux avec les États-Unis notamment avec les États de la côte atlantique et le long de l'axe du Saint-Laurent et des Grands Lacs.

- Partageant 813 kilomètres de frontières communes et l'un des axes maritimes les plus importants d'Amérique du Nord, le Québec compte parmi les 10 premiers partenaires commerciaux des États-Unis.

- En 2005, les exportations québécoises à destination des États-Unis s'élevaient à 158 millions de dollars par jour.

- Les investissements américains représentent près des deux tiers des investissements étrangers au Québec et les visiteurs en provenance des États-Unis comptent pour environ 60% des recettes touristiques internationales.

- Le Québec compte 6 délégations ou bureaux sur le territoire américain dont une délégation générale à New York, pôle moteur de sa présence sur le territoire.

- Le Québec est la seule province où les États-Unis ont établi deux consulats généraux.

- Le gouvernement du Québec est membre de la Conférence des gouverneurs de la Nouvelle-Angleterre et des premiers ministres de l'Est du Canada et membre associé du Conseil des gouverneurs des Grands Lacs.

- Plusieurs ministères québécois participent aux divers comités et groupes de travail américains sur les questions d'intérêts communs notamment en transport, environnement, énergie et, plus récemment, en sécurité.

- L'*American Council for Québec Studies* rassemble quelque 300 chercheurs sans compter les autres membres de l'*Association for*

Canadian Studies in the United States qui portent un intérêt aux questions québécoises.

LA RELATION QUÉBEC–FRANCE

Depuis 1965, le gouvernement du Québec et le gouvernement français ont mis en place un important dispositif qui structure la relation franco-québécoise et cimente les liens entre les deux sociétés.

- La France dispose de deux consulats généraux au Québec dont un à Québec chargé d'assurer directement les communications de gouvernement à gouvernement. Réciproquement, le Québec bénéficie d'une délégation générale à Paris qui jouit des privilèges et immunités habituellement accordés aux ambassades et assure les communications avec le gouvernement français.

- Depuis les années soixante-dix, les premiers ministres québécois et français se rencontrent sur une base régulière dans le cadre de visites alternées.

- 60 ententes bilatérales ont été signées entre les deux gouvernements.

- La Commission permanente de coopération franco-québécoise (CPCFQ), créée en 1965, appuyait en 2005 un peu plus de 74 projets mettant à contribution des chercheurs, des artistes, des représentants des milieux associatifs et privés, ainsi que des représentants des pouvoirs publics.

- L'Office franco-québécois pour la jeunesse (OFQJ), créé en 1968, permet annuellement à un peu plus de 3 000 jeunes Français et Québécois d'effectuer un stage ou de vivre une expérience de formation.

- Les Associations Québec-France et France-Québec perpétuent de chaque côté de l'Atlantique un intérêt et une curiosité réciproques. Plusieurs autres organismes, associations ou groupes d'amitié contribuent à cimenter les liens entre les deux sociétés.

- Plus de 330 filiales d'entreprises françaises opèrent actuellement au Québec où elles génèrent un chiffre d'affaires de près de 19 milliards de dollars et emploient quelque 15 000 personnes.

On compte 161 entreprises québécoises en France ; elles emploient plus de 13 000 personnes.

- La France est le premier marché culturel du Québec et son second marché touristique après les États-Unis.

Chapitre 14

La paradiplomatie multilatérale du Québec aux États-Unis

STÉPHANE PAQUIN ET ANNIE CHALOUX

Les relations qu'entretient le Québec avec les États-Unis demeurent d'une importance capitale dans son développement. Louis Balthazar affirme à cet effet que ce voisin a constitué, « pour le meilleur et pour le pire, un partenaire essentiel à l'évolution du Québec[1] ». Néanmoins, historiquement, ses relations avec le gouvernement fédéral américain ont toujours été considérées comme étant difficiles, voire inexistantes. Selon Louis Balthazar et Alfred O. Hero :

> Il n'existe pas à proprement parler de relations politiques entre le Québec et les États-Unis pour la bonne raison que Washington n'a jamais voulu s'adresser au Québec comme à un acteur politique autonome. Pour le gouvernement américain, il n'y a pas d'autre interlocuteur canadien que le gouvernement fédéral du Canada[2].

John Ciaccia, ex-ministre des Affaires étrangères sous le gouvernement Bourassa, confirme les dires de MM. Balthazar et Hero. Il affirme : « Si le Québec veut aller à Washington, il faut qu'il y aille avec le gouvernement canadien. » Ainsi, les relations entre le Québec et Washington sont superficielles. Selon Louis Bélanger, de l'Université Laval :

---

1. Louis Balthazar, 2006, « Québec-États-Unis : une relation primordiale », dans *Les relations internationales du Québec depuis la doctrine Gérin-Lajoie (1965-2005)*, sous la dir. de Stéphane Paquin, Robert Comeau, Louise Beaudoin et Guy Lachapelle, Québec, Les Presses de l'Université Laval, p. 115.
2. Louis Balthazar et Alfred O. Hero, Jr, 1999, *Le Québec dans l'espace américain*, Montréal, Éditions Québec Amérique, p. 65.

Le Québec a toujours eu de la difficulté à se faire entendre comme sujet politique en Amérique du Nord. Il n'y a pas de place, il n'y a pas d'opportunités pour le Québec. Si on était en Europe, ce serait différent. On est devant un espace politique qui n'accommode pas l'expression des provinces et même qui les regarde avec un mélange de crainte et de méfiance [...]. Et on n'a pas de France, on n'a pas de copains, pour nous aider à manœuvrer[3].

En dépit de cette difficulté, le Québec a su, depuis les années 1970, développer une paradiplomatie bilatérale et multilatérale avec les différents États américains, de telle sorte qu'aujourd'hui, ses relations aux États-Unis s'expriment en premier lieu avec les États fédérés et les institutions qui s'y rattachent.

Dans un premier temps, le présent chapitre traite de l'évolution des relations Québec–États-Unis et, surtout, de la difficulté du Québec à développer des rapports directs avec Washington. Dans un deuxième temps, il aborde le déploiement d'une paradiplomatie transfrontalière qui a permis au Québec de défendre et de faire la promotion de ses intérêts dans l'espace étatsunien, au moyen de liens multilatéraux qui se sont construits au cours des trente dernières années, notamment avec la Conférence des gouverneurs de la Nouvelle-Angleterre et des premiers ministres de l'est du Canada, le Conseil des gouverneurs des Grands Lacs et de plus récents regroupements dont l'Alliance des États du sud-est des États-Unis et des provinces canadiennes et le Western Climate Initiative. Dans un troisième temps, il discute d'une paradiplomatie parlementaire qui s'est également développée depuis quelques décennies grâce au Council of State Governors et au National Council of State Legislature.

L'HISTORIQUE DES RELATIONS QUÉBEC–WASHINGTON

C'est à la suite de la prise du pouvoir, en pleine guerre mondiale, des libéraux d'Adélard Godbout que le gouvernement du Québec adopte une législation qui autorise le gouvernement à nommer des agents généraux du Québec aux États-Unis. Le Québec avait, dans le passé, eu des représentations en Europe, mais aucune aux États-Unis. Il ouvre ainsi, en 1940, une agence à New York qui sera logée au One Rockefeller Center et qui aura pour fonction d'attirer au Québec les investissements et les touristes américains qui ne

---

3.   Robert Dutrisac, «Bouchard débarque à New York», *Le Devoir*, mercredi, 14 avril 1999.

Ouverture de la nouvelle délégation du Québec à Boston lors de la conférence des gouverneurs de la Nouvelle Angleterre, le 10 mai 1985. De gauche à droite, Michaël Dukakis, gouverneur du Massachussetts, Jos. Brennan, René Lévesque, premier ministre du Québec, et Bernard Landry, ministre des Relations internationales (5 mars 1984 au 16 octobre 1985).

Rencontre en mai 1986 à Québec entre le Premier ministre du Québec, Robert Bourassa, et le gouverneur de l'État de New York, Mario Cuomo. MM. Bourassa et Cuomo signèrent le 27 mai 1986 une entente de coopération Québec-État de New York.
Bibliothèque et Archives nationales du Québec, E10,S44,SS1,D86-283,EP80/
Ministère des Communications/Photo de Marc Lajoie, 27 mai 1986.

Rencontre en juillet 2004 entre le Premier ministre du Québec Jean Charest et le gouverneur de l'État de la Floride, Jeff Bush. Le Québec et la Floride ont alors signé une entente de coopération afin de faciliter les échanges commerciaux et le tourisme.
Photo de Jacques Nadeau, 28 juillet 2007.

Les Québécois souhaitent que leur gouvernement soit présent sur la scène internationale. Participation du premier ministre Jean Charest lors du *New York Climate Week* en 2009. De gauche à droite : Steve Howard, CEO du *Climate Group*, Ban Ki Moon, Tony Blair, Hugh Jackman et Jean Charest. Photo de la Délégation générale du Québec à New York.

peuvent plus aller en Europe à cause de la guerre. D'autres projets sont prévus, mais cette guerre empêche de les mettre à exécution.

Lorsque Duplessis reprend le pouvoir en 1944, il maintient l'agence ouverte, mais il réduit son budget, ce qui a pour effet qu'elle se trouve coupée de presque tout moyen d'action. Lorsque le chef d'État se rend à New York, c'est pour assister à des parties de baseball et non pour parler aux financiers. C'est seulement au cours des années 1960 que le Québec développe sa première véritable politique internationale à l'égard des États-Unis. Le bureau des relations économiques et du tourisme de New York est rehaussé, en 1962, au titre de délégation générale[4]. Cette même année, afin de financer les projets de nationalisation de l'électricité au Québec, le gouvernement frappe pour la première fois à la porte des places financières de New York. Cette nouvelle stratégie financière de sa part rend nécessaire une présence québécoise plus important dans la capitale financière des États-Unis. D'autres relations sont aussi développées au cours de la Révolution tranquille, notamment avec les cousins francophones du Sud. Jean Lesage va à Lafayette afin de chercher à institutionnaliser des liens entre la Louisiane et le Québec. Il se rend aux États-Unis à cinq reprises durant ses mandats de premier ministre. Ces voyages correspondent, de la part du gouvernement du Québec, à un désir de faire connaître le Québec moderne de la Révolution tranquille.

À cette époque, le gouvernement du Québec nourrissait l'ambition que la relation avec les États-Unis soit comparable à la relation particulière qu'il entretient avec Paris. Ainsi, en avril 1965, André Patry, conseiller de Jean Lesage en matière internationale, se rend à Washington pour rencontrer deux cadres du State Department, et ce, sans prévenir les autorités canadiennes. Le consul général des États-Unis à Montréal facilite d'ailleurs la tenue de cette rencontre. Patry cherche, grâce à cette visite, à obtenir pour la délégation du Québec à New York les avantages fiscaux que l'on réserve normalement aux consulats. Le Québec essaie de convaincre les États-Unis d'accepter cette requête et menace de taxer les consulats américains de Montréal et de Québec en cas de refus de leur part. Cette demande, qui avait également été faite par Jean Lesage quelques mois auparavant, sera de nouveau rejetée par les Américains. Ces derniers répondent alors aux représentants québécois : « Faites passer votre demande par Ottawa

---

4.   En 1978, un bureau sera ouvert à Washington, lequel sera une extension de celui de New York.

et on verra», dit-on en substance. Lors de cette visite, André Patry constate que les Américains ont une connaissance incomplète du Québec. D'aucuns vont lui soutenir que son assimilation n'est qu'une question de temps. Le Québec n'est pas une préoccupation des Américains et le State Department ne va pas, comme la France, lui conférer un statut particulier. À son retour des États-Unis, Patry se fait le défenseur d'une campagne de vaste ampleur devant les médias et auprès des autorités américaines sur le caractère particulier du Québec.

Cette proposition d'André Patry sera sans suite, car si l'on trouve beaucoup de Québécois francophiles, on trouve plus rarement des américanophiles. On va souvent proposer au gouvernement du Québec d'être plus actif sur la scène américaine, mais très peu d'actes vont être mis en œuvre. Il faut également dire que presque personne aux États-Unis ne s'intéresse au Québec ni même au Canada. Ceux qui travaillent sur le Canada sont bien informés, mais les autres sont généralement indifférents. Les Américains n'ont pas de sympathie particulière pour le nationalisme ou pour le projet souverainiste québécois qu'ils comparent plus spontanément à un épisode douloureux de leur histoire, la guerre de Sécession, et non à leur propre guerre d'indépendance. De plus, comme le soutient Jean-François Lisée, les relations particulières du Québec avec la France à cette époque ne sont pas de nature à plaire aux autorités américaines. Les seuls appuis du Québec aux États-Unis sont chez les universitaires que subventionne le gouvernement du Québec. On peut cependant noter que les Afro-Américains sont plus spontanément sympathiques à la cause des francophones du Canada que le reste de la population américaine.

Daniel Johnson, successeur de Jean Lesage, se rend à New York à deux reprises afin de rencontrer les investisseurs pour les rassurer sur les orientations économiques du gouvernement du Québec. Sous Robert Bourassa, une ébauche de politique américaine se concrétise. Son projet de créer un mégabarrage hydroélectrique dans le grand nord du Québec nécessite beaucoup de capitaux étrangers, lesquels proviendront notamment de New York. Sous Bourassa, les diverses délégations du Québec aux États-Unis s'organisent, s'institutionnalisent. Le premier ministre effectue sept visites aux États-Unis, mais là encore, les relations avec Washington demeurent superficielles et difficiles.

À l'époque, les politiques internationales du gouvernement du Québec aux États-Unis sont complexes, car selon Luc Bernier, le

Québec a tenté d'agir à l'égard des États-Unis comme il le faisait avec la France. Les deux systèmes politiques sont toutefois très différents. Le système américain, contrairement au système français très centralisé, comprend l'utilisation de nouvelles stratégies, ce que l'on a tardé à comprendre à Québec. Comme le dit Bernier :

> Au départ, les relations avec la France étaient des relations entre États touchant des domaines d'activité qui leur étaient propres. Cette réactivité face à la France fut adoptée comme mode de pensée, intégrée à la culture de l'organisation gouvernementale québécoise responsable qui n'a pas su à ce jour formuler une politique originale envers les États-Unis, l'autre grand axe de la politique extérieure du Québec. Historiquement, trop de responsables du ministère des Affaires internationales ont été obnubilés par la question francophone et le dossier moins « noble » des échanges économiques avec les États-Unis a été négligé[5].

Toutefois, ce désintérêt de la part du Québec pour les États-Unis tend à se modifier considérablement vers la fin de la décennie 1970 avec l'arrivée au pouvoir du Parti québécois en 1976. En effet, la question des relations du Québec avec les États-Unis est alors réévaluée. Même si peu de députés du PQ ont des affinités avec les États-Unis, avec la notable exception de René Lévesque qui a servi comme journaliste dans l'armée américaine, il devenait impératif de s'intéresser au voisin au Sud. C'est ainsi sous la gouverne du Parti québécois que la politique internationale vis-à-vis des États-Unis se développe le plus.

L'intensification de la politique américaine du Québec naît dans l'urgence, car avec l'arrivée de René Lévesque à la tête du gouvernement, les petits investisseurs institutionnels et des compagnies d'assurance mineures vont brader les titres d'Hydro et du gouvernement du Québec. En agissant de la sorte, il devient de plus en plus cher pour Hydro et pour le gouvernement du Québec d'emprunter sur la place new-yorkaise. Puisque l'essentiel de la présence du Québec aux États-Unis sert à faciliter les négociations relatives à la vente d'obligations et autres opérations financières de la part du gouvernement du Québec, il faut corriger le tir. De plus, pour un gouvernement qui souhaite réaliser la souveraineté, il est impératif de rassurer le voisin du Sud et de clarifier ses positions en matière de relations internationales.

---

5.   Luc Bernier, 1996, *De Paris à Washington. La politique internationale du Québec*, Montréal, Presses de l'Université du Québec, p. 6.

Quelques semaines suivant l'accession au pouvoir du Parti québécois, René Lévesque part pour New York pour présenter un discours au prestigieux Economic Club de New York. Compte tenu du contexte, cette première mission en sol étatsunien est très importante. Jusqu'à l'élection du Parti québécois, très peu d'Américains s'intéressaient à la politique québécoise. À partir de novembre 1976, une certaine nervosité s'installe aux États-Unis. Le séjour de Lévesque à New York est une véritable catastrophe en deux temps. D'abord, le discours présenté devant l'Economic Club crée la consternation chez les investisseurs étatsuniens. Ce qu'ils veulent entendre, ce n'est pas un plaidoyer en faveur de l'indépendance du Québec, mais être rassurés quant à leurs investissements colossaux. Comme le relate Jean-François Lisée : « Leur trouble ne pourrait être plus profond. Lévesque leur parle d'indépendance. Eux voient défiler sur leurs terminaux intérieurs des colonnes de chiffres à l'encre rouge, des courbes qui piquent du nez[6]. »

Si cette performance est décevante, la prestation à l'Economic Club est pire encore. Le discours de Lévesque, qui de surcroît est retransmis en direct partout au Canada, est à la hauteur de la catastrophe appréhendée. Les Américains n'ont pas de sympathie particulière pour le nationalisme en général et pour le projet souverainiste québécois en particulier. Lorsque Lévesque affirme que la souveraineté du Québec se compare à la guerre d'Indépendance américaine, il ne convainc personne. Le vice-président de la grande banque Manufacturers Hanover Trust déclare à sa sortie de la conférence : « Nous pensions avoir des garanties que nos investissements au Québec étaient en sécurité. À la place, il nous a fourgué une citation de notre Déclaration d'indépendance » et il poursuit que la souveraineté du Québec est plutôt comparable à la guerre de Sécession[7]. Dès le lendemain, les marchés financiers larguent le Québec. Les détenteurs d'actions de la firme américaine John Manville, le plus gros producteur d'amiante au Québec, se départissent d'un demi-million de leurs titres en une journée. On a entendu le premier ministre parler de nationalisation. Les porteurs d'obligations d'Hydro-Québec et du gouvernement du Québec cherchent donc à vendre.

---

6.   Jean-François Lisée, 1990, *Dans l'œil de l'aigle : Washington face au Québec*, Montréal, Boréal, p. 218.
7.   *Ibid.*, p. 223.

Afin de bien souligner l'impair des souverainistes, Pierre Trudeau considère le moment propice pour faire un petit voyage aux États-Unis. Le premier ministre, qui est le chef de gouvernement d'un pays souverain, reçoit l'accueil réservé aux personnalités de son rang. Lorsque le président Jimmy Carter le rencontre, le courant passe et le président américain est prêt à aider son voisin du Nord. Lors d'une entrevue accordée au réseau CTV, Carter déclare que « [l]a stabilité du Canada est d'une importance cruciale pour nous » et il poursuit en affirmant que « si j'étais celui qui devait prendre la décision, je donnerais la préférence à la Confédération. [...] Mais c'est une décision que le peuple canadien doit prendre[8]. »

Cette déclaration est la base de la doctrine politique américaine vis-à-vis du mouvement souverainiste québécois. Conscient qu'il ne pourra obtenir l'appui des Américains, le gouvernement du Québec lance l'*Opération Amérique*, afin de rassurer ces derniers sur la viabilité d'un Québec souverain, sur le profond attachement des Québécois envers la règle de droit et la démocratie et, bien sûr, sur le respect de ses obligations, notamment financières en cas d'indépendance[9]. René Lévesque et Claude Morin souhaitent ainsi s'assurer d'une certaine neutralité face au référendum de 1980 qui approche[10]. Ainsi, dès 1978, dans le cadre de l'*Opération Amérique*, les missions aux États-Unis sont multipliées. Les attentions portées au voisin feront en sorte que, selon Louis Balthazar, « le gouvernement Lévesque, contrairement à ce à quoi on aurait pu s'attendre, se fait plus attentif aux dossiers économiques et est plus orienté vers les États-Unis que son prédécesseur libéral[11] ».

Sous Robert Bourassa, les relations internationales du Québec s'orientent encore davantage vers l'économie. D'ailleurs, cela s'explique assez facilement compte tenu du contexte politique et économique de la fin de la décennie 1980 et du début de la décennie 1990. Avec l'arrivée de John Ciaccia à la tête du tout nouveau ministère des

---

8.   *Ibid.*, p. 262.
9.   Bernier, *op. cit.*, p. 98.
10. Balthazar, « Québec-États-Unis : une relation primordiale », *op. cit.*, p. 115 ; Louis Balthazar, Louis Bélanger et Gordon Mace, 1993, *Trente ans de politique extérieure du Québec, 1960-1990*, Centre québécois de relations internationales, Sillery, Les éditions du Septentrion, p. 90.
11. Louis Balthazar, « Les relations avec les États-Unis sous Lévesque 1976-1985 », dans *Histoire des relations internationales du Québec*, sous la dir. de Stéphane Paquin, Montréal, VLB Éditeur, p. 154.

Affaires internationales, des orientations encore plus claires sont établies à l'égard des États-Unis. Dans le livre blanc publié par le gouvernement en 1991, les États-Unis deviennent la zone prioritaire du Québec à l'étranger. De plus, avec l'entrée en vigueur de l'ALE puis de l'ALENA, le Québec passe à une ère de plus grande prospérité économique, puisque partir de 1993, il connaîtra plus de dix ans de surplus commerciaux, résultant en large part de la hausse des exportations vers les États-Unis.

Puis à la suite des échecs du Lac Meech et du référendum de Charlottetown, une nouvelle joute référendaire pointe à l'horizon. Le Parti québécois revient au pouvoir en 1994 avec la promesse de tenir un référendum le plus rapidement possible. Alors que le soutien de la France semble acquis, la reconnaissance des États-Unis est beaucoup plus complexe à obtenir. Jacques Parizeau ne parvient pas à s'assurer d'une neutralité de la part du président américain. En effet, en février 1995, lors d'une visite du président en sol canadien, celui-ci mentionne implicitement sa préférence pour le partage de sa frontière du Nord avec un seul État plutôt que deux. Et l'histoire se répète lors de la campagne référendaire. Le président des États-Unis et le secrétaire d'État réaffirment alors leur préférence pour un Canada uni.

Après la victoire du non lors du référendum de 1995, les relations internationales du Québec subissent un important recul. Aux États-Unis, cela se répercute par la fermeture des bureaux du Québec à Boston, à Chicago et à Los Angeles en 1995 et 1996. Son retour se fera graduellement à partir de 1998 avec la réouverture du bureau du Québec à Boston.

Puis en 2002, sous l'administration du Parti québécois et pour la première fois de l'histoire du Québec, la part du budget du ministère des Relations internationales consacrée à la France, qui a longtemps été supérieure à celle consacrée aux États-Unis, est supplantée par celle de ces derniers. De plus, depuis l'entrée en vigueur de l'ALE et de l'ALENA, le Québec a misé sur les liens entre les États fédérés, que ce soit au niveau bilatéral ou multilatéral pour tenter de faire la promotion de ses intérêts avec son plus grand partenaire économique. D'ailleurs, l'intensification des relations transnationales a également donné lieu à la création d'organisations transnationales subétatiques souvent très spécialisées[12]. Elles couvrent, en effet, des domaines aussi variés que la santé, la gestion des eaux limitrophes (en particulier les Grands Lacs) et l'exploitation des voies navigables, l'application des lois, l'énergie, la lutte contre les incendies de forêt, la protection de l'environnement, les changements climatiques, la sécurité transfrontalière, la gestion des réseaux électriques ou, encore, l'administration du réseau routier et des ponts.

De nos jours, selon le ministère des Relations internationales, l'imbrication de plus en plus forte de l'économie québécoise et de l'économie américaine fait en sorte que le destin économique du Québec est aussi proche de celui de la région Nord-Est américaine que du Canada central. En effet, uniquement pour le cas québécois, en 2008, 73,9 % des exportations étaient dirigées vers les États-Unis, alors que les pays de l'Union européenne, les deuxièmes acheteurs de produits québécois, ne se partageaient que 12,2 % des exportations québécoises[13]. De même, en 2008, la Nouvelle-Angleterre importait à elle seule 13,5 % des exportations québécoises totales, alors que New York achetait plus de 8,8 % des produits québécois, ce qui est davantage que la Chine (1,3 %), le Royaume-Uni (2,4 %), le Japon (1,2 %), la France (1,7 %) et l'Allemagne (1,8 %) réunis. Autres exemples, le Michigan (3,7 %), avec près de 10 millions d'habitants, achète plus de produits québécois que la Belgique (0,9 %), le Mexique (1,1 %) et l'Italie (1,3 %) rassemblés et le Vermont, avec une population d'environ 600 000 individus, importe environ 4,6 % des exportations de biens québécois, ce qui est bien davantage que la Chine et l'Allemagne réunies[14]. En somme, s'il est vrai que les thèmes des relations Québec–États-Unis sont peu stimulants comparativement aux relations Québec–France, dans les faits, les États-Unis et les États américains demeurent des partenaires à privilégier.

La difficulté d'accès du Québec aux instances fédérales américaines a fait en sorte que ce dernier a redéployé son réseau dans près de six villes américaines, après la vague de fermeture de représentations du Québec qui avait eu cours en 1995-1996 dans treize bureaux du Québec à l'étranger. Des bureaux ont été ouverts ou rouverts à

---

12. Gouvernement du Canada, 2005, *L'émergence de régions transfrontalières. Rapport provisoire*, Projet de recherche sur les politiques : liens nord-américains, novembre, 45 p.

13. Gouvernement du Québec, 2008, *Le calepin. Le commerce extérieur du Québec*, Ministère du Développement économique, de l'Innovation et des Exportations, Québec.

14. *Ibid.*

Boston, à Chicago, à Los Angeles et à Atlanta. Le gouvernement a également mis en place aux États-Unis une chaire d'études sur le Québec et une chaire d'études sur les États-Unis au Québec. En 2009, il opérait des délégations et des bureaux dans six villes américaines, soit New York, Los Angeles, Boston, Washington, Chicago et Atlanta.

LA PARADIPLOMATIE MULTILATÉRALE

Aujourd'hui, le Québec compte plus de 160 ententes internationales et actes concertés non conventionnels avec des États fédérés et des regroupements transfrontaliers étatsuniens. En outre, il a intensifié son rôle auprès de la Conférence des gouverneurs de la Nouvelle-Angleterre et des premiers ministres de l'est du Canada, a joint l'Alliance des États du sud-est des États-Unis et des provinces canadiennes en 2007 (qui se définit comme étant un forum économique favorisant les échanges et les investissements entre les États membres), a adhéré au Western Climate Initiative en 2008, s'est intégré au Council of State Governments, etc. À l'heure actuelle, le gouvernement du Québec participe à plus d'une quinzaine de regroupements transfrontaliers multilatéraux[15].

La Conférence des gouverneurs de la Nouvelle-Angleterre et des premiers ministres de l'est du Canada

Quoiqu'une majorité des organisations transnationales nord-américaines soient de créations récentes, la Conférence des gouverneurs de la Nouvelle-Angleterre et des premiers ministres de l'est du Canada (CGNA-PMEC) a vu le jour à Brudenell, Île-du-Prince-Édouard, en 1973. Elle est d'ailleurs considérée comme étant la toute première organisation transfrontalière binationale en Amérique du Nord[16]. Sa naissance est le résultat du regroupement de deux organisations, la New England Governors' Conference (fondée en 1937) et le Conseil des premiers ministres de l'Atlantique (fondé en 1956), qui ont, dès 1971, débuté des pourparlers quant à la création potentielle d'une organisation transfrontalière binationale. Les États de la

---

15. Gouvernement du Québec, *Relations bilatérales et régionales*, Ministère des Relations internationales.
16. Ulrike Rausch, 1997, *The Potential of Transborder Cooperation: Still Worth a Try. An Assessment of the Conference of New England Governors and Eastern Canadian Premiers*, Halifax, Centre for Foregn Policy Studies, Dalhousie University, p. 9.

Nouvelle-Angleterre souhaitaient alors y intégrer le Québec, puisqu'ils entretenaient des relations bilatérales importantes avec celui-ci, notamment en ce qui concernait l'importation d'énergie provenant des barrages du Nord québécois.

Les rencontres de la conférence étaient alors plutôt informelles et consistaient davantage en des échanges d'information qu'en une réelle coopération[17]. Toutefois, dans les premières années, la conférence a permis de favoriser l'harmonisation des politiques frontalières et des différents mécanismes de gestion des flux frontaliers[18]. En 1978, un des principaux comités de la conférence est créé, soit le Northeastern International Committee on Energy (NICE). Dans les années subséquentes, la Conférence a largement diversifié sa coopération. Le secteur économique est devenu l'un des secteurs principaux, mais d'autres, dont l'agriculture, le transport, le tourisme et l'environnement ont trouvé une place de choix en son sein[19]. Plusieurs comités sont également créés par la conférence au cours de la décennie 1980 afin de répondre aux nouveaux enjeux auxquels s'intéressent les membres de la CGNA-PMEC, dont le Comité sur l'environnement, officiellement constitué en 1984[20]. Dès le début des années 1980, l'organisation abordera des problèmes environnementaux, telles les pluies acides, la pollution transfrontalière et la protection des eaux transfrontalières[21], alors qu'au cours des années 1990, un nouveau problème deviendra central, soit les enjeux liés au mercure[22].

Toutefois, le début de la décennie 1990 correspond à un certain creux dans le développement de la conférence. D'abord, la crise économique de l'époque entraîne des coupures budgétaires dans le

---

17. Martin Lubin, 1993, « The Routinization of Cross-Border Interactions », dans *States and Provinces in the International Economy*, sous la dir. de Douglas M. Grown et Earl H. Fry, University of California, p. 148 ; Jean-François Abgrall, 2005, « A Survey of Major Cross-Border Organizations Between Canada and the United States », *Working Paper Series 009*, Policy Research Initiative, octobre, p. 19.

18. Stephen G. Tomblin, 2003, « Conceptualizing and Exploring the Struggle over Regional Integration », dans *Regionalism in a Global Society : Persistence and Change in Atlantic Canada and New England*, sous la dir. de Stephen Tomblin et Charles S. Colgan, Peterborough, Broadview Press, p. 82.

19. Gouvernement du Canada, Agence de promotion économique du Canada atlantique, 2005, *The Emergence of Cross-Border Regions : Interim Report*, Ottawa, novembre, p. 16 ; Tomblin, *op. cit.*, p. 98.

20. Abgrall, *op. cit.*, p. 19.

21. *Entrevues effectuées entre le 4 mai et le 12 août 2009 auprès de fonctionnaires participants à la CGNA-PMEC* ; Rausch, *op. cit.*, p. 10-14.

22. *Entrevues effectuées entre le 4 mai et le 12 août 2009 auprès de fonctionnaires participants à la CGNA-PMEC.*

fonctionnement de son secrétariat américain[23]. De plus, en 1991 et 1992, les rencontres annuelles sont annulées, résultant à la fois du désintérêt des gouverneurs de la Nouvelle-Angleterre à participer à l'événement, mais aussi du débat constitutionnel au Canada entourant l'échec du lac Meech et l'accord de Charlottetown. Les rencontres annuelles recommenceront en 1993 et la CGNA-PMEC reprendra par la suite son élan, lorsqu'elle adoptera deux plans d'action liés à l'environnement qui démontreront le leadership de la région sur ces enjeux, soit le plan d'action visant les pluies acides et celui visant le mercure[24]. D'ailleurs, ces plans d'action seront applaudis partout en Amérique du Nord, servant par la suite de modèles à d'autres plans d'action nord-américains sur les pluies acides et le mercure.

Aujourd'hui, ce sont les enjeux climatiques et énergétiques qui sont au centre des préoccupations des premiers ministres et des gouverneurs. Un plan d'action régional de lutte contre les changements climatiques a été adopté en août 2001, quelques mois après le refus de l'administration Bush de ratifier le Protocole de Kyoto, avant sa ratification canadienne, devenant le tout premier plan du genre en Amérique du Nord, et même dans le monde. Des cibles de réduction régionales sont alors adoptées pour les court (stabilisation des émissions au niveau de 1990 pour 2010), moyen (réduction des émissions de 10 % sous les niveaux de 1990 pour 2020) et long termes (réduction entre 75 % à 85 % sous les niveaux de 2001 pour l'année 2050[25]). Ce plan d'action sera salué de par le monde et permettra de créer une « course vers le sommet » entre les États fédérés nord-américains.

Comme le secteur des transports demeure, avec la production d'énergie, l'un des principaux émetteurs de GES, il devenait essentiel que la CGNA-PMEC s'y attarde davantage. En effet, les transports correspondaient à un peu plus du tiers des émissions de GES de la région[26] et l'on constatait les difficultés du plan d'action sur les

---

23. Rausch, *op. cit.*, p. 29.
24. *Entrevues effectuées entre le 4 mai et le 12 août 2009 auprès de fonctionnaires participants à la CGNA-PMEC*; Conférence des gouverneurs de la Nouvelle-Angleterre et des premiers ministres de l'est du Canada, *CGNA/PMEC Contexte*: http://www.cap-cpma.ca/default. asp?mn=1.10.14.48, consulté le 26 juillet 2009.
25. Conférence des gouverneurs de la Nouvelle-Angleterre et des premiers ministres de l'est du Canada, 2007, *Résolution au sujet de l'énergie et de l'environnement*, Résolution 31-1, 26 juin, 3 p.
26. Henrik Selin et Stacy D. Vandeveer, 2005, « Canadian-U.S. Environmental Cooperation : Climate Change Networks and Regional Action », *The American Review of Canadian Studies*, été, p. 367.

changements climatiques à jouer seul un rôle à leur égard. De ce fait, en septembre 2008, un plan d'action sur les transports et la qualité de l'air est adopté, touchant divers secteurs comme la réduction des « véhicules-milles parcourus », une meilleure planification des terres (étalement urbain), les carburants de même que le transport inter-modal[27]. En fait, avec ce plan d'action, les parties souhaitaient échanger leur expertise tout en développant des politiques communes au sein de la région et en respectant les particularités de chacun des États fédérés.

Mais la CGNA-PMEC ne s'intéressait pas uniquement aux enjeux environnementaux. Elle a également créé des groupes de travail sur des enjeux démographiques touchant l'ensemble des parties et elle s'est concentrée sur les liens économiques entre les États fédérés. Au surplus, l'énergie a pris une place considérable, que ce soit par rapport à l'exportation de celle-ci ou à l'efficacité énergétique. En somme, les liens formés depuis 1973 ont fait en sorte que cette organisation a permis d'institutionnaliser les échanges et de déve-lopper une coopération plus formelle et étroite des acteurs depuis plus de trente ans[28].

Le Conseil des gouverneurs des Grands Lacs

Le Conseil des gouverneurs des Grands Lacs est une autre organisation à laquelle le Québec participe depuis 1997. Ses membres sont les huit États de la région des Grands Lacs[29] de même que le Québec et l'Ontario. Le développement économique de la région et la protection des Grands Lacs constituent leurs principales préoccu-pations. D'ailleurs, en 2005, une entente particulière sur la gestion des eaux transfrontalières a été adoptée par les États membres. Ils se sont entendus pour empêcher toute dérivation massive d'eau en

---

27. Conférence des gouverneurs de la Nouvelle-Angleterre et des premiers ministres de l'est du Canada, 2008, *Plan d'action sur les transports et la qualité de l'air 2008*, CGNA-PMEC, septembre, 22 p.

28. Debora L. Vannijnatten, 2006, « Towards Cross-Border Environmental Policy Spaces in North America : Province-State Linkages on the Canada-U.S. Border », *AmeriQuest*, vol. 3, n° 1, p. 7.

29. Soit l'Illinois, l'Indiana, le Michigan, le Minnesota, New York, l'Ohio, la Pennsylvanie et le Wisconsin.

dehors du bassin hydrographique des Grands Lacs et du fleuve Saint-Laurent[30].

La relation qu'entretient le Québec avec les huit États des Grands Lacs demeure, sur le plan économique, très importante, d'autant plus que cette région est responsable de plus de 42 % des surplus commerciaux du Québec pour l'ensemble des États-Unis[31]. Les liens avec ses partenaires des Grands Lacs restent donc primordiaux étant donné qu'il s'agit d'un corridor commercial important (la voie navigable du Saint-Laurent).

L'Alliance des États du sud-est des États-Unis et des provinces canadiennes

Un regroupement transfrontalier a vu le jour en novembre 2007 entre des États du sud-est des États-Unis et des provinces canadiennes souhaitant améliorer la coopération économique des parties. Cette organisation regroupe six États américains, soit la Géorgie, la Caroline du Sud, la Caroline du Nord, le Tennessee, le Mississippi et l'Alabama et sept provinces canadiennes, soit le Manitoba, l'Ontario, le Québec, le Nouveau-Brunswick, la Nouvelle-Écosse, l'Île-du-Prince-Édouard et Terre-Neuve-et-Labrador. Ses objectifs clairement annoncés sont d'« accroître les échanges commerciaux, [de] promouvoir les investissements bilatéraux et [de] stimuler les échanges technologiques et scientifiques[32] ».

Les liens économiques entre le sud-est des États-Unis et le Québec sont substantiels. En 2008, le Québec exportait vers ces États pour près de 6 milliards de dollars, alors qu'il en importait pour environ 2,5 milliards de dollars[33]. Ce surplus commercial est très significatif, d'autant plus qu'il correspond à 14,5 % des surplus commerciaux entre le Québec et l'ensemble des États-Unis. En outre, le sud-est des États-Unis est considéré comme étant l'une des régions ayant la plus grande croissance économique aux États-Unis[34] et cette

---

30. Gouvernement du Québec, 2005, *Signature de l'Entente sur les eaux durables du bassin des Grands Lacs et du fleuve Saint-Laurent. Une entente internationale au service du développement durable du bassin des Grands Lacs et du fleuve Saint-Laurent : communiqué*, 14 décembre.
31. Institut de la statistique du Québec, *Commerce international en ligne*.
32. Gouvenement du Québec, *Relations bilatérales et régionales*, Ministère des Relations internationales.
33. Institut de la statistique du Québec, *Commerce international en ligne*.
34. Déclaration conjointe visant la conclusion de l'Alliance des États du sud-est des États-Unis et des provinces canadiennes

alliance sert de facilitateur vis-à-vis de la promotion des opportunités d'affaires existantes en plus de permettre d'en développer de nouvelles. L'intérêt du Québec pour cette région se justifie donc aisément.

L'alliance ne possède pas de secrétariat lui étant propre. Les premiers ministres et les gouverneurs se rencontrent annuellement lors de conférences organisées de part et d'autre de la frontière. Ces rencontres ne sont toutefois pas réservées uniquement aux gouvernements. Elles servent aussi à faciliter les liens d'affaire entre les entreprises, les spécialistes et les scientifiques, selon les thématiques des conférences annuelles. Des invitations sont lancées aux entreprises de chaque État pour qu'elles participent à la conférence annuelle en vue de développer des liens d'affaires dans les autres régions partenaires. Lors de la conférence annuelle de 2009 qui a eu lieu à Terre-Neuve-et-Labrador, plus de 300 participants provenaient tant du secteur des affaires et des gouvernements[35].

Le Québec et les États de l'Ouest américain

La région de l'Ouest étatsunien possède également des institutions régionales où les gouverneurs se rencontrent périodiquement. L'une des plus importantes est la Western Governors' Association, qui compte à l'heure actuelle 19 États membres[36]. Bien qu'officiellement fondée en 1984, cette association est l'aboutissement de près d'un siècle de liens régionaux qui se sont développés grâce à la Western Governors' Conference (1947), la Western Regional Higher Education Compact (1950) et la Western Governors' Policy Office (1977). La Western Governors' Association, représentant un peu plus de 35 % du produit intérieur brut aux États-Unis[37], est donc d'une importance capitale pour le Québec, bien qu'elle ne concerne que des États américains[38].

Les principaux enjeux abordés par ce regroupement sont l'environnement, l'énergie, les transports et, bien sûr, les aspects

---

35. Wally Northway, 2009, «SEUS-CP event yields quick results», *The Mississippi Business Journal*, vol. 3, 17 août, p. 18.

36. The Western Governors' Association, 2008, *2008 Annual Report*, Jackson Hole, Wyoming, 29 juin au 1er juillet, p. 2.

37. Bureau of Economic Analysis, *Regional Economic Accounts*.

38. Ce sont l'Alaska, l'Arizona, la Californie, le Colorado, Hawaii, l'Idaho, le Kansas, le Montana, le Nebraska, le Nevada, le Nouveau-Mexique, le Dakota du Nord, l'Oklahoma, l'Oregon le Dakota du Sud, le Texas, l'Utah, l'État de Washington et le Wyoming.

économiques découlant de relations particulières avec les États membres. D'autres organisations transfrontalières ont également vu le jour dans l'Ouest américain, résultant d'une forte cohésion entre les États fédérés de la région, ce qui leur a permis de coopérer au sein d'autres initiatives régionales. La Western Climate Initiative (WCI) a vu le jour en février 2007, sous l'égide du gouverneur californien Arnold Schwarzenegger. Les États participants souhaitaient mettre en place un cadre réglementaire concernant les émissions de gaz à effet de serre responsables des changements climatiques. Pour ce faire, ils ont développé les bases d'un nouveau marché du carbone pouvant toucher un grand nombre d'États fédérés nord-américains. À l'heure actuelle, la WCI regroupe onze États fédérés et 14 États fédérés nord-américains agissent à titre d'observateurs[39], dont plusieurs États mexicains.

LA PARADIPLOMATIE PARLEMENTAIRE

Enfin, ce n'est pas seulement au niveau exécutif que le Québec a développé des liens transfrontaliers multilatéraux avec les États américains. En fait, depuis les années 1970, il développe une paradiplomatie parlementaire avec les législatures étatsuniennes. Des premiers liens ont été effectués lorsqu'il a participé de façon occasionnelle aux rencontres du Council of State Governments. Puis au cours des années 1990, il a adhéré au National Council of State Legislatures, de même qu'au Council of State Governments[40].

Le Council of State Governments/Eastern Regional Conference

Le Council of State Governments (CSG) est une organisation multilatérale. Elle a vu le jour au cours des années 1930. Il s'agit d'une institution qui a pour mandat de développer une meilleure coopération interparlementaire et intergouvernementale, notamment grâce à l'échange d'informations sur des problèmes communs ainsi qu'à

---

39.   Aux États-Unis : l'Alaska, le Colorado, l'Idaho, le Kansas, le Nevada et le Wyoming ; au Canada : la Nouvelle-Écosse et Terre-Neuve ; au Mexique : la Baja California, le Chihuahua, le Coahuila, le Nuevo Leon, le Sonora et le Tamaulipas.

40.   Hugo Genest, 2007, *La « parádiplomatie parlementaire »*. *Cerner le particularisme de l'Assemblée nationale du Québec*, Mémoire présenté à la Fondation Jean-Charles-Bonenfant, Assemblée nationale du Québec, 71 p.

l'élaboration de programmes conjoints[41]. Les 50 États américains sont membres du CSG qui se décline en quatre regroupements régionaux auxquels participent certaines provinces canadiennes. Il n'y a que le chapitre du Sud qui ne possède de partenaires canadiens. Le Québec, quant à lui, est membre du chapitre de l'Est depuis 1990 et il est devenu membre international du Council of State Governments en 1995, tout comme l'Ontario[42]. Les membres du chapitre de l'Est s'intéressent à certains enjeux particuliers, dont l'agriculture, le développement économique, l'énergie, l'environnement et les transports[43].

Le National Council of State Legislatures

Le National Council of State Legislatures est un autre organe interparlementaire bien présent aux États-Unis. Fondé en 1975, il offre une voix importante aux États fédérés à Washington[44]. L'Assemblée nationale du Québec en est devenue membre en 2000 et elle est actuellement la seule législature hors des États-Unis à faire partie du comité exécutif de l'organisation.

CONCLUSION

La mondialisation, l'intégration régionale et l'interdépendance ont certainement favorisé une intensification des relations entre les provinces canadiennes et les États américains depuis plus de trente ans. Le déploiement d'une paradiplomatie multilatérale entre le Québec et une grande partie des États américains témoigne de l'importance accordée à ces partenaires cruciaux du développement économique québécois, en plus de vouloir répondre à de nouveaux défis communs. L'entrée en vigueur de l'ALE puis de l'ALENA n'a fait qu'accélérer le processus d'intégration régionale, puisque l'augmentation des échanges avec les États américains (en particulier les États frontaliers) a obligé les provinces à consulter et à coordonner

---

41. Gouvernement du Québec, *Relations bilatérales et régionales*, Ministère des Relations internationales.

42. Genest, *op. cit.*, p. 25 ; Assemblée nationale du Québec, *L'Assemblée nationale du Québec hôte du Council of State Governments en 1999: plus de 1 500 délégués participeront à cette activité d'envergure internationale*: http://www.assnat.qc.ca/fra/communiques/1997comm_75.htm, consulté le 20 septembre 2009.

43. The Council of State Governments Eastern Regional Conference, *Policy Areas*.

44. Assemblée parlementaire dans la Francophonie, *La vie des Assemblées dans l'espace francophone*.

leurs actions avec leurs vis-à-vis pour régler des questions qui relèvent de leurs champs de compétence.

La difficulté initiale qu'avait le Québec dans ses relations avec les autorités fédérales américaines a donc été remplacée par des relations riches et privilégiées avec les États fédérés américains, et encore davantage avec les États frontaliers. Le Québec fonctionne désormais sous une tout autre dynamique avec les États-Unis, ce qui lui permettra très certainement de mieux promouvoir ses intérêts avec des partenaires qui possèdent des compétences et des intérêts similaires aux siens.

Références

INTRODUCTION

Groupe de recherche sur l'américanité, 1998, « Entre l'ambigüité et la dualité », *Le Devoir*, 14 juillet, p. A7.

Groupe de recherche sur l'américanité, 1998, « L'assurance identitaire se conjugue avec l'ouverture sur le monde », *Le Devoir*, 15 juillet, p. A7.

Groupe de recherche sur l'américanité, 1998, « Un Québec juste dans une Amérique prospère », *Le Devoir*, 16 juillet, p. A7.

Yvan Lamonde, 2001, *Allégeances et dépendances – L'histoire d'une ambivalence identitaire*, Montréal, Éditions Nota Bene, p. 110-111.

Antoine Robitaille, 1998, « L'insondable âme américaine des Québécois », *Le Devoir*, 9-10 mai, p. A4.

Guy Rocher, 1977, « Le Québécois, un certain homme nord-américain », dans Jean Sarrazin (dir.), *Dossier-Québec*, Paris, Stock, p. 33-44.

Guy Rocher, 1971 (1973), « Les conditions d'une francophonie nord-américaine originale », dans Guy Rocher, *Le Québec en mutation*, Montréal, Hurtubise HMH, p. 89-107.

Société Radio-Canada, *De remarquables oubliés*, Première chaîne de Radio-Canada, http://www.radio-canada.ca/radio/profondeur/RemarquablesOubliés/accueil.html.

CHAPITRE 1 – *Guy Lachapelle*

Hector Bertholot, 1924, *Le bon vieux temps*, Montréal, Librairie Beauchemin.

Jean Bruchési, 1941, « Influences américaines sur la politique du Bas-Canada, 1820-1867 », dans Gustave Lanctôt (dir.), *Les Canadiens français et leurs voisins du Sud*, Montréal, Valiquette.

Maurice Carrier, 1967, *Le libéralisme de Jean-Baptiste-Éric Dorion*, Université Laval, thèse présentée à l'école des diplômés, août.

Joseph M. Carrière, 1937, *Tales from the French Folklore of Missouri*, Evanston, Illinois.

Thomas Chapais, 1972, *Cours d'histoire du Canada*, Tome VI (1847-1851), Montréal, Les Éditions du Boréal Express.

Jean Chartier, 1999, « L'année de la Terreur », *Le Devoir*, 21 avril, p. B1.

Gaston Deschênes et Maurice Pellerin, 1991, *Le Parlement du Québec – Deux siècles d'histoire*, Québec, Les Publications du Québec.

Paul-André Dubé, 1965, *Le Manifeste annexionniste de Montréal, 1849*, Université Laval, Institut d'histoire, mémoire, mars.

Léon Gérin, 1938, *Le type économique et social des Canadiens*, Montréal.

Antoine Gérin-Lajoie, 1864, « Jean Rivard, économiste », *Le Foyer canadien, recueil littéraire*, Québec, Bureaux du Foyer canadien, p. 15-373.

Jean Hamelin (dir.), 1977, *L'histoire du Québec*, Montréal, Éditions France-Amérique.

Marcus L. Hansen et John B. Brebner, 1970, *The Mingling of the Canadian and American Peoples*, New Haven, Yale University Press, 1940 et New York, Arno Press, 1970, p. 128-130.

Guy Lachapelle, 2001, « L'américanité du Québec au temps de Louis-Joseph Papineau », dans *Canada 1849*, sous la dir. de Derek Pollard et Ged Martin, The University of Edinburgh, Centre of Canadian Studies, p. 164-180.

Guy Lachapelle, 1999, « L'américanité des Québécois ou l'émergence d'une identité supranationale », dans *Nationalité, citoyenneté et solidarité*, sous la dir. de Michel Seymour, Montréal, Liber, 1999, p. 97-111.

Yvan Lamonde, 1996, *Ni avec eux ni sans eux – Le Québec et les États-Unis*, Montréal, Nuit Blanche Éditeur.

Yvan Lamonde, 1994, *Louis-Antoine Dessaulles, 1818-1895 – Un seigneur libéral et anticlérical*, Montréal, Fides.

Yvan Lamonde, 1985, « L'américanité du Québec – Les Québécois ne sont-ils vraiment que des Américains parlant français ? », *Le Devoir économique*, vol. 1, n° 2, octobre, p. 54-55.

Gustave Lanctôt, 1941, « Le Québec et les États-Unis, 1867-1937 », *Les Canadiens français et leurs voisins du Sud*, Montréal, Valiquette.

Michel Lapierre, 2004, « Document – Papineau, père de notre américanité », *Le Devoir*, 26 et 27 juin.

Le Canadien émigrant par douze missionnaires des Townships de l'Est, Québec, 1851, « The French-Canadian Emigrant; or Why Does the French Canadian Abandon Lower Canada? », *Appendix to the Journals of the Legislative Assembly of the Province of Canada*, X, np. V.

Le Manifeste annexionniste, *L'Avenir*, 13 octobre 1849.

F. Robert-Eugène Marcotte, 1965, « De l'Avenir à l'Avenir, petite étude sur l'influence de Féli de la Mennais au Canada », *Chronique des frères de l'instruction chrétienne de Ploërmel*, janvier-mars, p. 59-64. Cet article est paru précédemment dans l'*Entraide fraternelle*, octobre 1964, p. 32-34.

Mélanges religieux, scientifiques, politiques et littéraires, V, Montréal, 24 février 1843, p. 291; XI, 21 mars et 7 avril 1848, p. 187-188, 208-209.

Jacques Monet, 1964, *The Last Cannon Shot. A Study of French-Canadian Nationalism, 1837-1850*, Toronto, University of Toronto, thèse.

Pierre Monette, 2007, *Rendez-vous manqué avec la révolution américaine. Les adresses aux habitants de la province de Québec diffusées à l'occasion de l'invasion américaine de 1775-1776*, Montréal, Québec Amérique, Collection « Dossiers et documents », 552 p.

Victor Morin, 1930, « Une société secrète de patriotes canadiens aux États-Unis », *Proceedings and Transactions of the Royal Society of Canada*, sect. i, p. 45-57.

J.L. Morison, *Canada and Its Provinces, Tome V, Parties and Politics*, p. 58, cité par Thomas Chapais, *op. cit.*, p. 122.

Fernand Ouellet, *Papineau* (textes choisis et présentés par), Cahiers de l'Institut d'histoire, Université Laval.

Rapport du comité spécial de l'Assemblée législative, nommé pour s'enquérir des causes et de l'importance de l'émigration qui a lieu tous les ans du Bas-Canada vers les États-Unis, Montréal, 1849.

René Rémond, 1948, *Lamennais et la démocratie*, Paris, Presses universitaires de France.

Antoine Robitaille, 1998, « Les Québécois veulent s'ouvrir à l'Amérique », *Le Devoir*, 9-10 mai, p. A1 et A12.

Antoine Roy, 1931, « Les Événements de 1837 dans la Province de Québec », *Bulletin des recherches historiques*, vol. 37, p. 75-83.

Joseph-Charles St-Amant, 1896, *L'Avenir – Townships de Durham et de Wickham – Notes historiques et traditionnelles*, Arthabaskaville, Imprimerie de « L'Écho des Bois-Francs ».

Statuts provinciaux du Canada, 1849, 12 Victoria, chap. 3, p. 102.

Denis Vaugeois, 1992, « À propos de l'Acte constitutionnel de 1791 », *Cap-aux-Diamants*, n° 30, p. 10-13.

Mason Wade, 1955, *The French Canadians, 1760-1945*, Toronto, Macmillan.

Theodore Walrond (dir.), 1872, *Letters and Journals of James, Eighth Earl of Elgin. Canada and Its Provinces*, Londres, J. Murray ; New York, Kraus Reprint, 1969, Tome 5, p. 102.

Ruth L. White, 1983, *Louis-Joseph Papineau et Lamennais*, Montréal, Éditions Hurtubise HMH, Collection Cahiers du Québec.

CHAPITRE 2 – *Yves Roby*

1952, *La Vie franco-américaine, 1952*, 454 p., p. 172.

1948, « Une voix du Québec », *Le Travailleur*, 23 décembre, p. 5.

1937, « Notes et nouvelles », *L'Indépendant*, Fall River, 27 septembre, p. 3.

1913, « Que deviendrons-nous ? », *L'Avenir National*, Manchester, 21 novembre, p. 4.

Calvin E. Amaron, 1891, *Your Heritage or New England Threatened*, Springfield, Massachusetts, French Protestant College, 203 p.

Gérard-R. Arguin, 1955, « À ceux qui boivent à grandes gorgées l'élixir fatal de la "porte ouverte" », *Le Travailleur*, 21 avril, p. 1.

Louis Bachand, 1938, « L'école paroissiale franco-américaine », dans *CLFC, 1937, Mémoires*, Tome 3, Québec, Imprimerie de l'Action catholique, 504 p.

Armand Bédard, 1913, « Discours », dans *CLFC 1912, Compte rendu*, p. 363.

Georges Bellerive, 1908, *Orateurs canadiens aux États-Unis, conférences et discours*, Québec, Imprimerie H. Chassé, 230 p.

Josaphat Benoit, 1938, « La vie sociale, économique et politique des Franco-Américains », dans *La croisade franco-américaine. Compte rendu de la participation des Franco-Américains*, sous la dir. d'Adrien Verrette, Manchester, L'Avenir national éditeur, 500 p., p. 232-238.

Josaphat Benoit, 1935, *L'âme franco-américaine*, Montréal, Éditions Albert Lévesque, 245 p.

Gérard-J. Brault, 1995, « Les Franco-Américains, la langue française et la construction de l'identité nationale », dans *Identité et cultures nationales. L'Amérique française en mutation*, sous la dir. de Simon Langlois, Québec, Les Presses de l'Université Laval, 377 p.

Pierre-Philippe Charette (dir.), 1884, « Discours de Ferdinand Gagnon au banquet national, 27 juin 1884 », dans *Noces d'or de la Saint-Jean-Baptiste. Compte rendu officiel des fêtes de 1884 à Montréal*, sous la dir. de Pierre-Philippe Charrette, Montréal, Le Monde, 510 p.

Pierre-Philippe Charrette (dir.), 1884, «Discours de M. l'abbé D.-C. Lévesque», dans *Noces d'or de la Saint-Jean-Baptiste*, sous la dir. de Pierre-Philippe Charrette, Montréal, Le Monde, 510 p.

Charles Dauray, «Discours au banquet national, 27 juin», dans *Noces d'or de la Saint-Jean-Baptiste*, sous la dir. de Pierre-Philippe Charrette, Montréal, Le Monde, 510 p.

Edmond de Nevers, 1964 [1re édition, 1891], *L'Avenir du peuple canadien-français*, Montréal, Fides, 332 p., note 67, p. 326.

Jay P. Dolan, 1985, *The American Catholic Experience. A History from Colonial Times to the Present*, New York, Doubleday and Company, Inc., 504 p.

R.P. François Drouin, o.p., 1951, cité dans *La Vie franco-américaine, 1950*, Manchester, Imprimerie Ballard Frères, Inc., 408 p.

Antoine Dumouchel, 1955, «Poignée de lettres», *Le Travailleur*, 9 juin, p. 2.

Édouard Fecteau, 1948, «La race a soif», *L'Avenir National*, 19 avril.

Roland Girard, 1961, «Je butine un peu partout», *Le Travailleur*, 6 juillet.

J.-Ernest Grégoire, 1937, «Discours de J.-Ernest Grégoire, maire de Québec, 20 janvier 1936», *Le Canada français*, vol. 24, n° 6, p. 601.

Lionel Groulx, 1953, «Pour une relève», dans *CLFC, 1952, Compte rendu*, Québec, Les Éditions Ferland, 475 p., p. 344.

Hormidas Hamelin, 1930, *Lettres à mon ami sur la Patrie, la Langue et la Question franco-américaine*, s.l., s.é., 255 p.

Édouard Hamon, 1891, *Les Canadiens-Français de la Nouvelle-Angleterre*, Québec, N.S. Hardy, Libraire-éditeur, 483 p.

Jean-Léon Kemmer-Laflamme, 1903, «Réponse pour les Canadiens des États-Unis», allocution prononcée lors du banquet du 23 juin 1902 à Québec, dans *Annales de la Société Saint-Jean-Baptiste de Québec*, vol. 4, sous la dir. de H.-J.-J.-B. Chouinard, Québec, La Cie d'imprimerie du Soleil, 1903, 586 p.

Gustave Lacasse, 1938, «La langue et l'esprit français en Ontario», dans *CLFC, 1937, Compte rendu*, Québec, Imprimerie de l'Action catholique, 529 p.

Philippe-Armand Lajoie, 1950, «Çà et là», *L'Indépendant*, 10 mai, p. 4.

R.P. Thomas-Marie Landry, o.p., 1953, «Y aura-t-il demain une vie franco-américaine en Nouvelle-Angleterre», dans *CLFC, 1952, Mémoires*, Québec, Les Éditions Ferland, 390 p.

Henri-T. Ledoux, 1913, «La mission de la langue française aux États-Unis», dans *Premier Congrès de la langue française au Canada, Québec, 24-30 juin 1912, Compte rendu (CLFC)*, Québec, Imprimerie de l'Action sociale limitée, 393 p.

Denis-Michel-Aristide Magnan, 1912, *Histoire de la race française aux États-Unis*, Paris, Librairie Vic et Amat, 386 p.

Philippe Masson, 1875, *Le Canada français et la Providence*, Québec, Atelier typographique de Léger Brousseau, 33 p.

Louis-Adolphe Paquet, 1915, « Sermon sur la vocation de la race française en Amérique, prononcé près du monument Champlain à l'occasion des noces de diamant de la Société Saint-Jean-Baptiste de Québec, le 23 juin 1902 », *Discours et allocutions*, sous la dir. de Louis-Adolphe Paquet, Québec, Imprimerie française et missionnaire, p. 184-185.

Adolphe Robert, 1948, « L'inviolabilité de la paroisse nationale, II », *L'Avenir National*, 7 mai, p. 4.

Yves Roby, 2007, *Histoire d'un rêve brisé ? Les Canadiens français aux États-Unis*, Québec, Septentrion, 148 p.

Yves Roby, 2000, *Les Franco-Américains de la Nouvelle-Angleterre. Rêves et réalités*, Québec, Septentrion, 526 p.

Adolphe-Basile Routhier, 1881, « Le rôle de la race française en Amérique », dans *Fête nationale des Canadiens-Français célébrée à Québec en 1880*, sous la dir. de H.-J.-J.-B. Chouinard, Québec, Imprimerie A. Côté et cie, 650 p.

Édouard Roy, 1888, « La destinée du peuple canadien », *Revue canadienne*, p. 34, conférence prononcée à l'Union Saint-Joseph à Worcester.

Robert Rumilly, 1958, *Histoire des Franco-Américains*, Montréal, USJBA, 552 p.

Jules-Paul Tardivel, 1873, *Le Courrier de Saint-Hyacinthe*, 8 février.

Bernard Théroux, 1974, « La consolidation du groupe franco-américain », dans *Le Franco-Américain au 20ᵉ siècle*, sous la dir. du Congrès des Franco-Américains de la Nouvelle-Angleterre, s.l., Comité de vie franco-américaine, p. 20.

Charles Thibault, 1887, *Le double avènement de l'Homme Dieu ou les deux unités politiques et religieuses des peuples*, Montréal, s.é., p. 4, discours prononcé lors de la célébration de la Saint-Jean-Baptiste à Waterloo, le 28 juin.

Mᵍʳ Ferdinand Vandry, 1952, « La vocation spirituelle des Franco-Américains », *La Vie franco-américaine, 1951*, Manchester, Imprimerie Ballard Frères, Inc., 454 p.

Calvin J. Veltman, 1987, *L'avenir du français aux États-Unis*, Québec, Éditeur officiel du Québec, 259 p.

Adrien Verrette, 1964, « Le Conseil de la Vie française en Amérique, 28ᵉ session, 15-18 septembre 1964 », *Bulletin de la Société historique franco-américaine*, nouvelle série, 10, p. 39.

Adrien Verrette, 1950, « Centenaire de la Franco-Américanie », *La Vie franco-américaine, 1949*, Manchester, Imprimerie Ballard Frères, Inc., 641 p.

Adrien Verrette, 1938, « L'école franco-américaine », *Le Canada français*, vol. 25, n° 8, p. 864.

Adrien Verrette, 1938, « Toste aux Franco-Américains », dans *La croisade franco-américaine*, sous la dir. d'Adrien Verrette, Manchester, L'Avenir national éditeur, 500 p., p. 176-177.

Nive Voisine, 1980, *Louis-François Laflèche, deuxième évêque de Trois-Rivières*, Tome 1, Saint-Hyacinthe, Edisem, 320 p.

CHAPITRE 3 – *Yvan Lamonde*

Dominique Foisy-Geoffroy, 2008, « Les idées politiques des intellectuels traditionnalistes canadiens-français (1840-1960) », Ph. D. (histoire), Université Laval, p. 273-279.

Abbé L. Groulx, 1959, « Labeurs de demain », *Directives*, Saint-Hyacinthe [1937], p. 108 et 109.

Yvan Lamonde, 2008, « *La Relève* (1934-1939), Maritain et la crise spirituelle des années 1930 », *Cahiers des Dix*, 62, p. 153-194.

Yvan Lamonde, 2000, *Histoire sociale des idées au Québec (1760-1896)*, Montréal, Fides, chapitre IX, « L'Union, le nationalisme conservateur et un nouvel échec libéral (1840-1848) ».

CHAPITRE 4 – *Guy Lachapelle*

Associated Press, 2006, « La Catalogne élevée au rang de nation », *Le Devoir*, 23 janvier, p. B-3.

Norbert Bilbeny, 2007, *La identidad cosmopolita – Los límites del patriotismo en la era global*, Barcelona, editorial Kairós.

Sophie Duchesne et André-Paul Frognier, 2002, « Sur les dynamiques sociologiques et politiques de l'identification à l'Europe », *Revue française de science politique*, vol. 52, n° 4, août, p. 355-373.

Sophie Duchesne et André-Paul Frognier, 1995, « Is There a European Identity? », dans *Public Opinion and Internationalized Governance*, sous la dir. de O. Niedermayer et R. Sinnott, Oxford, Oxford University Press, p. 193-226.

Ekos Research Associate, 2000, *Exploring Perceived and Comparative Differences in Canadian and American Values and Attitudes: Continentalism or Divergence?*, Gouvernement du Canada, Développement des ressources humaines Canada, version préliminaire, 21 mars.

Gilbert Gagné, 1999, «Libre-échange, souveraineté et américanité : une nouvelle trinité pour le Québec?», *Politique et Sociétés*, vol. 18, n° 1, p. 103-104.

Frank L. Graves, Tim Dugas et Patrick Beauchamp, 1999, «Identity and National Attachment in Contemporary Canada», dans *Canada : The State of the Federation 1998-99 : How Canadians Connect*, sous la dir. de H. Lazar et T. McIntosh, Kingston, Institut des relations intergouvernementales, p. 307-354.

Liah Greenfeld, 2001, *The Spirit of Capitalism : Nationalism and Economic Growth*, Cambridge, Harvard University Press.

Ronald Inglehart, Neil Nevitte et Miguel Basanez, 1996, *The North American Trajectory : Cultural, Economic, and Political Ties among the United States, Canada, and Mexico*, New York, Aldine de Gruyter.

Max Kaase et Kenneth Newton (dir.), 1995, *Beliefs in Government*, Oxford, Oxford University Press, p. 123-124.

Guy Lachapelle, 2000, «Identity, Integration and the Rise of Identity Economy : The Quebec Case in Comparison with Scotland, Wales and Catalonia», dans *Globalization, Governance and Identity. The Emergence of New Partnerships*, sous la dir. de G. Lachapelle et J. Trent, Montréal, Presses de l'Université de Montréal, p. 211-231.

Guy Lachapelle, 1998, «Les Québécois sont-ils devenus des Nord-Américains?», *Le Devoir*, 21 et 22 novembre, p. A15.

Guy Lachapelle et Gilbert Gagné, 2000, «L'Américanité des Québécois ou le développement d'une identité nord-américaine», *Francophonies d'Amérique*, n° 10, p. 87-99.

Guy Lachapelle et Stéphane Paquin, 2006, «The Myth of the Compact Theory : The Québec Challenge to the National Vision of Canadians», dans *Canadian Politics – Democracy and Dissent*, sous la dir. de J. Grace et B. Sheldrick, Toronto, Pearson Education, p. 40-58.

Yvan Lamonde, 2001, «Nous sommes à la fois Européens et Américains», *Le Devoir*, 12 avril, p. A7.

Guido Martinotti et Sonia Stefanizzi, 1995, «Europeans and the Nation State», dans *Public Opinion and Internationalized Governance*, sous la dir. de O. Niedermeyer et R. Sinnott, Oxford, Oxford University Press, p. 163-189.

Denis Monière et Jean-Marc Léger, 1995, «L'imposture canadienne», *L'Action nationale*, vol. 85, n° 2, février, p. 252-257.

Luis Moreno, 2005, «Dual identities and stateless nations – (The "Moreno question")», Unidad de Politicas Comparadas, Working Paper 05-02, mars.

Luis Moreno et Ana Arriba, 1996, «Dual Identity in Autonomous Catalonia», *Scottish Affairs*, n° 17, p. 78-97.

Neil Nevitte, 1996, *The Decline of Deference: Canadian Value Change in Cross-National Perspective*, Toronto, Broadview Press.

Stéphane Paquin, 2001, *La revanche des petites nations – Le Québec, l'Écosse et la Catalogne face à la mondialisation*, Montréal, VLB éditeur.

Maurice Pinard, 1992, «The Dramatic Reemergence of the Quebec Independence Movement», *Journal of International Affairs*, vol. 45, n° 2, hiver, p. 471-497.

Christian Rioux, 2006, «Place à la «nation» catalane – L'Espagne s'oriente vers un État multinational», *Le Devoir*, 25 janvier, p. A1 et A8.

Christian Rioux, 2005, *Carnets d'Amérique*, Montréal, Boréal.

Yves Schemeil, 2003, «From French Nationalism to European Cosmopolitanism», Institute of Oriental Culture, University of Tokyo, Discussion Paper No. 13, mars.

Jennifer Welsch, 2000, «Is a North American Generation Emerging?», *Revue canadienne de recherche sur les politiques*, vol. 1, n° 1, printemps, p. 86-92.

CHAPITRE 5 – *Frédérick Gagnon et Marc Desnoyers*

Agence France-Presse, 2008, «Canadians for Obama, but Republicans for Canada», 1er novembre : http://afp.google.com/article/ALeqM5goc-q7Iclt0I5O_GCAs0f0oIIXcEg.

Agence France-Presse, 2008, «Canadians Prefer Obama to Their Own PM: Poll», *Agence France-Presse*, 1er juillet : http://afp.google.com/article/ALeqM5hRnQplyteghUW6DcCNWp2qnH59XQ.

Agence France-Presse, 2007, «Ahmadinejad launches broadside against US at United Nations» : http://rawstory.com/news/afp/Ahmadinejad_launches_broadside_agai_09252007.html.

Paul Adams, 2004, «The September 11 Attacks as Viewed from Quebec: the Small-Nation Code in Geopolitical Discourse», *Political Geography*, n° 23, p. 765-785.

Claude Bélanger, 2000, «French Canadian Emigration to the United States, 1840-1930», *Readings in Quebec History*, Montréal, Marianopolis College : http://faculty.marianopolis.edu/c.belanger/QuebecHistory/readings/leaving.htm.

Brian Bow, 2008, «Anti-Americanism in Canada, Before and After Iraq», *The American Review of Canadian Studies*, vol. 38, n° 3, p. 341-359.

Paul Celluci, 2005, *Unquiet Diplomacy*, Toronto, Key Porter Books.

Angelique Chrisafis, David Fickling, Jon Henley, John Hooper, Giles Tremlett, Sophie Arie et Chris McGreal, «Millions worldwide rally for peace»,

The Guardian: http://www.guardian.co.uk/world/2003/feb/17/politics.uk.

CNN, 2001, «President Bush's address to the nation», 21 septembre: http://archives.cnn.com/2001/US/09/20/gen.bush.transcript/.

CNN, 2000, «Starbucks Brews Storm in China's Forbidden City», 11 décembre: http://archives.cnn.com/2000/FOOD/news/12/11/china.starbucks.reut/.

Olivier Dard et Hans-Jürgen Lüsebrink (dir.), 2008, *Américanisations et anti-américanismes comparés*, Lille, Presses universitaires du Septentrion.

Charles F. Doran et James Patrick Sewell, 1988, «Anti-Americanism in Canada?», *The Annals of the American Academy of Political and Social Science*, vol. 497, n° 1, p. 105-119.

Peter Ford, 2001, «Why do they hate us?», *Christian Science Monitor*, 27 juillet: http://www.csmonitor.com/2001/0927/p1s1-wogi.html.

David Haglund, 2008, «French Connection? Québec and anti-Americanism in the transatlantic Community», *Journal of Transatlantic Studies*, vol. 6, n° 1, p. 79-99.

Graeme Hamilton, 2009, «Can Obama End Our Anti-Americanism», *The National Post*, 23 janvier: http://www.nationalpost.com/m/story.html?id=1211969.

Richard Hétu, 2009, Blogue: http://blogues.cyberpresse.ca/hetu/.

Norman Hillmer, 2006, «Are Canadians Anti-American?», *Policy Options*, vol. 27, n° 6, p. 63-65.

Paul Hollander, 1995, *Anti-Americanism: Irrational and Rational*, Somerset, NJ, Transaction Publishers.

Peter Katzenstein et Robert Keohane, 2007, *Antiamericanisms in World Politics*, New York, Cornell University Press.

Guy Lachapelle, 2003, «Pourquoi le gouvernement canadien a-t-il refusé de participer à la guerre en Irak?», *Revue française de science politique*, vol. 53, n° 6, p. 911-927.

Yvan Lamonde, 2008, «Anti-américanisme européen et anti-américanisme vus du Québec», dans *Américanisations et anti-américanismes comparés*, sous la direction de Olivier Dard et Hans-Jürgen Lüsebrink, Lille, Presses universitaires du Septentrion, p. 79-86.

La Presse, 2004, *L'Amérique dans tous ses états*, 17 octobre, Cahier PLUS, p. 1-20.

Marc Lynch, 2007, «The Arab World», dans *Antiamericanisms in World Politics*, sous la direction de Peter Katzenstein et Robert Keohane, New York, Cornell University Press, p. 196-224.

Pierre Martin, 2005, «All Quebec's Fault, Again? Quebec Public Opinion and Canada's Rejection of Missile Defense», *Options politiques*, vol. 26, n° 4, p. 41-44.

Sophie Meunier, 2007, «French Anti-Americanism», dans *Antiamericanisms in World Politics*, sous la direction de Peter Katzenstein et Robert Keohane, New York, Cornell University Press, p. 129-156

Molson, 2001, «I am Canadian»: http://www.youtube.com/watch?v=pXtVr-DPhHBg.

Kim Richard Nossal, 2007, «Anti-Americanism in Canada», dans *Anti-Americanism: History, Causes, Themes*, sous la direction de Brendon O'Connor, Oxford, Jordan Hill, p. 58-77.

Brendon O'Connor (dir.), 2007, *Anti-Americanism: History, Causes, Themes*, Oxford, Jordan Hill.

Brendon O'Connor et Martin Griffiths (dir.), 2005, *The Rise of anti-Americanism*, New York, Routledge.

André Pratte, 2006, «The Myth of "Quebecistan"», *The National Post*, 16 août: http://www.vigile.net/The-myth-of-Quebecistan.

Karine Prémont et Charles-Philippe David, 2002, «Entre antiaméricanisme et réalité économique: la perception des États-Unis par le Canada», *Le Banquet*, n° 21: http://www.revue-lebanquet.com/docs/a_0000383.html.

Yves Roby, 2007, *Histoire d'un rêve brisé? Les Canadiens français aux États-Unis*, Sillery, Septentrion.

Mario Roy, 1993, *Pour en finir avec l'antiaméricanisme*, Montréal, Les Éditions du Boréal.

Robert Singh, 2005, «Are we all Americans now?», dans *The Rise of anti-Americanism*, sous la direction de Brendon O'Connor et Martin Griffiths, 2005, New York, Routledge. p. 25-47

Alexandre Sirois, 2004, «Troublante Amérique», *La Presse*, 17 octobre, Cahier PLUS, p. 3.

Société Radio-Canada, 2003, *La guerre en Irak*, Montréal: http://www.radio-canada.ca/nouvelles/special/nouvelles/irak/irak/mobilisation.shtml.

Reginald Stuart, 2003, «Anti-Americanism: Before and After 9/11», texte présenté au Canada Institute, Woodrow Wilson International Center for Scholars, Washington D.C., 23 mai.

Cindy Sui, 2010, «China accuses US of arrogance over Taiwan deal», BBC News, 1er février: http://news.bbc.co.uk/2/hi/8490537.stm.

Patrick Wajsman, 2002, «L'obsession anti-américaine: entretien avec Jean-François Revel», *Politique internationale*, n° 97: http://www.politiquein-

ternationale.com/revue/article.php?id_revue=12&id=227&content
=synopsis#show1.

Stephen Walt, 2005, *Taming American Power*, New York, Norton.

Enquêtes et données statistiques

Canadian Defence and Foreign Affairs Institute, 2008, « Canada and the
United States: What Does It Mean to Be Good Neighbours », 2008
Annual Ottawa Conference Poll, octobre.

Canadian Press, 2008, « Canadians would overwhelmingly vote for Obama »,
21 mai: http://www.ctv.ca/servlet/ArticleNews/story/CTVNews/
20080521/canada_obama_080521?s_name=&no_ads=.

Ekos, 2010, « Political Landscape – Data Tables, Weighted », 24 mars: http://
www.cbc.ca/news/pdf/Viewer%20Suggested%20Question%20%20
Data%20Table.pdf.

Environics, 14 juillet 2003, « Canadians Approve of the US, Disapprove of
President George W. Bush »: http://erg.environics.net/media_room/
default.asp?aID=524.

Gallup et Société Radio-Canada, 17 janvier 1991, « Les sondages de l'époque »:
http://guerredugolfe.free.fr/sondages.htm.

Harris-Décima, 2009, « Majority Opposed to Afghan Mission, Many Concerned
about New Law », 8 avril: http://www.harrisdecima.com/en/down-
loads/pdf/news_releases/040909E.pdf.

Guy Lachapelle et Léger Marketing, 2007, « Américanité, américanisation et
antiaméricanisme », Rapport de recherche, 25 janvier: http://ameri-
canite.fileave.com/Le%20destin%20am%C3%A9ricain.PP.ppt.

Léger Marketing, 2006, enquête réalisée pour l'Association d'études canadiennes, septembre.

Léger Marketing, 2001, « A Study of How Canadians Perceive Canada-U.S.
Relations », 30 août: http://www.legermarketing.com/documents/
spclm/010910eng.pdf.

SES, *Options-Politiques*, 2007, vol. 28, n° 9, octobre: http://www.irpp.org/po/
archive/oct07/FTA_poll_f.pdf.

Statistique Canada, 2004, « Répartition des heures d'écoute de la télévision
au Canada, selon l'origine du signal et le contenu canadien »,
automne: http://www.statcan.gc.ca/daily-quotidien/060331/
dq060331b-fra.htm.

CHAPITRE 6 – *Karine Prémont*

Dave Atkinson, 1999, «L'américanisation de le télévision : qu'est-ce à dire ?», dans Florian Sauvageau (dir.), *Variations sur l'influence culturelle américaine*, Québec, Les Presses de l'Université Laval, p. 59.

Ben Bagdikian, 2004, *The New Media Monopoly*, 2ᵉ édition, Boston, Beacon, 368 p.

BBM : http://www.bbm.ca/fr/archives_quebec_2008_09.html, site consulté le 10 décembre 2009.

Ivan Bernier, 2004, «Les exigences de contenu local au cinéma, à la radio et à la télévision, en tant que de moyens de défense de la diversité culturelle : théorie et réalité», *Diversité culturelle*, janvier-mars : http://www.diversite-culturelle.qc.ca/fileadmin/documents/pdf/chronique04-01-04.pdf, site consulté le 2 décembre 2009, 20 p.

Claude Jean Bertrand, 1999, «Les "modèles" étatsuniens : rien à craindre», dans Florian Sauvageau (dir.), *Variations sur l'influence culturelle américaine*, Québec, Les Presses de l'Université Laval, p. 187-189.

Anne-Marie Brunet, 2009, «Concentration des médias sur le Web», *Journal UQÀM*, vol. 36, n° 1 (8 septembre) : http://www.uqam.ca/entrevues/entrevue.php?id=581, site consulté le 15 novembre 2009.

Jean de Bonville, 1999, «Le "nouveau journalisme" américain et la presse québécoise à la fin du XIXᵉ siècle», dans Florian Sauvageau (dir.), *Variations sur l'influence culturelle américaine*, Québec, Les Presses de l'Université Laval, p. 93.

Gouvernement du Québec, Institut de la statistique du Québec, Observatoire de la culture et des communications du Québec, 2009, *Statistiques principales de la culture et des communications au Québec*, Québec, juin : http://www.bdso.gouv.qc.ca/docs-ken/multimedia/PB01691FR_culturecommunication2009F01.pdf, 124 p.

Gouvernement du Québec, Institut de la statistique du Québec, Observatoire de la culture et des communications du Québec, 2009, *Statistiques en bref*, n° 52 (novembre) : http://www.stat.gouv.qc.ca/observatoire/publicat_obs/pdf/Stat_BrefNo52.pdf, 28 p.

Gouvernement du Québec, Institut de la statistique du Québec, Observatoire de la culture et des communications du Québec, 2009, *Statistiques en bref*, n° 45 (février) : http://www.stat.gouv.qc.ca/observatoire/publicat_obs/pdf/Stat_BrefNo45.pdf, 2 p.

Gouvernement du Québec, Ministère de la Culture, des Communications et de la Condition féminine, 2006, *La musique vocale francophone*, Québec : http://www.mcccf.gouv.qc.ca /publications/ media/ musvocf2.htm#musique, site consulté le 15 décembre 2009.

Guy Lachapelle et Léger Marketing, 2007, *Américanité, américanisation et . antiaméricanisme: analyse de l'opinion des Québécois envers les États-Unis et leur influence sur la société québécoise*, Montréal, décembre, 6 p.

Jean-Guy Lacroix, 1999, «Les politiques culturelles et de communication au Canada devant la tendance à l'américanisation: au mieux, un succès mitigé; dans les faits, un échec dramatique», dans Florian Sauvageau (dir.), *Variations sur l'influence culturelle américaine*, Québec, Les Presses de l'Université Laval, p. 54.

Véronique Nguyên-Duy, 1999, «Le téléroman et la volonté d'une télévision originale», dans Florian Sauvageau (dir.), *Variations sur l'influence culturelle américaine*, Québec, Les Presses de l'Université Laval, p. 153-154.

ONU, 2009, *Cinéma: Nollywood rivalise avec Bollywood, selon une enquête de l'UNESCO*, 5 mai: http://www.uis.unesco.org/ev.php?ID=7650_201&ID2=DO_TOPIC, site consulté le 2 décembre 2009.

Neil Postman, 2005, *Amusing Ourselves to Death*, 2ᵉ édition, New York, Penguin, 208 p.

Karine Prémont, 2006, *La télévision mène-t-elle le monde?*, Québec, Presses de l'Université du Québec, coll. Enjeux contemporains, 232 p.

Marc Raboy, 1999, «"L'État ou les États-Unis": l'influence américaine sur le développement d'un modèle canadien de la radiodiffusion», dans Florian Sauvageau (dir.), *Variations sur l'influence culturelle américaine*, Québec, Les Presses de l'Université Laval, p. 3.

Florian Sauvageau, 2009, «La télévision en crise: le retour des Américains?», dans Yves Théorêt, Antoine Char et Margot Ricard (dir.), *Born in the USA: les médias québécois sous influence?*, Québec, Presses de l'Université du Québec, p. 117.

Florian Sauvageau (dir.), 1999, *Variations sur l'influence culturelle américaine*, Québec, Les Presses de l'Université Laval, 262 p.

Skooiz.com, 2009, *Comment les Québécois utilisent-ils et cherchent-ils sur Internet?*, Montréal, mai: http://documents.skooiz.com/comment-les-quebe-cois-cherchent-ils-sur-le-web-2009.pdf, 40 p.

Yves Théorêt, Antoine Char et Margot Ricard (dir.), 2009, *Born in the USA: les médias québécois sous influence?*, Québec, Presses de l'Université du Québec, 144 p.

Daya K. Thussu, 2000, *International Communications: Continuity and Change*, Londres, Arnold, 352 p.

Jeremy Turnstall, 2005, *The Media Were American: U.S. Mass Media in Decline*, Oxford, Oxford University Press, 480 p.

UNESCO, 2004, *Statistical Yearbook 2005*: http://www.uis.unesco.org/en/stats/statistics/yearbook/cult.htm, site consulté le 2 décembre 2009.

UNESCO, 2004, *Statistical Yearbook 1999*: http://www.uis.unesco.org/en/stats/statistics/yearbook/cult.htm, site consulté le 2 décembre 2009.

CHAPITRE 7 – *Aubert Lavigne-Descôteaux*

Jay Cost, 2007, «Obama Rolls the Dice», Real Clear Politics: http://www.realclearpolitics.com/articles/2007/01/obama_rolls_the_dice.html.

Jean-François Côté, 2001, «L'identification américaine au Québec: de processus en résultats», dans *L'américanité et les Amériques*, sous la dir. de Donald Cuccioletta, Québec, Les Presses de l'Université Laval, 246 p.

Donald Cuccioletta (dir.), 2001, *L'américanité et les Amériques*, Québec, Les Presses de l'Université Laval, 246 p.

Donald Cuccioletta (dir.), 2000, «"Américanité" or Americanization in Quebec Public Opinion – A Special Dossier», *Québec Studies*, 29, American Council for Québec Studies.

GIRA, 2000, «L'américanité des Québécois. Recherche sur l'américanité du Québec», Occasional Paper, 22, *Center for the Study of Canada*, Plattsburgh State University.

Guy Lachapelle, 2008, «Les Québécois et l'ALENA – L'enthousiasme refroidit», *Le Devoir*, 23 avril, p. A9.

Guy Lachapelle et Louis Balthazar, 1999, «L'Américanité du Québec», *Politique et Sociétés*, vol. 18, n° 1, p. 89-92.

Yvan Lamonde, 2001, *Allégeances et dépendances – L'histoire d'une ambivalence identitaire*, Québec, Nota Bene, 266 p.

Yvan Lamonde, 1999, «Pourquoi penser l'américanité du Québec?», *Politique et Sociétés*, vol. 18, n° 1, p. 93-98.

Anne Legaré, 2001, «L'américanité, consentir ou subvertir», *Le Devoir*, 12 avril, p. A7.

Jean-Frédéric Légaré-Tremblay, 2005, *L'idéologie néoconservatrice et la politique étrangère américaine sous George W. Bush*, Étude Raoul-Dandurand n° 9, 36 p.

Jean-Frédéric Légaré-Tremblay, 2005, «La prise de décision à la Maison-Blanche», dans *La présidence aux États-Unis*, sous la dir. de Élizabeth Vallet, Québec, Les Presses de l'Université Laval, p. 209-210.

Edmond Orban, 1974, *La présidence moderne des États-Unis*, Montréal, Presses de l'Université du Québec, 228 p.

Karine Prémont et Frédérick Gagnon, 2008, *Au nord de l'Hégémon. L'impact des élections américaines de 2008 sur le Québec*, Chaire Raoul-Dandurand, 68 p.

Karine Prémont et Charles-Philippe David, 2004, « Entre antiaméricanisme et réalité économique : la perception des États-Unis par le Canada », *Le Banquet*, nº 21 : http://www.revue-lebanquet.com/pdfs/a_0000383. pdf?qid=null&code, 10 p.

Antoine Robitaille, 2010, « Que restera-t-il des décennies Bouchard ? », *Le Devoir*, 6 janvier, p. A1.

Joseph Yvon Thériault, 2002, *Critique de l'américanité. Mémoire et démocratie au Québec*, Montréal, Québec Amérique, 374 p.

Élizabeth Vallet, 2005, *La présidence aux États-Unis*, Québec, Les Presses de l'Université Laval, 370 p.

« Barack Obama, l'homme des réconciliations », *Le Devoir*, 8 janvier 2007.

Enquêtes

Enquête Guy Lachapelle et Léger Marketing, réalisée entre le 27 novembre et le 28 décembre 2007 au moyen d'entrevues téléphoniques auprès de 1 251 Québécoises et Québécois de plus de 18 ans.

Enquête Internet Léger Marketing réalisée entre le 12 et le 15 avril 2010 auprès de 1 017 Québécois et Québécoises de plus de 18 ans.

Enquête Internet Léger Marketing réalisée entre le 5 et le 7 novembre 2009 auprès de 1 005 Québécois et Québécoises de plus de 18 ans.

Environics Research Group, janvier 2008, *The Canada's World Poll*, 26 p.

Influence Communication, *Bilan 2009. État de la nouvelle*: http://www. influencecommunication.ca/pdf/bilan-qc-2009.pdf, 92 p.

Pew Research Center, 2009, *Most Muslim Publics not So Easily Moved. Confidence in Obama Lifts U.S. Image Around the World. 25-Nation Pew Global Attitudes Survey*, The Pew Global Attitudes Project, Pew Research Center, 199 p.

Pew Research Center, 2008, *Global Public Opinion in the Bush Years (2001-2008)*, The Pew Global Attitudes Project, Pew Research Center, 17 p.

Polling Report, *Obama Job*: http://www.pollingreport.com/obama_job. htm.

Polling Report, *President Bush: Job Ratings*: http://www.pollingreport.com/ BushJob1.htm, site consulté le 19 septembre 2009.

Unimarketing-*La Presse, Sondage sur les élections présidentielles*, 2008 : http:// unimarketing.ca/Sondages/RapCTM11-01-08.pdf.

CHAPITRE 8 – *Gilbert Gagné et Laurent Viau*

Accord de libre-échange entre le Canada et les États-Unis, 1987, Ottawa, Gouvernement du Canada : http://www.international.gc.ca/trade-agreements-accords-commerciaux/assets/pdfs/cusfta-f.pdf.

Accord de libre-échange nord-américain : http://www.international.gc.ca/trade-agreements-accords-commerciaux/agr-acc/nafta-alena/texte/index.aspx?lang=fra.

Martin A. Andresen, 2009, « The Geographical Effects of NAFTA on Canadian Provinces », *Annals of Regional Science*, vol. 43, p. 251-265.

Jeffrey M. Ayres, 1996, « Political Process and Popular Protest : The Mobilization Against Free Trade in Canada », *American Journal of Economics and Sociology*, vol. 55, nᵒ 4, octobre, p. 473-488.

Dorval Brunelle et Christian Deblock (dir.) 2004, *L'ALENA : le libre-échange en défaut*, Montréal, Fides.

Dorval Brunelle et Sylvie Dugas, 2004, « Les oppositions au libre-échange en Amérique du Nord », dans *L'ALENA : le libre-échange en défaut*, sous la dir. de Dorval Brunelle et Christian Deblock, Montréal, Fides, p. 273-296.

Conseil du patronat du Québec, 1993, *L'Accord de libre-échange nord-américain (ALENA) : les objectifs du Canada et du Québec ont été atteints – Mémoire présenté à la Commission des institutions de l'Assemblée nationale du Québec*, Montréal, Conseil du patronat du Québec.

Conseil du patronat du Québec, 1987, *Mémoire présenté à la Commission de l'économie et du travail sur la libéralisation des échanges commerciaux entre le Canada et les États-Unis*, Montréal, Conseil du patronat du Québec.

Thomas J. Courchene, 1988, « Social Policy and Regional Development », dans *Free Trade : The Real Story*, sous la dir. de John Crispo, Toronto, Gage Educational Publishing Company, p. 135-147.

John Crispo (dir.), 1988, *Free Trade : The Real Story*, Toronto, Gage Educational Publishing Company.

Christian Deblock, 2006, « Régionalisme économique et mondialisation : que nous apprennent les théories ? », dans *La question politique en économie internationale*, sous la dir. de Pierre Berthaud et Gérard Kébadjian, Paris, La Découverte.

Glenn Drover et K.K. Leung, 2001, « Nationalism and Trade Liberalization in Quebec and Taiwan », *Pacific Affairs*, vol. 74, nᵒ 2, été, p. 205-224.

Pierre Fortin, André Corriveau et Jean Boivin, 2008, *L'investissement au Québec: on est pour – Rapport du Groupe de travail sur l'investissement des entreprises*, Québec, Ministère du Développement économique, de l'Innovation et de l'Exportation.

Gilbert Gagné, 2004, « Le règlement des différends », dans *L'ALENA : le libre-échange en défaut*, sous la dir. de Dorval Brunelle et Christian Deblock, Montréal, Fides, p. 299-323.

Gilbert Gagné, 1999, « Libre-échange, souveraineté et américanité : une nouvelle Trinité pour le Québec ? », *Politique et Sociétés*, vol. 18, n° 1, p. 99-107.

Steven Globerman (dir.), 1991, *Continental Accord : North American Economic Integration*, Vancouver, Fraser Institute.

Bernard Landry, 1987, *Commerce sans frontière : le sens du libre-échange*, Montréal, Québec Amérique.

Richard G. Lipsey et Robert C. York, 1988, « Tariffs and Other Border Measures », dans *Free Trade : The Real Story*, sous la dir. de John Crispo, Toronto, Gage Educational Publishing Company, p. 23-33.

NAFTA Claims : http://www.naftaclaims.com/disputes.htm, consulté le 29 décembre 2009.

Robert O'Brien, 1995, « North American Integration and International Relations Theory », *Canadian Journal of Political Science/Revue canadienne de science politique*, vol. 28, n° 4, décembre, p. 693-724.

Québec, Ministère du Commerce extérieur et du Développement technologique, 1988, *L'Accord de libre-échange entre le Canada et les États-Unis : analyse dans une perspective québécoise*, Québec, Ministère du Commerce extérieur et du Développement technologique.

Philip Raworth, 1987, « Canada-US Free Trade : A Legal Perspective », *Canadian Public Policy / Analyse de politiques*, vol. 13, n° 3, septembre, p. 350-365.

Gordon Ritchie, 1988, « The Negotiating Process », dans *Free Trade : The Real Story*, sous la dir. de John Crispo, Toronto, Gage Educational Publishing Company, p. 16-22.

Secrétariat de l'ALENA : http://www.nafta-sec-alena.org/fr/DecisionsAndReports.aspx ?x=312, consulté le 17 décembre 2009.

Debra Steger, 1988, « Dispute Settlement », dans *Free Trade : The Real Story*, sous la dir. de John Crispo, Toronto, Gage Educational Publishing Company, p. 87-94.

T.K. Warley, 1988, « Agriculture », dans *Free Trade : The Real Story*, Toronto, sous la dir. de John Crispo, Gage Educational Publishing Company, p. 44-53.

William G. Watson, 1987, « Canada-US Free Trade : Why Now ? », *Canadian Public Policy / Analyse de politiques*, vol. 13, n° 3, septembre, p. 337-349.

Carol Wise, 2009, « The North American Free Trade Agreement », *New Political Economy*, vol. 14, n° 1, mars, p. 133-148.

CHAPITRE 9 – *Patrick Leblond*

Greg Anderson et Christopher Sands, 2007, « Negotiating North America : The Security and Prosperity Partnership », White Paper, Washington, DC, Hudson Institute, version révisée du 7 septembre 2008, 36 p.

Peter Andreas, 2003, « Redrawing the Line : Borders and Security in the Twenty-first Century », *International Security*, vol. 28, n° 2, p. 78-111.

Hélène Baril, 2008, « Une nouvelle interconnexion vers les États-Unis », *La Presse*, 19 décembre, La Presse Affaires, p. 1.

Anne Bernard, 2006, « Contribuer à l'édification d'un monde plus sûr ou le défi de la sécurité pour le Québec », Ministère des Relations internationales, Gouvernement du Québec, novembre, 32 p., p. 1 : http://www.mri.gouv.qc.ca/fr/pdf/securite.pdf, consulté le 21 septembre 2009.

David Bourgeois-Hatto et Patrick Leblond, 2009, « Les facteurs clés de succès des corridors commerciaux nord-américains », Notes et analyses sur les États-Unis n° 22, Chaire d'études politiques et économiques américaines, Université de Montréal, février, 21 p.

Conférence des gouverneurs de la Nouvelle-Angleterre et des premiers ministres de l'est du Canada, 2005, « Résolution concernant le Partenariat nord-américain pour la prospérité et la sécurité », Résolution 29-1, 29ᵉ conférence annuelle, 28-29 août : http://www.scics.gc.ca/cinfo05/850104005_f.html, consulté le 16 septembre 2009.

« Déclaration conjointe : premier ministre Harper, président Bush et président Calderón – Sommet des leaders nord-américains », Montebello, Québec, 21 août 2007 : http://www.montebello2007.gc.ca/statement-declaration-fra.html, consulté le 13 septembre 2009.

« Déclaration conjointe des chefs », Cancún, 31 mars 2006 : http://pm.gc.ca/fra/media.asp?id=1085, consulté le 9 septembre 2009.

« Déclaration conjointe des leaders nord-américains », Guadalajara, Mexique, 10 août 2009 : http://pm.gc.ca/fra/media.asp?category=3&id=2723, consulté le 13 septembre 2009.

« Déclaration conjointe du président Bush, du président Calderón et du premier ministre Harper à l'occasion du Sommet des leaders nord-américains », Nouvelle-Orléans, Louisiane, 22 avril 2008 : http://www.

pm.gc.ca/fra/media.asp?category=3&id=2074, consulté le 13 septembre 2009.

« Déclaration des dirigeants: création du Partenariat nord-américain pour la sécurité et la prospérité », Waco, Texas, 23 mars 2005: http://www.spp-psp.gc.ca/eic/site/spp-psp.nsf/fra/00057.html, consulté le 9 septembre 2009.

Geoffrey Hale, 2009, « In Search of Effective Border Management », Conseil international du Canada, Toronto, février, 39 p.

Michael Kergin et Birgit Matthiesen, 2008, « Nouvelle passerelle entre vieux alliés », Rapport sur les questions frontalières, Conseil international du Canada, Toronto, novembre, 17 p.

Guy Lachapelle (dir.), 1995, *Quebec Under Free Trade: Making Public Policy in North America*, Québec, Presses de l'Université du Québec, 410 p.

Martine Letarte, 2009, « À la conquête de la Nouvelle-Angleterre », *La Presse*, 4 juin, La Presse Affaires, p. 12.

Ministère des Relations internationales, 2009, « Politique internationale du Québec: plan d'action 2009-2014. Mesures pour l'année 2009-2010 », Gouvernement du Québec, 25 p.: http://www.mri.gouv.qc.ca/fr/pdf/plan_action.pdf, consulté le 20 septembre 2009.

Ministère des Relations internationales, 2009, « Contribuer à la sécurité du Québec et du continent nord-américain », Gouvernement du Québec: http://www.mri.gouv.qc.ca/fr/politique_internationale/securite/index.asp, consulté le 10 juillet 2009.

Ministère des Relations internationales, 2006, « La sécurité: nouvel enjeu de l'action internationale du Québec », Gouvernement du Québec: http://www.mri.gouv.qc.ca/fr/informer/salle_de_presse/communiques/textes/2006/2006_05_24_securite.asp, consulté le 8 septembre 2009.

Ministère des Relations internationales, 2006, « La Politique internationale du Québec. La force de l'action concertée », Gouvernement du Québec, 113 p.: http://www.mri.gouv.qc.ca/fr/pdf/Politique.pdf, consulté le 13 septembre 2009.

Alexander Moens et Michael Cust, 2008, « Saving the North American Security and Prosperity Partnership: The Case for a North American Standards and Regulatory Area », Fraser Institute, mars, 33 p.: http://www.fraserinstitute.org/researchandpublications/publications/5244.aspx, consulté le 13 septembre 2009.

« Partenariat nord-américain pour la sécurité et la prospérité – Principales réalisations depuis août 2007, Nouvelle-Orléans, Louisiane, 22 avril 2008: http://www.spp-psp.gc.ca/eic/site/spp-psp.nsf/fra/00086.html, consulté le 13 septembre 2009.

« Partenariat nord-américain pour la sécurité et la prospérité : rapport aux chefs », juin 2005 : http://www.spp-psp.gc.ca/eic/site/spp-psp.nsf/fra/00098.html#Français, consulté le 12 septembre 2009.

Christopher Sands, 2009, « Towards a New Frontier : Improving the U.S.-Canadian Border », Brookings Institution, Metropolitan Policy Program, Washington, DC et Conseil international du Canada, Toronto, juillet, 42 p.

CHAPITRE 10 – *Annie Chaloux*

Vincent Arel-Bundock et Pierre Martin, 2008, « Les politiques de contrôle des émissions de gaz à effet de serre aux États-Unis. Qui fait quoi ? », *Notes et analyse sur les États-Unis*, Chaire d'études politiques et économiques américaines, n° 21, avril.

The Associated Press, 2008, « Ontario joins North American network to reduce greenhouse gas emissions », *The Canadian Press*, 18 juillet.

The Associated Press, 2008, « Montana joins B.C., Manitoba, 6 other states in regional climate initiative », *The Canadian Press*, 9 janvier.

Herman Bakvis, Gerald Baier et Douglas Brown, 2009, *Contested Federalism : Certainty and Ambiguity in the Canadian Federation*, Toronto, Oxford University Press, 304 p.

Herman Bakvis et Grace Skogstad, *Canadian Federalism. Performance, Effectiveness, and Legitimacy*, Toronto, Oxford University Press.

Alexis Beauchamp, 2004, « La politique climatique américaine – La stratégie de l'autruche », *Le Devoir*, 23 décembre.

Hans Bruyninckx, 2009, « The EU : Structural Power or Ideational Leader in Global Environmental Governance », Communication présentée à la Conférence *Mécontentement global ? Les dilemmes du changement*, Association internationale de science politique, Santiago, Chili, 12-16 juillet.

Canada. *R. c. Crown Zellerbach Canada Ltd.*, [1988] 1 R.C.S. 401.

Canada. *R. c. Hydro-Québec*, [1997] 3 R.C.S. 213.

Conférence des gouverneurs de la Nouvelle-Angleterre et des premiers ministres de l'est du Canada, 2007, *Résolution au sujet de l'énergie et de l'environnement*, Résolution 31-1.

Conférence des gouverneurs de la Nouvelle-Angleterre et des premiers ministres de l'est du Canada, 2001, *Plan d'action sur les changements climatiques 2001*, GNA-PMEC, août.

Conférence des gouverneurs de la Nouvelle-Angleterre et des premiers ministres de l'est du Canada, 1985, *Les précipitations acides*, Résolution 13-1.

Council of Great Lakes Governors, 1985, Charte des Grands Lacs: http://www.mri.gouv.qc.ca/fr/informer/ententes/pdf/1985-03.pdf, consulté le 14 août 2009.

Cour Suprême des États-Unis, *Hodel v. Virginia Surface Mining, 452 U.S. 264 (1981)*: http://supreme.justia.com/us/452/264/case.html#275, consulté le 24 juillet 2009.

Luc Descroix et Frédéric Lasserre, 2007, « Or bleu et grands ensembles économiques: une redéfinition en cours des rapports de force inte-rétatiques? », *Revue internationale et stratégique*, vol. 2, n° 66.

Elizabeth R. DeSombre, 2000, *Domestic Sources of International Environmental Policy: Industry, Environmentalists and U.S. Power*, Cambridge, MIT Press, 300 p.

Evelyne Dufault, 2006, *Demi-tour: une approche sociologique des renversements de politique étrangère. Le cas de la politique étrangère environnementale cana-dienne*, Thèse dirigée par Philippe Le Prestre, Université du Québec à Montréal, Montréal, juin, 331 p.

Environnement Canada, 2005. *Les pluies acides et... les faits*: http://www.ec. gc.ca/pluiesacides/acidfact.html, consulté le 14 août 2009.

H.L. Ferguson, « Pluies acides », *Historica, L'encyclopédie canadienne*: http://www.thecanadianencyclopedia.com/index.cfm?PgNm=TCE&Params=f1ARTf0000025, consulté le 15 août 2009.

Edward Fitzgerald, 1996, « The Constitutional Division of Powers with Respect to the Environment in the United States », dans *Federalism and the Environment: Environmental Policymaking in Australia, Canada, and the United States*, sous la dir. de Kenneth M. Holland, F.L. Morton et Brian Galligan, Westport, Greenwood Press, 234 p.

Karine Fortin, 2004, « Jean Charest rencontre le gouverneur du Vermont. Le Québec et le Vermont veulent accélérer la dépollution du lac Champlain », *Le Devoir*, 4 août.

Gouvernement du Manitoba, 2007, *Manitoba Newest Member of International Climate Change Initiative: Press Release*, [s.l.], 12 juin.

Gouvernement du Québec, 2009: http://www.mri.gouv.qc.ca/fr/informer/ententes/resultat.asp?type_eng=1&pays=00&secteur=9&statut=0&debut=1982&fin=2009, consulté le 9 août 2009.

Gouvernement du Québec, 2005, *Signature de l'Entente sur les eaux durables du bassin des Grands Lacs et du fleuve Saint-Laurent. Une entente internationale au service du développement durable du bassin des Grands Lacs et du fleuve Saint-Laurent – Communiqué*, 14 décembre.

Government of British-Columbia, 2007, *B.C. Joins Western Regional Climate Action Initiative*: Communiqué 2007OTP0053-000509, 24 avril.

Government of California, 2007, *Governor Schwarzenegger Joins Governor Huntsman As Utah Signs Western Climate Initiative, Strengthening Regional Fight Against Global Warming: Press Release*, 21 mai.

Kathryn Harrison, 1996, *Passing the Buck: Federalism and Canadian Environmental Policy*, Vancouver, UBC Press, 238 p.

Melody Hessing et Michael Howlett, 1997, *Canadian Natural Resource and Environmental Policy*, Vancouver, UBC Press.

Cate Hight et Gustavo Silva-Chavez, 2008, « Du changement dans l'air: les bases du futur marché américain du carbone », *Études climat*, Mission Climat de la Caisse des Dépôts, n° 15, octobre.

Markus Knigge et Camilla Bausch, 2006, « Discussion Paper. Climate Change Policies at the U.S. Subnational Level – Evidence and Implications », *Ecologic*, janvier.

Michael E. Kraft, 2004, *Environmental Policy and Politics*, 3ᵉ édition, New York, Pearson Longman.

Michael E. Kraft, 2002, « La politique de l'environnement aux États-Unis: facteurs déterminants, internes et internationaux », *Annuaire français de relations internationales*, vol. 3, Éditions Bruylant.

Guy Lachapelle et Léger Marketing, 2007, *Américanité, américanisation et antiaméricanisme. Analyse de l'opinion des Québécois envers les États-Unis et leur influence sur la société québécoise*, enquête réalisée en novembre-décembre.

Ministère des Relations internationales du Québec, 2002, *Entente entre le gouvernement du Québec et le gouvernement de l'État du Vermont concernant la réduction du phosphore dans la baie Missisquoi*: http://www.mri.gouv.qc.ca/fr/informer/ententes/pdf/2002-11.pdf, consulté le 9 août 2009.

F.L. Morton, 1996, « The Constitutional Division of Powers with Respect to the Environment in Canada », dans *Federalism and the Environment: Environmental Policymaking in Australia, Canada, and the United States*, sous la dir. de Kenneth M. Holland, F.L. Morton et Brian Galligan, Westport, Greenwood Press, 234 p.

Alan Nixon et Thomas Curran, 1998, *Les pluies acides*: http://dsp-psd.tpsgc.gc.ca/Collection-R/LoPBdP/CIR/7937-f.htm#A. Historique, consulté le 16 août 2009.

Pew Center on Climate Change, 2009, *Climate Change 101 State Action*, Arlington, 8 p.

Ulrike Rausch, 1997, *The Potential of Transborder Cooperation: Still Worth a Try. An Assessment of the Conference of New England Governors and Eastern Canadian Premiers*, Halifax, Centre for Foreign Policy Studies, Dalhousie University, 51 p.

Réseau québécois des groupes écologistes, 2009, « Québec se joint à la Western Climate Initiative (WCI) » : http ://www.rqge.qc.ca/node/488, consulté le 1er mai 2009.

Alexandre Robillard, 2008, « Le Québec adhère à un regroupement pour mettre sur pied un marché du carbone », *La Presse canadienne*, 18 avril.

Walter A. Rosenbaum, 2005, *Environmental Politics and Policy*, 6e édition, Washington, CQ Press.

James Salzman et Barton H. Thompson, 2007, *Environmental Law and Policy*, 2e édition, New York, Foundation Press.

Denise Scherberle, 2004, *Federalism and Environmental Policy*, 2e édition révisée et mise à jour, Washington, Georgetown University Press.

Henrik Selin et Stacy D. Vandeveer, 2005, « Canadian-U.S. Environmental Cooperation : Climate Change Networks and Regional Action », *The American Review of Canadian Studies*, été.

M. Simoneau, 2007, *État de l'écosystème aquatique du bassin versant de la baie Missisquoi : faits saillants 2001-2004*, Québec, Ministère du Développement durable, de l'Environnement et des Parcs, Direction du suivi de l'état de l'environnement, 18 p.

Abbey Tennis, 2006, « States leading the way on climate change action : the view from the Northeast », dans *Creating a Climate for Change : Communicating Climate Change & Facilitating Social Change*, sous la dir. de Suzanne C. Moser et Lisa Dilling, New York, Cambridge University Press.

Marcia Valiante, 2008, « Management of the North American Great Lakes », dans *Management of Transboundary Rivers and Lakes*, sous la dir. de Olli Varis, Cecilia Tortajada et Asit K. Biswas, Berlin, Springer, p. 245-267.

Marcia Valiante, 2002, « Legal Foundations of Canadian Environmental Policy : Underlining Our Values in a Shifting Landscape », dans *Canadian Environmental Policy. Context and Cases*, sous la dir. de Debora L. Vannijnatten et Robert Boardmand, Toronto, Oxford Press, 2002, p. 3-24.

Debora L. Vannijnatten, 2006, « Towards Cross-Border Environmental Policy Spaces in North America : Province-State Linkages on the Canada-U.S. Border », *AmeriQuests*, vol. 3, n° 1, p. 1-19.

Debora L. Vannijnatten, 2004, « Canadian-American Environmental Relations : Interoperability and Politics », *The American Review of Canadian Studies*, hiver.

Debora L. Vannijnatten et Robert Boardmand (dir.), *Canadian Environmental Policy. Context and Cases*, Toronto, Oxford Press, 2002.

West Coast Governors' Global Warming Initiative, 2004, *West Coast Governors' Global Warming Initiative – Staff Recommendations to the Governors*, novembre, p. 1 : http://www.ef.org/westcoastclimate/WCGGWI_Nov_04%20Report.pdf, consulté le 28 juillet 2009.

Western Climate Initiative : http://www.westernclimateinitiative.org/ewebe-ditpro/items/O104F21097.pdf, consulté le 8 mai 2009.

The Western Regional Climate Change Action Initiative, 2007, *Five Western Governors Announce Regional Greenhouse Gas Reduction Agreement : Communiqué*, 26 février, 2 p.

Mark S. Winfield, 2002, « Environmental Policy and Federalism », dans *Canadian Federalism. Performance, Effectiveness, and Legitimacy*, sous la dir. de Herman Bakvis et Grace Skostad, Toronto, Oxford University Press.

CHAPITRE II – *Stéfanie von Hlatky et Jessica N. Trisko*

Jean-François Abgrall, 2004, « The Regional Dynamics of Province-State Relations : Canada and the United States », *Horizons*, vol. 7, n° 1, p. 50-54.

Edward Alden, 2008, *The Closing of the American Border : Terrorism, Immigration, and Security Since 9/11*, New York, Harper Collins.

Peter Andreas, 2005, « The Mexicanization of the US-Canada Border », *International Journal*, vol. 60, n° 2, p. 449-462.

Peter Andreas, 2003, *Perspective : Border Security in the Age of Globalization*, Boston, Federal Reserve Bank of Boston.

Peter Andreas et Thomas J. Biersteker, 2003, *The Rebordering of North America*, New York, Routledge.

Thomas Donnely et Vance Serchuk, 2005, « Transforming America's Alliances », *National Security Outlook*, janvier, p. 1-7.

Kevin Dougherty, 2009, « Few takers for new Quebec border card : Slow start ; Just 11,000 pay for "enhanced" driver's permit », *The Gazette*, 27 mai.

Robert Dutrisac, 2005, « Québec entend renforcer la doctrine Gérin-Lajoie », *Le Devoir*, 3 septembre.

Steven Globerman et Paul Storer, 2009, « Border Security and Canadian Exports to the United States : Evidence and Policy Implications », *Canadian Public Policy*, vol. 35, n° 2, p. 171-186.

Steven Globerman et Paul Storer, 2008, *The Impacts of 9/11 on Canada-US Trade*, Toronto, University of Toronto Press.

Joseph M. Grieco, 1990, *Cooperation among Nations : Europe, America, and Non-Tariff Barriers to Trade*, Ithaca, New York, Cornell University Press.

Albert O. Hirschman, 1970, *Exit, Voice, and Loyalty: Responses to Decline in Firms, Organizations, and States*, Cambridge, Harvard University Press.

Robert Keohane et Joseph N. Nye, 2001, *Power and Interdependence*, New York, Longman.

Alan D. MacPherson et James E. McConnell, 2007, «A Survey of Cross-Border Trade at a Time of Heightened Security: The Case of Niagara Bi-National Region», *American Review of Canadian Studies*, vol. 37, n° 3, p. 301-321.

Alan D. MacPherson, James E. McConnell, Anneliese Vance et Vida Vanchan, 2006, «The Impact of US Government Antiterrorism Policies on Canada-US Cross-Border Commerce», *Professional Geographer*, vol. 58, p. 266-277.

Benjamin Miller, 1998, «The Logic of U.S. Military Interventions in the post-Cold War Era», *Contemporary Security Policy*, vol. 19, n° 3, p. 72-109.

Janet Napolitano, 2009, «The United States and Canada: Toward a Better Border», Conférence organisée par le Metropolitan Policy Program de l'Institut Brookings et le Conseil international du Canada à Washington, D.C.

Joseph R. Nunez, 2004, «Canada's Global Role: A Strategic Assessment of Its Military Power», *Parameters*, automne, p. 75-93.

Mancur Olson, 1971, *The Logic of Collective Action: Public Goods and the Theory of Groups*, Cambridge, Harvard University Press.

Daizo Sakurada, 1998, «Why We Need the US-Japan Security Treaty», *Asia Pacific Review*, vol. 5, n° 1, p. 13-38.

Todd Sandler, 1993, «The Economic Theory of Alliances: A Survey», *Journal of Conflict Resolution*, vol. 37, n° 3, p. 446-483.

Christopher Sands, 2009, *Toward a New Frontier: Improving the U.S.-Canadian Border*, Washington, D.C., Brookings Institute.

Duncan Snidal, 1991, «Relative Gains and the Pattern of International Cooperation», *American Political Science Review*, vol. 85, p. 710-726.

Joel J. Sokolsky et Philippe Lagassé, 2006, «Suspenders and a Belt: Perimeter and Border Security in Canada-US Relations», *Canadian Foreign Policy*, vol. 12, n° 3, p. 15-29.

Stephen M. Walt, 1997, «Why Alliances Endure or Collapse», *Survival*, vol. 39, n° 1, p. 156-179.

Kenneth Waltz, 1979, *Theory of International Politics*, Reading, MA, Addison-Wesley.

Publications gouvernementales

Agence des services frontaliers du Canada, 2009, *Initiative relative aux voyages dans l'hémisphere occidental*: http://www.cbsa-asfc.gc.ca/whti-ivho/ls-tm-fra.htm, consulté le 24 août 2009.

Ministère des Relations internationales, 2009, *La politique internationale du Québec. Plan d'action 2009-2014*, Québec, Gouvernement du Québec.

Ministère des Relations internationales, 2008, « Québec: A Major Partner for North American Security », *Québec's International Initiatives*, vol. 3, p. 1-4.

Ministère des Relations internationales, 2006, *La politique internationale du Québec. La force de l'action concertée*, Québec, Gouvernement du Québec.

Ministère des Relations internationales, 2006, *Contribuer à l'édification d'un monde plus sûr ou le défi de la sécurité pour le Québec*, Québec, Gouvernement du Québec.

Sécurité publique Canada, 2008, *Déclaration et plan d'action sur la frontière intelligente*: http://www.securitepublique.gc.ca/prg/le/bs/sbdap-fra.aspx.

Transports Canada, 2009, *La carte des investissements dans l'infrastructure frontalière*, Ottawa, Gouvernement du Canada: http://www.tc.gc.ca/politique/acg/acgd/carte/carte-frontaliere.html, consulté le 25 juillet 2009.

CHAPITRE 12 – *Louis Balthazar*

The American Review of Canadian Studies, 1997, *Special Issue: A Sovereign Quebec and the United States*, vol. 27, n° 1.

James J. Blanchard, 1998, *Behind the Embassy Door: Canada, Clinton and Quebec*, Toronto, McClelland & Stewart.

Jonathan P. Doe, 1996, « Le Plus Ça Change – The Quebec Referendum and U.S.-Canada Relations: A U.S. Perspective », *North American Outlook*, National Planning Association, Washington, D.C., juillet.

Earl H. Fry, 2009, « An Assessment of Quebec's Relations with States in the U.S. Federal System », *Quebec Studies*, vol. 47, printemps-été.

Joseph T. Jockel, 1991, « If Canada Breaks Up: Implications for U.S. Policy », *Canadian-American Public Policy*, n° 7, University of Maine.

David T. Jones, 1997, « An Independent Quebec: Looking into the Abyss », *The Washington Quarterly*, n° 20.

Jonathan Lemco, 1994, *Turmoil in the Peaceable Kingdom: The Quebec Sovereignty Movement and Its Implication for Canada and the United States*, Toronto, University of Toronto Press.

Jean-François Lisée, 1990, *Dans l'œil de l'aigle*, Montréal, Boréal.

Dwight N. Mason, 1992, « An Independent Quebec ? », *National Security Law Report*, février.

U.S. State Department, 2006, *Consular Offices in the United States*, Washington D.C.

CHAPITRE 13 – *Luc Bernier, Geneviève Blouin et Mathieu Faucher*

Louis Balthazar, 2006, « Québec-États-Unis: une relation primordiale », dans *Les relations internationales du Québec depuis la doctrine Gérin-Lajoie (1965-2005)*, sous la direction de Stéphane Paquin, Robert Comeau, Louise Beaudoin et Guy Lachapelle, Québec, Les Presses de l'Université Laval.

Luc Bernier, 1999, « Les États-Unis: à la fois trop près et trop loin », *Politique et Sociétés*, vol. 18, n° 1.

Luc Bernier, 1996, *De Paris à Washington: la politique internationale du Québec*, Québec, Presses de l'Université du Québec.

Luc Bernier et Evan H. Potter, 2001, *Business Planning in Canadian Public Administration*, Toronto, Institut d'administration publique du Canada, New Directions, n° 7.

David Biette, 2006, « Le Québec vu des États-Unis », dans *Les relations internationales du Québec depuis la doctrine Gérin-Lajoie (1965-2005)*, sous la direction de Stéphane Paquin, Robert Comeau, Louise Beaudoin et Guy Lachapelle, Québec, Les Presses de l'Université Laval.

Lise Bissonnette, 1987, « De notre agonie », dans *La Passion du présent*, Montréal, Boréal, p. 298-300, reprise d'une chronique du 11 septembre 1982.

Lise Bissonnette, 1981, « Quebec-Ottawa-Washington: the pre-referendum triangle », *American Review of Canadian Studies*, vol. 11, p. 64-76

Gil Courtemanche, 1997, « Un peuple entre deux chaises », *L'actualité*, vol. 22, n° 5, p. 56.

Ivo D. Duchacek, 1988, « Multinational and Bicommunal Polities and Their International Relations », dans *Perforated Sovereignties and International Relations*, sous la direction de Ivo. D. Duchacek, Daniel Latouche et Garth Stevenson, New York, Greenwood, p. 14-25.

Ivo D. Duchacek, 1986, *The Territorial Dimension of Politics Within, Among and Across Nations*, Boulder, Westview.

Fernand Dumont, 1982, « Parlons américain... si nous le sommes devenus! », *Le Devoir*, 3 septembre, p. 17.

Earl H. Fry, 2002, « Quebec's Relations with the United States », *American Review of Canadian Studies*, vol. X, n° X, p. 323-342.

Gouvernement du Québec, *Rapport du vérificateur général du Québec à l'Assemblée nationale du Québec pour l'année 2009-2010*.

Gouvernement du Québec, 2009, Banque de données des statistiques officielles sur le Québec : http://www.bdso.gouv.qc.ca/pls/ken.

Gouvernement du Québec, 2008, Ministère des Relations internationales, *Plan stratégique 2008-2011*.

Gouvernement du Québec, Ministère des Relations internationales, *Rapport annuel de gestion 2008-2009*.

Gouvernement du Québec, 2006, Ministère des Relations internationales, *La politique internationale du Québec : la force de l'action concertée*, plan d'action 2006-2009.

Gouvernement du Québec, 2006, Ministère des Relations internationales, *La politique internationale du Québec*.

Gouvernement du Québec, Ministère des Relations internationales, *Plan stratégique 2005-2007*.

Gouvernement du Québec, Ministère des Relations internationales, *Le Québec dans un ensemble international en mutation, plan stratégique 2001-2004*.

Gouvernement du Québec, 1991, Ministère des Affaires internationales, *Le Québec et l'interdépendance*.

Gouvernement du Québec : https://www.mri.gouv.qc.ca/fr/relations_quebec/ameriques/amerique_du_nord/usa/relations.asp.

Gouvernement du Québec : http://www.stat.gouv.qc.ca/donstat/econm_finnc/conjn_econm/TSC/pdf/chap9.pdf.

Yvan Lamonde, 2001, *Allégeances et dépendances. L'histoire d'une ambivalence identitaire*, Montréal, Nota Bene.

Yvan Lamonde, 1997, *Ni avec eux, ni sans eux : le Québec et les États-Unis*, Montréal, Nuit Blanche éditeur.

Daniel Latouche, 2006, « Culture and the Pursuit of Success: The Case of Québec in the Twentieth Century », dans *Developing Cultures: Case Studies*, sous la direction de Lawrence E. Harrison et Peter L. Berger, New York, Routledge.

Daniel A. Mazmanian et Paul A. Sabatier, 1989, *Implementation and Public Policy*, Lanham, MD, University Press of America.

Nelson Michaud, 2006, « Le bilan du gouvernement Charest en matière de relations internationales : de la consolidation à l'innovation », dans

Le Parti libéral: enquête sur les réalisations du gouvernement Charest, sous la direction de François Pétry, Éric Bélanger et Louis M. Imbeau, Québec, Les Presses de l'Université Laval, p. 379-397.

Nelson Michaud, 2006, « Le Québec sur la scène internationale: évolution ou nouvelle révolution tranquille ? », dans *L'Annuaire du Québec 2007*, sous la direction de Michel Venne et Miriam Fahmy, Montréal, Fides.

Nelson Michaud, 2005, « Le gouvernement Charest et l'action internationale du Québec: bilan d'une année de transition », dans *L'Annuaire du Québec 2006*, sous la direction de Michel Venne et Antoine Robitaille, Montréal, Fides.

Nelson Michaud et Marc T. Boucher, 2006, *Les relations internationales du Québec comparées*, Observatoire de l'administration publique.

Ines Molinaro, 2002, « Quebec in Europe », *American Review of Canadian Studies*, vol. X, n° X, p. 239-258.

Pierre Monette, 2001, « Allégeances et dépendances, réponse de Normand », *Voir*, vol. 15, n° 24, p. 36.

Diane Wilhelmy, 2006, « Les relations entre le Québec et les États-Unis », dans *Les relations internationales du Québec depuis la doctrine Gérin-Lajoie (1965-2005)*, sous la direction de Stéphane Paquin, Robert Comeau, Louise Beaudoin et Guy Lachapelle, Québec, Les Presses de l'Université Laval.

CHAPITRE 14 – *Stéphane Paquin et Annie Chaloux*

Jean-François Abgrall, 2005, « A Survey of Major Cross-Border Organizations Between Canada and the United States », *Working Paper Series 009*, Policy Research Initiative, octobre.

Assemblée parlementaire dans la Francophonie, *La vie des Assemblées dans l'espace francophone*: http://recueil.apf.francophonie.org/spip.php?article.1795, consulté le 20 septembre 2009.

Louis Balthazar, 2006, « Les relations avec les États-Unis sous Lévesque 1976-1985 », dans *Histoire des relations internationales du Québec*, sous la dir. de Stéphane Paquin, Montréal, VLB Éditeur, p. 154.

Louis Balthazar, 2006, « Québec-États-Unis: une relation primordiale », dans *Les relations internationales du Québec depuis la doctrine Gérin-Lajoie (1965-2005)*, sous la dir. de Stéphane Paquin, Robert Comeau, Louise Beaudoin et Guy Lachapelle, Québec, Les Presses de l'Université Laval, p. 115.

Louis Balthazar, Louis Bélanger et Gordon Mace, 1993, *Trente ans de politique extérieure du Québec, 1960-1990*, Centre québécois de relations internationales, Sillery, Les Éditions du Septentrion, p. 90.

Louis Balthazar et Alfred O. Hero, Jr, 1999, *Le Québec dans l'espace américain*, Montréal, Éditions Québec Amérique, p. 65.

Luc Bernier, 1996, *De Paris à Washington. La politique internationale du Québec*, Montréal, Presses de l'Université du Québec, p. 6.

Bureau of Economic Analysis, *Regional Economic Accounts*: http://www.bea.gov/regional/gsp/, consulté le 15 septembre 2009.

Conférence des gouverneurs de la Nouvelle-Angleterre et des premiers ministres de l'est du Canada, 2008, *Plan d'action sur les transports et la qualité de l'air 2008*, CGNA-PMEC, septembre, 22 p.

Conférence des gouverneurs de la Nouvelle-Angleterre et des premiers ministres de l'est du Canada, 2007, *Résolution au sujet de l'énergie et de l'environnement*, Résolution 31-1, 26 juin, 3 p.

The Council of State Governments/Eastern Regional Conference, *Policy Areas*: http://www.csgeast.org/content.asp?pageID=2, consulté le 20 septembre 2009.

Robert Dutrisac, «Bouchard débarque à New York», *Le Devoir*, mercredi, 14 avril 1999.

Hugo Genest, 2007, *La «paradiplomatie parlementaire». Cerner le particularisme de l'Assemblée nationale du Québec*, Mémoire présenté à la Fondation Jean-Charles-Bonenfant, Assemblée nationale du Québec, 71 p.

Gouvernement du Canada, Agence de promotion économique du Canada atlantique, 2005, *The Emergence of Cross-Border Regions: Interim Report*, Ottawa, novembre.

Gouvernement du Canada, 2005, *L'émergence de régions transfrontalières. Rapport provisoire*, Projet de recherche sur les politiques: liens nord-américains, novembre, 45 p.

Gouvernement du Québec, *Relations bilatérales et régionales*, Ministère des Relations internationales: http://www.mri.gouv.qc.ca/fr/relations_quebec/ameriques/amerique_du_nord/usa/resume.asp, consulté le 12 septembre 2009.

Gouvernement du Québec, 2008, *Le calepin. Le commerce extérieur du Québec*, Ministère du Développement économique, de l'Innovation et des Exportations, Québec: http://www.mdeie.gouv.qc.ca/fileadmin/sites/internet/documents/publications/pdf/Exportation/calepin_exterieur.pdf, consulté le 8 septembre 2009.

Gouvernement du Québec, 2005, *Signature de l'Entente sur les eaux durables du bassin des Grands Lacs et du fleuve Saint-Laurent. Une entente internationale au service du développement durable du bassin des Grands Lacs et du fleuve Saint-Laurent: communiqué*, 14 décembre.

Institut de la statistique du Québec, *Commerce international en ligne*: http://diff1.stat.gouv.qc.ca/hkb/index_fr.html, consulté le 12 septembre 2009.

Jean-François Lisée, 1990, *Dans l'œil de l'aigle: Washington face au Québec*, Montréal, Boréal.

Martin Lubin, 1993, «The Routinization of Cross-Border Interactions», dans *States and Provinces in the International Economy*, sous la dir. de Douglas M. Grown et Earl H. Fry, University of California.

Wally Northway, 2009, «SEUS-CP event yields quick results», *The Mississippi Business Journal*, vol. 3, 17 août.

Ulrike Rausch, 1997, *The Potential of Transborder Cooperation: Still Worth a Try. An Assessment of the Conference of New England Governors and Eastern Canadian Premiers*, Halifax, Centre for Foregn Policy Studies, Dalhousie University.

Henrik Selin et Stacy D. Vandeveer, 2005, «Canadian-U.S. Environmental Cooperation: Climate Change Networks and Regional Action», *The American Review of Canadian Studies*, été.

The Western Governors' Association, 2008, *2008 Annual Report*, Jackson Hole, Wyoming, 29 juin au 1er juillet.

Stephen G. Tomblin, 2003, «Conceptualizing and Exploring the Struggle over Regional Integration», dans *Regionalism in a Global Society: Persistence and Change in Atlantic Canada and New England*, sous la dir. de Stephen Tomblin et Charles S. Colgan, Peterborough, Broadview Press.

Debora L. Vannijnatten, 2006, «Towards Cross-Border Environmental Policy Spaces in North America: Province-State Linkages on the Canada-U.S. Border», *AmeriQuest*, vol. 3, n° 1.